越南魂
Việt Nam Hồn

語言、文字與反霸權

Ngôn ngữ, văn tự và chống chủ nghĩa bá quyền
Vietnamese Spirit : Language, Orthography and Anti-hegemony

蔣為文 著 Wi-vun Taiffalo Chiung

國家圖書館出版品預行編目資料

越南魂：語言、文字與反霸權 / 蔣為文著 . -- 初版 . -- 臺南市：
亞細亞國際傳播，2017.02
　　　面；　　公分
ISBN 978-986-94479-0-4 （精裝）

1. 區域研究 2. 文集 3. 越南

738.3　106002334

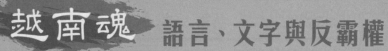

越南魂　語言、文字與反霸權

Oa̍t-lâm Hûn: Gí-giân, Bûn-jī hām Hoán-pà-koân
Vietnamese Spirit : Language, Orthography and Anti-hegemony

作　者／蔣為文
策　劃／社團法人台越文化協會・國立成功大學越南研究中心
地　址／701台南市大學路1號
網　址／http://cvs.twl.ncku.edu.tw
電　話／06-2387539
傳　真／06-2755190
出　版／亞細亞國際傳播社
編　輯／亞細亞國際傳播社
校　對／潘秀蓮・林美雪・張玉萍・蔣為文
網　址／http://www.atsiu.com
電　話／06-2349881
傳　真／06-2094659
公元2017年2月28日　初版第1刷

ISBN／978-986-94479-0-4 (精裝)

Printed in Taiwan　NT680

古螺城歷史古蹟

古螺城歷史古蹟

古螺城的射箭雕像

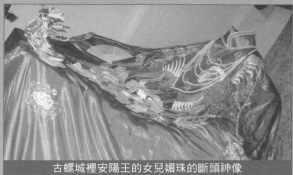

古螺城裡安陽王的女兒媚珠的斷頭神像

河內二徵夫人廟

二徵夫人廟的石碑

越南的傳統東胡版畫

吳權擊敗南漢軍隊的圖畫

吳連義位於越南的故居

吳連義的藏書

吳連義及其牽手

吳連義與其越南家屬

吳連義在其書房

友誼關的越南邊防

友誼關中方的政治宣傳口號

越中邊界的友誼關

越中邊境衝突中被擄獲的中國砲

越南軍事博物館

士燮的墳墓

河內的文廟（國子監）

光中皇帝的喃字詩

士燮的紀念祠與紀念碑

河內的光中紀念公園

河內鎮國寺的喃字詩

左／第一本越南羅馬字字典
《越葡拉》字典
（圖片來源：維基百科）

右／越南第一份羅馬字報紙
《嘉定報》
（圖片來源：胡志明市綜合
圖書館）

嘉定報主編張永記的紀念墓園

張永記的出生地紀念碑

胡志明市美術館的
張永記紀念雕像

胡志明市的張永記故居

左、中／范瓊主編的《南風雜志》（圖片來源：美國越學院）
右／阮文永主編的《東洋雜志》（圖片來源：越南社科院圖書館）

東京義塾的羅馬字教科書

河內的東京義塾舊址現況

1945 年全民學習越南羅馬字
（圖片來源：越南博物館）

1945 年越南游擊隊利用空檔學習越南國語字
（圖片來源：越南博物館）

《越南魂》報紙
（圖片來源：越南博物館）

胡志明陵寢

越南羅馬字的運用範例

1945 年越南獨立報的漫畫
（圖片來源：越南博物館）

1945 年蔣介石軍隊進到越南海防
（圖片來源：越南博物館）

中國戰區最高統帥命令

第壹號　中華民國三十四年九月九日

一、根據日本帝國政府日本帝國大本營向聯合國最高統帥之降書及聯合國最高統帥對日本帝國所下之第一號命令茲對於中國戰區內中華民國（還算吉林黑龍江三省除外台灣以及越南北緯十六度以北地區之日本陸海空軍頒佈本命令

二、貴官應對上述區域內投降之日本陸海空軍各地區司令官及其所屬部隊發佈下列命令並保證其完全遵行

1945 年蔣介石的命令

1945 年蔣介石軍隊進到越南河內
（圖片來源：越南博物館）

因飢荒而餓死的受難者
（圖片來源：越南博物館）

會安古城福建會館與館內壁畫

明鄉人到鄭懷德墓前祭拜

邊和市的新鄰亭

陳上川古墓

胡志明市明鄉嘉盛堂

莫玖古墓

胡志明市廣肇會館

胡志明市義安會館

胡志明市三山會館

胡志明市二府會館

胡志明市義潤會館

胡志明市霞漳會館

胡志明市穗城會館

胡志明市海南會館

胡志明市崇正總會

胡志明市福安會館

會安市場與高樓麵

會安古城的明鄉萃先堂

報導人 N 製作高樓麵的場所

會安古城的澄漢宮

位於會安范文同路的白玫瑰專賣店

會安明鄉人的墓碑

成大越南研究中心與河內國家大學所屬
社會人文大學越南學系簽約合作

成大越南研究中心與胡志明市國家大學
所屬社會人文大學越南學系簽約合作

成大越南研究中心與河內大學越南學系
簽約合作

第三屆台越人文比較研究國際研討會開幕

越南駐台北辦事處代表
陳維海主任於開幕致詞

美國哈佛大學越南學程主任
吳如平教授（左）蒞臨指導

胡志明市社會人文大學前校長吳文例教授
（左二）、鄭氏香博士（右二）蒞臨指導

知名詩人、越南作家協會副會長
陳登科（右）蒞臨指導

越南社科院史學所所長丁光海教授、文化
所副所長阮氏芳箴教授、文化藝術院院
長慈氏蘭教授、丹麥哥本哈根大學亞洲
研究專家 Oscar SALEMINK 教授及
夫人、漢喃所阮蘇蘭研究員蒞臨指導

日本大阪大學越南學程主任
清水政明教授（左）蒞臨指導

澳洲國家大學越南學程主任蔡維寶教授
（左）與河內國家大學語言學系前主任
陳智睿教授（右）蒞臨指導

越南社科院史學所、漢喃所、語言所與河內國家大學文學系等同仁合影

胡志明市社會人文大學研發處長阮玉詩
教授（左一）、越南學系主任黎克強教授
（左二）、大眾傳播系阮氏芳莊教授（右
二）、文化研究中心主任陳玉添教授及
社科院語言所所長阮文協教授（左三）
蒞臨指導

越南河內語言學會會長阮文康（左一）、
高雄大學東亞語文學系越語組陳氏蘭
助理教授（中）蒞臨指導

河內國家大學文學系副主任
阮秋賢教授（中）蒞臨指導

澳洲 Monash 大學亞洲研究專家 Bruce
Jacobs 教授（左）及紐西蘭維多利亞
大學語言文化學院亞洲研究專家
Catherine Churchman 教授蒞臨指導

第二屆台越人文比較國際研討會開幕合影

越南文化藝術院前院長
阮志斌教授（右）蒞臨指導

越南電影學會副會長
阮氏紅馥女士蒞臨指導

荷蘭萊頓大學亞洲研究專家
K. J. P. F. M. Jeurgens
教授蒞臨指導

第一屆台越人文比較國際研討會開幕合影

中央研究院亞太研究中心
前執行長＆台灣東南亞
學會前會長蕭新煌教授
蒞臨指導

國史館前館長、台灣教授
協會前會長張炎憲教授
蒞臨指導

加拿大多倫多大學亞太
研究系梁文希教授（左）
蒞臨指導

東南亞研究國際知名學者
Nicholas Tarling 教授（左）
蒞臨指導

Bȯk-Lȯk

目錄

MỤC LỤC

★ **Cuốn sách này được viết bằng tiếng Đài Loan và tiếng Trung.**

CONTENTS

★ This book was written in Taiwanese and Chinese.

【台文序】

越南啟示錄

越南 ùi 1986 年改革開放到 taⁿ，ta̍k 年差不多有 7% ê 經濟成長率 tàuh-tàuh 發展做新興 ê 亞洲經濟體。台灣 m̄-nā 是上早到越南投資 ê 國家之一，mā lóng 是越南 ê 前三大投資國。Tòe 越南經濟 ê 改革開放 ê 起鼓、加入 WTO hām 台灣新南向政策 ê chē-chē 誘因，台灣 hām 越南 ê 經貿關係應該 koh 會鬧熱滾滾。

經貿合作掉外，台越之間 ê 通婚 hām 文化交流 mā lú 來 lú óa。目前，嫁來台灣 ê 越南人（越鄉人）量約有十萬名，佔東南亞新移民 lāi-té 人數 ê 頭名。透過國際通婚 teh 進行 ê 台越民間外交 ē-tàng 講是 jia̍t-phut-phut。其實，台越之間 ê 交流 kúi-ā 世紀以前 tō 有 teh 進行，像講 17 世紀 ê 東寧王朝。Hit 時鄭成功 ê 舊屬陳上川、楊彥迪等三千外 ê 兵 á tī 東寧王朝 pang-pôaⁿ ê sî-chūn 走去越南投靠阮王。Hit chūn ê 阮王 mā kā 收留 koh ài in 去南方 tàu-saⁿ-kāng 開拓越南邊疆（大約是當今 ê 胡志明市四箍輪轉 hām 西南方 ê 大片區域）。Hit kóa 毋願 hō 滿清統治 ê 明國遺民 lō͘-bóe 大多數釘根越南， hām 當地越南 cha-bó͘ 通婚 tàuh-tàuh 本土化（越南化），形成目前 tiāⁿ thiaⁿ ê「明鄉人」(người Minh Hương)。因為有 chit-khoán ê 移民歷史，促成當今胡志明市 kap 伊四箍輪轉區域發展出伊獨特 ê 文化。Chit-khoán 獨特文化 hō͘ 台灣人感覺真親切 mā 真好 tàu-tīn。凡勢這 mā 是為啥物嫁來台灣 ê 越鄉人真 chē lóng ùi 這箍圍 á 來 ê。

明鄉人掉外，其實 koh 有 bē 少台灣人 m̄-chai ê 台越歷史。像講，公元 1945 年日本天皇投降 liáu，聯軍統帥 MacArthur 指派蔣介石代表

聯軍到台灣 hām 越南北部（北緯 16 度以上）接受日軍 ê 投降。蔣介石 tō 指派二十萬大軍進入北越，並藉 chit-ê 機會對越南搶奪糧食 koh 干涉越南內政。因為糧食嚴重欠缺 soah 造成數百萬越南人 iau 死。Chit-khoán ê 慘劇比台灣 ê 二二八 koh khah 悲情。後來胡志明利用法國 ê 勢力 chiah kā 蔣介石 ê 軍隊趕出越南。Chit-khoán ê 歷史悲劇絕大多數 ê 台灣人 lóng 毋知影。是 án-chóaⁿ 中國國民黨 hām 中華民國政府毋敢 tī 教科書提起接受 MacArthur 委託到越南 ê 代誌？答案真簡單。台灣人 nā 知，就會瞭解台灣 ê 真正國際地位，mā 會清楚中國國民黨/中華民國的外來統治者本質。

越南是一个 tng teh peh--khí-lâi ê 新興民族國家，mā 是 20 世紀 lìn 少數 ē-tàng tī 帝國 làng-phāng lāi-té 求生存，對抗美國、法國、中國、Russia hia--ê 帝國主義 ê 民族。Chit 本冊 ùi 台越人文比較研究 ê 觀點深入探討越南 ê 歷史、語言、文學 hām 文化議題。Ǹg-bāng 本冊 m̄-nā ē-tàng 增加國人對越南歷史文化 ê 認捌，mā ē-tàng ùi 研究成果當中提供台灣人思考台灣前途 hām 文化主體性 ê 參考。

【中文序】

越南啟示錄

蔣為文

越南自 1986 年改革開放以來，每年以至少約 7%的經濟成長率逐漸發展成新興亞洲經濟體。台灣除了是最早到越南投資的國家之一外，多年來也一直是前進越南的前三大投資國。隨著越南經濟的改革開放、加入 WTO 及台灣新南向政策的諸多誘因，台灣與越南的經貿關係勢必又將掀起另一波熱潮。

除了經貿合作，台越之間的通婚與文化交流也越來越密切。目前，嫁到台灣的越南人（越鄉人）大約已有十萬名，佔東南亞新移民中人數的第一名。透過國際通婚而進行的台越民間外交可說是日益熱絡。其實，台越之間的交流可溯源自好幾世紀以前，譬如 17 世紀的東寧王朝。當時鄭成功的舊屬陳上川、楊彥迪等三千士兵在東寧王朝覆亡之際前往越南投靠阮王。當時的阮王也予以收留並令他們前往南方協助開拓越南疆域（約當今的胡志明市周遭及西南方的大片區域）。這些不願被滿清統治的明國遺民最後落腳越南，大多數均與當地越南女子通婚而逐漸本土化（越南化），形成目前通稱的「明鄉人」(người Minh Hương)。由於有這樣的移民歷史，促成當今胡志明市及周遭區域發展出她獨特的文化。這種獨特文化讓台灣人覺得非常親切也容易親近。或許這也是為何嫁來台灣的越鄉人很多來自這個區域。

除了明鄉人之外，其實還有不少台灣人不知道的台越歷史。譬如，公元 1945 年日本天皇投降後，聯軍統帥麥克阿瑟指派蔣介石代表聯軍到台灣及越南北部（北緯 16 度以上）接受日軍投降。蔣介石因而指派二十萬大軍進到北越，並藉此機會對越南大肆掠奪糧食並干涉越

南內政。由於糧食嚴重短缺導致數百萬越南人餓死。這樣的慘劇遠比台灣的二二八悲情。後來胡志明利用法國的勢力才將蔣介石的軍隊趕出越南。這樣的歷史悲劇絕大多數的台灣人也不知道。究竟為何中國國民黨和中華民國政府不敢在教科書提起接受麥克阿瑟委託到越南之事？答案很簡單。如果台灣人知道這件事，就會明瞭台灣的真正國際地位，也會清楚中國國民黨和中華民國的外來統治者本質。

越南是一個崛起中的新興民族國家，也是在二十世紀裡少數能夠在帝國縫隙中求生存，力抗美國、法國、中國、俄羅斯等帝國主義的民族。本書從台越人文比較研究的觀點深入探討越南的歷史、語言、文學與文化議題。期待本書不僅可以增加國人對越南歷史文化的認識，也能從研究成果當中提供台灣人思考台灣前途與文化主體性的參考。

∞ CH 1. ∞

漢字文化共同體 ê 解構：

台灣 hām 越南 ê 比較

1. 話頭

越南 hām 台灣 kāng-khoán，lóng bat 乎中國統治過。

越南 bat 受中國 1000 外年 ê 直接統治（公元前 111-公元 939），了後雖然脫離中國 ê 統治來獨立，m̄-koh iáu hām 中國維持一定 ê 宗藩關係。Chit-ê 宗藩關係一直維持到 19 世紀後半期法國 ê 介入了 chiah 開始有變化。Tī 法國統治 beh kah 100 冬了，越南民族主義領導者胡志明 tī 1945 年宣佈越南獨立、建立「越南民主共和國」。

換 tńg 來看越南東北 pêng ê Formosa。Ùi 中國來 ê 鄭氏政權 tī 1662 年正式佔領、統治台灣。Sòa--lâi ùi 1683 到 1895 年台灣由中國清國統治。Koh lâi，1945 年到 taⁿ（2017）台灣 koh 一擺乎中國來 ê 政權「中華民國」統治。

若 ùi Benedict Anderson（1991）ê「想像 ê 共同體」（imagined communities）切入，tī 漢字文化圈[1] lāi-té，19 世紀以前 lóng 有一種以中國做中心、透過漢字所形成 ê「漢字文化想像共同體」（an imagined Hanji cultural community）。Chit 種「漢字文化想像共同體」加減 lóng 有影響 tiòh chit 個文化圈 lāi-té ê 成員 in 後來 ê 近代「民族國家」（nation-state）ê 國族想像建構。

Tī 中國，in 利用「漢字文化想像共同體」chiâⁿ 做 in 近代「中華民族」或者「中國國族」ê 想像基礎。Hit kóa 跳脫「漢字共同體」ê 舊成員，像講越南、韓國[2]、朝鮮[3] kap 日本，lóng 重新建構以 in ka-tī 為主

---

[1] 所謂 ê 漢字文化圈是指 bat 用或者 iáu teh 使用「漢字」做書寫系統 ê 國家或者地區。親像，台灣、越南、朝鮮、日本、中國、香港、kap 新加坡（蔣為文 2005）。

[2] 指所謂 ê 南韓。

[3] 指所謂 ê 北韓。

體 ê「民族國家」想像。若講到台灣，伊 iáu tī「漢字共同體」ê 邊緣 kiân-sèh[4]，che 當然就反應 tī 政治上 ê 獨、統紛爭。

M̄管台灣 hām 越南是自願 iā 被迫，lóng 經過「中國國族想像」ê 時段。對越南來講，現此時 in 已經徹底解構「中國國族想像」、脫離「中國想像共同體」，成功重建「越南想像共同體」。M̄-koh 對台灣來講，國內各族群[5]對中國 iáu 有 bô-kāng 程度 ê 想像 kap ǹg-bāng。雖然台灣運命共同體 ê 意識 tùi　tiȯh 1980 年代以來 ê 政治運動 ê 發展 mā 有 chhiâ-iāⁿ、浮頭 ê 趨勢，m̄-koh 若 beh 講「台灣國族共同體」已經完成"想像"，恐驚 á ài koh 等一段時間。

一個新 ê 共同體 tang-sî chiah 會建構完成 tō ài 看伊解構「舊共同體」ê 速度。

Chit 篇論文 ê 目的就是 beh 探討台灣 hām 越南之間，tī 解構「漢字共同體」、「中國國族想像」ê 過程當中有啥物 kāng-khoán 或者 bô-kāng chiah 會造成現此時 chit 種 bô-kāng ê 政治局勢。

下面咱就針對越南 hām 台灣 hông 納入「中國共同體」、「漢字共同體」ê 歷史背景做紹介 kap 分析。台灣讀者對台灣 ê 歷史背景有 khah 了解，所以咱紹介台灣 ê 部分會 khah 簡省，thang kā ke 出來 ê 篇幅用來紹介越南。

2.　越南

2.1.　越南 ê 中國共同體時期

越南傳說中第一個國家名號號做「文郎」（Văn Lang），he 是屬

---

[4]　華語所講 ê「徘徊」。

[5]　Tī chia 指原住民、客家、台語 kap 所謂"外省人"（華鄉人）ê 新住民。暫時無包含 chit 10 gōa 冬來自東南亞、中國或者其他地區 ê 新移民。

越南 ê「鴻龐時代」（Hồng Bàng），大概是公元前 2879-前 258 年；sòa--lâi ê 公元前 257-前 207 年是由「安陽王」建立「甌貉」國（Âu Lạc）（Tran 1921:15）。

秦始皇 tī 公元前 221 年吞食六國、統一中原了，伊 koh 繼續出兵征討「嶺南[6]」，而且 tī 公元前 214 年吞併嶺南地區。秦帝國 tī 公元前 207 年崩盤了，伊 chìn-chêng ê 將領「趙佗」（越南話號做 Triệu Đà）趁機會佔領嶺南，tī 公元前 204 年[7]建立「南越國」、用「番禺[8]」做首都（張榮芳、黃淼章 1995:56-68、陳國強等 1988:227-239）。公元前 111 年中國漢朝 ê 漢武帝出兵消滅「南越國」，koh tī 當地設「交趾部」分做 9 郡。其中 3 郡「交趾」、「九真」kap「日南」相當 chit-mái 越南 ê 北部 kap 中北部地區（Tran 1921:47）。Ùi hit-chām 開始越南第一 pái 乎中國納入版圖；che tī 現此時越南主流史觀 lìn kā 號做第一 pái「北屬時期」（Tran 2002:47）。[9]

「趙佗」到底 beh 算是中國人 iā 是越南人？Che tī 越南 mā bat 爭論過[10]。在我來看，趙佗 tī 越南歷史 lìn 所扮演 ê 角色 kap 地位 tō 親像「鄭成功」對台灣 kāng-khoán，lóng 是 kā 台灣/越南 hām 中國 liâm 做伙 ê 頭一人。若 m̄是 beh 消滅「趙佗」ê "南越國"，漢武帝可能 bē hiah 緊 tō kā 越南納入中國版圖；若 m̄是 beh 消滅"反清復明"ê「鄭成功」，清國 mā bē hiah 緊 tō 將台灣當作拓展版圖 ê 目標。

自公元前 111 年中國漢武帝將越南納入中國版圖了，一直到 kah

---

[6] 大概相當現此時中國 ê 廣東、廣西、海南島 kap 越南北部等區域。

[7] 趙陀建立「南越國」ê 年代有 bô-kāng ê 講法：越南學者陳重金（Tran 1921:39）、Do Duc Hung（2001:13）、《大越史記全書》（1697 版）ê 記載是公元前 207 年。

[8] 相當現此時中國廣東省廣州市。

[9] 因為中國位 tī 越南 ê 北 pêng，所以越南人 mā tiāⁿ 用「北方」來表示中國。

[10] 作者 hām 越南漢喃研究院阮光紅研究員 ê 個人訪談。

公元後 939 年 chit 1000 thóng 冬當中，除了少數短暫時間（公元 40-43、544-603）起義抗暴成功之外，chhun--ê lóng 是越南乎中國直接統治 ê 時期。Chit 段時期是越南 hông 用軍事、政治 ê 力量納入中國共同體 ê sî-chūn。Chit ê 時期所講 ê「中國共同體」其實是「五服制」lìn hit 種以中國皇帝為中心 ê 收編系統。Che hām 20 世紀以後 ê 具有 nation-state 觀念 ê 共同體概念無完全 kāng-khoán。

Tī 北屬時期，中國將漢字傳入去越南。Hit 當時 ê 漢字主要是用 tī 行政 kap 官員 ê 文教訓練。Hit 當時推行漢字文教上有名 ê 是交趾太守「士燮」（Sĩ Nhiếp）。士燮 in 祖先是魯國人，因為 beh 避「王莽」造反 ê 戰亂 chiah 走來「蒼梧郡」（quận Thương Ngô 目前中國廣西省蒼梧縣）ê「廣信」（Quảng Tín） hit 腳兜。Ùi 魯國遷 sóa 來「廣信」到士燮 hit 代已經是第七代。士燮因為"治民有方"所以越南人尊稱伊號做「士工」（Sĩ Vương）（Tran 1921:53）。

Tī 北屬頭仔 hit 200 外冬時期，越南人就算 khah bat 漢字、khah gâu 讀冊 mā 無法度做官、分享統治權力。一直到東漢末年「靈帝」在位（公元 168-189） ê 時 chiah 有交趾本地人「李進」（Lý Tiến） hông 提名做交趾刺史。李進 kap 後來 ê「李琴」（Lý Cầm） lóng 是推 sak 交趾人 ē-sái 做官 ê 重要人物。交趾人 kap 中國人 kāng-khoán ē-sái 做官 tō 是 ùi in 2 人開始（Tran 1921:52）。

Tī 中國統治 ê 時期，越南 mā 是「三年一小反，五年一大亂」。歷史上有記載 ê 上早起義 ê 是「徵側」（Trưng Trắc）、「徵貳」（Trưng Nhị）二姊妹 á。In 2 人推翻漢朝駐「交趾」ê 太守「蘇定」，得 tiòh 短暫獨立（公元後 40-43）。另外，mā 真有名 ê 起義事件包含來自「九真郡」ê 女性「趙嫗」（Triệu Ẩu），tī 公元 248 年起義抵抗 hit 當時中國三國時代 ê「東吳」國，可惜無成功。「李賁」（Lý Bôn） tī 公元 542 年起義，koh tī 544 年建國號做「萬春」、自號「李

南帝」，在位時間公元 544-548。李南帝以後分別由「趙越王」（公元 549-571） kap 後李南帝（公元 571-602）在位；Lō-bóe koh 乎中國梁朝吞食去。中國唐朝時期真有名 ê 起義包含「馮興」（Phùng Hưng）領導 ê 抵抗活動。「馮興」mā 號做「布蓋大王」（Bố Cái Đại Vương），獨立時期 ùi 公元 791-802 年。為啥物號做「布蓋大王」？這是因為 in 用漢字來記越南音；「布」（Bố）是「老父」、「蓋」（Cái）是「老母」ê 意思。「布蓋大王」chit ê 時期是越南「字喃」（Chữ Nôm）開始 puh ín 發展 ê sî-chūn。

2.2. 越南 ê 漢字共同體時期

北屬 ê chit 種局勢一直維持到公元 939 年，越南人「吳權」（Ngô Quyền） chiah 利用唐朝末年大亂 ê 時機脫離中國直接統治來獨立。雖然講是獨立，m̄-koh 越南 iáu 是 ài 定期 kā 中國皇帝朝貢、承認中國 ê 宗主國地位。Chit 種宗藩關係一直到 kah 19 世紀後半期 chiah 由法國取代中國 chiân 做新宗主國（SarDesai 1992:19）。

Tī 越南脫離中國 ê 直接統治了 hit 1000 thóng 冬，越南模仿中國建立 in ka-tī ê 封建社會制度 kap 王朝。越南李朝（公元 1010-1225） kap 陳朝（公元 1225-1400）期間 ùi 中國引進各式政治、文物制度，特別是「科舉制度」kap「儒家思想」thang 穩定越南朝代 ê 封建基礎。換一句話講，雖然越南無 koh 受中國直接統治，但是中國對越南 iáu 是有真大 ê 影響（SarDesai 1992:21）。莫怪越南有名 ê 歷史學家陳重金（Tran Trong Kim 1882-1953）感慨講「m̄ 管大人、囡仔，去到學校 lóng 無 teh 學越南史，kan-taⁿ 學中國史。詩賦文章 mā tō 取材中國、照中國價值觀來 kiâⁿ...」（Tran 1921:8）。

因為引進「科舉制度」kap 獨尊「儒家」ê 關係，越南各朝代繼續沿用漢字甚至將漢字當作唯一 ê 正式文字。換一個角度來看，漢字 tī

越南 ê 使用 hông 合法化 kap 正統化；che 是造成漢字 tī 越南本土化 ê 重要因素。

越南 tī 借用漢字 liáu，in 發覺漢字無法度完整表達越南 ê 日常用語，所以民間慢慢仔發展出具有越南特色 ê「字喃」。所謂 ê「字喃」是指南方（相對中國來講）ê 文字 ê 意思；因為欠標準化，「𡨸喃」mā ē-sái 寫作「𡨸喃」、「𡨸字南」。早期 ê 字喃主要是做漢字 ê 輔助工具，用來紀錄地名、人名、kap 地方特產等（Nguyen 1999:2）。Tī 累積 kúi 百年使用 ê 經驗 liáu，tī 13 世紀 chiah 有字喃 ê 文學作品 ê 出現，[11] ah tī 16 至 18 世紀之間達到高潮。[12] 字喃 ê 使用者主要是 thǹg 赤腳 ê 平民、落魄文人、僧侶、kap 少數有強烈民族意識 ê 精英。一般來講，字喃主要用 tī 紀錄民間口傳文學、創作純越南話文學、翻譯佛經、kap 替漢字作注音、註解（Nguyen 1999）。

雖然 tī「布蓋大土」時期 tō 出現「字喃」，而且 ùi 10 世紀以後，lú 來 lú chē「字喃」出現，m̄-koh「字喃」m̄-tāⁿ 無得 tiòh 當權 ê 越南朝廷 ê 支持，甚至遭受來自國內 kap 國外（中國）ê 打壓。為啥物會有 chit khoán"反本土"現象 neh？Ē-sái 分析做下面 chit kúi 點因素：

第一，受中國漢字文化價值觀 ê 影響。因為漢字 tī 中國是唯一 ê 文字正統，ah 越南 koh 奉中國做宗土國，致使越南各朝廷 m̄敢侵犯漢字 ê 正統地位。換一個角度來看，越南各朝廷用接受越南 hông 納入「漢字文化共同體」做為交換 in 政治上獨立 ê 條件。用現此時台灣 ê 用語來講就是「政治越南、文化中國」！Chit 種現象 tī 現此時 ê 台灣政治界、文化界 mā 是非常普遍，就是所謂 ê「政治台灣、文化中

---

[11] 根據現存 ê 文學作品年代所論斷。
[12] Hām Nguyen Thanh Xuan ê 個人訪談。

國」！真 chē 台灣派 ê 政客、文化人雖然平時會講台語，m̄-koh 真正到正式場合、制定文化政策 ê 時，soah lóng 認為台語無法度「登大雅之堂」、kā 台語當作 àu 鹹菜 tàn tī 邊仔。

第二，乎科舉制度束縛 ê 關係。因為越南各朝代 lóng kā 漢字當做正統、mā kā 列 tī 科舉考試 lāi-té，所以 hit koá 想 beh 做官、通過考試 ê 人就 bē-sái 無學。Tng-tong 即 koá 人考試入取、功成名就 liáu，in 為 tiòh 維護 ka-tī ê 既得利益，當然就繼續擁護漢字 ê 正統地位。Che 就 kap 現此時台灣人 tú tiòh ê 情形 kāng-khoán，hit kóa 經過中華民國 ê 中國語文教育出來 ê 上層精英、政治人物、作家、老師 lóng 是「中文」ê 既得利益者。除了少數 ê 例外，beh 叫 hit kóa 中文既得利益者支持使用台文，恐驚是真 oh。

第三，字喃先天 ê 文字結構缺陷。字喃主要是按形聲 ê 方式，結合 2 個漢字（1 個表音、1 個表意） chiaⁿ 做 1 個新 ê 字喃字。字喃除了繼承漢字本身 ê 缺點，mā 生 thoàⁿ 出 koh khah chē ê 問題。像講，台語 ê「字」tī 字喃 lìn 寫做「𡨸」；「少年」寫做「𥘷」。「𥘷」tī 越南話發音/tre/；「𥘷」lìn ê「礼」（漢越音/le/）用來"暗示"𥘷的發音，「小」用來表示「少年」ê 意思。Ùi chia ē-tàng 看出字喃其實是比漢字 khah 複雜、歹學 ê。一般來講，beh 讀有字喃，就 ài 先 bat 漢字 chiah 有 châi-tiāu 讀。因為字喃複雜 kap 無標準化，所以造成伊 ê 推展 ê 困難，mā 乎 hit kóa 擁護漢字者有藉口 m̄ 推行字喃。

咱 ē-sái 講，越南 ùi 10 到 19 世紀當中，雖然 tī 政治上脫離中國統治，不過 tī 文化上 iáu 是 hông 納入「漢字文化共同體」lāi-té。

2.3. 越南 ê 越南想像

越南人有法度跳脫「漢字文化共同體」，che kap 法國 tī 19 世紀後半期以後介入越南--中國有關係。

公元 1858 年，法國利用傳教士受迫害做藉口聯合西班牙軍艦向越南中部 ê 峴港（Đà Nẵng）出兵（Tran 1921:516-517）。越南末代朝廷「阮朝」phah bē 過法軍，為 tidh 求和只好 tī 1862 年簽訂「第一次西貢條約」割讓南部「嘉定」、「邊和」、kap「定祥」三省乎法國（Tran 1921:523）。當然法國並無 án-ne 就滿足，in koh 繼續侵佔其他各省。越南 bē kham--chit 法國 ê 軍事壓力，sòa 尾 tī 1883 年 kap1884 年分別簽訂「第一次順化條約」（Hiệp ước Harmand）kap「第二次順化條約」（Hiệp ước Patenôtre），承認法國是越南 ê 宗主國。越南遭受法國襲擊 ê 時 mā bat 向中國求援，m̄-koh hit 當時 ê 中國已經自身難保，無法度有效阻擋法軍 ê 侵略（龍章 1996）。Lō͘-bóe 中法雙方 tī 1885 年簽定協議停戰 ê「天津條約」。Tī 條約 lāi-té，中國正式放棄對越南 ê 宗主國地位 koh 承認越南改由法國保護（Tran 1921:577）。

法國殖民者統治越南 ê 時，in 認為中國是法國 kap 越南之間 ê 第三者，對法國統治越南有潛在 ê 威脅。若 beh 將越南 kap 中國永久割開，就 ài 將連接 in 2 國之間 ê 線切斷。因為越南長期以來 lóng kā 中國奉做宗主國、mā 透過漢字學習中國文化 kap 價值觀，假使乎越南人繼續使用漢字就等於是乎越南保持 hām 中國 ê 親密關係。所以法國認定連接越南、中國之間 ê hit 條線就是「漢字」。為 tidh 乎越南斷絕 hām 中國 ê 關係、thang 親近法國，無將漢字提掉 bē-sái（DeFrancis 1977:77）。[13]法國人想出來 ê 策略是用「羅馬字」取代漢字。In 認為越南人若 ē-tàng 接受羅馬字，án-ne 未來 beh koh 進一步接受「法文」ê

---

[13] 像講 1866 年，1 個法國殖民地行政官員 Paulin Vial tī 1 張批 lìn 提起講"From the first days it was recognized that the Chinese language was a barrier between us and the natives…; it is the only one which can bring close to us the Annamites of the colony by inculcating in them the principles of European civilization and isolating them from the hostile influence of our neighbors"（quoted in DeFrancis 1977:77）。

可能性就 lú 高。法國人所推行 ê 羅馬字就是 tī 17 世紀經由傳教士傳入越南，tī 越南教會界使用 200 外冬 ê 羅馬字（蔣為文 2005a, 2005b）。

雖然法國殖民者推 sak 羅馬字 ê 最後目的是推廣法文，m̄-koh 伊無形中 soah 提供越南羅馬字初期成長 ê 奶水。像講，法國殖民者 kā 羅馬字列入學校課程，soà--lâi tī 1865 年由官方發行第一份 ê 羅馬字報紙《Gia Định báo》（嘉定報）；越南羅馬字 mā ùi hit chām 開始號做「Chữ Quốc Ngữ」（國語字）（Vien Van Hoc 1961:22）。「嘉定報」就 hām 台灣 1885 年出版 ê 第一份羅馬字報紙《Tâi-oân-hú-siâⁿ Kàu-hoē-pò》（台灣府城教會報） kāng-khoán，有 chhōa 頭普及羅馬字 ê 貢獻。另外一個推廣羅馬字 ê 例是，南部總督 tī 1882 年簽定一份規定所有越南話 ê 公文 ài 用羅馬字寫 ê 議定（Vien Van Hoc 1961:22-23）。法國人為 tiòh 打破「科舉制度」對漢字 ê 保護，in tī 1915 kap 1919 年分別廢除越南北部 kap 中部 ê 科舉考試（Nguyen 1998:48）。

雖然 tī 法國殖民者 ê 推 sak 之下，越南羅馬字 tī 19 世紀後半期有比以前 khah 普遍，m̄-koh 整體來講伊 ê 推行效果 iáu 真有限（DeFrancis 1977:69）。羅馬字 ê 推行 ài 20 世紀初以後 tī 越南本土 ê 民族主義者 ê 鼓吹之下 chiah 有明顯 ê 進展（DeFrancis 1977:159）。這原因是 tī 反對法國殖民主義 ê 氣氛之下，piān 若用外來 ê 羅馬字就會 hông 當做是倚附外來政權 ê 行為。M̄-koh tī 越南民族主義者感受 tiòh 羅馬字簡單、好用、是教育民眾 ê 好工具 liáu，in 就化解對羅馬字 ê 惡感，kā 羅馬字本土化、chiâⁿ 做對抗外來統治 ê 利氣。

Ti 1900 年 chìn-chêng，越南 ê 文人、官員 iáu kiò-sī 雖然越南 tī 政治上受法國控制，m̄-koh iáu 有法度維持文化 hām 精神上 ê 獨立。但是新一輩 ê 改革派注意 tiòh 殖民統治所造成 ê 教育 kap 文化衝擊 ê 危險性；in 對 hit kóa 巴結法國 ê 官員、貴族感覺真心寒，mā 恐驚變做「亡國奴」。所以 chia ê 官員大概分作 3 款：第一是 hām 法國統治者合

作；第二是 kui-khì 隱居起來，作消極抵抗；第三是積極反抗法國殖民統治（SarDesai 1992:14）。

基本上，越南的民族主義運動是 ui 20 世紀初開始 chhiaⁿ-iāⁿ òng-kóng 起來。主要 ê 原因是：第一，法國 ê 西式教育 ê 影響。雖然殖民者提供 ê 是一種跛腳 ê 殖民教育，m̄-koh 乎越南人透過 chit 個新式教育 ē-tàng 比傳統教育 khah chē 機會來接觸「民族主義」、「民族國家」、「民主」kap「科學」等 ê 新觀念。第二，20 世紀初民族主義潮流 ê 影響。超過 10 萬 ê 越南人法國兵 tī 第一次世界大戰（1914-1918）替法國做軍伕 ê sî-chūn 對 hit 當時 ê 民族主義熱潮有真深 ê 印象。加上 hit chūn 美國總統 Hui-o-son（W. Wilson）發表民族自決 ê 聲明，mā 乎各地 ê 民族運動真大 ê 鼓舞。

20 世紀初鼓吹羅馬字 ê 民族主義運動 ê 頭一個代表性團體算是「東京義塾」。[14] 「東京義塾」tī 越南所扮演 ê 角色就 ká-ná 20 年代 ê 台灣文化協會；兩者 ê 差別是「文化協會」並無注重羅馬字、kan-taⁿ 倡導漢字白話文。即個差別 tú-hó 注定羅馬字 tī 台灣 hām 越南有無 kāng ê 發展命運。

「東京義塾」ê 成員主要是一寡留學日本 ê 越南知識份子。In tī 1907 年 tī 河內[15]（Ha Noi）設立「東京義塾」學校，thang 傳授西方思想 kap 科學新知等。In 認定若 beh 達成啟發民智 ê 目的，無教羅馬字 bē-sái。所以「東京義塾」ê 第一要務就是 beh 普及羅馬字；in beh 透過羅馬字來教育民眾、乎大眾有知識 thang 對抗法國殖民統治。「東京義塾」雖然成立無到 1 冬就乎法國殖民者強迫關門，m̄-koh in ê 主張 soah tī 知識份子之中普遍得 tio̍h 認同 hām 支持。Tī in ê 影響之下，

---

[14] Hām Nguyễn Quang Hồng ê 個人訪談。有關「東京義塾」，mā ē-sái 參閱 Marr（1971:156-184）。

[15] 河內是越南目前 ê 首都。

「推廣羅馬字」 soah chiâⁿ 做越南民族主義者 ê 普遍主張 kap 推動要點,mā 引起一 chūn 興學、辦羅馬字報紙 ê 風潮(Vuong & Vu 1980:20-32)。根據估計,到 kah 1930 年為止,全越南量約仔有 75 種 ê 羅馬字報紙(Hannas 1997:86)。

雖然羅馬字 tī 越南民族主義者 ê 推 sak 之下有真大 ê 成就,m̄-koh 這並無代表羅馬字 tī hit chūn 已經完全取代漢字。Ti 1945 年 chìn-chêng,「越南話」ham「越南羅馬字」相對法文 kap 漢文來講 iáu 是 hông 真看輕,尤其是保守派 ê 知識份子 kap 官員 koh khah 看 in 無起。譬如講,有一個越南 ê 政治人物號做 Ho Duy Kien,ti 1931 年「交趾支那殖民地會議」討論基本教育 ê 時指出,越南話是 kap tī 法國 ê *Gascogne*、*Brittany*、*Normandy* 或者 *Provence* 所發現 ê "土話" kāng-khoán 無水準、kē-lō͘ ê 話,若是 beh 將越南話提昇到親像法國話或者中國話 ê 水準,ài liáu 500 冬 ê 時間(DeFrancis 1977)。

羅馬字 ê 地位 tī 1945 年胡志明宣布越南獨立 liáu chiah 進一步提升做國家唯一 ê 正式書寫文字。胡志明 tī 1945 年 9 月初 2 宣布成立「越南民主共和國」liáu,新政府 tī 9 月初 8 就 sûi 宣佈全面推行羅馬字教育 ê 政策。根據估計,1945 年全國 bat 字 ê 人口大約有 20%;tī 全面推行羅馬字 liáu,1953 年已經提升到 70%(DeFrancis 1977:240)。

總講一句,越南 ē-tàng ùi 漢字、字喃成功轉換做羅馬字 ê 原因有真 chē,其中上重要關鍵 ê 是「外在」kap「內在」因素:

外在因素是指越南 tī 長期受中國 kap 法國殖民統治之下,àn-sǹg 利用越南羅馬字 chiâⁿ 做文化獨立 ê 基礎、thang 進一步保障民族政治 ê 獨立。Tī 40 年代,日本軍為 tiòh 侵略中國 soah 來出兵到越南,àn-sǹg thèh 越南做攻擊中國西南地區 ê 根據地。對中國來講,派軍進入越南 thang 掃除日軍 ê 根據地是有需要 ê。M̄-koh 對 hit 當時 iáu 佔領越南 ê 法國來講,伊驚中國軍隊若 koh 入來會 m̄ 走、甚至 kā 越南 koh thèh tńg-khì 中國 ê 手 lin。對越南 ê 領導人來講，án-choaⁿ 利用各國 ê 矛盾 thang 乎越南得 tiòh 獨立是要緊 ê 代誌。胡志明對中國相當了解，伊 mā 驚中國利用掃除日軍做藉口 soah 佔領越南。所以伊 ê 策略是一方面阻擋中國軍隊進入越南（蔣永敬 1971:107），一方面策動反中國 ê 運動（蔣永敬 1971:228-240）。Tī 即種 pān-sè 之下，羅馬字當然 chiaⁿ 做確保政治、文化獨立 ê 上好選擇。

胡志明 bat tī 1924 年去中國廣州進行政治活動（李家忠 2003:93）。胡志明 tī 廣州一方面組織在中國 ê越南人，一方面 koh hām 中國 ê革命團體（包含中國國民黨 kap 中國共產黨）聯繫。胡志明 tī 中國活動 ê時間前後大約有 10 冬左右。伊 hām 中國共產黨 lú行 lú 近，lō·-bóe 得失中國國民黨。Tī 1942 年 8 月到 1943 年 9 月，胡志明 hō 中國國民黨監禁 tī 廣西。關 tī 監獄 ê時，胡志明用漢文寫出有名 ê 《獄中日記》。

胡志明 ê中國經驗對伊後來處理中越關係有真深 ê影響。Tī 1945 年 8 月 15 號日本天皇正式向聯軍投降 chìn-chêng，胡志明已經聽 tiòh 風聲講日本可能接受美國、英國、蘇聯三國 tī 「Postdam 宣言」（the Postdam Proclamation『波次坦宣言』）lìn 要求日本無條件投降 ê主張。胡志明一聽 tiòh 風聲 tō 開始準備 beh tī 越南各地發動起義游擊戰 koh lī 8 月 16 號組越南臨時政府，thang 發揮「先發制人」ê功效。就 án-ne，到 kah hit 年八月底，短短二禮拜 ê時間，胡志明就真成功 ê發動「八月革命」取得掌控越南 ê優勢（Đinh Xuân Lâm 2001:364-371、廖碧珠 2006:118）。

公元 1945 年 8 月 15 號日本天皇投降了，聯軍統帥 MacArthur 指派蔣介石代表聯軍到台灣 kap 越南北 pêng （北緯 16 度以上）接受日軍 ê 投降，kāng sî-chūn 越南南 pêng tō 由英國代表接收（Lê 2001:10; Bộ 2003:69;陳鴻瑜 2003、康培德 2007、楊碧川 1998:103）。胡志明因

為成功發動「八月革命」，一時得聲勢大好。伊就順 hit-ê 勢，趕 tī 蔣介石軍隊 iáu bōe 全面進入越南 chìn-chêng 就 sûi tī 1945 年 9 月初 2 宣布越南獨立 kap 成立「越南民主共和國」。

Hit 當時蔣介石派「盧漢」帶領 20 萬兵進入越南河內。蔣介石 ê 軍隊一進入河內，kap hit kóa 來台灣 ê 軍隊 kāng-khoán，軍紀真 bái，像講食物件、坐車 m̄ 付錢，而且 koh 將傳染病 chah 入來越南[16]。蔣介石佔領越南北部 ê 時 koh 以負擔軍糧做藉口趁機會搶越南 ê 糧食。Hit 當時越南 tú hó 大饑荒，koh tio̍h 應付蔣介石 ê siáu 貪 soah 造成數百萬人餓死（Nguyễn 2011:9）。另外，蔣介石 koh 扶持親蔣的「越南國民黨」（Việt Nam quốc dân đảng）kap「越南革命同盟會」（Việt Nam cách mạng đồng minh hội）beh 介入越南 ê 政治（Le 2001:10; Bo 2003:76-77）。胡志明 bat tī 中國 tòa--kòe、mā bat 坐過中國國民黨 ê 監 13 個月，所以伊對中國人 ê 野心真了解。伊 bat 講過：「若 beh 一世人食中國人 ê 屎，khah 輸暫時鼻法國人 ê 臭屁」（楊碧川 1998:105；Hood 1992:16）。胡志明看 m̄ 是勢，驚蔣介石 ê 越南 ê 力量 lú 來 lú 大，所以伊用計乎蔣介石離開越南。伊 tī 1946 年 3 月初 6 hām 法國代表 Sainteny 簽訂「六三協定」（Hiệp định sơ bộ 6-3），內容包含：承認越南民主共和國是「France 聯合」（Liên hiệp Phát）ê 一部份，享有獨立 ê 政府、國會、軍隊 kap 財政；越南政府同意法國 1 萬 5 千名軍隊進入北部 thang 換掉中國國民黨 ê 軍隊，而且 chit 1 萬 5 千名法國兵 ài tī 5 冬內撤退（Bo 2003:78）。Kâng 時期，法國 tī 1946 年 2 月 28 tī 重慶 hām 國民政府簽訂「中法關於法國放棄在華治外法權及其有關特權條約」kap「關於中國駐越北軍隊由法國軍隊接防之換文」等條約 kap 換文（陳鴻瑜 2003、2004）。也就是法國用放棄 tī 中國 ê 治外法權

---

[16] Hām 越南老兵、名作家「黃進」（Hoàng Tiến）ê 個人訪談。

kap 特權來 hām 中國交換同意由法軍取代中國軍隊。胡志明就是利用法國 kap 國際局勢逼蔣介石退出越南。當蔣介石退出越南 ê 時，胡志明同時 koh 準備 kap 法國 ê 游擊戰。Che 是 hit 當時真有名 ê 故事，tī 越南 ê 高中歷史教科書 lóng 有記載（Bo 2003）。Hit 當時 ê 台灣知識份子就是無 chit khoán ê 對中國 ê 戒心 chiah 會乎蔣介石「乞食趕廟公」佔領台灣 m̄還。

內在因素是指反封建、反知識壟斷 ê 廣大需求。就親像胡志明所講 ê，án-choáⁿ 乎 hiah chē 無受教育 ê 群眾有新知識 thang 乎國家富強是足要緊 ê 代誌（Ho 1994:64-65）。Tī 19 世紀以前 ê 越南封建社會 lìn，in 唯一外來 ê 主要威脅是中國；tī hit 種情形之下，採用漢字雖然會造成多數 ê 勞苦階級 chiâⁿ 做青暝牛，m̄-koh án-ne 做 ē-sái 消除中國 ê 侵略慾 koh ē-tàng 滿足越南封建朝廷 ê 既得利益。M̄-koh 到 kah 20 世紀 liáu，越南 ài 應付 ê m̄-tāⁿ 中國 niâ，ài koh 應付 sio-soà 來 ê 西歐 kap 日本帝國主義。字喃雖然有越南民族特色，m̄-koh soah seng 複雜 kap 歹學。對照之下，簡單、好學 ê 羅馬字就 chiâⁿ 做啟發民智、對抗外來統治 ê 上好選擇。雖然胡志明 tī 1945 年就宣佈越南獨立，m̄-koh 一開始並無任何國家承認，而且引起法國『捲土重來』ê 攻擊；lō͘-bóe koh 美國介入南北越內戰。Ē-sái 講自 1945 到 1975 年之間越南 lóng 是屬於戰亂 ê 時期。戰亂時期哪有啥物 liōng-siōng ê 資源 thang 好做 bat 字 ê 教育。Tī 資源有限 ê 狀況之下，羅馬字當然是上好 ê 選擇。越南 ê 民族主義領導者 tī 覺悟 tioh 時代 ê 變遷 liáu，chhân-chhân 決定採用羅馬字。Tī 掌握 tioh"多數民眾是青暝牛、kan-taⁿ 少數既得利益者 bat 漢字[17]"ê 情形之下，用全國 ê 力量來推 sak 羅馬字，當然真 kín 就有效果。

---

[17] 一般來講，"要求已經 ē-hiáu 某種文字 ê 人學新 ê 文字系統" 比"乎 m̄ bat 字 ê 「青暝牛」去接受新文字系統"khah 困難。像講，Stubbs（1980:72）就指出當初美國 ê 英文拼字改革無成功 ê 主要關鍵就是民眾無 beh 改變舊慣習。

3. 台灣

台灣 ê「共同體」歷史經驗 tú-hó kap 越南 tò-péng。台灣 ùi 世界 ê 一部份 tī 17 世紀後半期 hông 納入漢字文化圈 lāi-té；雖然日本 tī 1895-1945 chit 段期間介入統治台灣，m̄-koh 伊對台灣脫離漢字文化共同體 ê 幫贊真有限，致使蔣介石軍隊 tī 1945 年代表聯軍接收台灣 ê 時有法度用漢字文化圈 ê 特色製造中國共同體 ê 假象。

3.1. Ùi 世界 ê 一部份到漢字文化共同體

1492 年 Kholanpos （Christopher Columbus）代表歐洲人第 1 pái 行船到美洲大陸；幾年後，葡萄牙 ê 行船人 Gama （Vasco da Gama）tī 1498 年經由「好望角」（The Cape of Good Hope） phah 開歐洲到印度 ê 新航線。15 世紀 ê 結束 tú 好是新航線時代 ê 開始。Tī 亞洲，tòe 新航線時代腳後 táu 來 ê 是西歐 ê 傳教活動、國際貿易 kap lō͘-bóe ê 殖民主義。

荷蘭人 tī 1579 年脫離西班牙 ê 統治、建立荷蘭共和國，sòa--lâi 聯合英國 tāu-tāu-á 形成新 ê 海洋霸權。荷蘭人 tī 17 世紀初本底 beh 佔領澎湖 thang 作為 hām 中國買賣 ê 據點，因為明國 ê 強烈反對 kap 抵抗，致使無成功。Lō͘-bóe 中國 hām 荷蘭達成停戰協議：荷蘭 ài 退出明國統治之下 ê 澎湖；荷蘭若是 beh 佔領無屬明國 ê 台灣，明國並 bē 干涉（史明 1980:58）。Tī chit ê 緣故之下，荷蘭人 tī 1624 年"轉進"台灣，tī 無 tú tio̍h 中國兵 ê 抵抗之下，真簡單就佔領台灣。

Tī 荷蘭人來到台灣 chìn-chêng，台灣是南島語系民族 ê 天下。因為台灣原住民 hit 當時並無形成近代民族國家 ê 政治組織，致使無法度真有力抵抗荷蘭人 ê 入侵。

荷蘭人 tī 台灣除了剝削經濟資源之外，iáu 從事基督教義 ê 推廣（Campbell 1903:vii）。In 替台灣平埔族設計羅馬字 ê 文字系統、印教

義冊、koh tī 1636 設立第一間用平埔族「新港語」為教學語言 ê 學校（Campbell 1903:147; Heylen 2001;林玉体 2003:20）。這是台灣有史以來第一 pái ê 學校教育系統。雖然 chit ê 系統淡薄仔"跛腳"、功能有限，m̄-koh 伊提供 hit 當時台灣 hām 世界相接ê線（蔣為文 2005d）。

Anderson （1991:37-46）分析講「出版」、「宗教改革」kap「當地母語 ê 出頭」是近代民族國家意識形成 ê 重要源頭。若照 chit 種觀點來看，hit 當時荷蘭人若無 tī 1662 年將台灣讓乎鄭成功，「新港語」ê 出版 kap 教育有可能 lú 來 lú 重要，甚至「新港語」可能形成台灣平埔族之間 ê 共通語、扮演以平埔族為主體 ê 台灣民族意識 ê 催化劑。

可惜台灣平埔族透過新港語想像運命共同體 ê 時間無夠長，就因為明國遺將「鄭成功」tī 1661 年領軍進攻台灣來中斷。

鄭成功就類似越南歷史中 ê 趙佗，是透過軍事、政治將台灣往漢字文化圈 sak ê 頭一人。Tī 鄭氏王朝（公元 1662-1683）統治台灣時期，in 推行漢字、儒學、設立科舉制度（林玉体 2003:37）。台灣就án-ne hông giú--jip-khì 漢字文化圈，一直到 1895 年清國割讓台灣乎日本。

Tī 漢字文化圈 lāi-té 有一個共同 ê 特色，就是官方 tī 文教、行政、正式場合 定是用漢字文言文書寫；m̄-koh tī 民間，in 有可能修改漢字、或者造新文字 thang 配合 in ê 口語（蔣為文 2005c）。Che 無形中就形成一種「高低文字」（digraphia[18]） ê 現象。Chit 種現象 tī 早期 ê

---

[18] Dale （1980: 5）將 digraphia 定義做 "the use of two （or more） writing systems for representing a single language." DeFrancis （1984: 59） 定義做 "the use of two or more different systems of writing the same language." Chiung （2003:9）kā in ê 定義修改做"the use of more than one writing varieties to serve different communicational tasks within a society."

越南就是漢字(高階文字)vs.字喃(低階文字)。若論到台灣,早期民間 mā 有出現類似字喃 ê 文字,he tī chia 咱 kā 統稱做「歌仔冊文字」。

漢字文化圈就是利用漢字文言文做為共同 ê 想像凝聚体。民間發展出來 ê「字喃」或者「歌仔冊」雖然分別對越南、台灣 ê 個別民族意識(national consciousness)有幫贊,m̄-koh 因為官方 ê 打壓 kap 本身 ê 文字缺陷(歹學、歹讀) soah 無法度發揮類似羅馬字 tī 歐洲帶動近代西歐國家國民文學、國民意識 ê 形成 ê 貢獻。總講一句,漢字文化圈 lāi-té 有 2 款力量:一款是透過漢字文言文建構起來 ê 以中國皇帝為中心 ê 中國吸引力;另外一款是透過「字喃」或者「歌仔冊」chit khoán ê 以在地為中心 ê 本土化力量。漢字文化圈 lāi-té ê 成員是 m̄是有法度脫離中國形成近代 ê 民族國家就 ài 看 chit 2 股力量 siáng khah 強。

越南近代因為有外力 ê 介入,幫贊 in 切斷透過漢字文言文連起來 ê hit 條越南 hām 中國之間 ê 線。Koh 因為法國推行羅馬字 soah 乎越南「青暝雞啄 tio̍h 米」得 tio̍h 改善越南語書寫效率 ê 工具 thang 提升本土化力量。所以越南有法度 tī 20 世紀解構漢字共同體,行向民族國家 ê 建構。

台灣雖然 tī 19 世紀尾 mā 有外力介入,m̄-koh 因為佔領台灣 ê「日本」本身 mā 是漢字文化圈 ê 國家,所以對台灣 beh 跳脫漢字共同體 ê 幫贊並無大。若準 1884 年 hit 當時清國 hām 法國之間為 tio̍h 越南宗主權歸屬問題所發生 ê「清法戰爭」(中法戰爭)延續落去而且法國同時佔領台灣 kap 越南,án-ne 台灣 ê 近代史就 ài 改寫、而且台灣有可能用「白話字」(Pe̍h-oē-jī; 台語羅馬字[19])取代漢字。

---

[19] 詳細請參閱蔣為文(2005a)、董芳苑(2004)。

Án-chóaⁿ 講日本統治對台灣脫離漢字文化圈無 kài 大 ê 幫贊？雖然日本自 1868 年「明治維新」以後就非常注重「脫華入歐」而且真重視語文改革 hām 國民教育 ê 重要性（Seeley 1991:136-142）。M̄-koh，日本 ê 語文改革 kan-taⁿ 明顯提升 Kana ê 使用比例，並無完全廢除漢字。為啥物日本無完全廢除漢字 neh？因為自 1931 年日本發動「滿州事件」開始全力入侵中國東北以後，日本軍國主義者氣勢當 chhiaⁿ-iāⁿ。In 為 tiȯh 紀錄所佔 ê 中國地名 kap 人名 ê 實質需要，soah 反對廢除漢字（Gottlieb 1995:75-88; Seeley 1991:147-148）.

日本佔領台灣期間雖然一開始就有按算推行日本話，m̄-koh in 對漢字 iáu m̄是真敵視。台灣總督甚至 tiāⁿ 舉辦漢詩聯吟大會，招台籍文人來官廳吟詩作對 thang giú 近台灣人 hām 日本人 ê 距離（施懿琳 2000:186-187）。日本人就是利用漢字文化圈 lāi-té 漢字 ê「剩餘價值」來做為軟化台灣人反抗 ê 工具。Che kap 法國人將漢字當作破壞法國、越南關係 ê 第三者有完全 bô-kāng ê 觀點。

因為日本政府對漢字無排斥[20]，koh 加上 hit 當時 ê 台灣知識份子對用羅馬字來做台灣話文 ê 書寫工具 mā 無真看重，致使台灣失去用羅馬字取代漢字 thang 切斷 hām 漢字文化圈 ê 關係 ê 機會。像講，日據時期推行羅馬字上有力 ê 蔡培火 tī 1924 年同化會 tng teh 鬧熱滾滾 ê 時建議推行羅馬字 soah 無得 tiȯh 重視；tī 1931 年對日本官員「伊澤多喜男」遊說使用羅馬字 mā 得 tiȯh 反對 ê 回應（張漢裕 2000:19-20）。

3.2. 台灣 ê 中國共同體

公元 1945 年日本投降了，蔣介石代表聯軍接收台灣 kap 越南北部。為啥物 hit 當時 ê 台灣人會出現所謂 ê "歡迎祖國"ê 現象？若 beh

---

[20] 一直到 1937 年台灣總督 chiah 禁止使用漢文（葉石濤 1993:59）。

講 he 是歡迎祖國"中國",khah 輸講 he 是一種對漢字文化共同體 ê ǹg
望。

咱 chìn-chêng 有講過,台灣雖然經過日本統治,m̄-koh 台灣並無
完全脫離漢字文化共同體。雖然台灣 iáu 有漢字文化共同體 ê 特色,
m̄-koh he koh hām 蔣介石所想像 ê 中華民族或者中國共同體無完全
kāng-khoán。蔣介石 kā chit 個 bô-kāng 怪罪對台灣人受日本 ê 奴化,
soah 無認清「漢字文化共同體」kap「中國共同體」本 chiân 就是 2 個
無完全 kāng ê 層次。因為文化 ê 差異,加上經濟 ê 剝削 kap 政治 ê 壟
斷,soah 引起台灣 1947 年 ê 228 起義。

因為 228 起義 ê 教訓,台灣人 chiah 覺醒講台灣 hām 中國是 bô-
kāng ê 2 個個體。蔣介石 mā 自 án-ne chiah 體會到 ài 徹底對台灣人實
行中國化政策 chiah ē-tàng 穩定中華民國 tī 台灣 ê 生存空間。蔣介石就
一方面利用台灣原有 ê 漢字文化共同體特色,像講使用漢字、崇拜儒
學、過舊曆年、中秋、清明等,kā 轉換做中國共同體 ê 想像基礎;另
外一方面就盡力斬斷台灣本土化 ê 根,像講禁止講台灣語言、禁止使
用羅馬字。透過出版品、媒體宣傳 kap 大中國 ê 教育系統,台灣真 kín
就建立以中華民國為基礎 ê 中國共同體想像。

Chit 個中國共同體雖然 tī 1980 年代以後遭受嚴重 ê 挑戰,m̄-koh
到 taⁿ 以台灣為主 ê 想像共同體並 iáu bōe 完成。雖然本土政黨「民主
進步黨」tī 2000 年執政到 taⁿ 2007 年已經 7 冬,m̄-koh 台派 kap 中國派
選舉對決 iáu 是 5 分 5 分,甚至 iáu koh 有人走去對岸「中華人民共和
國」hoah 反對台獨。是 án-chóaⁿ 以台灣為主 ê 運命共同體 iáu 無法度
形成主流?Che 大概有下面 kúi 點原因:

第一,台灣自古以來 iáu m̄ bat 成功建立 ka-tī ê 國家或者王朝、欠
缺一個光榮 ê 歷史過去。對一個社群來講,bat 有共同 ê 歷史經驗是叫
醒成員 ê 集體記憶 sòa--lâi 進一步做伙行動來達成社群 ê 共同目標 ê 重

要因素。這 mā 是為啥物 tī 清國統治台灣 ê 歷史當中,所有 ê "造反" 或者革命 ê 領導者 lóng ài 用「反清復明」等 chit khoán ê 口號來 kho群 眾。可惜「反清復明」chit khoán ê 口號對建立新 ê 民族國家 ê 吸引力 有限。台灣 mā 因為欠缺一個光榮 ê 歷史文化,致使台灣對 kā-tī mā 無 自信、妥協性格 khah 強。有 sî-chūn 台灣有機會出頭,m̄-koh soah ka- tī 放棄機會。像講,對 tио̍h 二次大戰戰後蔣介石佔領台灣 chit 件代 誌,台灣人竟然無人有胡志明 hit khoán ê 眼光要求中國撤軍。Koh 像 講,2000 年以後台灣雖然換民進黨執政,m̄-koh 對 tио̍h 教育台灣化、 本土語言 ê 栽培 soah lóng 無啥 chhù-táu、無重視。各大學台灣文學系對 台灣母語 mā 無看重(蔣為文 2004)。

第二,台灣 tī 二次大戰戰後有一批新移民加入,chit kóa 新移民 ê 歷史記憶 tú-hó kap 舊移民(台灣人) ê 記憶出現矛盾 ê 現象。Hit kóa 新移民歷史記憶 lāi-té 對中國 ê 嚮往 kap ǹg 望 tú-hó是台灣人 tī 砌造民 族國家當中想 beh tàn 掉 ê 一部分。Án-choán 解決 chit 個矛盾現象是台 灣邁向正常國家真重要 ê 課題。

第三,台灣人 iáu 有強烈 ê 漢字文化圈特色。真 chē 政治台獨 ê 人 士雖然支持台灣建立主權獨立 ê 國家,m̄-koh 文化上 iáu 是認為 in ka-tī 是華人、祖先來自中國。Chit 種 ê 獨立方式其實是「二個中國」、或 者「蕃屬國」ê 獨立模式,kap 日本接收台灣 chìn-chêng 所成立 ê 短命 ê 「台灣民主國」kāng-khoán bē 久長。台灣人應該加強國際化 kap 恢復 原住民南島語系文化 ê 特色 chiah 有法度跳脫漢字文化共同體 ê 束綁。

4. 結論

越南 hām 台灣 pên pên lóng bat 乎中國統治過。越南 ùi 中國共同 體、漢字文化共同體轉變到 kah 越南民族國家 ê 建立。台灣原起頭 hām 中國無關係,lō-bóe soah hông chhōa jip 漢字文化圈、甚至是中華

民國 ê 國族想像。

　　台灣有一句俗語講：「三年一小反，五年一大亂」。Chit 句話主要 teh 描寫清國統治台灣期間，台灣人起義造反 ê 次數 put-lí-á chē。雖然台灣人起義造反 ê 次數真 chē，為啥物無半 pái 起義成功甚至進一步建立獨立 ê 王朝？Chit ê 原因 m̄-nā 因為清國軍隊比起義 ê 民兵 khah 有組織，mā 因為 hit-chūn ê 人 iáu-bōe 形成整合各族群（ethnic groups）共同對抗清國或者外來者 ê 現代 ê「台灣人意識」。加上，儒家思想 kap 中國式士大夫教育是 hit-chūn ê 社會主流，kui-ê 台灣或者中國社會 m̄-bat 接觸 hit 當時西歐社會 tng teh 流行 ê 民族國家概念，莫怪起義 ê 領導者 lóng 停留 tī 封建觀念 ǹg 望有一工 ē-tàng 登基作皇帝。譬如，1721 年有名 ê 朱一貴起義。Tng tong 朱一貴 tī 初期 phah 贏清國軍隊 ê sî-chūn，伊真緊就自封「中興王」，m̄-koh tng 伊 hām 做伙 phah 天下 ê 客家籍領導人「杜君英」發生衝突 ê 時，無外久伊就乎清國鎮壓落來。

　　簡單講，台灣若 beh chiân 做現代 ê 主權獨立 ê 國家就 ài 強化本土化 ê 教育 kap 創造適合本土文化生存 ê 體制，可比講廢除漢字、改用台灣羅馬字等。同時 mā ài 注意族群關係 ê 發展，避免因為族群衝突 soah 有少數族群聯合中國來制衡台灣。

【原文以標題〈共同體 ê 解構：台灣 hām 越南 ê 比較〉發表 tī 2005 年戰後六十年學術研討會--後殖民論述與各國獨立運動研討會，台灣歷史學會，5 月 21 日，台北，台灣會館。Chit 篇論文根據原文增補修訂 liáu 收錄 tī chia】

參考冊目

Anderson, Benedict. 1991. *Imagined Communities.* （Originally published in 1983）. New York: Verso.

Bộ Giáo Dục và Đào Tạo. 2003. *Lịch Sử 12 Tập hai* [高中歷史高三第二冊]. Hà Nội: NXB Giáo Dục.

Campbell, William. 1903. *Formosa Under the Dutch.* （reprinted in 1992）Taipei: SMC Publishing Inc.

Dale, Ian R.H. 1980. Digraphia. International Journal of the Sociology of Language 26, 5-13.

DeFrancis, John. 1977. *Colonialism and Language Policy in Vietnam.* The Hague.

DeFrancis, John. 1984. Digraphia. *Word* 35 （1）, 59-66

Đỗ, Đức Hùng. 2001. *Biên Niên Sử Việt Nam* [越南編年史]. Hà Nội: NXB Thanh Niên.

Gottlieb, Nanette. 1995. *Kanji Politics: Language Policy and Japanese Script.* London: Kegan Paul International.

Hannas, William. 1997. *Asia's Orthographic Dilemma.* Hawaii: University of Hawaii Press.

Heylen, Ann. 2001. Dutch language policy and early Formosan literacy （1624-1662）. In Ku Wei-ying （ed.）. *Missionary Approaches and Linguistics in Mainland China and Taiwan*, 199-251. Leuven: F. Verbiest Foundation and Leuven University Press.

Ho Chi Minh. 1994. *Ho Chi Minh: Selected Writings 1920-1969.* Hanoi: The Gioi.

Hood, Steven J. 1992. *Dragons Entangled: Indochina and the China-Vietnam War.* NY: M.E. Sharpe，Inc.

Lê, Mậu Hãn & Trần Bá Đệ & Nguyễn Văn Thư. 2001. *Đại Cương Lịch Sử Việt Nam* [越南歷史大綱]. Hà Nội: NXB Giáo Dục.

Marr, David G. 1971. *Vietnamese Anticolonialism: 1885-1925.* California: Univ. of California Press.

Nguyễn, Q. Thắng. 1998. *Khoa Cử và Giáo Dục Việt Nam* [越南科舉 kap 教育]. Hà Nội: NXB Văn Hoá.

Nguyễn, Quang Hồng. 1999. Chữ Hán và chữ Nôm với văn hiến cổ điển Việt Nam [漢字、字喃 hām 越南古代文獻]. *Ngôn Ngữ & Đời Sóng* 6（5），2-7.

Nguyễn, Văn Tạo & Furuta Moto. 2011. *Nạn Đói Năm 1945 ở Việt Nam* [1945 年 ê 越南大飢荒]. Hà Nội: NXB Tri Thức.

SarDesai D. R. 1992. *Vietnam: The Struggle for National Identity.* （2nd ed.）. Colorado: Westview Press, Inc.

Seeley, Christopher. 1991. *A History of Writing in Japan.* Netherlands: E. J. Brill.

Trần, Trọng Kim. 1921. *Việt Nam Sử Lược* [越南史略]. Hà Nội: NXB Văn Hoá Thông Tin. （2002 再印版）。

Viện Văn Học. 1961. *Vấn Đề Cải Tiến Chữ Quốc Ngữ* [改進國語字 ê 問題]. Hà Nội: NXB Văn Hoá.

Vương, Kiêm Toàn & Vũ Lân 1980. *Hội Truyền Bá Quốc Ngữ 1938-1945* [國語推展協會 1938-1945]. Hà Nội: NXB Giáo Dục.

史明 1980《台灣人四百年史》（上冊） San Jose: 蓬島文化。

李家忠編譯 2003《越南國父胡志明》北京：世界知識。

林玉体 2003《台灣教育史》台北：文景書局。

施懿琳 2000《從沈光文到賴和--台灣古典文學的發展與特色》高雄：春暉出版社。

康培德 2007〈一九四六年二月二十八日——越南歷史經驗下的反思〉二二八學術研討會。

張榮芳、黃淼章 1995《南越國史》廣東：廣東人民出版社。

張漢裕 2000《蔡培火全集一：家世生平與交友》台北：台灣史料中心。

陳國強、蔣炳釗、吳綿吉、辛土成 1988《百越民族史》北京：中國社會科學出版社。

陳鴻瑜 2003〈第二次世界大戰後中華民國對越南之政策（1945-1949年）〉行政院國科會補助專題研究計畫成果報告 NSC 91-2414-H-004-057。

陳鴻瑜 2004《中華民國與東南亞各國外交關係史（1912-2000）》臺北：鼎文。

楊碧川 1998《胡志明與越南獨立》台北：一橋出版社。

葉石濤 1993《台灣文學史綱》高雄：文學界雜誌。

董芳苑 2004〈台語羅馬字之歷史定位〉《台灣文獻》》，第 55 卷第 2 期，p.289-324。

廖碧珠 2006《1940 年代中國與越南關係之研究》碩士論文：中國文化大學。

蔣永敬 1971《胡志明在中國》台北。

蔣為文 2004〈收編或被收編？——當前台文系所對母語文學及語言人權態度之初探〉，語言人權與語言復振學術研討會，12 月 18-19 日，台東大學。

蔣為文 2005a〈台灣白話字 hām 越南羅馬字 ê 文字方案比較〉《語言認同與去殖民》p.88-116.台南：成功大學。

蔣為文 2005b〈越南去殖民化與去中國化的語言政策〉《語言認同與去殖民》p.188-201.台南：成功大學。

蔣為文 2005c〈漢字文化圈 ê 脫漢運動〉《語言認同與去殖民》p.2-22.台南：成功大學。

蔣為文 2005d〈羅馬字是台灣新文學 ê 開基祖〉《語言認同與去殖民》p.26-42. 台南：成功大學。

龍章 1996《越南與中法戰爭》台北：台灣商務印書館。

∞ CH 2. ∞

戰後留 tiàm tī 越南 ê 農技人員

吳連義 ê 案例研究

1. 話頭

台灣經過真 chē pái ê 外來殖民統治了，tī 1895 年 chiân 做日本 ê 殖民地。因為台灣是 khiā tī 中國華南 kap 南洋各國交通 ê 總路頭，所以 hō 台灣 chiân 做日本南進一個重要 ê 跳板。

為 tiòh 配合日本國內南進政策一步一步明朗化，1936 年 9 月 chiūⁿ 任 ê 台灣總督小林躋造開始用「皇民化、工業化、南進基地化」三項原則統治台灣（梁華璜 2003: 89；史明 1980: 386）。皇民化運動 ê 目的是 kā 台灣人同化 chiân 做日本人，hō 台灣人 chiân 做日本人南進有力 ê 助手。具體 ê 方法包含獎勵國語（日語）家庭，獎勵廢漢姓改日本名姓，廢止報紙漢文欄等等（諫山春樹 2002: 2）。另外，為 tiòh beh chhui-sak 南進政策，kāng hit 年 11 月 koh 成立半官半民 ê 公司台灣拓殖株式會社來促進台灣工業化 kap 經營台灣、中國華南、kap 南洋 ê 開墾殖民事業。（梁華璜 1979: 187；張靜宜 1998: 44）

1937 年 7 月初 7 日本發動盧溝橋事變對中國展開全面侵略 ê 行動，台灣開始 ká 入去中日戰爭 ê 戰火--lìn。因為法屬越南公路 kap 中緬公路當時攏是支援中國重要 ê 國際路線，為 tiòh beh 切斷中國 ê 補給路線，日本 tī 1940 年 6 月派軍佔領越南北部，隔 tńg 年 7 月 koh 佔領南越（服部卓四郎 1978: 21-51）。1941 年 12 月日軍偷襲美國珍珠港 koh 對美、英正式開戰，大東亞戰爭 chū 按呢 tō 正式開始（劉鳳翰 1997: 81）。Tòe 大東亞戰爭 ê 擴大，台灣人 hông 以軍夫、翻譯、軍屬（軍農夫）、特別志願兵等等 ê 方式動員到中國 iàh 是南洋各地參與戰事。（劉鳳翰 1997: 279-324；周婉窈 2007；蔡慧玉 2007；林繼文 1996；許昭榮 1995）

台灣拓殖株式會社為 tiòh 開發大東亞共榮圈新佔領區 ê 重要資產，1942 年 tī 越南河內、西貢 kap 海防增加事務所來掌管越南 ê 事業

（張靜宜 1998: 61-62）。當時 tī 台南州立嘉義農林學校[1]畢業 ê 嘉義竹崎人吳連義 tú-hó tī 台灣拓殖株式會社任職。伊 tī 1944 年 hông 派去越南北部負責指導當地農民種棉仔花 kap 黃麻，而且 mā 暗中監視運送軍需米 ê 船隻 kap 擔任線民（《朝日新聞》1995: 252）。戰爭結束了後，tī 越南 ê 日本兵 hông 遣送 tńg-khì 日本。吳連義 kap 其他 chió 數台灣同胞因為已經 m̄ 是日本籍 kap 其他種種原因 soah 失去 tńg-khì 台灣 ê 機會，chū 按呢 tō 一直留 tī 越南。為 tiòh 求生存，吳連義加入越共部隊協助越南獨立建國 ê 大事業。後來伊娶越南籍 ê 某 Ninh Thị Bé（寧氏細），koh bih tī 庄跤做田維持生活。雖 bóng 吳連義 toà--ê 是破厝，m̄-koh 有一個用日文書寫、關係台灣 ê 冊 ê 冊架仔，內底 khǹg bē-chió 冊，像講《台灣の前途》、《台灣の政治》、《激動のなかの台灣》、《李登輝學校の教え》、《台灣がめざす未來》、《台灣に革命が起きる日》。Ùi chia-ê 冊 ē-sái 看出來吳連義對台灣思鄉 ê 感情。

本論文研究 ê 目的是 beh 透過吳連義 ê 案例研究來瞭解當時因為戰爭所形成 ê 台越庶民史。2006 年 10 月我 tī 越南社科院史學所丁光海教授 ê 協助之下，去 tī 越南北部寧平省一個農村吳連義 ê 厝。吳連義 tī 2005 年因為跋倒致使到行動無方便 soah 無法度講話，所以本研究用伊厝--lìn ê 人 ê 口說歷史 kap 相關史料 kap 新聞報導做根據。

2. 南進、大東亞戰爭 kap 台灣拓殖株式會社

Ùi 19 世紀明治維新到 taⁿ，近代日本對外 ê 擴張分做北進 kap 南進二 ê 路線（林繼文 1996: 31-37）。北進是指以朝鮮 kap 中國東北為主 ê 路線。南進 tō koh 分做二條路線：一條是 ùi 日本東京南 pêng ê 小

---

[1] Tī 1997 年改制做國立嘉義技術學院，了後 tī 2000 年 kap 國立嘉義師範學院合併 chiâⁿ 做 chit-má ê 國立嘉義大學。

笠原群島經過南洋群島（內南洋[2]）iáh 是菲律賓指向大洋洲；第二條是 ùi 日本本土經過沖繩（琉球）、台灣、福建，指向「外南洋[3]」ê 路線（葉碧苓 2007: 14）。主張北進 kap 主張南進 ê 勢力 tī 無 kāng 時期互相有消長。Chiū 軍方 chit-pêng 來講，主張北進--ê 主要是陸軍，主張南進--ê 主要是海軍。1936 年 8 月日本 tī 五相會議決議北進 kap 南進 kāng 時進行。因為南進已經 chiâⁿ 做國家政策，台灣總督 ê 職位 koh chit pái 由文官轉做武官，由海軍出身 ê 小林躋造 tī kāng hit 年 9 月開始就任。（梁華璜 2004: 83-91；葉碧苓 2007: 14-15）

因為台灣老早 tō tī 1895 年由日本佔領統治，加上伊 ê 地理位置 oá 近中國華南 kap 東南亞各國，所以 chiâⁿ 做日本 beh 向東南亞進前重要 ê 基地。進入大正時代（1912-1926）了，因為內外條件有合，台灣做南進基地 ê 地位慢慢明顯起來（中村孝志 2002: 2；葉碧苓 2007: 22）。日本統治台灣初期用「工業日本、農業台灣」ê 分工發展做主要 ê 政策。到台灣 chiâⁿ 做南進基地 ê 政策確立，為 tioh hō 台灣 chiâⁿ 做南進 ê 軍需補給基地，無法度 tō ài 發展台灣 ê 工業化。Tī chit ê 思考點之下，台灣總督府 tī 1936 年 11 月成立國策會社台灣拓殖株式會社（以下簡稱台拓）ǹg-bāng ē-sái 促進台灣工業化 kap 經營海外開墾殖民事業。因為台拓是國策會社，伊所投資 ê 方向 ài 配合日本中央 kap 軍方 hō˙ 伊 ê 任務，以加強生產軍需用品為主（張靜宜 1998: 100）。台拓 tī 南洋投資 ê 事業，大部分是透過 tī 當地成立子會社 ê 方式來進行--ê，譬論講菲律賓產業株式會社、印度支那[4]產業株式會社、

---

[2] 內南洋是指夏威夷群島 ê 太平洋西 pêng ê 馬里亞納群島、加洛琳群島 kap 馬紹爾群島等等地區。

[3] 外南洋是指現此時 ê 東南亞地區。

[4] 「印度支那」chit ê 詞是 ùi 法文「Indochine」ê 語音翻譯--ê，指以早是法國 ê 殖民地 ê 越南、柬埔寨（舊稱高棉）kap 寮國。

印度支那礦業株式會社等等（張靜宜 1998: 100）。台拓 tī 台灣 ê 投資
以工業為主，tī 東南亞 tō 以農業 kap 礦業為主。（張靜宜 1998: 99）

　　1937 年日本對中國展開攻擊 soah 爆發有八冬久 ê 中日戰爭。因為
日本無法度 tī 短期內 kā 全中國攻落來，所以 tō khah kín 執行南進 kap
台拓。日軍代先 tī 1939 年佔領海南島、南沙群島 kap 馬尼拉來封鎖中
國沿海 thang 確保南進 ê 軍事據點（林明德 1996: 256）。隔 tńg 年，
1940 年 7 月成立 ê 第二 kái 近衛內閣通過「基本國策綱要」kap「應付
世界新情勢 ê 時局處理綱要方針」（簡稱「時局處理綱要」）決定南
北並進 ê 策略。「基本國策綱要」lāi-té 有講 tiȯh「用日本、滿洲、中
國（支那）chia-ê 大柱（thiāu）聯合來建設大東亞 ê 新秩序」（服部
卓四郎 1978: 6）。「時局處理綱要」lāi-té 有講 tiȯh「用斷絕第三國援
助中國 ê 做法，ē-sái 真 kín tō 有法度 hō͘ 中國政府屈服」，「相對 tī 法
屬越南（包括廣州灣在內），除去想辦法徹底斷絕援助中國以外，koh
khah ài hō͘ 伊 khah kín 承認咱軍隊 ê 補給部隊 thang 通過 kap 使用飛機
場，mā ài 想盡辦法提 tiȯh 日本所需要 ê 資源」（服部卓四郎 1978:
8）。到 chia，大東亞戰爭 ê 路線差不多已經確定 à。（劉鳳翰 1997:
76）

　　因為「時局處理綱要」lāi-té 已經 kā 法屬中南半島[5]列做武力攻佔
ê 目標，所以日軍 tī 1940 年 6 月先進入法屬越南北 pêng，隔 tńg 年 7
月 25 日 koh 派第二十五軍 ùi 海南島出發進入越南南 pêng。美國為
tiȯh che 真不滿，雙方 tō 展開談判（劉鳳翰 1997: 78）。因為談判無
成，日本決定 tī 1941 年 12 月先出手先贏，偷襲美國珍珠港，對英美
開戰。到 chia，日本 ê 軍事重心 ùi 中國 soá 到南太平洋群島，tō 展開

---

[5] 「中南半島」通常是指以早是法國殖民地 ê「法屬印度支那」，包括 chit-má ê 越
　　南、柬埔寨 kap 寮國三國；廣義 ê 中南半島 tō 指「東南亞大陸」。

咱所講--ê 大東亞戰爭。日本 chit pêng leh 規劃南方 sio 戰補給基地 ê 時,kā 兵站基地設 tī 越南南部,台灣是中站 ê 補給基地,廣東、海南島 kap 越南北部 tō 做輔助中站 ê 補給基地,來運送軍需用品。(劉鳳翰 1997: 82)

日軍進入越南了後,一方面進行切斷英美援助中國重慶政府 ê 補給路線 ê 任務,一方面積極控制越南 ê 經濟,特別是 tī 米穀方面。日本採用間接控制 ê 方式,先控制法屬印度支那總督,chiah koh 由法屬印度支那總督控制越南 ê 米商[6],chū 按呢形成有效率 ê 控制方式。所以,ùi 1941 年開始日本已經變做越南 siōng 大 ê 米糧出口國(陳碧純 2003: 4)。另外,台拓為 tiòh 開發越南 ê 農林、礦產,1942 年 tī 越南河內、西貢 kap 海防增加事務所來掌管越南 ê 事業。(張靜宜 1998: 61-62)

日軍進入越南初期,名義上猶原尊重法屬印度支那總督統治越南 ê 正式地位,形成 kap 法國做伙統治越南 ê 曖昧情形。一直到大東亞戰爭尾期,日軍為 tiòh 避免法屬印度支那總督接應英美盟軍登陸越南,soah tī 1945 年 3 月 chhe 9 發動「三九事變」,推翻法屬印度支那政權(吳鈞 1992: 294-295;Dương 2002: 384-385)。日軍宣稱 kā 主權還 hō͘ 越南傳統王朝阮朝 ê 尾任皇帝——保大皇帝,實際上是 beh 建立用大東亞共榮圈做名義 ê 傀儡 ang-á 政權。保大宣布廢除阮朝 kap 法國簽 ê 喪權條約,koh 用歷史學家陳重金(Trần Trọng Kim)做內閣總理、成立親日 ê 越南新政府。無 gōa 久,日軍 tī 8 月投降,tī 胡志明等等 ê 革命領導者趁 chit ê 勢面發動八月起義革命成功了後,保大皇帝宣布退位。胡志明 tī 1945 年 9 月初 2 宣布越南獨立,成立越南民主共和國。

---

[6] 當時做越南米商--ê 多數是 tī 越南 ê 華僑。

3. 越南民主共和國 kap 蔣介石 ê 干涉內政

1945 年 8 月 15 日，日本天皇正式向盟軍投降 chìn 前，越南 ê 領導者胡志明已經聽 tióh 風聲，表示日本可能會接受美國、英國、蘇聯三國 tī Postdam 宣言（the Postdam Proclamation，「波茨坦宣言」）lìn 要求日本無條件投降 ê 主張。胡志明一聽 tióh 風聲 tō 開始準備 beh tī 越南 ták 所在發動起義游擊戰，koh tī 8 月 16 日組織越南臨時政府，ǹg-bāng ē-sái 發揮「先出手先贏」ê 功效。Chū 按呢，到 hit 年八月底，短短二禮拜 ê 時間，胡志明 tō chiân 成功發動「八月革命」thèh tióh 掌控越南 ê 優勢。（Đinh Xuân Lâm 2001: 364-371；廖碧珠 2006: 118）

1945 年 8 月 15 日，日本投降了，盟軍指派蔣介石代表盟軍接收台灣 kap 越南北部（北緯 16 以上），kāng chit ê 時間越南南部由英國代表接收（Lê Mậu Hãn 2001: 10；Bộ Giáo Dục và Đào Tạo 2003: 69；陳鴻瑜 2003；康培德 2007；楊碧川 1998: 103）。胡志明因為成功發動「八月革命」，hiông-hiông 勢面變 chiân chán。他 tō 順 chit ê 勢，趕在蔣介石軍隊 iáu-bē 全面進入越南 chìn 前 tō sûi tī 1945 年 9 月初 2 日宣布越南獨立 kap 成立越南民主共和國。

Hit ê sî-chūn，蔣介石派雲南軍閥盧漢（1896-1974）帶領 20 萬 ê 兵進入越南河內（廖碧珠 2006: 117；Bộ Giáo Dục và Đào Tạo 2003: 69）。蔣介石 ê 軍隊一進入河內，kap hiah ê 來台灣 ê 軍隊 kāng-khoán，軍紀真 bái，可比講食物件、坐車無 beh làp 錢，無 tāⁿ-kìn koh kā 傳染病 chah 入去越南[7]。蔣介石佔領越南北部 ê 時，無顧越南當時發生大飢荒 koh 要求越南 ài 負擔所有軍糧 ê 開銷，soah 造成數百萬越南人枵死（Nguyễn 2011:9）。Ḿ-nā án-ne，伊 siâng 時 koh 扶持越南國

---

[7] Hām 越南老兵、出名作家黃進（Hoàng Tiến）ê 個人訪談。

民黨（Việt Nam quốc dân đảng）kap 越南革命同盟會（Việt Nam cách mạng đồng minh hội）去介入越南 ê 政治（Lê Mậu Hãn 2001: 10；Bộ Giáo Dục và Đào Tạo 2003: 76-77）。胡志明 bat tī 中國 toà 過、mā bat tī 中國國民黨 ê 監牢坐監 13 個月，所以他對中國人 ê 野心真瞭解。他 bat 講過：「若 beh 一世人食中國人 ê 屎，khah 輸暫時 phīⁿ 法國人 ê 臭屁」（楊碧川 1998: 105；Hood 1992: 16）。胡志明看 pān-sè m̄-tiòh，驚蔣介石 tī 越南 ê 勢力愈來愈大，所以他用苦肉計 hō˙ 蔣介石離開越南。

胡志明 tī 1946 年 3 月初 6 kap 法國代表 Sainteny 簽「六三協定」（Hiệp định sơ bộ 6-3），內容包含：承認越南民主共和國是 France 聯邦（Liên hiệp Pháp；Union Française）ê 一部分，有獨立 ê 政府、國會、軍隊 kap 財政；越南政府同意法國 1 萬 5 千名 ê 軍隊進入北 pêng thang 好換掉中國國民黨 ê 軍隊，而且 chit 1 萬 5 千名法國兵 beh tī 5 冬內撤退（Bộ Giáo Dục và Đào Tạo 2003: 78）。Kāng 時期，法國 tī 1946 年 2 月 28 日 tī 重慶 kap 國民政府簽「中法關於法國放棄 tī 華治外法權 kap 伊有關特權條約」kap「有關中國駐越北軍隊由法國軍隊接防 ê 換文」等等條約 hām 換文（陳鴻瑜 2003、2004）。也 tō 是法國用放棄 tī 中國 ê 治外法權 kap 特權來 kap 中國交換同意由法軍代替中國軍隊。胡志明 tō 是利用法國 kap 國際局勢逼蔣介石退出越南。當蔣介石退出越南 ê 時，胡志明 mā teh 準備 kap 法國 ê 游擊戰。Che 是 tī hit-chūn 真出名 ê 故事，tī 越南 ê 高中歷史教科書攏有記載。（Bộ Giáo Dục và Đào Tạo 2003）

4. 吳連義 kap 伊 ê 同伴留 tī 越南 ê 經過

吳連義是嘉義竹崎人，1923 年 5 月初 5 出世，老父是吳張、老母

是吳簿、阿姊吳彩鳳、小弟吳昶廣（吳武雄）[8]。吳連義是 1943 年台南州立嘉義農林學校第二十屆 ê 畢業生。畢業了後他 sûi 考 tiȯh 台灣拓殖株式會社，koh tī 1944 年 hông 派去越南河內用日本名新井良雄做農業技術改良 ê 業務。（瑞峰[9] 2000: 26；《朝日新聞》1995: 252）

根據吳連義 tī 2005 年 9 月接受越南《安寧報》記者訪問 ê 內容，伊 tī 1944 年 tī m̄知 beh 去 ê 所在是 tó 位 ê 情形下 hông 派去海外執行任務。《安寧報》按呢報導：[10]

> 1944 年 5 月 5 日，公司主管 kā 一批 tú 畢業 ê 少年技師安排到 500 噸 ê 船隻頂 thang 進行秘密任務。少年技師吳連義並 m̄知影家己 beh 去 tó 位、beh 做啥代誌。一直到船已經到外海，阿義 chiah 知影家己 beh 去越南，目的地是海防港。當 in ê 船經過菲律賓外海 ê 時，雄雄 hō 美國 ê 藏水艦攻擊，soah 無法度到目的地。載運工人、技師、戰士 ê 船 ài seh 過新加坡海灣，經過馬來西亞半島到泰國，了後 chiah 步 lián 到柬埔寨。Hit 寡技師就 uì 柬埔寨行到西貢，了後坐火車到北部。（Phạm 2005: 4）

到越南北部了後，chit 批技師 hông 分做真 chē 小隊，執行無 kāng-khoán ê 任務。吳連義分派 tiȯh ê 小隊負責 tī 清化省（Thanh Hóa）種棉仔、麥仔、黃麻、蕃薯 kap 其它農作物（Phạm 2005: 4）。

---

[8] 根據張岳楊 ê 講法：吳昶廣原本是吳彩鳳 ê 囝。吳連義留 tī 越南真 chē 年了後因為攏無消息，伊 tī 台灣 ê 家屬掠準吳連義已經過身 ah。為 tiȯh beh 延續吳家 ê 香火，吳連義 ê 父母 tō 認養吳昶廣做養子（台語俗稱 thňg--ê），所以吳昶廣變做是吳連義 ê 小弟（kap 張岳楊個人 ê 訪談，2009.4.22，地點：嘉義彌陀路 ê 厝 lìn）。

[9] 本名張岳楊，是嘉農 17 期校友，伊 tī 1945 年初 hō 工商株氏會社派去南越，隔 tńg 年 chiah tńg-lâi 台灣。

[10] 原文是越南文，引文由作者翻譯做台文版。

日軍 tī 1945 年 3 月發動三九事變了後，用昭和通商 ê 名義，進行特務動員，吳連義 chū 按呢 tō hông 派去監視 ùi 越南南部出發運送軍需米 ê 船隻（《朝日新聞》1994）。Tī chia-ê 前一冬，因為天災、氣候反常，造成稻仔無法度收成。因為北越原本糧食 tō 無夠，koh 加上種作 ê 田 hông 迫去轉種軍需作物，kap 運送南部稻仔 ê chiūⁿ 北鐵路因為戰爭斷去，所以造成 1944-1945 年北部 ê 大飢荒，量其約有二百萬 ê 越南人民 tī chit ê 天災人禍 iau 死。（陳碧純 2003: 115；吳鈞 1992: 295；Văn Tạo & Furuta Motoo 2005: 5）

任務執行無幾個月，日本天皇 tī 1945 年 8 月 15 日正式投降。蔣介石 ê 盧漢軍隊 mā 按照盟軍 ê 指示進入北越接收日本軍隊 ê 武器。

根據《朝日新聞》（1995: 246）引用日本外務省 ê 資料，1945 年 10 月 tī 越南聚集按算回國 ê 4,029 人當中，有 1,400 人是台灣人 kap 朝鮮人。因為日本戰敗 in soah 無法度 hông 按照日本人來辦理，chia-ê 人攏 hông ùi 回國 ê 名單 thâi-tiāu。有寡人試看 beh 家己回國，有 ê 人散開 tī tàk 所在，mā 有真 chē 人 m̄知下落。若照《朝日新聞》（1995: 246）tī 當年由林廷發擔任會長 ê 台灣同鄉會 ê 會員名冊 chhoē ē tiòh ê 一寡線索，1946 年 tī 河內 ê 台灣人，包括吳連義在內，20 幾歲仔 ê 少年人大約有 300 gōa 個。

根據吳連義 tī 2005 年 9 月 kā 越南《安寧報》講當時戰後北越 ê 日本兵遣送 ê 情形：

> 上尾 ê 船隻 tàuh-tàuh-á 離開越南，像吳連義 chit 款 ê 人留落來 ê 有 700 個人。In 當中有上百個人冒險買船、搶船，想 beh 渡海回國，soah 多數 m̄是半途 iau 死就是成為東海鯊魚 ê 食物。（Phạm 2005: 4）

根據另外一位 tī 1945 年 4 月 hông 派去越南南部芽莊（Nha Trang）ê台籍日本兵張聯欣 ê 口說歷史：[11]

> 聽說北緯 17 度以北的地區由中國軍來接收，所以部隊便急速往南集中在西貢，讓英印軍接收，等候復員。因為部隊保有糧食及物資，且英印軍也沒有干涉，所以過著相當自由的生活，沒有像滿州或海南島那種悲慘的情形。期間有二、三位日本人逃亡去投靠越共，但其他的人大都在等待復原。第二年五月，我就和其他部隊的台灣人，約百餘人，搭乘日本軍艦回來台灣。（周婉窈 1997: 20）

是按怎吳連義戰後無 sûi tòe 日本兵 ê 遣送 tńg-lâi 台灣？Tī 有關吳連義 ê 相關媒體報導 kap 伊 ê 自傳 lin 並無清楚交代[12]。M̄-koh 根據吳連義嘉農 ê 學長張岳楊表示，日本投降了後 tī 北部 mā 有 sûi 進行包含台籍日本兵在內 ê 遣送 khang-khoè。因為吳連義當時有越南籍 ê 女朋友所以無選擇 sûi 坐船 tńg--lâi，soah 來失去回國 ê 機會。[13]

蔣介石 ê 軍隊進入越南北 pêng 了後，由中國國民黨接收日本軍 ê 野戰病院。比吳連義早二冬先到越南 ê 林廷發 hō 人提名擔任病院 ê 紹介 kap 翻譯 ê khang-khoè。因為 bat 親目看 tiòh 台籍日本兵 hō 中國軍隊判刑，ah 林廷發 koh bat 做過日本憲兵隊 ê 翻譯，所以 tú 開始有淡薄仔驚。M̄-koh，因為中國國民黨 ê 士官計畫 kā 野戰病院 ê 藥品非法變賣，m̄-koh hō 語言障礙 kap 無門路 chit 2 項 gāi--tiòh。Chit ê sî-chûn，

---

[11] 原文是中文，本論文照原文直接引用。

[12] 吳連義過身 chêng 幾冬 bat 用日文寫自傳，koh kā 原稿寄 hō 嘉義農校 ê 楊初雄老師。吳連義 bat cháu-chhōe 協助 thang 出版，m̄-koh 因為 chē-chē 因素暫時 iáu-bē 出版。目前原稿 iáu 留 tī 嘉義農校（chit-má ê 嘉義大學）校友會。

[13] Kap 張岳楊個人 ê 訪談，2009.4.22，地點：嘉義彌陀路 ê 曆--lìn。

會曉中文、越南語 kap 日語 koh 有藥學知識 ê 林廷發 tō 變做 siōng 好利用 ê 對象。因為林廷發協助中國士官賣藥品，所以生活 bē kài 艱苦。林廷發 tī hit-tang-chūn 成立台灣同鄉會，tī 河內生活艱苦 ê 台灣人 tiāⁿ-tiāⁿ tī in 兜 ê 一樓聚會。（《朝日新聞》1995: 254）

吳連義 ê 情形 kap 林廷發卻是完全無 kāng，因為伊驚中國國民黨 ê 追殺 soah 來逃亡。日本戰敗了後，吳連義 ùi 原本 tī hia 做 khang-khoè ê 台拓工廠，kā 鑽石等等 chit 寡有值錢 ê 物件 chah 走，先交 hō˙ 伊越南 ê 女朋友保管。無疑誤，女朋友 kā 全部 ê 物件變賣了，koh 去交 tióh 一個中國國民黨 ê 士官。吳連義原本想 beh 去警察局告伊 ê 女朋友，無想 tióh 講 soah 去 tīng-tióh hit ê 士官。伊想講家己 ê 性命會保 bē-tiâu，tō ùi 警察局 ê 二樓跳落來逃走。（《朝日新聞》1995: 255）

根據 2005 年 9 月越南《安寧報》訪問吳連義 ê 內容，為 tióh 走閃蔣軍 ê 追殺，吳連義走到青化省。伊 tī hia tú-tióh 原籍寧平省金山人，m̄-koh tī 青化省做 khang-khoè ê 越南共產黨員范尹應（Phạm Doãn Úng）。兩個人真 kín tō 變做知己 ê 朋友，koh 結拜做兄弟。范尹應 kā 吳連義號一個新 ê 越南名，叫做范尹俅（Phạm Doãn Càu），koh 教伊越南語、做田 kap 共產主義革命 ê 思想。後來吳連義 tòe 范尹應 tńg-khì 寧平省。吳連義 kā hit-chūn ka-kī 唯一 chhun ê 財產，一台 Perge[14] 402 ê 汽車送 hō˙ 寧平省政府，因為按呢得 tióh 當局 ê 信任，soah 留 tī 寧平省政府做 khang-khoè。吳連義受過軍事訓練，教育程度 koh koân，所以 hông 指派負責擔任民兵遊擊隊 ê 軍事教練（Phạm 2005: 4）。Chit 段期間，因為受 tióh 中國國民黨士官 ê 誣賴陷害，bat hông 以日本特務 ê 罪名關過二 kái。[15]

---

[14] Perge 是越南語 ê 講法，原文是 Peugeot。
[15] Kap 張岳楊個人 ê 訪談，2009.4.22，地點：嘉義彌陀路 ê 厝--lìn。

1948 年,吳連義 hông 調去寧平省政府 ê 經濟局負責提 koân 人民 ê 生活水準的 khang-khoè 任務。伊 tī 經濟局做三冬 gōa 無 tiuⁿ 無 tî tiòh 寒熱症,消瘦(sán)落肉、皮膚變黃、腹肚 ná 有身 ê 人 hiah 大,所以伊 tō kā 頭路辭掉。Hit 時結拜大兄范尹應 chhoā 伊 tńg-khì 寧平省金山治病,koh 替伊 chhoē 一個庄跤 cha-bó͘ gín-á 做某。因為無半 tih 財產 kap 厝,吳連義必須 ài toà tī 頭一任某 ê 厝 lìn。後來 in 某 bē-tàng 忍受一個破病消瘦 ê ang-sài,tō kā 伊趕出去。Hit ê sî-chūn 吳連義只好四界流浪。為 tiòh 生存,伊 tō 做赤腳仙仔,用伊有 ê 西醫知識 kā 人治病。因為伊來路不明,koh 是四界流浪 ê 外國人,所以一開始 hō͘ 當局管真嚴,禁止伊做 khang-khoè。M̄-koh,因為伊確實醫好 bē-chió ê 患者,所以猶原得 tiòh bē-chió 人 ê 肯定 kap 尊重。(Phạm 2005: 4)

Tō tī 越南贏奠邊府戰役 ê 前一冬,iā tō 是 1953 年,吳連義 kap 伊現任 ê 某寧氏細(Ninh Thị Bé)熟似。Hit 當時吳連義手--lìn 提藥包,tú kiâⁿ tī 儒管縣 ê 某一個稻仔園(hn̂g)。Hit-chūn hiông-hiông 落大雨,伊 kín 走去稻仔園--lìn 一間 pha-hng ê 農舍 bih 雨。比吳連義減 10 歲 ê 寧氏細,mā bih tī 農舍,伊寒 kah phih-phih-chun。寧氏細 3 歲 ê 時阿母過身去,12 歲 ê 時老父 mā 破病過身。因為父母真早 tō 過身 ah,厝--lìn 散赤,寧氏細 seⁿ tiòh koh súi,所以 in 兄哥 tī 伊 15 歲 ê 時 tō kā 伊嫁 hō͘ 村內 ê 好額人。因為無愛情,伊 tiāⁿ-tiāⁿ 反抗,ang-sài in 兜 ê 人 mā 因為 chit 理由來討厭伊,tiāⁿ-tiāⁿ kā phah,koh kā 伊當做下跤手人按呢來對待。19 歲 hit 年,因為 bē-tàng koh 忍受像做下跤手人按呢 ê 生活,伊決定 beh 離開 ang-sài in 兜,四界去食頭路。後來,伊 tiāⁿ-tiāⁿ tī 儒管縣 kā 人 tàu 種稻仔。(Phạm 2005: 4-5)

因為命運真 sio-kâng,所以兩個人攏感覺互相 ê 心靈真 oá,chū 按呢有愛情 koh 決定結婚。結婚了後吳連義繼續替人看病,寧氏細 tō tī 廣樂教堂 kā 人 tàu 做穡頭、做田。一冬了後,兩 ê 人 khiām 一筆錢,

tō 到永姜（Vĩnh Khương）hit kho·-lê-á（chit-má ê 菊芳林（rừng Cúc Phương））起一間細間厝，做田維持生活。M̄-koh 無三日好光景，hit-chūn iáu-koh 是越南游擊隊 kap 法軍對抗 ê 時代。有一工法軍攻擊庄頭，刣人搶劫。In ê 厝 hông 燒去，為 tiòh 顧性命，in 逃去樹林。厝無去 ah，in 只好 koh tńg-khì 故鄉燕模（Yên Mỗ）生活，tī 燕慶（Yên Khánh）做 khang-khoè。路尾 tī 嘉慶縣（Gia Khánh）寧一村（Ninh Nhất）ê 庄跤起厝 toà 落來一直到 chit-chūn。（Phạm 2005: 5）

1954 年越南 tī 奠邊府戰役戰贏，法國殖民政權正式退出越南。為 tiòh ē-tàng hō· 留 tī 越盟 ê 支配地區 ê 日本人回國，越南 kap 日本兩國 ê 民間團體互相協調 hō· in ē-tàng 有回國 ê 機會。Tī 越南寧平省生活 ê 吳連義，接 tiòh 公所通知講伊有回國 ê 機會。越南政府安排回國進前 ê 政治學習課程，集合場所是 oá 近中國國境 ê 樹林當中。參加學習 ê 學員有 90 gōa 人，其中有 5 個是台灣人。學習課程繼續有半年久，11 月總算到 beh 回國 ê sî-chūn。M̄-koh beh 出發 ê 時，in chiah hông 發現台灣人 ê 身分 soah hông 拒絕 chiūⁿ 船。（《朝日新聞》1995: 258）

到 1958 年 koh 有一 kái 遣送日僑 ê 作業，吳連義猶原因為台灣籍 ê 身分 hông 拒絕受理。根據越南國家第三檔案留置中心留 ê 資料，siōng 尾一批留 tī 越南 ê 日本兵攏總 37 個，其中 33 個是日本籍，3 個台灣人，1 個朝鮮人。（Đinh 2006: 62）

5. 媒體報導 kap 回台 ê 經過

連續誤 tiòh kúi-ā pái 回國 ê 機會，吳連義原本當做伊 chit 世人無可能 koh tńg-khì 台灣 ah。一直到 1991 年 6 月日本媒體為 tiòh cháu-chhōe 流落海外 ê 日本兵 soah 去 chhōe tiòh 伊，chiah 有 chit-sut-á ê 機會。

Hit chit 工吳連義 kap 平常 kāng-khoán，搬運農產品 ê khang-khoè

做 soah ùi 外口 tńg-lâi 厝--lìn。因為日本電視台無事先聯絡，吳連義 hiông-hiông hō日本電視台 ê 拜訪，感動 kah 流目屎致使到伊內心 ê 思鄉之情 koh 重新 giâ 起來（《朝日新聞》1995: 262）。透過日本 TBS 電視畫面 ê 轉播，真 chē 關心海外日本兵 ê 日本觀眾 sûi-ê-á sûi-ê-á 提議捐錢 kā 伊 tàu-saⁿ-kāng。吳連義 iáu-koh tī--leh 消息 mā 因為按呢 ùi 日本傳 tńg-lâi 台灣（瑞峰 2000: 28）。Tī 日本電視台熱心 ê 協助之下，當年 7 月份 chhoē tiòh toà tī 嘉義 ê 阿姊吳彩鳳。無 gōa 久電視台 tō koh 安排吳彩鳳到越南 kap 吳連義面會（余雪蘭 1993）。Kap 台灣 ê 親屬聯絡 tiòh 了，吳連義到駐越南 ê 日本大使館試看要求協助 tńg-lâi 台灣，m̄-koh 無效。後來 tī 1993 年吳連義知影台灣 kap 越南已經建立某種程度的外交關係，koh tī 1992 年已經 tī 河內設立台北經濟文化代表處[16]，tō 向代表處聯絡、請求協助 tńg-lâi 台灣。（《朝日新聞》1995: 262）

　　台北經濟文化代表處確認伊 ê 身分了後，核准發 hō͘ 吳連義新 ê 台灣護照。Tī teh 做日越友好交流 ê 日本人秋葉由紀彥、《朝日新聞》駐河內支局長水野孝昭 kap 台灣校友 ê 幫贊之下[17]，吳連義總算 ē-tàng tī 1994 年 5 月初 7 tńg-lâi 離開真久 ê 台灣。吳連義到台灣 hit 工，阿姊、小弟 kap chhin-chiâⁿ 朋友 10 gōa 人親身到桃園機場接機，雙方歡喜 kah 流目屎。（陳世昌 1994；龔芳代、林文徒 1994；《民眾日報》1994；江永耀 1994）

　　吳連義留 tī 台灣大約三個月。Chit 段時間伊去祭拜父母、探訪親友，koh 重辦台灣身分證，mā 提 tiòh 嘉義農校補發 hō͘ 伊 ê 畢業證

---

[16] 台灣 tī 1975 年 4 月 30 日 kā 原駐西貢大使館關掉。1991 年 3 月台灣 ê 外貿協會 tī 越南胡志明市 kap 河內市設立辦事處，1992 年 11 月駐越南代表處（位於河內）kap 駐胡志明市辦事處分別成立。

[17] Kap 張岳楊個人 ê 訪談，2009.4.22，地點：嘉義彌陀路 ê 厝--lìn。

書。因為伊離開台灣已經超過 50 冬 ah，台語已經無 saⁿ ē-hiáu ah，koh
khah m̄-bián 講戰後 chiah chhui-sak ê 華語，伊 kan-taⁿ ē-sái 透過日語
kap chhin-chiâⁿ 朋友溝通。（江永耀 1994；《朝日新聞》1995: 258）

雖 bóng 吳連義足想 beh toà tī 懷念 ê 故鄉台灣，m̄-koh 考慮 tiòh 某
囝、孫仔攏 tī 越南，koh 考慮 tiòh 語言障礙 hām 年歲 chē ah，只好
「他鄉亦故鄉」選擇 tī 7 月 tńg-khì 越南寧平省 ê 厝 lìn（《朝日新聞》
1995: 270；Phạm 2005: 5）。根據張岳楊 ê 講法，因為吳連義 ê 父母在
生 ê 時已經認養吳昶廣做養子 koh kā 財產過 hō͘ 吳昶廣，「財產繼承
無望」是致使到伊 tńg-khì 越南 siōng 現實 ê 考量。

2002 年 6 月 28 日嘉農校友會包含蔡武璋等等一 koaⁿ 35 人去越南
旅遊 koh 探訪吳連義。2006 年 12 月 14 日，留 tī 越南 ê 台籍日本兵
siōng 尾 koh 活 teh ê 吳連義 tī 厝--lìn 破病過身。Chit 項消息經過台灣
兵戰後史工作者許昭榮引述日本共同通訊社 ê 報導，koh 刊 tī《自由時
報》「自由廣場」，了後 chiah koh 叫醒台灣社會大眾 ê 記持。（許昭
榮 2007；余雪蘭 2007；蔣為文 2007）

6. 結尾

吳連義，kap 其他台籍老兵 kāng-khoán，攏是近代台灣人苦難 ê
一個縮影。

日本統治台灣 ê 時，台灣人 hông 強迫加入日本籍。Soà--落來大
東亞戰爭爆發，m̄ 管是志願 ah 是非志願，數萬 ê 台灣人 chiâⁿ 做日本
兵 hông 派去中國 kap 東南亞做 kap 相戰相關 ê 任務。戰後 chia-ê 台籍
日本兵，有--ê 留 tī 海外，有--ê hō͘ 中國國民黨收編，有--ê hō͘ 中國共
產黨收編，有--ê 死 tī 二二八人民起義 ê 槍聲--lìn（周婉窈 2007；蔡慧
玉 2007；許昭榮 1995）。因為 in ê 身分特別，soah 提 bē tiòh 任何一
pêng ê 政府 ê 重視 kap 補償。當日本人需要 in 參與大東亞戰爭 ê 時，

in hông 當做日本兵；當戰爭 soah，in sûi tō 變做棄民。當中國國民黨需要利用 in 來協助剿滅共產黨 ê 時，in hông 當做國民黨軍；當中國國民黨 hông 趕來台灣，無 koh 有利用 ê 價值 ê 時，tō 攏無 beh chhap--in ah，甚至 phì-siùⁿ in 是 hō͘ 日本奴化 ê 台灣人。

吳連義，一個 tī 台灣出世 koh 大漢 ê 台灣人，雖 bóng siōng 尾伊選擇 tiàm tī 越南一直到過身，伊猶原是台灣人 siōng 好 ê 模範！一方面伊無 bē-kì-tit 對台灣 ê 感情，一方面 mā 無辜負 chhiâⁿ 養伊超過半世紀 ê 越南土地。現此時台越婚姻文化交流愈來愈 chē，伊 ê 模範值得真 chē 台越聯婚 ê 家庭做參考，koh khah 值得 hiah-ê 戰後 ùi 中國移民到台灣 ê 新住民來深深思考！

【原文發表 tī 2010 年《台灣風物》期刊，60 （2），頁 63-86。Chit 篇論文根據原文增補修訂。感謝越南社科院史學所「丁光海」教授提供相關史料 koh 協助去訪問吳連義 kap 伊 ê 家屬；同時感謝「余雪蘭」、「蔡武璋」、「張岳楊」、「楊初雄」chia-ê 人接受訪問 kap 提供相關史料 iàh 是資訊。同時感謝越南籍助理「Mai」、「阮氏秋芳」、「陳氏芳蓮」kap 台灣籍助理「陳怡君」、「張詩瑄」、「曾學佑」、「蔡承翰」kap「林美雪」等等協助本研究 ê 相關資料整理 kap 翻譯 ê khang-khoè。】

參考冊目

Bộ Giáo Dục và Đào Tạo. 2003. *Lịch Sử 12 Tập hai* [高中歷史高三第二冊]. Hà Nội: NXB Giáo Dục.

Dương, Trung Quốc. 2002. *Việt Nam Những Sự Kiện Lịch Sử （1919-1945）* [越南歷史事件 1919-1945]. Hà Nội: NXB Giáo Dục.

Đinh, Quang Hải. 2006. Tư liệu về 37 Nhật kiều cuối cùng ở miền Bắc Việt Nam hồi hương về Nhật Bản [關係上尾一批留 tiàm 北越 37 位日僑 tńg-khì 日本 ê 史料]. *Nghiên Cứu Lịch Sử* [歷史研究]. Số 3（359）, pp.61-67.

Đinh, Xuân Lâm 2001. *Đại Cương Lịch Sử Việt Nam Tập II* [越南歷史大綱 II]. Hà Nội: NXB Giáo Dục.

Lê, Mậu Hãn. 2001. *Đại Cương Lịch Sử Việt Nam Tập III* [越南歷史大綱 III]. Hà Nội: NXB Giáo Dục.

Nguyễn, Văn Tạo & Furuta Moto. 2011. *Nạn Đói Năm 1945 ở Việt Nam* [一九四五年的越南大飢荒]. Hà Nội: NXB Tri Thức.

Phạm, Ngọc Dương. 2005. Chuyện về một mối tình không biên giới [無邊界 ê 愛情故事. *Báo An ninh* [安寧報]，第 486 期，頁 4-5，9 月 14 號。

Văn Tạo & Furuta Motoo 2005. *Nạn Đói Năm 1945 ở Việt Nam* [越南 1945 年大飢荒]. Hà Nội: NXB Khoa Học Xã Hội.

中村孝志 著 卞鳳奎 譯 2002《中村孝志教授論文集—日本南進政策與臺灣》。台北：稻鄉。

史明 1980《台灣人四百年史》（漢文版） 。San Jose：逢島文化公司。

民眾日報 1994〈吳連義滯越半世紀 返台〉，《民眾日報》，5 月 8
　　日。

江永耀 1994〈吳連義返鄉 含淚祭拜天地祖先〉，《民眾日報》，5 月
　　9 日。

余雪蘭 1993〈戰伏離家近半世紀 返鄉無門〉，《自由時報》，11 月 4
　　日。

余雪蘭 2007〈客死異域 棄民魂歸鄉愁〉，《自由時報》，B5 版，1
　　月 18 日。

吳鈞 1992《越南歷史》。台北：自由僑聲雜誌社。

周婉窈編 1997《台籍日本兵座談會紀錄并相關資料》。台北：中研院
　　台史所籌備處。

服部卓四郎 1978《大東亞戰爭全史（I）》（中譯本）。台北：軍事
　　譯粹社。

林明德 1996《日本近代史》。台北：三民。

林繼文 1996《日本據台末期（1930-1945）戰爭動員體系之研究》。
　　台北：稻鄉。

朝日新聞 1994〈半世紀ぶり台湾へ歸鄉〉，《朝日新聞》，第 3 版。

康培德 2007〈1946 年 2 月 28 日─越南歷史經驗下 ê 反思〉，《二二
　　八事件 60 週年國際學術研討會人權與轉型正義學術論文集》
　　（會後論文集），頁 143-164。台北，二二八事件紀念基金會。

張靜宜 1998〈台灣拓殖株式會社在南洋貸款投資事業之初探〉，《東
　　南亞季刊》，3 卷 3 期，頁 83-101。

張靜宜 1998〈台灣拓殖株式會社組織推移之探討〉，《台灣風物》48
　　卷 2 期，頁 43-83。

梁華璜 1979〈台灣拓殖株式會社之成立經過〉,《成功大學歷史學報》第 6 號,頁 187-222。

梁華璜 2003《台灣總督府南進政策導論》。台北:稻香。

許昭榮 1995《台籍老兵的血淚恨》。台北:前衛。

許昭榮 2007〈越南最後一個台灣兵〉,《自由時報》,A15 版,1 月 6 日。

陳世昌 1994〈吳連義 50 年後踏上歸鄉路〉,《聯合報》,4 月 22 日。

陳碧純 2003《日本對越南米穀控制之研究(1940-1945)》。碩士論文:暨南國際大學。

陳鴻瑜 2003〈第二次世界大戰後中華民國對越南之政策(1945-1949 年)〉,行政院國科會補助專題研究計畫成果報告 NSC 91-2414-H-004-057。

陳鴻瑜 2004《中華民國與東南亞各國外交關係史(1912-2000)》。臺北:鼎文。

朝日新聞 1995《みんな生きてきた》。東京都:朝日新聞社。

楊碧川 1998《胡志明與越南獨立》。台北:一橋出版社。

瑞峰 2000〈在大時代中掙扎的不平凡小人物—校友吳連義的故事〉,《嘉農人》,第 4 期,頁 26-30。

葉碧苓 2007《臺北帝國大學與日本南進政策之研究》。博士論文:中國文化大學。

廖碧珠 2006《1940 年代中國與越南關係之研究》。碩士論文:中國文化大學。

劉鳳翰 1997《日軍在台灣(上)一八九五年至一九四五年的軍事措施與主要活動》。台北:國史館。

蔣為文 2007〈吳連義的鄉愁〉，《自由時報》，A15 版，1 月 12 日。

蔡慧玉編 吳玲青整理 1997《走過兩個時代的人--台籍日本兵》。台
　　　北：中研院台史所籌備處。

諫山春樹 2002《祕話・台灣軍與大東亞戰爭》。台北：文英堂。

龔芳代、林文徒 1994〈吳連義回嘉義祭祖〉，《台灣時報》，5 月 8
　　　日。

❧ CH 3. ❧

一九七九年中越邊界戰爭

對台灣 ê 啟示

1. 話頭

中華人民共和國 tī 1949 年建國以來，短短三十冬內已經 hām 厝邊國家發生 kúi-pái 軍事衝突。Che 包括對台灣 ê軍事威脅、1950 年所謂 ê「抗美援朝」介入朝鮮 kap 韓國之間 ê戰爭、1962 年「中印邊界衝突」、1969 年「中蘇邊界衝突」kap 1979 年入侵越南 ê「中越邊界戰爭」。Chit 當中 ê中越戰爭 siōng ē-tàng hō͘ 台灣 chiân 做警惕 ê歷史教材，因為台灣 hām 越南長期以來受中國威脅 ê歷史背景 siōng 類似。

越南 m̄-nā hām 台灣 kāng-khoán 受中國威脅，而且有 koh khah 久抵抗中國侵略 ê歷史經驗。越南自公元前 111 年受中國漢朝漢武帝吞併以來到 kah 公元 938 年，大約有一千冬受中國直接統治。Tī中國統治時期，越南就親像台灣 hō͘ 清國統治時期 kāng-khoán，「三年一小反、五年一大亂」人民起義事件不斷。Tī 939 越南人「吳權」建立越南封建王朝以來到 kah 19 世紀法國介入中越關係儘前 ê chit 一千冬，越南 hām 中國維持 tiòh 某種程度 ê宗蕃關係。Chit 段期間，中國 hām 越南就親像翁仔某「床頭打，床尾和」，關係有時緊張、有時甜密。

Tī法國統治越南期間，越南 ê抗法份子 hām 中國 ê反清、革命份子時常有來往。1945 年「胡志明」（1890-1969）宣佈「越南民主共和國」成立。Tú開始並無任何國家承認越南民主共和國，一直到 kah 1950 年中華人民共和國 chiah chiân 做第一個承認越南 ê國家。M̄-koh 中越甜密 ê時期無 kúi 冬就過去 à。甚至衝突擴大，lō͘-bóe tī 1979 年變成雙方軍事衝突，中國派數十萬軍隊 ùi 邊界入侵越南。經過一個月 ê 激戰，雙方分別死傷數萬人。雙方 lóng 指控對方是入侵 ê行為，中越雙方 20 世紀 ê衝突 tī chit-ê時期達到高峰。

Chit-pái m̄-nā軍事衝突，mā tī政治上公開對 chhiàng，像講越南 tī 1980 年 kā chit 件衝突寫入憲法 koh kā定位是「中國霸權」入侵越南。

憲法 lìn 寫講:「Tú 經過 30 冬 ê 解放戰爭,咱全國同胞 lóng 真 ǹg-bāng ē-tàng 得 tiòh 和平 thang 砌造咱祖國,m̄-koh 咱 sûi koh tú tiòh 中國霸權 kap 伊 ê 手下 Combodia(Kham-po-di-a『柬埔寨』)ê 侵略。Tī 發揮咱民族光榮 ê 歷史傳統之下,咱軍民總算 tī 對抗西南邊界 Combodia kap 北方邊界中國霸權 ê 祖國保衛戰得 tiòh 勝利,thang 維護咱 ê 獨立、主權、統一 kap 領土 ê 完整」。[1]

是 án-chóaⁿ 中越邊界戰爭會發生?雙方是 án-chóaⁿ 看待?Koh 對雙方有啥影響?本論文 ê 目的就是 beh 探討 1979 年中越戰爭 ê 前因後果 kap 對台灣 ê 啟示。

2. 中越歷史背景（204BC-1885AD）

秦始皇 tī 公元前 221 年吞食六國、統一中原了,伊 koh 繼續出兵征討「嶺南[2]」,而且 tī 公元前 214 年吞併嶺南地區。秦帝國 tī 公元前 207 年崩盤了,伊 chìn-chêng ê 將領「趙佗」(越南話號做 Triệu Đà)趁機會佔領嶺南,tī 公元前 204 年[3]建立「南越國」、用「番禺[4]」做首都(張榮芳、黃淼章 1995:56-68、陳國強等 1988:227-239)。趙佗 tī

---

[1] 憲法原文:Vừa trải qua ba mươi năm chiến tranh giải phóng,đồng bào ta thiết tha mong muốn có hoà bình để xây dựng Tổ quốc,nhưng lại phải đương đầu với bọn bá quyền Trung Quốc xâm lược cùng bè lũ tay sai của chúng ở Cam-pu-chia. Phát huy truyền thống vẻ vang của dân tộc,quân và dân ta đã giành được thắng lợi oanh liệt trong hai cuộc chiến tranh bảo vệ Tổ quốc chống bọn phản động Cam-pu-chia ở biên giới Tây Nam và chống bọn bá quyền Trung Quốc ở biên giới phía Bắc,bảo vệ độc lập,chủ quyền,thống nhất và toàn vẹn lãnh thổ của mình. 全文 ē-sái tī 越南官方網站掠 tiòh。

[2] 大概相當現此時中國 ê 廣東、廣西、海南島 kap 越南北部等區域。

[3] 趙佗建立「南越國」ê 年代有 bô-kāng ê 講法:越南學者陳重金(Trần 1921:39)、Đỗ Đức Hùng(2001:13)、《大越史記全書》(1697 版)ê 記載是公元前 207 年。

[4] 相當現此時中國廣東省廣州市。

越南歷史 lìn 所扮演 ê角色就親像台灣歷史當中 ê鄭成功。若 m̄是趙佗，漢武帝可能 bē hiah 緊吞併越南。公元前 111 年中國漢朝 ê 漢武帝出兵消滅「南越國」，koh tī 當地設「交趾部」分做 9 郡。其中 3 郡「交趾」、「九真」kap「日南」相當 chit-mái 越南 ê 北部 kap 中北部地區（Trần 1921:47）。Ùi hit-chām 開始越南第一 pái 乎中國納入版圖；che tī 現此時越南主流史觀 lìn kā 號做第一 pái「北屬時期」（Trần 1921:47）。[5]

自公元前 111 年中國漢武帝將越南納入中國版圖了，一直到 kah 公元後 939 年 chit 1000 thóng 冬當中，除了少數短暫時間（公元 40-43、544-603）起義抗暴成功之外，chhun--ê lóng 是越南乎中國直接統治 ê時期。

北屬 ê chit 種局勢一直維持到公元 939 年，越南人「吳權」（Ngô Quyền） chiah 利用唐朝末年大亂 ê 時機脫離中國直接統治來獨立。雖然講是獨立，m̄-koh 越南 iáu 是 ài 定期 kā中國皇帝朝貢、承認中國 ê 宗主國地位。中國各朝代若 khah 強勢 ê時就會 chhōe 機會出兵越南，其中元朝、明朝 kap 清朝 bat 大規模出兵侵略越南。中越 chit 種宗藩關係一直到 kah 19 世紀後半期 chiah 由法國取代中國 chiâⁿ 做新宗主國（SarDesai 1992:19）。

公元 1858 年，法國利用傳教士受迫害做藉口聯合西班牙軍艦向越南中部 ê岘港（Đà Nẵng）出兵（Trần 1921:516-517）。越南末代朝廷「阮朝」phah bē 過法軍，為 tio̍h 求和只好 tī 1862 年簽訂「第一次西貢條約」割讓南部「嘉定」、「邊和」、kap「定祥」三省乎法國（Trần 1921:523）。當然法國並無 án-ne 就滿足，in koh 繼續侵佔其他各省。越南 bē kham--chit 法國 ê 軍事壓力，sòa 尾 tī 1883 年 kap1884

---

[5] 因為中國位 tī越南 ê 北 pêng，所以越南人 mā tiaⁿ 用「北方」來表示中國。

年分別簽訂「第一次順化條約」（Hiệp ước Harmand）kap「第二次順化條約」（Hiệp ước Patenôtre），承認法國是越南 ê 宗主國。越南遭受法國襲擊 ê 時 mā bat 向中國求援，m̄-koh hit 當時 ê 中國已經自身難保，無法度有效阻擋法軍 ê 侵略（龍章 1996）。Lō-bóe 中法雙方 tī 1885 年簽定協議停戰 ê「天津條約」。Tī 條約 lāi-té，中國正式放棄對越南 ê 宗主國地位 koh 承認越南改由法國保護（Trần 1921:577、許文堂 2001:83）。自 án-ne，越南受法國的直接統治，一直到 kah 1945 年「胡志明」利用二次大戰 tú 結束 ê 國際局勢宣布越南獨立 liáu，情勢 chiah 開始改變。

3. 越南革命 hām 近代中國（1885-1949）

法國統治越南時期，中國因為地緣 kap 歷史 ê 關係，chiân 做越南抗法運動者 ê 活動場所之一（Hood 1992:14）。Khah 有名 ê 早期抗法運動者像講「潘周楨」（Phan Chu Trinh 1872-1926）、「潘佩珠」（Phan Bôi Châu 1867-1940）、「阮海臣」（Nguyễn Hải Thần 1878?-1954?）lóng hām 中國有 chih-chiap。其中阮海臣出身黃埔軍校，hām 中國國民黨關係真好。阮海臣長期 tòa tī 中國，伊 tī 1945 年 tòe 中國「盧漢」軍隊進入越南，koh tī 中國國民黨 ê 支持之下擔任越南聯合政府 ê 副主席，lō-bóe 流亡中國（Nguyễn & Nguyễn 1997:953-954）。

相對 khah 後輩，m̄-koh 後來對越南有上大影響力 ê 胡志明，伊 hām 中國 ê 關係一直到 1924 年伊去中國廣州進行政治活動 chiah 開始（李家忠 2003:93）。胡志明 tī 廣州一方面組織在中國 ê 越南人，一方面 koh hām 中國 ê 革命團體（包含中國國民黨 kap 中國共產黨）聯繫。胡志明 tī 中國活動 ê 時間前後大約有 10 冬左右。伊 hām 中國共產黨 lú 行 lú 近，lō-bóe 得失中國國民黨。Tī 1942 年 8 月到 1943 年 9 月，胡志明 hō 中國國民黨監禁 tī 廣西。關 tī 監獄 ê 時，胡志明用漢文寫出

有名 ê《獄中日記》。日記 lāi-té 寫 tiȯh：

> 走遍高山與峻岩，那知平路更難堪，高山遇虎終無恙，平
> 路逢人卻被監。余原代表越南民，擬到中華見要人，無奈
> 風波平地起，送余入獄作嘉賓。忠誠我本無心疚，卻被嫌
> 疑做漢奸，處世原來非易易，而今處世更難難・・・桂林
> 無桂亦無林，只見山高與水深，榕蔭監房真可怕，白天黑
> 黑夜沉沉・・・解過廣西十三縣，住了十八個監房，試問
> 余所犯何罪，罪在為民族盡忠・・・。（Hồ Chí Minh
> 2003）

　　胡志明 ê 中國經驗對伊後來處理中越關係有真深 ê 影響。Tī 1945 年 8 月 15 號日本天皇正式向聯軍投降 chìn-chêng，越南 ê 領導者胡志明已經聽 tiȯh 風聲講日本可能接受美國、英國、蘇聯三國 tī 「Postdam 宣言」（the Postdam Proclamation『波次坦宣言』）lin 要求日本無條件投降 ê 主張。胡志明一聽 tiȯh 風聲 tō 開始準備 beh tī 越南各地發動起義游擊戰 koh tī 8 月 16 號組越南臨時政府，thang 發揮「先發制人」ê 功效。就 án-ne，到 kah hit 年八月底，短短二禮拜 ê 時間，胡志明就真成功 ê 發動「八月革命」取得掌控越南 ê 優勢（Đinh Xuân Lâm 2001:364-371、廖碧珠 2006:118）。

　　1945 年 8 月 15 號日本投降了，聯軍指派蔣介石代表聯軍接收台灣 kap 越南北部（北緯 16 以上），kāng sî-chūn 越南南部由英國代表接收（Lê Mậu Hãn 2001:10; Bộ Giáo Dục và Đào Tạo 2003:69;陳鴻瑜 2003、康培德 2007、楊碧川 1998:103）。胡志明因為成功發動「八月革命」，一時得聲勢大好。伊就順 hit-ê 勢，趕 tī 蔣介石軍隊 iáu bōe 全面進入越南 chìn-chêng 就 sûi tī 1945 年 9 月初 2 宣布越南獨立 kap 成立

「越南民主共和國」。

Hit 當時蔣介石派雲南軍閥「盧漢」（1896-1974）帶領 20 萬兵進入越南河內（廖碧珠 2006:117）。蔣介石 ê 軍隊一進入河內，kap hit kóa 來台灣 ê 軍隊 kāng-khoán，軍紀真 bái，像講食物件、坐車 m̄付錢，而且 koh 將傳染病 chah 入來越南。[6]蔣介石佔領越南北部 ê 時 koh 以負擔軍糧做藉口趁機會搶越南 ê 糧食。Hit 當時越南 tú hó 大饑荒，koh tiòh 應付蔣介石 ê siáu 貪 soah 造成數百萬人餓死（Nguyễn 2011:9）。另外，蔣介石 koh 扶持親蔣的「越南國民黨」（Việt Nam quốc dân đảng） kap 「越南革命同盟會」（Việt Nam cách mạng đồng minh hội） beh 介入越南 ê 政治（Lê Mậu Hãn 2001:10; Bộ Giáo Dục và Đào Tạo 2003:76-77）。胡志明 bat tī 中國 tòa--kòe、mā bat 坐過中國國民黨 ê 監 13 個月，所以伊對中國人 ê 野心真了解。伊 bat 講過：「若 beh 一世人食中國人 ê 屎，khah 輸暫時鼻法國人 ê 臭屁」（楊碧川 1998:105、Hood 1992:16）。胡志明看 m̄是勢，驚蔣介石 tī越南 ê 力量 lú 來 lú 大，所以伊用苦肉計乎蔣介石離開越南。

胡志明 tī 1946 年 3 月初 6 hām 法國代表 Sainteny 簽訂「六三協定」（Hiệp định sơ bộ 6-3），內容包含：承認越南民主共和國是「France 聯合」（Liên hiệp Phát） ê 一部份，享有獨立 ê 政府、國會、軍隊 kap 財政；越南政府同意法國 1 萬 5 千名軍隊進入北部 thang 換掉中國國民黨 ê 軍隊，而且 chit 1 萬 5 千名法國兵 ài tī 5 冬內撤退（Bo 2003:78）。Kâng 時期，法國 tī 1946 年 2 月 28 tī重慶 hām 國民政府簽訂「中法關於法國放棄在華治外法權及其有關特權條約」kap「關於中國駐越北軍隊由法國軍隊接防之換文」等條約 kap 換文（陳鴻瑜 2003、2004）。也就是法國用放棄 tī中國 ê治外法權 kap 特權來 hām

---

[6] Hām 越南老兵、名作家「黃進」（Hoàng Tiến） ê 個人訪談。

中國交換同意由法軍取代中國軍隊。胡志明就是利用法國 kap 國際局勢逼蔣介石退出越南。當蔣介石退出越南 ê 時，胡志明同時 koh 準備 kap 法國 ê 游擊戰。Che 是 hit 當時真有名 ê 故事，tī 越南 ê 高中歷史教科書 lóng 有記載（Bộ Giáo Dục và Đào Tạo 2003）。

　　Sui-bóng 胡志明 tī 1945 年 9 月初 2 宣布越南獨立，m̄-koh 法國 kap 各國政府並無 sûi 承認越南民主共和國 ê 合法性，法國甚至後來 koh 起兵鎮壓獨立運動者。為 tiòh 獨立建國，越南人民 mā 進行十年 ê 抗法獨立戰爭，一直到 kah 1954 年「奠邊府戰役」大贏法國軍隊，逼使法越雙方簽定「Geneva 協議」（Geneva Accords） liáu chiah 確立越南獨立 ê 合法性。M̄-koh tī 歐美、蘇聯 kap 中國 ê 介入下，越南 soah hông 分割做二 pêng，也就是我們所認 bat ê「南越」kap「北越」。南北分裂 ê 局面持續到 1975 年，chiah 由北越一統南北。南北越 tī 1976 年正式合併，改國號做「越南社會主義共和國」，定「河內」做首都；chit-ê 統一局勢一直維持到 taⁿ。

4.　中華人民共和國 hām 越南（1949-1979） ê 恩怨

　　胡志明 kā 蔣介石 ê 勢力趕出越南 liáu，伊 hām 中國國民黨 ê 關係 lú 來 lú bái。相對之下，tī 對抗法國 ê 期間胡志明 hām 中國共產黨 lú 行 lú 近，特別是中華人民共和國成立以後到 kah 1970 年代以前。Chit 段期間，中國 hām 蘇聯提供大量 ê 武器 kap 物資 hō͘ 胡志明領導 ê「越盟」（越南獨立同盟會 Việt Nam Độc Lập Đồng Minh Hội），甚至 koh tī 1950 年 tāi-seng 承認胡志明 chhōa 頭 ê 越南民主共和國。是 án-chóa 越南 lō͘-bóe 會 kap 中華人民共和國冤家、甚至 tī 1979 年發生大規模 ê 軍事衝突？

　　其實，中越雙方 tī 1954 Geneva 協議儘前就種下冤家 ê 遠因。Tī 越南抗法戰爭後期，中國一直對越盟施加「接受南北越分裂」ê 停戰和談

ê壓力（Hood 1992:17-19）。越盟 hit 當時因為有中國 kap 蘇聯 ê武器援助，所以對法抗戰 ê勢面 lú來 lú好。Hit 當時越南按算打贏法國軍隊 liáu beh 利用聲勢 koh 收復南越 kap 佔領厝邊 ê Lao （寮國） kap Combodia （柬埔寨） thang 建立以越南為主 ê「印度支那聯邦」。M̄-koh 中國考慮 tiòh 本身 ê利益，soah 無支持越盟：1）分裂 ê越南對中國 beh 控制越南有利，2）中國無 ǹg-bāng 越南吞併 Lao kap Combodia liáu 變 seng 大尾，3）中國 beh 改善 hām 西方國家 ê關係（Duiker 1986:23）。

Sui-bóng 越盟勉強接受中國 ê建議，tī 1954 年 hām 法國、英國、中國、蘇聯、南越、Lao kap Combodia 議決南北越以北緯 17 度為分界線、和平分治 ê協議。越盟對中國 ê自我民族利益盤算已經謹記在心、對中國保持戒心。M̄-koh 因為後來美國強力介入越南問題，越盟 iáu 需要爭取中國 ê支持 thang 對付美軍，越南孤不二終先按下對中國 ê不滿。Chit-ê不滿 ê情緒到 kah 1979 年，南北越已經由越南共產黨統一 liáu，越南 chiah 火山式爆發。Tī越南正式公開 hām 中國對 chhiàng 儘前有一寡事因 mā造成日後 ê中越武裝衝突。Che 包含：

第一，北越 ùi 1968 年以後明顯由中國路線行向蘇聯路線（Hood 1972:22）。中華人民共和國建國以後 taùh-taùh-á想 beh 取代蘇聯 chiân 做社會主義國家 ê新老大。蘇聯為 tiòh 防止中國 ê勢力 tī東南亞坐大，就積極 teh khiú越南 chiân 做蘇聯 tī東南亞 ê代言人，像講，越南 tī 1978 年加入蘇聯 chhōa 頭 ê「經濟互助委員會」koh 簽訂《蘇越友好合作條約》。Tī che 儘前，中國 tī 1969 年 chiah hām 蘇聯發生「烏蘇里江」（Amur River）邊界武裝衝突。看在中國 ê目睭內，當然對越南行蘇聯路線會真不滿（Tarling 1999:304）。

第二，越南 tī 1978 年出兵 Cambodia 攻打中國扶持 ê Pol Pot 政權（i.t.s. Khmer Rouge、『紅色高棉』、『赤柬』）。Cambodia tī 1970

年代屬政治紛亂時期。由中國共產黨支持 ê Pol Pot（1925-1998） lō-
bóe tī 1975 年政變成功、建立親中國政權。Pol Pot 得 tiȯh 政權 liáu，
進行全國大清算、施行恐怖政治，大約有將近 200 萬 Cambodia 人
hông thâi 死。越南利用 Pol Pot 政權無得 Cambodia 民心 ê情形之下，tī
1978 年 12 月出兵攻打，無 kúi kang 就 tī keh tńg 年 1 月初 7 佔領
Cambodia ê首都「金邊」（Phnom Penh）。中國為 tiȯh 避免 Cambodia
落入越南手頭，不得不緊急出兵、利用邊界戰爭 thang 逼越南 kā主力
部隊調離 Cambodia（Hood 1972:59）。

　　第三，中越雙方對領土主權有爭議。中越雙方對陸地邊界界線、
北部灣劃界 kap 西沙群島（Hoàng sa）、南沙群島（Trường sa） ê主權
歸屬有爭議（賴岳燦 1999）。領土爭議當中，因為 tī西沙、南沙群島
海域有豐富天然資源 kap 戰略地位，in ê主權爭議上大。1975 年南北
越統一儘前，南越政權佔有西沙 kap 南沙部分島嶼。Hit 時 ê北越為
tiȯh 避免 kap 中國正面引起主權衝突，就承認 chit 2 個群島屬中國。
M̄-koh 當越南統一 liáu，越南宣稱繼承南越對 chit 2 個群島 ê主權。致
使中國 kap 目前雙方對 chit 2 個群島 ê主權問題 iáu 未解決。

　　第四，越南採取排華政策。越南 tī抗法勝利以後，無論南越或者
北越政權，對 tiȯh 在越南 ê華人 lóng 採取同化政策。到 kah 1975 南北
越統一以後，越南社會主義共和國就進一步採取積極排華政策，包含
強制同化、驅逐出境、將私人企業國有化等策略（黃宗鼎 2006）。Tī
hit 段時間到 kah 1979 chah 止，估計大約有 40 萬華僑離開越南（陳鴻
瑜 1992:247）。[7]

　　中華人民共和國自 1949 年建國以來 ê前 30 冬一直無得 tiȯh 美國 ê

---

[7] 根據 Ramses Amer，tī 1976 年全越南 ê華人人口有 1,236,000 人; 1979 年有
　　935,074 人（引自黃宗鼎 2006:209-210）。

外交承認。Tī 中蘇關係真 bái ê 1970 年代，中華人民共和國積極 beh 改善伊 hām 美國 ê 關係，lō-bóe tī 1971 年取代中華民國 chiân 做聯合國安理會 ê 常任理事 koh tī 1979 年 1 月 hām 美國正式建交。當中華人民共和國 hō˙ 聯合國 kap 美國確認 chiâ 做中國 ê 唯一合法政府 liáu，越南選擇 tī 中美關係大改善 ê chit-ê 時機入侵 Cambodia，當然會逼中國出手修理越南。中國一方面 beh 修理蘇聯 ê 老 sè--ê hō˙ 美國 kap 蘇聯看，一方面 beh 報復越南 ê 排華 kap 侵犯領土主權 ê 行為，koh khah 重要 ê 是 thàn ē-hù ê 時阻止越南 tī Cambodia ê 勢力增加。

5. 中越邊界戰爭 ê 經過 kap 影響

中國為 tiòh 修理越南，藉口講越南部隊 tiân hān 過邊界騷擾中國居民，中國為 tiòh 保護居民只好進行反擊自衛戰（Hood 1992:51）。中國 tī 1979 年 2 月 17 開始出動 10 萬軍隊分別由雲南省 kap 廣西壯族自治區向越南 ê 諒山、高平、下江、老街、萊州出兵，到 kah 3 月初 5 中國宣佈已經達到「懲罰越南」ê 目的所以停戰，lō-bóe 中國軍隊 tī 3 月 17 完全撤退（Chen 1987:105）。Tī 短短 1 個月內，中越雙方死傷各有 6 萬外人，其中死、傷比例大約 1:1 （Chen 1989:114）。戰爭結束雙方 lóng chhàu-tōaⁿ 講 ka-tī 取得自衛戰 ê 勝利。[8]

中國雖然宣稱得 tiòh 自衛戰 ê 勝利，m̄-koh 事實上戰爭結果並無完全達到伊 ê 預期效果（Hood 1992:59）。中國一開始評估認為 ē-tàng 真緊 tī kúi kang 內就攻下越南重要邊界城市 thang 逼越南認輸，想 bē 到越南軍隊因為有長期抗戰 ê 經驗、顛倒中國軍隊經驗不足 soah 無法度短時間打贏越南。雖然中國 lō-bóe 有攻下諒山等重要邊界城市，

---

[8] 雖然雙方 tī 1979 年 3 月停止大規模軍事衝突，m̄-koh tī 後來 hit 10 冬 iáu 是有 lan-san ê 武裝衝突。

koh 逼越南 kā an-tah tī Cambodia ê主力軍隊調回北越應戰，中國 iáu 是付出慘重 ê代價。Tng 當越南 tī 3 月初 5 宣佈準備動員全國對抗中國入侵 ê時，中國 hiông-hiông 宣佈已經達成教訓越南 ê目的、ùi 5 號開始全面撤軍（Chen 1987:111）。Tī 2 月初 5 到 17 號撤軍當中，中國軍隊沿路破壞城市 kap 基礎建設（Hood 1992:55）。

　　中國為 tiòh 自身 ê利益 kap 轉移國內政治鬥爭[9]ê焦點 chiah 發動所謂 ê「懲越戰爭」。中越戰爭 ê結果雖然無完全照中國 ê意，m̄-koh 中國 mā得 tiòh 一寡教訓 kap 成果。戰爭過程 hō͘ 中國覺醒中國軍隊指揮體系混亂、補給運輸能力差等問題，致使開始進行軍隊改革。中越戰爭以後「鄧小平」taủh-taủh-á出頭，koh tī 1981 年 chiân 做中國實際最高領導人，開始專注經濟建設。Mā因為中國透過中越戰爭 hām 蘇聯劃清界線，中國 hām 美國 ê關係進入甜蜜期。

　　越南 tī中越戰爭以後，雖然無達成「印度支那聯邦」ê古早目標，m̄-koh iáu 是成功 tī Cambodia kap Lao 建立親越政權。另外，成功抵抗中國軍隊 ê入侵 mā hō͘ 越南信心大增，增加伊扮演東南亞區域軍事強國 ê份量。中越戰爭以後，越南對中國 ê敵意增加。像講，越南 tī 1980 年修改憲法，kā「中國霸權」對越南 ê侵略寫入憲法前言 lìn。Koh，越南人因為驚 tòa tī越南 ê華僑會 chiân 做中越衝突 ê時 ê「越奸」、做抓扒仔出賣越南，所以想盡 phiat-pō͘ 逼華僑離開越南（黃宗鼎 2006:154）。中共 hām 越共 chit 種緊張關係到 kah 1990 年代 chiah 開始轉變（郭冠廷 2001:129）。越南為 tiòh hām 中國進行外交「正常化」，tī 1992 年修改憲法，kā「中國霸權」thèh 掉。

　　越南社會主義共和國 tī 1976 年成立以來，除了 ài 面對長期戰亂 ê

---

9 鄧小平 tī 1978 年 3 月擔任中國人民政治協商會議全國委員會主席以來 taủh-taủh-á進入權力核心。為 tiòh 展示伊 ê實力 kap 減少政敵 ê威脅，可能 mā是促使鄧小平對越南採取強硬軍事手段 ê原因之一。

問題 koh ài 應付龐大軍隊駐 Cambodia ê 經費開銷、中國 ê 壓力 kap 國內經濟政策 ê 錯誤，致使經濟狀況非常差、糧食無夠食。Lō-bóe tī 1986 年越南進行革新開放以後，經濟發展 chiah tī 1990 年代開始有改善（白石昌也 1994）。

6. 結論

Hoan 頭看中國 kap 越南 chit 2 個共產國家 ê 中越邊界戰爭，sui-bóng 表面上中國 kā 定位 tī 邊界 ê 自衛戰，事實上中國有伊策略上 ê 考慮：第一，修理蘇聯陣營 ê 越南 hō͘ 美國看。第二，阻止越南 tī Cambodia kap Lao ê 勢力增加。第三，展現 ka-tī beh 取代蘇聯 chiân 做社會主義國家 ê 老大 ê 心態。第四，向越南宣示中國維護領土主權 ê 決心。第五，報復越南 ê 排華政策。第六，轉移國內政治局勢混亂 ê 焦點。

Sui-bóng 中國宣稱出兵越南是 beh kā 越南教示、上課，咱台灣 kám ē-sái ùi chia "旁聽" tiòh 啥物？我想，至少有下面 chit-kóa 啟示：

第一，台灣人應該 ài 有堅強 ê 敵我意識。越南人 ē-tàng 抵抗中國 ê 入侵，其中有一項要緊 ê 因素就是「越南人」ê 國家認同。台灣人若無認同台灣是國家，就算有 khah 好 ê 武器 mā 無法度面對中國 ê 文攻武嚇。

第二，台灣人 ài 隨時注意國際局勢 ê 變化，tī 適當時機作下有利台灣人 ê 決定。胡志明 tī 1945 年因為掌握國際局勢 kap 對中國國民黨保持戒心，成功避免越南淪落中國國民黨 ê 控制，chiah 促使日後越南獨立 ê 可能。可惜台灣人 tī 1945 年 hit 時無掠 tiòh 機會 soah 害後代子孫 lok-liân。越南 tī 1978 mā 錯估局勢，kiò-sī 無人會干涉伊出兵 Cambodia，結局 soah 引起中國 ê 出兵。

第三，台灣應該 ài 好好 á 處理南沙群島主權問題。台灣應該以共

存共利 ê態度 kap 方式來 hām 越南以及其他週邊國家共同享用「東南亞海」資源。面對中國 ê威脅，台灣 ài 聯合東南亞國家，以合作取代競爭，chiah 是對台灣有利 ê做法。

第四，台灣應該思考未來 beh án-chóa 處理在台華僑 ê問題。面對 hit-kóa m̄肯認同做台灣人 koh m̄願離開台灣 ê人，in ê身分、地位 kap 財產等 beh án-chóa 處理？Chit-ê問題真大，beh án-chóa 人權 kap 台灣國家安全兼顧是上大 ê考慮。上無，ē-tàng tī身分證頂頭 ê「台灣省」thèh 掉、直接用各縣市做出生地。Koh 廢除福建省，kā金門、連江改做特別行政區。

【原文發表 tī 2009 年〈1979 年中越邊界戰爭對台灣 ê啟示〉，《大國霸權 or 小國人權》二二八事件 61 週年國際學術研討會會後論文集，頁 736-751，台北，二二八基金會。Chit 篇論文根據原文增補修訂】

參考冊目

Bộ Giáo Dục và Đào Tạo. 2003. *Lịch Sử 12 Tập hai* [高中歷史高三第二冊]. Hà Nội: NXB Giáo Dục.

Chen, King C. 1987. *China's War with Vietnam, 1979*. Stanford: Hoover Institution Press.

Đinh, Xuân Lâm 2001. *Đại Cương Lịch Sử Việt Nam Tập II* [越南歷史大綱 II]. Hà Nội: NXB Giáo Dục.

Duiker, William. 1986. *China and Vietnam: the Roots of Conflict*. Berkeley: University of California, Berkeley.

Hồ, Chí Minh. 2003. *Nhật ký trong tù* [獄中日記]. Hà Nội: NXB Chính Trị Quốc Gia.

Hood, Steven J. 1992. *Dragons Entangled: Indochina and the China-Vietnam War*. NY: M.E. Sharpe，Inc.

Lê, Mậu Hãn. 2001. *Đại Cương Lịch Sử Việt Nam Tập III* [越南歷史大綱 III]. Hà Nội: NXB Giáo Dục.

Nguyễn, Q. Thắng & Nguyễn Bá Thế. 1997. *Từ Điển Nhân Vật Lịch Sử Việt Nam* [越南歷史人物辭典]. Hà Nội: NXB Văn Hóa.

Nguyễn, Văn Tạo & Furuta Moto. 2011. *Nạn Đói Năm 1945 ở Việt Nam* [一九四五年的越南大飢荒]. Hà Nội: NXB Tri Thức.

SarDesai, D. R. 1992. *Vietnam: The Struggle for National Identity.* （2nd ed.）. Colorado: Westview Press，Inc.

Tarling, Nicholas. （ed）. 1999. *The Cambridge History of Southeast Asia*. Vol. 4. Cambridge: Cambridge University Press.

Trần, Trọng Kim. 1921. *Việt Nam Sử Lược* [越南史略]. Hà Nội: NXB Văn Hoá Thông Tin. （2002 再印版）。

李家忠編譯 2003《越南國父胡志明》北京：世界知識。

康培德 2007〈一九四六年二月二十八日——越南歷史經驗下的反思〉二二八學術研討會。

張榮芳、黃淼章 1995《南越國史》廣東：廣東人民出版社。

許文堂 2001〈十九世紀清越外交關係之演變〉《越南、中國與台灣關係的轉變》頁 77-127。台北：中央研究院。

郭冠廷 2001〈1990 年代越南與中國大陸的經貿關係〉《越南、中國與台灣關係的轉變》頁 129-145。台北：中央研究院。

陳鴻瑜 1992《東南亞各國的政治與外交政策》臺北：渤海堂。

陳鴻瑜 2003〈第二次世界大戰後中華民國對越南之政策（1945-1949 年）〉行政院國科會補助專題研究計畫成果報告 NSC 91-2414-H-004-057。

陳鴻瑜 2004《中華民國與東南亞各國外交關係史（1912-2000）》臺北：鼎文。

黃宗鼎 2006《第二次世界大戰後越南之華人政策（1945-2003）》碩士論文：政治大學。

楊碧川 1998《胡志明與越南獨立》台北：一橋出版社。

廖碧珠 2006《1940 年代中國與越南關係之研究》碩士論文：中國文化大學。

鄭曉昀 2001《寮國親越政權之研究，1975-88》碩士論文：暨南國際大學。

賴岳燦 1999《中共與越南領土爭議問題之研究》碩士論文：淡江大學。

龍章 1996《越南與中法戰爭》台北：台灣商務印書館。

∞ CH 4. ∞

越南文學發展史

kap 伊對台灣文學 ê啟示

1. 話頭

大多數台灣人對越南 ê 印象可能是「越南新娘」、「女傭」、「越勞」或者 khah 負面 ê 非法留台 ê 賺食 cha-bó͘。無知者對越南可能充滿負面 ê 印象，m̄-koh 咱 kám chai-iáⁿ 越南 tī 20 世紀為 tiȯh 獨立，是唯一戰贏法國、美國 kap 中國 ê 新興民族國家。台灣人 kám 有為 tiȯh 民族獨立而戰 ê 決心無？Mài 講 kah 會死人、流血 ê 獨立戰爭，若 kan-nā 就文學發展來講，咱台灣人 kám 有勇氣用台灣母語取代殖民者 ê 語言 thang 建立民族文學 ê 特色？

俗語講「lám-lám 馬 mā 有一步踢（that）」，mā 勸人講「m̄-thang 看貓無點」。越南雖然 tī 經濟發展上比咱 khah bē tiȯh，m̄-koh in tī 民族自信頂頭贏咱太 thiám leh。就文學來講，in 有法度擺脫 2,000 年來 ê 漢字束綁 kap 近百年來法國殖民 ê 壓力，路尾建立以越南語文為基礎 ê 越南新文學。就 chit 一點，咱應該 kā in o-ló kap 佩服。

越南 hām 台灣 lóng bat hō͘ 中國統治過，而且 in ê 文學發展 mā lóng 受中國 bē sè ê 影響。越南 ê 文學發展若用文字來分類，ùi siōng 古早到 chit-má，分別是漢字文學、字喃文學 kap 羅馬字文學。無 kāng ê 文學時期，in ê 文學特色 mā 無 kāng。漢字文學時期，中國封建色彩真重，主要是作為官方行政 ê 文史紀錄。字喃文學時期，開始突顯越南在地 ê 人事物 kap 越南母語 ê 重要性。羅馬字文學時期就發展出完全以越南語為主體全方位 ê 文學主體性。相對越南來講，台灣 mā 有漢字、歌仔冊（類似字喃）kap 羅馬字文學 ê 類別。M̄-koh 到 taⁿ，羅馬字文學 ê 發展 iáu 真有限。是 án-choáⁿ 台灣 hām 越南有無 kāng ê 文學發展？In 未來會 koh 有啥款 ê 演變 leh？越南是 án-choáⁿ 看待 in khah 早用漢字、字喃所創作 ê 作品？越南文學發展史對台灣文學 ê 發展有啥啟示 leh？Che 是本文 beh 研究 ê 問題 kap 目的。

2. 歷史背景

越南傳說中第一個國家名號號做「文郎」（Văn Lang），he 是屬「雄王」（Hùng Vương）統治 ê「鴻龐時代」（Hồng Bàng），大概是公元前 2879-前 258 年。後來「安陽王」（An Dương Vương）phah 倒 18 世「雄王」，tī 公元前 257 到前 207 年之間建立「甌駱[1]」國（Âu Lạc），建都「古螺城[2]」。（Trần 1921: 15）

大約 siâng 時 ê 北方，秦始皇 tī 公元前 221 年吞食六國、統一中原了，伊 koh 先後派「屠睢」、「任囂」kap「趙佗」（越南話號做 Triệu Đà）帶兵征討「嶺南[3]」，而且 tī 公元前 214 年吞併嶺南地區，tī hia 設立「南海郡[4]」、「桂林郡[5]」kap「象郡[6]」（張榮芳、黃淼章 1995: 32-35）。秦帝國 tī 公元前 207 年崩盤了，伊 chìn 前 ê 將領「趙佗」趁機會攻打甌駱國、佔領三郡，建立「南越國[7]」，用「番禺[8]」做首都。（張榮芳、黃淼章 1995: 56-68；陳國強等 1988: 227-239）

趙佗出兵攻打安陽王 ê 歷史 tī 越南有真濟傳說。根據陳重金（Trần 1921: 18-19）ê 記載，相傳趙佗 kúi-ā 擺出兵 phah 安陽王，m̄-

---

[1] Mā 有文獻寫做「甌雒」kap「甌貉」。

[2] 古螺城（Thành Cổ Loa）目前 ê 所在 tī 離河內市中心大約 18 公里 ê「東安」縣（Huyện Đông Anh）古螺社。

[3] 大概相當現此時中國 ê 廣東、廣西、海南島 kap 越南北部等區域。

[4] 大概相當現此時中國 ê 廣東省。

[5] 大概相當現此時中國 ê 廣西省壯族自治區 ê 大部分。

[6] 大概相當現此時越南 ê 中、北部。

[7] 趙佗建立「南越國」ê 年代有 bô-kāng ê 講法：越南學者陳重金（Trần 1921: 39）、Đỗ Đức Hùng（2001: 13）、《大越史記全書》（1697 版）kap 中國學者郭振鐸、張笑梅（2001: 139）ê 記載是公元前 207 年。中國學者張榮芳、黃淼章（1995:64）認為是公元前 204 年。公元 1983 年 tī 中國廣東省廣州市發現南越國第二代國王趙眜（趙文王）ê 墓。Tī 墓 ê 原所在後來起做「西漢南越王墓博物館」開放參觀：< http://www.gznywmuseum.org/ >。

[8] 相當現此時中國廣東省廣州市。

koh lóng 無成功。原來安陽王有得 tióh 金色神龜 ê 幫贊，送伊一支龜爪 thang 做成一支真厲害 ê 弓箭。Chit 支神箭 piān 若射出，tō 算是千軍萬馬 ê 敵軍出現，mā 會死 kah 無半個。趙佗為 tióh 探聽 chit ê 祕密，tō 派伊家己 ê 後生「仲始」（Trọng Thủy）假借和親之名去 kā 安陽王 ê 查某囝「媚珠」（Mị Châu）求婚。媚珠無料 tióh 講 che 是陷阱，soah 答應嫁 hō͘ 仲始。結婚了後，仲始想盡法度 beh 套媚珠 ê 話 thang 知影祕密。路尾，真正去 hō͘ 仲始發現。仲始 tō kā hit 支神箭掉包 chah 轉去趙佗 ê 陣營。趙佗知影 chit ê 祕密了真歡喜 tō 發動大軍 koh 去包圍古螺城。Chit 擺因為無神箭 ê saⁿ-kāng，古螺城自按呢去 hō͘ 趙佗攻破。Ko͘-put-jī-chiong 安陽王 kap 媚珠騎仝一隻馬逃走。兩人 ǹg 南走來到義安省東城縣 ê 暮夜山 ê 海邊。Chit 時追兵 mā 沿路 tòe tióh 媚珠所 tàn 落來 ê 鵝毛真緊 tō 逐來。安陽王看 m̄是勢，tō kā 神龜 hoah 救。神龜一出現 tō kā 安陽王講伊身軀後 ê 媚珠反背伊。安陽王一知影代誌 ê 經過了，非常受氣，tō 用劍 kā 伊查某囝 ê 頭斬落來。伊 mā 家己跳落海自盡。

　　仲始 chhoā 兵逐來到暮夜山了，發見媚珠已經過身 ah，tō kā 伊 chah 轉去安葬。安葬 soah，仲始 mā 家己跳落古螺城 ê 古井自盡。目前 tī 古螺村 ê 安陽王廟前有一口古井，相傳仲始 tō 是跳入 chit 口井。越南民間 mā 傳說，因為媚珠是為 tióh 愛情來冤死，伊 ê 血流落大海 hō͘蚶仔（ham-á）食了 soah 變做真 súi ê 珍珠。Chit ê 珍珠若 koh 用仲始自盡 ê 井水洗過會 koh khah 金滑。

　　趙佗消滅甌駱國了建立南越國，自稱武王。趙佗任內 kā 南越國經營 kah 真好，對北方 ê 政權漢朝造成真大 ê 威脅。可惜趙佗過身了，南越國 ê 國勢走下坡。公元前 111 年漢朝 ê 漢武帝出兵消滅南越國，koh tī 當地設「交趾部」分做 9 郡。其中 3 郡「交趾」、「九真」kap「日南」相當 chit-má 越南 ê 北部 kap 中北部地區（Trần 1921: 47）。

Ùi hit-chām 開始越南第一 pái hō中國納入版圖；che tī 現此時越南主流
史觀 lìn kā 號做第一 pái「北屬時期」（Trần 1921: 47）。因為中國位
tī 越南 ê 北 pêng，所以越南人 mā tiāⁿ 用「北方」來表示中國。

　　「趙佗」到底 beh 算是中國人 iah 是越南人？Che tī 越南 mā bat 爭
論過[9]。在我來看，趙佗 tī 越南歷史 lìn 所扮演 ê 角色 kap 地位 tō 親像
「鄭成功」對台灣 kāng-khoán，lóng 是 kā 台灣／越南 hām 中國 liâm
做伙 ê 頭一人。若 m̄是 beh 消滅「趙佗」ê 南越國，漢武帝可能 bē
hiah 緊 tō kā 越南納入中國版圖；若 m̄是 beh 消滅 "反清復明" ê「鄭成
功」，清朝 mā bē hiah 緊 tō 將台灣當作拓展版圖 ê目標。

　　自公元前 111 年中國漢武帝將越南納入中國版圖了，一直到 kah
公元後 939 年 chit 1,000 thóng 冬當中，除了 chió 數短暫時間（公元
40-43、544-603）起義抗暴成功之外，chhun--ê lóng 是越南 hō中國直
接統治 ê時期。

　　Tī 中國統治 ê 時期，越南 mā 是「三年一小反，五年一大亂」。
歷史上有記載 ê 上早起義 ê 是「徵側」（Trưng Trắc）、「徵貳」
（Trưng Nhị）二姊妹 á。In 2 人推翻漢朝駐「交趾」ê 太守「蘇定」，
bat 得 tióh 短暫獨立（公元後 40-43）。另外，mā 真有名 ê 起義事件包
含來自「九真郡」ê 女性「趙嫗」（Triệu Âu），tī 公元 248 年起義抵
抗 hit 當時中國二國時代 ê「東吳」國，可惜無成功。「李賁」（Lý
Bôn）tī 公元 542 年起義，koh tī 544 年建國號做「萬春」、自號「李
南帝」，在位時間公元 544-548。李南帝以後分別由「趙越王」（公
元 549-571）kap 後李南帝（公元 571-602）在位；路尾 koh hō͘ 中國梁
朝吞食去。中國唐朝時期真有名 ê 起義包含「馮興」（Phùng Hưng）
領導 ê 抵抗活動。「馮興」mā 號做「布蓋大王」（Bố Cái Đại

9　作者 hām 越南漢喃研究院阮光紅研究員 ê 個人訪談。

Vương），獨立時期 ùi 公元 791-802 年。為啥物號做「布蓋大王」？
Che 是因為 in 用漢字來記越南音；「布」（Bố）是「老父」、「蓋」
（Cái）是「老母」ê 意思。「布蓋大王」chit ê 時期是越南「字喃」
（Chữ Nôm）開始 puh-íⁿ 發展 ê sî-chūn。

　　北屬 ê chit 種局勢一直維持到公元 939 年，越南人「吳權」（Ngô
Quyền）chiah 利用唐朝末年大亂 ê 時機脫離中國直接統治來獨立。雖
然講是獨立，m̄-koh 越南 iáu 是 ài 定期 kā中國皇帝朝貢、承認中國 ê
宗主國地位。Chit 種宗藩關係一直到 kah 19 世紀後半期 chiah 由法國
取代中國 chiâⁿ 做新宗主國。（SarDesai 1992: 19）

　　公元 1858 年，法國利用傳教士受迫害做藉口聯合西班牙軍艦向越
南中部 ê 峴港（Đà Nẵng）出兵（Trần 1921: 516-517）。越南末代朝廷
「阮朝」phah bē 過法軍，為 tiȯh 求和只好 tī 1862 年簽訂「第一次西
貢條約」割讓南部「嘉定」、「邊和」、kap「定祥」三省 hō 法國
（Trần 1921: 523）。當然法國並無按呢就滿足，in koh 繼續侵佔其他
各省。越南 bē-kham--chit 法國 ê 軍事壓力，soà 尾 tī 1883 年 kap 1884
年分別簽訂「第一次順化條約」（Hiệp ước Harmand）kap「第二次順
化條約」（Hiệp ước Patenôtre），承認法國是越南 ê 宗主國。越南遭
受法國襲擊 ê 時 mā bat 向中國求援，m̄-koh hit 當時 ê 中國已經自身難
保，無法度有效阻擋法軍 ê 侵略（龍章 1996）。路尾中法雙方 tī 1885
年簽定協議停戰 ê「天津條約」。Tī 條約 lāi-té，中國正式放棄對越南
ê 宗主國地位 koh 承認越南改由法國保護（Trần 1921: 577）。自按
呢，越南受法國的直接統治，一直到 kah 1945 年「胡志明」利用二次
大戰 tú 結束 ê 國際局勢宣布越南獨立 liáu，情勢 chiah 開始改變。

　　Tī 1945 年 8 月 15 號日本天皇正式向聯軍投降 chìn 前，越南 ê領
導者胡志明已經聽 tiȯh 風聲講日本可能接受美國、英國、蘇聯三國 tī
「Postdam 宣言」（the Postdam Proclamation「波次坦宣言」）lin 要求

日本無條件投降 ê 主張。胡志明一聽 tiòh 風聲 tō開始準備 beh tī越南各地發動起義游擊戰 thang 發揮「先發制人」ê 功效。就按呢，到 kah hit 年八月底，短短二禮拜 ê 時間，胡志明就真成功 ê 發動「八月革命」取得掌控越南 ê 優勢。（Đinh Xuân Lâm 2001: 364-371；廖碧珠 2006: 118）

　　1945 年 8 月 15 號日本投降了，聯軍指派蔣介石代表聯軍接收台灣 kap 越南北部（北緯 16 以上），kāng sî-chūn 越南南部由英國代表接收（Lê Mậu Hãn 2001: 10；Bộ Giáo Dục và Đào Tạo 2003: 69；楊碧川 1998: 103）。胡志明因為成功發動「八月革命」，一時 tek 聲勢大好。伊就順 hit ê 勢，趕 tī 蔣介石軍隊 iáu-boē 全面進入越南 chìn 前就 sûi tī 1945 年 9 月初 2 宣布越南獨立 kap 成立「越南民主共和國」。

　　Hit 當時蔣介石派雲南軍閥「盧漢」（1896-1974）帶領 20 萬兵進入越南河內（廖碧珠 2006: 117）。蔣介石 ê 軍隊一進入河內，kap hit koá 來台灣 ê 軍隊 kāng-khoán，軍紀真 bái，像講食物件、坐車 m̄付錢，而且 koh 將傳染病 chah 入來越南[10]。蔣介石佔領越南北部　時 koh 以負擔軍糧做藉口趁機會搶越南 ê 糧食。Hit 當時越南 tú hó 大饑荒，koh tiòh 應付蔣介石 ê siáu 貪 soah 造成數百萬人餓死（Nguyễn 2011:9）。另外，蔣介石 koh 扶持親蔣 ê「越南國民黨」（Việt Nam quốc dân đảng）kap「越南革命同盟會」（Việt Nam cách mạng đồng minh hội）beh 介入越南 ê 政治（Lê Mậu Hãn 2001: 10；Bộ Giáo Dục và Đào Tạo 2003: 76-77）。胡志明 bat tī 中國 toà--koè，mā bat 坐過中國國民黨 ê 監 13 個月，所以伊對中國人 ê 野心真了解。伊 bat 講過：「若 beh 一世人食中國人 ê 屎，khah 輸暫時鼻法國人 ê 臭屁」（楊碧川 1998: 105）。胡志明看 m̄是勢，驚蔣介石 ê 越南 ê 力量 lú 來 lú

---

[10] Hām 越南老兵、名作家「黃進」（Hoàng Tiến）ê 個人訪談。

大，所以伊用計 hō 蔣介石離開越南。伊 tī 1946 年 3 月初 6 hām 法國代表 Sainteny 簽訂「六三協定」（Hiệp định sơ bộ 6-3），內容包含：承認越南民主共和國是「France 聯合」（Liên hiệp Pháp）ê 一部分，享有獨立 ê 政府、國會、軍隊 kap 財政；越南政府同意法國 1 萬 5 千名軍隊進入北部 thang 換掉中國國民黨 ê 軍隊，而且 chit 1 萬 5 千名法國兵 ài tī 5 冬內撤退（Bo 2003: 78）。胡志明就是利用法國 kap 國際局勢逼蔣介石退出越南。當蔣介石退出越南 ê 時，胡志明同時 koh 準備 kap 法國 ê 游擊戰。Che 是 hit 當時真有名 ê 故事，tī 越南 ê 高中歷史教科書 lóng 有記載。（Bộ Giáo Dục và Đào Tạo 2003）

雖 bóng 胡志明 tī 1945 年 9 月初 2 宣布越南獨立，m̄-koh 法國 kap 各國政府並無 sûi 承認越南民主共和國 ê 合法性，法國甚至後來 koh 起兵鎮壓獨立運動者。為 tioh 獨立建國，越南人民 mā 進行十年 ê 抗法獨立戰爭，一直到 kah 1954 年「奠邊府戰役」大贏法國軍隊，逼使雙方簽定「Geneva 協議」（Geneva Accords）liáu chiah 確立越南獨立 ê 合法性。M̄-koh tī 歐美、蘇聯 kap 中國 ê 介入下，越南 soah hông 分割做二 pêng，也就是我們所認 bat ê「南越」kap「北越」。南北分裂 ê 局面持續到 1975 年，chiah 由越南共產黨一統南北。南北越 tī 1976 年正式合併，改國號做「越南社會主義共和國」，定「河內」做首都；chit ê 統一局勢一直維持到 taⁿ。

3. 漢字文學

Tī 北屬時期，中國將漢字傳入去越南。Hit 當時 ê 漢字主要是用 tī 行政 kap 官員 ê 文教訓練。Hit 當時推行漢字文教上有名 ê，類似台灣文學史上 ê「沈光文」或者「陳永華」ê，是交趾太守「士燮」（Sĩ Nhiếp）。士燮 in 祖先是魯國人，因為 beh 避「王莽」造反 ê 戰亂 chiah 走來「蒼梧郡」（quận Thương Ngô 目前中國廣西省蒼梧縣）ê

「廣信」（Quảng Tín）hit 腳兜。Ùi 魯國遷 soá 來「廣信」到士燮 hit 代已經是第七代。士燮因為"治民有方" 所以越南人尊稱伊號做「士王」（Sĩ Vương）。（Trần 1921: 53）

Tī 北屬頭仔 hit 200 外冬時期，越南人就算 khah bat 漢字、khah gâu 讀冊 mā 無法度做官、分享統治權力。一直到東漢末年「靈帝」在位（公元 168-189）ê 時 chiah 有交趾本地人「李進」（Lý Tiến）hông 提名做交趾刺史。李進 kap 後來 ê「李琴」（Lý Cầm）lóng 是推 sak 交趾人 ē-sái 做官 ê 重要人物。交趾人 kap 中國人 kāng-khoán ē-sái 做官 tō 是 ùi in 2 人開始。（Trần 1921: 52）

Ùi 公元 939 年越南脫離中國 ê 直接統治 ê hit 1,000 thóng 冬以來，越南模仿中國建立 in ka-tī ê 封建社會制度 kap 王朝。越南李朝（公元 1010-1225）kap 陳朝（公元 1225-1400）期間 ùi 中國引進各式政治、文物制度，特別是「科舉制度」kap「儒家思想」thang 穩定越南朝代 ê 封建基礎。換一句話講，雖然越南無 koh 受中國直接統治，但是中國對越南 iáu 是有真大 ê 影響（SarDesai 1992: 21）。莫怪越南有名 ê 歷史學家陳重金（Trần Trọng Kim 1882-1953）感慨講「m̄管大人、囡仔，去到學校 lóng 無 teh 學越南史，kan-taⁿ 學中國史。詩賦文章 mā tō 取材中國、照中國價值觀來 kiâⁿ…」。（Trần 1921: 8）

因為引進「科舉制度」kap 獨尊「儒家」ê 關係，越南各朝代繼續沿用漢字甚至將漢字當作唯一 ê 正式文字。換一個角度來看，漢字 tī 越南 ê 使用 hông 合法化 kap 正統化；che 是造成漢字 tī 越南本土化 ê 重要因素。

一般 tek 來講，漢字用 tī 行政、教育（科舉）、學術著作、kap 古典文學 ê 創作（Nguyễn 1999: 3-4）。古早越南人使用漢字寫作 ê sî-chūn，書面是用文言文 ê 方式書寫，口語就用越南話 lìn ê「漢越音

[11]」發音。Chit 種情形就類似古早台灣人去漢學仔學四書五經 ê 時用台語文言音來讀文言文教材 hit chit-iūⁿ。下面咱就用李白 ê《靜夜思》（Tĩnh Dạ Tứ）來說明越南人 án-choáⁿ 用漢越音來讀唐詩：

床前明月光
Sàng tiền minh nguyệt quang
疑是地上霜
Nghi thị địa thượng sương
舉頭望明月
Cử đầu vọng minh nguyệt
低頭思故鄉
Đê đầu tư cố hương

真 chē 人誤認用台語來讀唐詩 siōng siak-phah、siōng 有台灣味。用頂面 chit ê 例 ē-sái 看出越南話 mā thèng-hó kā唐詩唸 kah 真押韻、真súi-khùi。事實上，用文言音來讀漢詩、漢文是漢字文化圈 lìn ê 共同特色，並無法度突顯台灣氣味。（蔣為文 2007a）

越南人使用漢字 ê 時間若 ùi 第一 pái 北屬時期算起，到 kah 1915 kap 1919 年法國殖民者分別廢除越南北部 kap 中部 ê 科舉考試，算起來有 2,000 thóng 冬 ê 時間（Nguyễn 1998: 48）。漢字 tī 越南釘根 ê 程度 ē-sái ùi 下面 chit ê 例看出：真 chē 20 世紀初期 ê越南獨立運動者像講「潘佩珠」、「潘周楨」、「胡志明」等 ê 漢文基礎 lóng 真好，甚至 in 就是用漢文 kap hit 時 ê 中國領導者溝通。下面咱就舉胡志明 hō͘中國國民黨掠起來關 tī廣西 ê 時用漢字所寫 ê《獄中日記》ê 片段作

---

[11] 台語 lìn 有所謂 ê文言音 kap 白話音 ê差別，像講「三」ê文言音是/sam/、白話音是/saⁿ/。越南話 lìn mā有類似文、白音 ê差別，像講「三」ê文言音是/tam/、白話音是/ba/。越南話 ê文言音俗稱「漢越音」（âm Hán Việt）。

例：

> 身體在獄中，精神在獄外，欲成大事業，精神更要大⋯老
> 夫原不愛吟詩，因為囚中無所為，聊借吟詩消永日，且吟
> 且待自由時⋯走遍高山與峻岩，那知平路更難堪，高山遇
> 虎終無恙，平路逢人卻被監⋯余原代表越南民，擬到中華
> 見要人，無奈風波平地起，送余入獄作嘉賓⋯忠誠我本無
> 心疚，卻被嫌疑做漢奸，處世原來非易易，而今處世更難
> 難⋯桂林無桂亦無林，只見山高與水深，榕蔭監房真可
> 怕，白天黑黑夜沉沉⋯解過廣西十三縣，住了十八個監
> 房，試問余所犯何罪，罪在為民族盡忠⋯。（胡志明
> 1998）

Tī che 久長 ê 時間當中，漢字作品 ê 作者 kap 讀者主要是皇帝、官員、士大夫等上層階級。Chit koá 作品創作風格上有統一 ê 模式；題材 tiān-tiān 是梅、蘭、竹、菊，漁、樵、耕、牧，或者望潮、閨怨、征婦、旅懷等；類型 tiān 以自述、言志、感懷、記事、偶興等形式；體裁主要是樂府、五言、七律等。（梁立基、李謀 2000: 72）

若 ùi 發展民族文學特色、突顯越南民族意識 ê 角度來看，越南所寫 ê 漢字作品大概分做二種：第一種是中國漢字作品 ê 延伸，並無法度突顯越南民族精神特色，像講「姜公輔」ê《白雲照春海賦》等。

另外一種是真強烈突顯越南民族意識或者特色 ê 作品，像講「李常傑」（Lý Thường Kiệt 1019-1105）ê《南國山河》，「黎文休」（Lê Văn Hưu 1230 - 1322）ê《大越史記》，「張漢超」（Trương Hán Siêu ?-1354）ê《白滕江賦》，「阮廌」（Nguyễn Trãi 1380-1442）ê《平吳大誥》、《抑齋詩集》，「阮秉謙」（Nguyễn Bỉnh Khiêm 1491-1585）ê《白雲音詩集》，「阮嶼」（Nguyễn Dữ 16 世紀）ê《傳

奇漫錄》，「阮攸」（Nguyễn Du 1765-1820）ê《十類眾生祭文》、《清軒詩集》等。Chit koá 作者多數有一個特色就是 in 同時 ē-hiáu 用漢字 kap 字喃字寫作，像講阮秉謙除了有頂面所講 ê 漢字詩集，iáu 有字喃字詩集《白雲國語詩》；阮攸 ê 著作 lāi-bīn siōng 有名 ê 是字喃故事詩《翹傳》。

越南人有 chiah 久長使用漢字 ê 歷史，若按呢，in 是 án-choáⁿ 看待漢字 kap 漢字文學作品？In kám 有 kā in 看做越南文學 ê 一部分？

若就漢字來講，越南人認定漢字是中國文字（Lê Văn Siêu 2006: 66；Nguyễn, Khắc Viện & Hữu Ngọc 1975: 44；Lại Nguyễn Ân et al. 2005: 70；Bùi Đức Tịnh 2005: 11）ê chit 部分是無爭議 ê。In 認為字喃字（chữ Nôm）kap 現此時 teh 使用 ê 越南羅馬字（chữ Quốc ngữ）chiah 是越南文字。（Lại Nguyễn Ân et al. 2005: 70-75）

若就漢字文學作品來講，越南學者 mā bat 有過爭論（Bùi Đức Tịnh 2005: 10-14；Phạm Thế Ngữ 1997: 58）。過去有人主張因為漢字是外國文字，所以用漢字寫 ê 作品無算越南文學。Mā 有人認為，雖然漢字是外國文字，m̄-koh 只要作品是「越南人用越南話寫 ê」就算是越南文學。若按呢，目前主流 ê 看法是 án-choáⁿ？一般 tėk 來講，第二種看法 ê 人 khah chē。Iā 就是講，越南人一方面認為漢字是外國文字，m̄-koh 一方面 koh kā 用漢字寫 ê 作品有條件 ê 當作越南文學 ê 一部分。Che 看起來 ká-ná 真矛盾，其實 bē。因為越南人認為 in 是 ko-put-jī-chiong 之下 chiah 使用外國文字；雖然用漢字，m̄-koh in iáu 堅持作者一定 ài 是越南人而且作品本身 ài 用越南話來發音。所以像「四書五經」chit khoán 中國人寫 ê 漢文冊雖然對越南文學來講有伊 ê 影響力，m̄-koh 越南人並無 kā in 列入越南文學內面（Dương Quảng Hàm 2005: 56）。越南人 m̄-nā 用「越南人用越南話寫 ê」chit khoán ê 標準來認定越南文學，koh 有一個真 sim-sek ê 現象：大多數 khah 權威 ê 越

南文學史編寫者 teh 寫越南書面語文學 ê 時 lóng ùi 越南建立獨立王朝 ê 10 世紀以後開始講起，像講 Nguyễn Đăng Na（2004）、Bùi Đức Tịnh（2005）、Nguyễn Khắc Viện & Hữu Ngọc（1975）、Dương Quảng Hàm（2005）、Lê Văn Siêu（2006）、Phạm Thế Ngữ（1997a）。若按呢，越南人是 án-choán 看待北屬時期 ê 漢字作品？基本上 in 是 kā當作是 hông 殖民 ê 歷史文獻來看待。

越南人處理漢字 kap 漢字作品 ê 做法 hō˙咱有啥啟示 neh？

第一，台灣人應該 tī 精神上 kā 漢字當做外國文字，雖然 tī 實質上、過渡時期 lìn 容允使用漢字。Che 就親像胡志明 tī 從事獨立運動時期，伊 tī 無 kāng 時期、場合分別使用漢字、法文 kap 越南羅馬字來寫作 thang 宣傳革命思想；tng-tong 伊 tī 1945 年 thèh-tiòh 政權、宣布獨立 liáu 就 sûi 廢除漢字、法文，改用越南羅馬字做正式文字 hit khoán。台灣人使用漢字是過渡時期不得以 ê 選擇，當台灣人正名成功、建立正常國家 liáu 應該改用 ē-tàng hām 中國區隔 ê 文字 chiah thang 確保台灣文化 ê 獨立性。[12]

第二，台灣文學 ài 建立 tī「台灣人用台灣語言書寫」ê 基礎頂頭。咱 chia 所講 ê 台灣語言包含「台語」、「客語」kap「原住民語」，無包含「華語」[13]。鄭氏王朝 kap 清國時期 hit-kóa統治台灣 ê 封建官僚用漢字所寫 ê 作品，無論 in ê作品內容 ham 台灣有關 iā無關，因為 in 是外來統治者為 tiòh 統治 ê 需要 chiah 出版，所以無算是「台灣文學」。所以，hit-kóa中國人寫 ê 四書五經，或者「沈光文」、「郁永河」、「藍廷珍」、「藍鼎元」等 hia-ê 中國人所寫 ê lóng 應該列做外國作品[14]。若是 hit-kóa移民來台有一段時間而且已經

---

[12] 有關語言、文字 kap 台灣國家建構 ê關係，請參閱蔣為文（2007b）ê詳細討論。

[13] 有關台灣語言 ê定義，詳細請參閱蔣為文（2006a）ê討論。

[14] 有關明、清時期遊宦文學 ê發展，請參閱施懿琳（2000）。

「土著化[15]」、認同台灣 ê 文人用漢字所創作 ê 作品，ē-sái 勉強算是台灣人 chhōe-tiòh 具有台灣民族特色 ê 文字工具 chìn 前暫時 ê 書寫工具。

4. 字喃文學

越南 tī 借用漢字 liáu，in 發覺漢字無法度完整表達越南 ê 日常用語，所以民間慢慢仔發展出具有越南特色 ê「字喃」。所謂 ê「字喃」是指南方（相對中國來講）ê 文字 ê 意思；越南人 mā kā字喃字號做「越南字」（chữ Việt）。因為欠標準化，「字字喃」mā ē-sái 寫作「字宁喃」、「字字 字南」。早期 ê 字喃主要是做漢字 ê 輔助工具，用來紀錄地名、人名、kap 地方特產等（Nguyễn Quang Hồng 1999: 2）。Tī 累積 kúi 百年使用 ê 經驗 liáu，tī 13 世紀 chiah 有字喃 ê 文學作品 ê 出現[16]，ah tī 16 至 18 世紀之間達到高潮[17]。字喃 ê 使用者主要是 thìg 赤腳 ê 平民、落魄文人、僧侶、kap chió 數有強烈民族意識 ê 精英。一般來講，字喃主要用 tī 紀錄民間口傳文學、創作純越南話文學、翻譯佛經、kap 替漢字作注音、註解。（Nguyễn Quang Hồng 1999）

字喃 ùi tang-sî開始 puh-íⁿ 發展 neh？相傳 ùi 第 8 世紀尾「馮興」（布蓋大王 Bố Cái Đại Vương）開始用漢字來紀錄個別越南話語詞，伊用漢字「布」（Bố）表記越南話「老父」、用「蓋」（Cái）表示

---

[15] 「土著化」（indigenization）是指 ùi 移民社會（immigrant society）變成「土著社會」（native society）ê 轉變過程。陳其南（1994: 92）指出講 ùi 1683 到 1895 ê 200 外年當中，台灣 ê 漢人移民社會 tàuh-tàuh-á 變成土著社會。施懿琳（2000: 4）指出清國中期（大約道光、咸豐）以後台灣本土 ê漢字文人 chiah tàuh-tàuh 出頭。

[16] 根據現存 ê 文學作品年代所論斷。

[17] Hām 河內大學越南學系主任 Nguyễn Thanh Xuân ê 個人訪談。

「老母」（Dương Quảng Hàm 2005: 154）。根據《大越史記全書》ê 記載，阮詮（Nguyễn Thuyên 13 世紀）是頭一個用字喃寫作文章 ê 文人。伊 tī 陳朝仁宗時期（1279-1293）做刑部尚書。1282 年，富良江有 khȯk 魚出現。阮詮受朝廷命令辦祭桌，用喃字寫祭文 tàn tī 江 lìn，khȯk 魚 tō 按呢去 hō͘ 趕走去。陳仁宗認為 chit 件代誌就 ká-ná 中國 ê「韓愈」hit khoán，所以賜阮詮改姓韓（Nguyễn Quang Hồng 2006；Nguyễn Q. Thắng et al. 1997）。阮詮是第一個用字喃記錄阮氏家族祖譜、寫國史、創作國音詩賦。代表作品有《扉沙集》（Phi sa tập），內面有漢字 kap 字喃詩賦，可是 lóng 失傳 à。韓詮 ê 字喃詩是頭一個結合越南民間詩歌 kap 中國唐詩類型（字數 kap 格律有改變）來創造新類型，後代人 kā chit khoán 詩號做「韓律詩」（thể thơ Hàn luật）。（Dương Quảng Hàm 2005: 160-163）

　　越南 ùi 13 世紀以來 tàuh-tàuh-á 出現字喃文學作品，到 kah 16 至 18 世紀之間達到高潮。其中上有名 ê 包含「阮攸」（Nguyễn Du 1765-1820）kap 女詩人「胡春香」（18 世紀尾-19 世紀頭）。Chit koá 文人 lóng 有漢字 kap 字喃字 ê 作品，m̄-koh tī 民間流傳 siōng khoah koh 受文學研究者重視 ê lóng 是 in ê 字喃作品。

　　阮攸出身 tī 名家望族 ê 家庭（老父做過宰相），越南人稱呼伊民族大詩人[18]，伊 hō͘ 聯合國列做世界文化名人之一。阮攸 bat 做過官 mā bat 落魄過。伊 siōng 有名 ê 字喃作品是《翹傳》（Truyện Kiều）。（Nguyễn Quang Hồng 2006；Lại Nguyễn Ân et al. 2005: 297-302；羅長山 2004: 264-273）

　　《翹傳》是後人 ê 簡稱，原名為《斷腸新聲》，是一部用越南式「六八体」（thể lục bát）書寫、lóng 總有 3,254 行 ê 事詩。故事情節

---

[18] Nhà đại thi hào dân tộc Việt Nam（Nguyễn Quang Hồng 2006）

模仿中國「青心才人」ê 章回小說《金雲翹傳》。青心才人 ê 小說 tī中國並無引起讀者 ê 注意，m̄-kon 阮攸 ê《斷腸新聲》tī越南一出現（量約 1804-1809）到 taⁿ lóng 真受越南大眾 ê kah-ì，目前 mā hông 翻譯做真 chē種外語。（Nguyễn Quang Hồng 2006）

《翹傳》是 teh 講一個真 súi koh 有才華 ê 女主角「翠翹」流落民間十五年 ê 故事。翠翹 kap 男主角「金重」書生自由戀愛。M̄-koh，因為封建制度 ê 腐敗 soah kā翠翹 sak 入歌伎 kap 奴才 ê 生活。下面咱就摘要 1871 年刻印 ê《翹傳》ê頭 4 句 hō͘ 讀者讀看 māi：

> 𤾓𢆥𥪞𡎝𠊛些
>
> Trăm năm, trong cõi người ta,
> 𡨸才𡨸命窖罗恄饒
>
> Chữ tài, chữ mệnh, khéo là ghét nhau.
> 𣦆戈沒局𣷭𣘃
>
> Trải qua một cuộc bể dâu,
> 仍調𥉫𧡊𣎏疠疸𢚸
>
> Những điều trông thấy mà đau đớn lòng.

胡春香是 hām 阮攸 kāng 時期 ê 重要女詩人，hông 號做「字喃詩女王」（bà chúa thơ Nôm）。伊正確 ê 出世 kap 過身年代無人 chai。伊 ê詩作主要 teh 描寫 cha-bó͘人 tī封建社會 lìn 所遭受無公平 ê 待遇。伊用通俗、雙關語 kap 諷斥 ê 寫作風格來創作 koh 鼓舞 cha-bó͘人起來反抗封建社會。胡春香 ē-sái 講是越南古早 ê 女性主義者。（Lại Nguyễn Ân et al. 2005: 164-167）

雖然字喃 tī 越南真早就出現，有 bē-chió文學作品，而且 koh 是越南人 ka-kī 創造 ê，m̄-koh soah 無法度取得正統 ê 地位或者取代漢字。主要原因有：第一，受中國「漢字正統」ê 價值觀影響。第二，hō͘ 科

舉制度束縛 soah 無法度對抗漢字既得利益者。第三，字喃先天 tek 有 穤學、穤寫 ê 文字結構缺陷 kap 穤標準化 ê 社會因素。（蔣為文 2005b: 90）

字喃 tī 久年 ê 發展當中，除了 chió 數像講「胡季犛」、「阮惠」 在位時期，chhun--ê ē-sái 講無得 tiòh 歷代越南朝廷 ê 體制上 ê 支持。 Chit 種情形就 ká-ná 台語文學 tī 台灣 ê 發展 kāng-khoán，無受「華語既 得利益者」ê 執政者 ê 重視。

胡季犛（Hồ Quý Ly 1336-1407）是胡朝第一個皇帝，在位時間 1400-1406 年。公元 1406 年中國明朝軍隊入侵越南，胡季犛 in pē-á-kiáⁿ hông 掠 tńg-khì 中國監禁，路尾死 tī 中國。胡季犛在位期間從事軍 事、經濟 kap 思想文化等領域 ê 改革，m̄-koh 遭受保守派 ê 阻饒 soah 失敗。胡季犛是第一個敢主張用字喃取代漢字 koh 用 tī 公文、詔書等 文件 ê 皇帝。伊 ka-tī 有用字喃創作 koh 並下令 kā 漢文經冊翻譯成字 喃。可惜在位時間 siuⁿ 短，soah 無法度發揮有力 ê 效果。（Nguyễn Quang Hồng 2006；Trần Trọng Kim 1921: 191-199；Nguyễn Q. Thắng & Nguyễn Bá Thế 1997: 279-282）

阮惠（Nguyễn Huệ 1753-1792）mā 號做「光中皇帝」，伊 tī 1788 年登基建立「西山王朝」koh 帶領越南人 phah 敗入侵越南 ê 二十萬清 國兵。伊在位 ê 時 mā chhui-sak 字喃，要求官員用字喃寫公文 kap 將 字喃列入科舉考試。可惜在位 4 冬 tō 過身去。（Trần Trọng Kim 1921: 393-411；Nguyễn Q. Thắng & Nguyễn Bá Thế 1997: 541-544）

雖 bóng 字喃 tī 過去無法度成功取代漢字，目前 ê 越南人是 án-choáⁿ 看待字喃 kap 字喃文學作品 neh？台灣俗語講「三年一潤，好 bái 照輪」。過去 hông 當作漢字附屬品 ê 字喃，目前 hō͘ 越南人當做比 外國漢字 khah 重要 ê 民族文化資產來看待。海外越南人甚至組織「字

喃遺產保存協會[19]」來保存兼發展字喃。In 整理 kap 出版字喃字典 koh 開發字喃軟體，像講本論文《翹傳》例句 ê 字喃就是利用 in 開發 ê 字型來顯示。

若論到字喃文學作品，目前越南文學史 ê 論著差不多 lóng kā 字喃文學當作越南古典文學 ê 代表性作品（Bùi Đức Tịnh 2005: 75）。一般越南大眾有法度 soà 嘴唸出來 ê 古詩 mā 差不多 lóng 是字喃作品。事實上，雖然 tī 過去字喃 hông 當作非正式 ê 文字，m̄-koh 古早 ê 字喃使用者普遍 tėk kā 字喃字號做「國字」、字喃字所表記 ê 越南音號做「國音」。像講阮廌 ê 字喃作品《國音詩集》，黎聖宗（1442-1497）kap 一寡人 ê 字喃合集《洪德國音詩集》，阮秉謙 ê《白雲國語詩》等。

字喃文學 ê 發展對咱台灣人有啥啟示 neh？

第一，用漢字式 ê 文字（無論是借音、借意、造新字、chhōe 本字）lóng khah gâu siū 漢字 ê 束綁。像古早越南人，beh 讀有字喃字就 ài 先讀有漢字，無形中 soah 限制 tiȯh 字喃使用人口 ê 擴大 koh 造成字喃文學受漢字文學真大 ê 影響。台灣過去 ê 漢字式文字（統稱「歌仔冊」文字）因為 oá 靠 tī 漢字所以發展受阻礙。台語文學 ê 發展應該跳脫漢字迷思 chiah 有可能出頭天。（蔣為文 2007）

第二，終其路尾，台灣漢字式古典文學 ài 回歸用歌仔冊文字（包含台語 kap 客語）所寫 ê chiah 有台灣民族特色。目前台灣學術界若講 tiȯh 台灣古典文學，絕多數 lóng 以漢字作品為主、罕 leh 講 tiȯh 歌仔冊文學。Chit 種現象 tòe tiȯh 台灣進入正常國家 liáu 應該會改善。

第三，雖 bóng 外來政權絕對 bē 支持台灣建立有特色 ê 台灣民族文學，m̄-koh 本土政權 mā 無一定會全力支持。字喃 tī 越南將近 1,000

---

[19] 字喃原文「會保存遺產喃」（Hội Bảo tồn Di sản Nôm），
<http://nomfoundation.org>。

冬 ê發展當中，多數歷代越南朝廷 ē-sái 講 lóng 無 teh 支持。字喃 lóng
是靠民間草根力量 chiah táuh-táuh-á流傳發展起來。台灣 mā是按呢。
像講台灣 tī 民進黨執政期間，因為「中華民國」政權 ê 包袱 kap hit-
koá政客無台灣母語書寫意識，soah 造成台灣母語文學（包含台語、客
語、原住民語）無法度得 tiòh 體制 ê 支持 thang 真有力 ê發展。

5. 羅馬字文學（國語文學）

羅馬字差不多 tī 16 世紀尾、17 世紀初透過傳教士傳入越南（Đỗ
Quang Chính 1972）。Tī 經過 bē-chió 傳教士 ê phah-piàn之下，法國籍
傳教士「Đắc Lộ[20]」tī 1651 年出版第一本越南羅馬字辭典「越南、葡
萄牙、拉丁語 3 語對照辭典[21]」。Đắc Lộ hām「越、葡、拉」對越南
羅馬字 ê 貢獻就像 Medherst[22] hām 伊 tī 1837 年出版 ê「福建方言字
典」對台灣教會白話字 ê 開基性貢獻 kāng-khoán；In lóng 是集眾人 ê
經驗，kā 羅馬字書寫系統化、kap 出版 ê 頭一人。Đắc Lộ ê 羅馬字方
案 tī 經過無 kāng 時期 ê sió-khoá 修改 liáu，chiàn做現此時越南普遍使
用 ê 正式文字。

羅馬字 tī 越南 ê 普遍化是先 ùi 南部開始 chiah koh thoàn tùi 中部
kap 北部去。羅馬字 tī越南 ê 發展 ē-sái 分做 4 個階段：第一，17 世紀
初到 19 世紀中期 ê教會使用期；第二，19 世紀後半期 ê法國殖民者推
廣使用期；第三，20 世紀前半期 ê 越南民族主義者推動使用期；kap
第四，1945 年以後 ê正統地位時期。（蔣為文 2005b: 91-96）

羅馬字 tī 傳入越南 ê 前半期主要 kan-nā tī 教會 lìn 流傳。羅馬字

---

[20] Đắc Lộ 是越南名，法文名是 Alexandre de Rhodes，漢字名是「得路」。
[21] 原文 Dictionarium Annamaticum, Lusitanum et Latinum。越南話俗稱「Việt Bồ
La」（越葡拉）。
[22] Walter Henry Medherst, 1796-1857。伊 ê 漢字俗名是「麥都思」。

ē-tàng tī教會外受普遍使用，che kap 法國統治越南有關係。法國殖民者統治越南 ê 時，in 認為中國是法國 kap 越南之間 ê 第三者，對法國統治越南有潛在 ê 威脅。若 beh kā越南 kap 中國永久割開，就 ài kā連接 in 2 國之間 ê 線切斷。因為越南長期以來 lóng kā 中國奉做宗主國、mā 透過漢字學習中國文化 kap 價值觀，假使 hō˙越南人繼續使用漢字就等於是 hō˙越南保持 hām 中國 ê 親密關係。所以法國認定連接越南、中國之間 ê hit 條線就是「漢字」。為 tio̍h hō˙越南斷絕 hām 中國 ê 關係、thang 親近法國，無 kā 漢字提掉 bē-sái（DeFrancis 1977: 77）。法國人想出來 ê 策略就是用「羅馬字」取代漢字。In 認為越南人若 ē-tàng 接受羅馬字，按呢未來 beh koh 進一步接受「法文」ê 可能性就 lú 高。

雖然法國殖民者推 sak 羅馬字 ê 最後目的是推廣法文，m̄-koh 伊無形中 soah 提供越南羅馬字初期成長 ê 奶水。像講，法國殖民者 kā 羅馬字列入學校課程，soà--lâi tī 1865 年由官方發行第一份 ê 羅馬字報紙《嘉定報》（Gia Định Báo 1865-1910）（Đỗ Quang Hưng 2000: 27-29）；越南羅馬字 mā ùi hit-chām 開始號做「Chữ Quốc Ngữ」（國語字）（Viện Văn Học 1961: 22）。「嘉定報」就 hām 台灣 1885 年出版 ê 第一份羅馬字報紙《Tâi-oân-hú-siâⁿ Kàu-hoē-pò》（台灣府城教會報）kāng-khoán，有 chhoā 頭普及羅馬字 ê 貢獻。另外一個推廣羅馬字 ê 例是，南部總督 tī 1882 年簽定一份規定所有越南話 ê 公文 ài 用羅馬字寫 ê 議定。（Viện Văn Học 1961: 22-23）

Tī法國人佔領越南 ê 前半期，也就是 19 世紀尾 chhui-sak 羅馬字上 kut-la̍t koh 有貢獻 ê 越南人是「張永記」（Trương Vĩnh Ký 1837-1898）（Hoàng Tiến 1994: 56）。張永記出世 tī 越南南部「永隆省」（tỉnh Vĩnh Long）ê 一個天主教家庭。伊真有語言天份，m̄-nā ē-hiáu 越南羅馬字 kap 法文，koh ē-hiáu 漢文、字喃、拉丁文、希臘文、英

文、日文 kap 印度文。張永記 bat 做過《嘉定報》ê 主編，koh 出版百外本冊。伊主要 ê貢獻包含 1）kā 西方 kap 越南經典翻譯做越南羅馬字，像講 kā《翹傳》、《大南國史演歌》等翻做羅馬字。2）從事越南羅馬字 kap 法文推廣教材 ê 研發出版。3）從事越南羅馬字 ê 研究 kap 創作。（Hoàng Tiến 1994: 56-60；Lại, Nguyễn Ân et al.2005: 558-562；Phạm Thế Ngữ 1997c: 72-92）

雖然 tī 法國殖民者 ê 推 sak 之下，越南羅馬字 tī 19 世紀後半期有比以前 khah 普遍，m̄-koh 整體來講伊 ê 推行效果 iáu 真有限（DeFrancis 1977: 69）。羅馬字 ê 推行 ài 20 世紀初以後 tī 越南本土 ê 民族主義者 ê 鼓吹之下 chiah 有明顯 ê 進展（DeFrancis 1977: 159）。Che 原因是 tī 反對法國殖民主義 ê 氣氛之下，piān 若用外來 ê 羅馬字就會 hông 當做是倚附外來政權 ê 行為，像講張永記當時 mā bat hông 當做通敵 ê 越奸看待。M̄-koh tī 越南民族主義者感受 tiòh 羅馬字簡單、好用、是教育民眾 ê 好工具 liáu，in 就化解對羅馬字 ê 惡感，kā 羅馬字本土化、chiâⁿ 做對抗外來統治 ê 利器。

為啥物越南的民族主義運動 kap 羅馬字是 ùi 20 世紀初開始 chhiaⁿ-iāⁿ òng-kóng 起來 neh？主要 ê 原因是：第一，法國 ê 西式教育 ê 影響。若 ùi 法國統治全越南 ê 1885 年算起，到 kah 20 世紀初已經有 20 外冬 ê時間。雖然殖民者提供 ê 是一種跛腳 ê 殖民教育，m̄ koh hō͘ 越南人透過 chit ê新式教育 ē-tàng 比傳統教育 khah chē 機會來接觸「民族主義」、「民族國家」、「民主」kap「科學」等 ê 新觀念。Chit koá 接受羅馬字 kap 新式教育 ê新生代到 chia tú-hó開始出頭。第二，日本明治維新以後國力增強甚至 tī 1905 年戰贏前蘇聯 chit 件代誌 hō͘ 越南人認為亞洲人只要 kut-làt 打拼就有可能建立強國。第三，20 世紀初民族主義潮流 ê 影響。超過 10 萬 ê 越南人法國兵 tī 第一次世界大戰（1914-1918）替法國做軍伕 ê sî-chūn 對 hit 當時 ê 民族主義熱潮有真

深 ê 印象。加上 hit-chūn 美國總統 Hui-o-son（W. Wilson）發表民族自決 ê 聲明，mā hō 各地 ê 民族運動真大 ê 鼓舞。

20 世紀初鼓吹羅馬字 ê 民族主義運動 ê 頭一個代表性團體算是「東京義塾」（Phạm Thế Ngữ 1997c: 101）。「東京義塾」tī 越南所扮演 ê 角色就 ká-ná 1920 年代 ê 台灣文化協會；兩者 ê 差別是「文化協會」並無注重羅馬字、kan-taⁿ 倡導漢字白話文。即個差別 tú-hó 注定羅馬字 tī 台灣 hām 越南有無 kāng ê 發展命運。

「東京義塾」ê 成員主要是一寡留學日本 ê 越南知識份子。In tī 1907 年 3 月 tī 首都「河內」設立「東京義塾」學校，thang 傳授西方思想 kap 科學新知等。In 認定若 beh 達成啟發民智 ê 目的，無教羅馬字 bē-sái。所以「東京義塾」ê 第一要務就是 beh 普及羅馬字；in beh 透過羅馬字來教育民眾、hō 大眾有知識 thang 對抗法國殖民統治。「東京義塾」雖然成立無到 1 冬就 hō 法國殖民者強迫關門，m̄-koh in ê 主張 soah tī 知識份子之中普遍得 tióh 認同 hām 支持。除了有「東京義塾」，hit 時 koh 有「智知會」（Hội Trí Tri 1907 年 4 月成立）、「翻譯會」（Hội dịch sách 1907 年 4 月成立）等團體。Tī in ê 影響之下，「推廣羅馬字」soah chiâⁿ 做越南民族主義者 ê 普遍主張 kap 推動要點，mā 引起一 chūn 興學、辦羅馬字報紙 ê 風潮（Vương Kiêm Toàn & Vũ Lân 1980: 20-32；Đinh Xuân Lâm 2001: 159-170）。根據估計，到 kah 1930 年為止，全越南量約仔有 75 種 ê 羅馬字報紙。（Hannas 1997: 86）

若就 20 世紀初 chhui-sak 羅馬字上有名 ê 個人來講，有「阮文永」（Nguyễn Văn Vĩnh 1882-1936）kap「范瓊」（Phạm Quỳnh 1892-1945）。

阮文永是河內南 pêng「河東」人。伊本身精通法文、越南羅馬字、漢字、字喃字。阮文永是東京義塾 ê 重要創辦人之一，伊 tī 義塾

負責越南羅馬字 kap 法文 ê 推廣 kap 教學（Hoàng Tiến. 1994: 94；Đinh Xuân Lâm 2001: 160）。伊 koh hām「梁文干」（Lương Văn Can）組織「翻譯會」thang kā重要 ê 法文、漢文、字喃文翻做羅馬字（Phạm Thế Ngữ 1997c: 121）。伊 hām 法國人做伙經營印刷廠（nhà in），koh 擔任過真 chē 報紙雜誌 ê 主筆或者主編，像講《大南同文日報》（Đại Nam đồng văn nhật báo）、《登鼓叢報》（Đăng cổ tùng báo）、《Notre Journal》、《東洋雜志》（Đông Dương Tập Chí 1913-1919）kap《中北新文》（Trung Bắc Tân Văn）等。其中上重要 ê 是擔任《東洋雜志》ê 主筆。

　　法國殖民者為 tiòh 化解民怨、減 chió 武裝起義事件，in tī 1913 年主動發行《東洋雜志》thang 作為法國殖民政策 ê 宣傳報。Chit 份報紙有法文 kap 越南羅馬字版。雖 bóng 伊發行目的是為 tiòh 宣傳政策，m̄-koh 因為翻譯真 chē 法文文學作品做越南文，所以 chit 份報紙對 20 世紀初越南新文學 ê 出現有真重要 ê 貢獻（Đỗ Quang Hưng 2000: 48；Phạm Thế Ngữ 1997c: 117）。政治上，阮文永主張「歐化維新」，終其路尾 ài 建立越南共和國。伊認為雖然法國是殖民者，in mā有值得越南人學習 ê 進步文明。所以阮文永拼命翻譯冊 thang kā法國文明介紹 hō͘ 越南人 thang 提升越南文化 chiân 做獨立國家 ê 基礎（Phạm Thế Ngữ 1997c: 132；Đỗ Đức Hiểu 2004: 1226）。為 tiòh cháu-chhōe khah chē資金 thang 印冊兼辦活動，伊去寮國 chhiau-chhōe 黃金，路尾 soah tiòh 病 tī 1936 年 5 月死 tī寮國。（Nguyễn Q. Thắng & Nguyễn Bá Thế 1997: 712）

　　范瓊出世 tī 河內，父母原底是河內東 pêng「海洋省」ê 人。伊 mā 精通法文、越南羅馬字、漢字、字喃字。伊 tī 1917 年受法國殖民者 Louis Marty 委託擔任《南風雜志》（Nam Phong Tạp Chí）法文版 kap 越南羅馬字 ê 主筆（Phạm Thế Ngữ 1997c: 137-148；Đỗ Quang Hưng

2000: 55）[23]。除了擔任主筆，伊 koh 從事翻譯、研究 kap 創作 ê khang-khoè，主要從事法文 kap 越南文 ê 溝通媒介。伊用越南羅馬字紹介法國文史 hō͘ 越南人，mā 用法文介紹越南 hō͘ 法國人。政治上，范瓊主張「非武力抗爭」、「君主立憲」，koh bat tī 法國殖民政府 kap 阮朝 siōng 尾任皇帝「保大」之下做過官。因為政治主張 bô-kāng，范瓊 soah tī 1945 年遭受革命派人士殺害（Nguyễn Q. Thắng & Nguyễn Bá Thế 1997: 759；Phạm Thị Hoàn 1992: 13-15）。雖 bóng 范瓊 ê 政治立場遭受部分越南人 ê 質疑，m̄-koh 就建立越南羅馬字國民文學 ê 角度來看，伊 ê 主張 tī hit 時是非常先進 koh 有力 ê（Phạm Thị Hoàn 1992: 13-15）。下面咱就摘要伊 tī 1931 年《南風雜志》第 164 期所講 ê 話：

> Những cái nghiệp mượn tiếng ngoại để thay vào tiếng mình bao giờ nó cũng thế: mượn tiếng người thì mượn cả tư-tưởng của người, mượn cả học-thuật của người, rồi đến mượn cả tính-tình phong-tục của người nữa…Bao nhiêu kẻ khôn-ngoan đi theo ngoài mất cả, còn ai là làm hướng đạo cho quốc dân? Thành ra dân không có đầu, dân đến lụi bại; nước không có óc, nước sống sao được!

> 用外國語來替換本國語 tiān-tiān 會有按呢 ê 情形：借用人 ê 語言就會受人 ê 思想 ê 影響，借用人 ê 文學就會受人 ê 風俗習慣 ê 影響…。Hit-koá khiáu ê 人若 lóng 走去學外國語、tòe 外國人 kiân，sián 人來領導咱 ê 國民 neh？群眾無領導者就 ká-ná 咱人無頭腦，按呢國家 beh án-choàn 會久長。（Phạm Thị Hoàn 1992: 54）

---

[23] Hit 時《南風雜志》發行時間 ùi 1917-1934 年，有法文、漢文 kap 越南羅馬字版。

Nói tóm lại thi quốc-học không thể dời quốc-văn được. Không co quốc-văn không thể sao có quốc-học. Nước Nam ta đời trước không thể có quốc-học bằng chữ Hán được；nước Nam ta đời sau này cũng không thể có quốc-học bằng chữ Pháp được. Muốn cho nước Nam có quốc-học thì phải có quốc-văn bằng tiếng Nam.

總結來講，「國學」bē-sái 脫離「國文」。若無國文 mā 無法度成立國學。咱越南國過去無應該用漢字建立國學，未來 mā 無應該用法文建立國學。咱越南國 beh 建立國學就 ài 用越南話文 chiah thang。（Phạm Thị Hoàn 1992: 56）

越南 tī 19 世紀尾、20 世紀初期 ê 文學語言爭論，若就語言來分，大概 ē-sái 分做 2 派。Iā就是法文 kap 越南文。越南文 hit 派 ē-sái 分做漢喃（包含漢字、字喃）kap 羅馬字派。主張法文者多數是法國殖民者；主張越南文者通常依照 in ê 教育背景分做漢喃或者羅馬字派。受傳統漢字教育 ê 人像講阮庭照（Nguyễn Đình Chiểu 1822-1888）主張 ài 保留漢字 kap 字喃。Tī 法國新式教育下 ê 新生代像「阮文永」、「范瓊」等通常主張用越南羅馬字。Chit koá 新生代雖 bóng 同時精通法文 kap 越南文，mā認為法國文明是值得越南人學習 ê 對象，in 並無按呢就來看輕越南語文。In 認為法文是越南人進行現代化、文明化 ê 工具之一 niâ，終其路尾越南文化 iáu 是 ài 建立 tī越南語文頂頭。Chit khoán 情形 tú-hó kap 日本時代或者中華民國時代主張用殖民者語言（分別是日語、華語）ê 台灣人 bô-kāng：越南人 kā殖民者語言當作暫時 ê、過渡 ê 工具，m̄-koh 台灣人 soah kā當做久長 ê、thang 取代本土語言 ê 目標。

越南羅馬字文學 ê 發展對咱台灣人有啥啟示 neh？

第一，台灣人應該 ài 接受羅馬字 chiân 做台灣語文 ê 文字。雖bóng 羅馬字 kap 漢字 kāng-khoán 是 ùi 外國傳入台灣，m̄-koh 羅馬字相對漢字來講是 khah 中性 ê 工具。漢字 m̄-nā 歹學、歹寫，koh 帶有殖民者 kap 侵略者 ê 色彩，tī 精神上咱台灣人無應該 kā 當作本國文字使用。

第二，台灣人應該 ài khah 有骨氣、對 ka-tī ê 語言、文學、文化 ài有信心。台灣文學應該建立 tī 台灣語文（包含台語、客語、kap 原住民語）頂頭 chiah 有法度發展有特色 ê 民族文學。民族文學 beh 突顯母語特色，tek-khak tō 用羅馬字來寫 chiah bē 受中國話文影響。

第三，台灣人應該 ài 加強進行台灣語文 ê 現代化、標準化 kap 普遍化。翻譯、創作 kap 研究是達成頂面 ê 目標 ê 方法之一。傳播媒體除了過去傳統紙本印刷之外，ài koh 加強網路 kap 多媒體 ê 宣傳方式。

6. 結論

現此時 ê 越南人是 án-choán 看待 tī 越南文學史上 bat 出現過 ê 漢字、字喃、羅馬字 kap 法文 neh？基本上 in 是 kā 漢字 kap 法文當作外國語文、當作是殖民統治下 ko-put-jī-chiong ê 工具手段 niâ。正經講到越南文學，若是古典文學，in 會以字喃文學為主；若論到新文學，就以羅馬字文學為主。相對照之下，台灣文學界 soah 多數肯定殖民者語文，m̄-nā kā 合法化 koh「乞食趕廟公」kā 當作台灣文學 ê 主流（蔣為文 2005a）。是 án-choán 台灣 kap 越南有 chiah 大 ê 差別 leh？可能有ē-kha chit kúi-ê 原因：

第一，國家認同模糊造成台灣人對台灣文學 ê 內涵有誤解。越南人真清楚 in 是越南人，m̄ 是中國人、mā m̄ 是法國人。但是 toà tī 台灣

ê 人 in ê 國家認同是啥款？因為混亂、分歧 ê 國家認同，所以 in 對台灣文學 ê 定義 mā 無 kāng。認同中國 ê 人 kā 台灣文學當作中國文學下面 ê 支流 kap 地方文學，所以無將中國作家排除 tī 台灣文學之外。M̄-koh 認同台灣國 ê 人，若用台灣民族文學 ê 角度來看，hit-koá 無認同台灣 ê 中國作家像講「白先勇」、「余光中」等所寫 ê 作品當然無算台灣文學！In siōng-ke ē-sái 算是流亡台灣 ê 中國僑民 ê 海外流亡文學！

第二，台灣人對 ka-tī ê 文化自信 kap 感情 khah 無夠強。是 án-choán 獨派 ê 台灣文學研究者 lìn mā 有人反對母語文學、硬 beh kā 殖民者語文合法化 thang chiân 做台灣文學語言？Che 一方面是因為 in 中國冊讀 siuⁿ chē，soah tùi 本土語言無感情 mā 無自信，就親像古早 ê 越南人 bat 看輕過字喃作品 hit khoán；koh 一方面是台灣 m̄-bat 成功建立過值得光榮 ê 歷史王朝，致使對 ka-tī ê 民族無自信。

第三，華語體制對台灣語文 ê 打壓。自從 1945 年蔣介石派軍隊佔領台灣以來，中華民國政權透過教育、媒體 kap 公務人員系統進行獨尊華語、排斥台灣語文 ê 華語體制建構。Chit khoán 體制就 ká-ná 過去科舉制度獨尊漢字、排斥字喃字 kāng-khoán。Hit-koá 華語體制 lìn ê 中文既得利益者，無論是中國人 ā-sī 台灣人，為 tióh 確保 in ka-tī ê 利益，當然就出賣民族 ê 久長利益。

第四，台灣錯失 kā 台灣語文現代化、標準化 kap 普遍化 ê 良機。19 世紀尾 kap 20 世紀初是漢字文化圈各地區進行語文改革、現代化、標準化 kap 普遍化 ê 重要時機。可惜 hit 時 ê 台灣欠缺本土政權，soah 無法度透過政府體制進行台灣語文 ê 現代化、標準化 kap 普遍化，kan-nā ē-sái 透過民間 kap 教會力量 chhui-sak。二次大戰戰後 koh 因為新來 ê 政權 mā 無支持台灣語文，致使一百冬來台灣語文 lóng tī 體制外口流浪。

第五，台灣人 iáu 一定程度 ê 漢人意識。越南近代因為有外力 ê

介入,幫贊 in 切斷透過漢字文言文連起來 ê hit 條越南 hām 中國之間 ê 線。Koh 因為法國推行羅馬字 soah hō͘ 越南「青瞑雞啄 tiȯh 米」得 tiȯh 改善越南語書寫效率 ê 工具 thang 提升本土化力量。所以越南有法 度 tī 20 世紀解構漢字共同體,行向民族國家 ê 建構。台灣雖然 tī 19 世 紀尾 mā 有外力介入,m̄-koh 因為佔領台灣 ê「日本」本身 mā 是漢字 文化圈 ê 國家,所以對台灣 beh 跳脫漢字共同體 ê 幫贊並無大(蔣為 文 2006b)。台灣人 piān 若 iáu 有 ê 漢人意識,自然會想 beh 用漢字書 寫。Piān 若用漢字書寫,就會像古早越南人用字喃書寫 hit khoán khah gâu 受中國語文影響。

【原文發表 tī 2007 年《台灣文學評論》7 卷 4 期,頁 132-154。Chit 篇論 文根據原文增補修訂。】

參考冊目

Bộ Giáo Dục và Đào Tạo. 2003. *Lịch Sử 12 Tập hai* [高中歷史高三第二冊]Hà Nội: NXB Giáo Dục.

Bùi, Đức Tịnh. 2005. *Lược Khảo Lịch Sử Văn Học Việt Nam* [越南文學歷史略考]. TPHCM: NXB Văn Nghệ.

DeFrancis, John. 1977. Colonialism and Language Policy in Vietnam. The Hague.

Dương, Quảng Hàm. 2005. Việt Nam Văn Học Sử Yếu [越南文學史要]. Hà Nội: NXB Trẻ.

Đinh, Xuân Lâm 2001. *Đại Cương Lịch Sử Việt Nam Tập II* [越南歷史大綱 II]. Hà Nội: NXB Giáo Dục.

Đỗ, Đức Hiểu. et al.（eds.）2004. *Từ Điển Văn Học* [文學辭典]. Hà Nội: NXB Thế Giới.

Đỗ, Đức Hùng. 2001. *Biên Niên Sử Việt Nam* [越南編年史]. Hà Nội: NXB Thanh Niên.

Đỗ, Quang Chính. 1972. *Lịch Sử Chữ Quốc Ngữ 1620-1659* [國語字歷史 1620-1659]. TPHCM: Tủ Sách Ra Khơi.

Đỗ, Quang Hưng. 2000. *Lịch Sử Báo Chí Việt Nam 1865-1945* [越南報紙歷史]. Hà Nội: NXB Đại Học Quốc Gia Hà Nội.

Hannas, William. 1997. *Asia's Orthographic Dilemma.* Hawaii: University of Hawaii Press.

Hoàng, Tiến. 1994. *Chữ Quốc Ngữ và cuộc Cách Mạng Chữ Viết Đầu Thế Kỷ 20* [20 世紀初 ê 國語字 kap 文字改革]. Hà Nội : NXB Lao Động.

Lại, Nguyễn Ân & Bùi Văn Trọng Cường. 2005. *Từ Điển Văn Học Việt Nam* [越南文學詞典]. Hà Nội: NXB Đại Học Quốc Gia Hà Nội.

Lê, Mậu Hãn. 2001. *Đại Cương Lịch Sử Việt Nam Tập III* [越南歷史大綱 III]. Hà Nội: NXB Giáo Dục.

Lê, Văn Siêu. 2006. *Văn Học Sử Việt Nam* [越南文學史]. Hà Nội: NXB Văn Học.

Nguyễn Đăng Na. 2005. *Tinh Tuyển Văn Học Việt Nam Tập 3: Văn Học thế kỷ X-XIV* [越南文學精選：10-14 世紀文學]. Hà Nội: NXB Khoa Học Xã Hội.

Nguyễn Q. Thắng & Nguyễn Bá Thế. 1997. *Từ Điển Nhân Vật Lịch Sử* [歷史人物辭典]. Hà Nội: NXB Văn Hóa.

Nguyễn, Khắc Viện & Hữu Ngọc. 1975? *Vietnamese Literature*. Hanoi: Red River.

Nguyễn, Q. Thắng. 1998. *Khoa Cử và Giáo Dục Việt Nam* [越南科舉 kap 教育]. Hà Nội: NXB Văn Hoá.

Nguyễn, Quang Hồng. 1999. Chữ Hán và chữ Nôm với văn hiến cổ điển Việt Nam [漢字、字喃 hām 越南古代文獻]. *Ngôn Ngữ & Đời Sống* 6 （5），2-7.

Nguyễn, Quang Hồng. 2006. Khái lược về văn học chữ Nôm ở Việt Nam [越南字喃文學概略]. 《台語文學學術研討會論文集》台南：成功大學。

Nguyễn, Văn Tạo & Furuta Moto. 2011. *Nạn Đói Năm 1945 ở Việt Nam* [1945 年ê越南大飢荒]. Hà Nội: NXB Tri Thức.

Phạm, Thế Ngữ. 1997a. *Việt Nam Văn Học Sử Giản Ước Tân Biên* [越南文學史簡約新編第一集]. （Tập I）Đồng Tháp: NXB Đồng Tháp.

Phạm, Thế Ngữ. 1997b. *Việt Nam Văn Học Sử Giản Ước Tân Biên* [越南文學史簡約新編第二集].（Tập II）Đồng Tháp: NXB Đồng Tháp.

Phạm, Thế Ngữ. 1997c. *Việt Nam Văn Học Sử Giản Ước Tân Biên* [越南文學史簡約新編第三集].（Tập III）Đồng Tháp: NXB Đồng Tháp.

Phạm, Thị Hoàn. 1992. *Phạm –Quỳnh 1892-1992: Tuyển Tập và Di Cảo* [范瓊 1892-1992：選集 kap 遺稿]. Paris: An Tiêm.

SarDesai D. R. 1992. *Vietnam: The Struggle for National Identity.*（2nd ed.）. Colorado: Westview Press, Inc.

Trần, Trọng Kim. 1921. *Việt Nam Sử Lược* [越南史略]（2002 再印版）. Hà Nội: NXB Văn Hoá Thông Tin.

Viện Văn Học. 1961. *Vấn Đề Cải Tiến Chữ Quốc Ngữ* [改進國語字 ê問題]. Hà Nội: NXB Văn Hoá.

Vương, Kiêm Toàn & Vũ Lân 1980. *Hội Truyền Bá Quốc Ngữ 1938-1945* [國語推展協會 1938-1945]. Hà Nội: NXB Giáo Dục.

廖碧珠 2006《1940 年代中國與越南關係之研究》。碩士論文：中國文化大學。

張榮芳、黃淼章 1995《南越國史》。廣東：廣東人民出版社。

施懿琳 2000《從沈光文到賴和—台灣古典文學的發展與特色》。高雄：春暉出版社。

梁立基、李謀 2000《世界四大文化與東南亞文學》。北京：經濟日報出版社。

楊碧川 1998《胡志明與越南獨立》。台北：一橋出版社。

胡志明 1998《獄中日記》。河內：世界出版社。

蔣為文 2005a〈收編或被收編？—當前台文系所對母語文學及語言人權態度之初探〉，《海翁台語文學》39 期，頁 4-25。

蔣為文 2005b《語言、認同與去殖民》。台南:成功大學。

蔣為文 2006a〈「台灣話」意識 ê 形成 kap 伊正當性 ê 辯證〉,發表 tī 台灣主體性與學術研究研討會,台灣歷史學會,7 月 1 日,台北,台灣會館。

蔣為文 2006b「漢字文化共同體 ê 解構:台灣 hām 越南 ê 比較」,《台灣史學雜誌》2 期,頁 35-55。

蔣為文 2007a〈漢字迷思 ê 形成 kap 對台灣文學、文化發展 ê 影響〉,收錄 tī《第一屆台灣語文暨文化研討會會後論文集》,頁 180-197,中山醫學大學。

蔣為文 2007b《語言、文學 kap 台灣國家再想像》。台南:成功大學。

郭振鐸、張笑梅 2001《越南通史》。北京:中國人民大學出版社。

陳其南 1994《台灣的傳統中國社會》(第 2 版)。台北:允晨出版社。

陳國強、蔣炳釗、吳錦吉、辛土成 1988《百越民族史》。北京:中國社會科學出版社。

龍章 1996《越南與中法戰爭》。台北:台灣商務印書館。

∝ CH 5. ∞

二十世紀初台灣 kap 越南
羅馬字文學運動 ê 比較

1. 話頭

台灣 hām 越南 lóng bat hō͘ 中國統治過，而且 in ê 文學發展 mā lóng 受中國 bē sè ê 影響。台灣 ùi 口傳文學進入書面語文學，一開始是先用羅馬字，後來因為鄭氏政權 kap 清國統治 ê 關係，漢字 lú 來 lú chhiaⁿ-iāⁿ，路尾 soah 變成 chit-má ê 主流地位。越南 ê 情形 tú-hó 倒 péng。In 一開始因為 hō͘ 中國統治，所以使用漢字。Tī 17 世紀 ê 時，西方傳教士 kā 羅馬字傳到越南。越南羅馬字初期 kan-taⁿ tī 教會 lìn 使用，m̄-koh tī 20 世紀初期開始有重大 ê 轉變。到 kah 1945 年胡志明宣布越南獨立 ê 時，羅馬字總算取代漢字 kap 法文 chiâⁿ 做越南 ê 正式文字，羅馬字 mā chiâⁿ 做越南 ê 文學語言主流（蔣為文 2002）。是 án-choáⁿ 越南 ē-tàng 用羅馬字成功取代漢字，台灣到 taⁿ ká-ná iáu 無法度做到？Chit 當中 20 世紀初期是真關鍵 ê 年代。本文就是 beh ùi 20 世紀初期切入來探討台越雙方為啥物會有無全 ê 結局。

Toè tiòh 14 世紀以來歐洲文藝復興運動 ê 發展，歐洲出現了對商業資本 kap 財富 ê siàu-siūⁿ。了後，ùi 15 世紀以來歐洲 tàuh-tàuh-á 進入海權時代。Hit koá 西歐國家靠勢 in 行船技術 khah 發達，tàuh-tàuh-á 向亞洲、非洲、美洲等世界各地找 chhōe 貿易 ê 對象 kap 殖民地。Tī chit khoán 潮流下，西歐國家 tī 16 世紀尾、17 世紀初來到亞洲，ah chit 波搶掠殖民地 ê 海湧 tī 19 世紀達到了高潮。

Hit koá khah 早工業化 ê 殖民主義者靠勢 in 軍事 kap 經濟 ê 優勢，m̄-nā tùi 對手頭 ê 殖民地進行經濟剝削，mā 以 "文明者" ê 姿態對停留 tī 農業、封建 ê 殖民地社會人民進行教化 ê khang-khoè。Hit koá 殖民者 tiāⁿ-tiāⁿ 偽裝做先進 ê 文明者來掩蓋 in 外來統治 ê 本質。Ah hit koá hông 統治 ê 殖民地社會，面對傳統到現代 ê 社會轉變，一時 tèk mā 分 bē 清統治者 kap 文明者 ê 差別。

　　台灣 ùi 1895 到 1945 年之間 hō日本帝國統治。Tī che 進前台灣是清國統治下 ê 傳統封建社會。Tī時代轉變當中，台灣一方面 ài 面對「現代化[1]」ê 挑戰，一方面 koh ài 對付殖民統治。以語言為例，日本自 1868 年明治維新以來積極進行日文標準化 kap 現代化 ê khang-khoè，到 kah 統治台灣時期，日文已經取得比台灣語 hām 中國語 khah 先進 ê 成就（Seeley 1991）。Hit-chūn 台灣總督府採取普及日語 ê「國語政策」，ǹg-bāng 透過語言來同化台灣人。為 tióh 實行政策，日文 chiân 做學校教育 ê 重點。所以 piān 若讀過公學校 ê 台灣囡仔，日文 ê 讀 kap 寫 lóng 有一定 ê 程度。相對 "文明" 象徵 ê 日文，台語文 tī hit 當時因為無台灣人民族政權 ê 支持，soah 無法度真有效 ê 進行現代化 kap 標準化。以台語為母語 ê 大多數台灣人，雖 bóng 日常生活中有 teh 使用，m̄-koh soah 大多數停留 tī 講 ê 層次、無法度寫出台語白話文。致使大多數台灣人 tō ài 透過日文來接受教育、吸收文明知識。

　　若是 kā日語單純當做是吸收知識 ê 工具，che 對提升台灣人 ê 文化應該是無 bái。問題是：語言 kám kan-taⁿ 是工具 niâ？台灣總督府實施國語政策 ê 思想源頭是「上田萬年」ê 國語國體論。伊 ê 論點是指日本語是日本人精神 ê 血液，日本 ê 國體 tō ài 用 chit 精神 ê 血液來維持。就算是非大和民族，只要 hō͘ in 使用國語，tō ē-sái kā in 同化做日本人（陳培豐 2006: 47-50）。若照按呢看起來，台灣囡仔若自細漢接受日語教育，有可能 tō 會像台灣總督府所期待 ê 對日本人產生文化認同。也就是講，台灣人使用日文有可能有 2 種情形會出現：第一是因為吸收文明知識 soah 來造成民族意識 ê 覺醒。第二是 kā日語內化做台灣人 ê 民族母語，路尾變成大和民族 ê 一員。Tó一種情形會發生，tō

---

[1] 現代化（modernization）是指 ùi 落後（backwardness）到具有現代性（modernity）ê 轉換過程。伊 ê 落後起點是指傳統農業社會；目標是指都市化 ê 工業化社會。（Davies 1997: 764）

看每人 ê 生長環境 kap 條件來決定。

　　台灣 tī 20 世紀 chìn 前，雖然已經有以羅馬字書寫 ê 台語白話字 ê 出現，m̄-koh 使用者主要侷限 tī 教會 lìn[2]。一般 ê 讀冊人 iáu 是以漢字文言文為主流 ê 現象 ài 到日本統治台灣以後 chiah 開始 tàuh-tàuh-á 改變。Ah chit 項改變 tī 台灣文化協會所引起 ê 新舊文學論戰了 koh khah 明顯（葉石濤 1993: 20；陳淑容 2004: 40）。主張新文學 ê 認為傳統文言文 ê 書寫方式應該改變做白話文 chiah tè 會 tio̍h 時代潮流 thang 方便普及教育。Chit 款主張 sûi 得 tio̍h 當時大多數人 ê 迴響 kap 認同。M̄-koh，是 beh 用 tó一款白話文 leh？當時台灣 hō 日本統治，學校教育是以日文為主。採用日文有伊 ê 利便，m̄-koh 違反台灣人民族精神。因為按呢，有人主張用中國白話文，像講「張我軍」、「廖毓文」等人。Mā 有主張用台灣話文 ê，像「黃石輝」、「郭秋生」。主張用台灣話文 ê 主要是漢字派，chió 數主張用羅馬字，像「蔡培火」。

　　若就學習效率來看，羅馬字是比漢字 ke 真好學、ke 真符合白話文 ê 書寫精神（Chiung 2003）。M̄-koh，羅馬字 tī 台灣 soah 無受重視。對照之下，初期 mā 是 kan-taⁿ 教會 chiah teh 用 ê 越南羅馬字到 kah 20 世紀初，特別是「東京義塾」chhui-sak 之下，soah 有重大 ê 轉變。越南因為使用羅馬字，所以文學 ê 創作真自然就往母語文學 ê 方向進展。Chit 份論文 ê 目的是 beh 探討：台越雙方 tī 20 世紀初關係羅馬字

---

[2] 一直到 kah 19 世紀後半期，因為天津條約 ê 關係，清國 chiah koh 重新開放傳教士到中國 kap 台灣傳教。Tī chit ê 歷史緣故之下，天主教 kap 基督教陸續來到台灣傳教。台灣第二波 ê 羅馬字就 tòe 傳教士 koh 一 pái 進入台灣。Chit pái ê 羅馬字俗稱「Pe̍h-oē-jī」（白話字）或者「教會羅馬字」，主要是 teh 寫 hit 當時大多數台灣人 teh 用 ê 語言「台語」。由巴克禮牧師創辦，台灣上早用白話書寫 ê 報紙《台灣府城教會報》，就是用 chit 套羅馬字出版 ê。有關教會羅馬字 ê 歷史 kap 文字方案 ê 詳細討論，ē-sái 參閱蔣為文（2005）、楊允言（1993）、董芳苑（2004）、張妙娟（2005）、陳慕真（2007）、黃佳惠（2000）。

kap 羅馬字文學 ê chhui-sak 情形是 án-choán？殖民者 kap 在地精英對羅馬字 ê 看法、態度是 án-choán？是 án-choán 台越會有無全 ê 結局？Chit khoán 結局對後來 ê 文學發展有啥影響？

2.　越南文學史背景

　　台灣讀者對台灣文學史應該有一定 ê 了解程度，所以 tī chit ê 有限 ê 篇幅 lìn 就以紹介越南文學史為主。

　　Tī 中國直接統治 ê 北屬時期（公元前 111 年到公元 938 年），中國 kā 漢字傳入去越南。Hit 當時 ê 漢字主要是用 tī 行政 kap 官員 ê 文教訓練。Hit 當時推行漢字文教上有名 ê 是交趾太守「士燮」（Sĩ Nhiếp）。士燮 in 祖先是魯國人，因為 beh 避「王莽」造反 ê 戰亂 chiah 走來「蒼梧郡」（quận Thương Ngô 目前中國廣西省蒼梧縣）ê 「廣信」（Quảng Tín）hit 腳兜。Ùi 魯國遷 soá 來「廣信」到士燮 hit 代已經是第七代（Trần 1921: 53）。士燮 tī 越南文學史上就類似台灣文學史上 ê「沈光文」或者「陳永華」hit khoán 對漢字 ê chhui-sak 有功。

　　Tī 北屬頭仔 hit 200 外冬時期，越南人就算 khah bat 漢字、khah gâu 讀冊 mā 無法度做官、分享統治權力。一直到東漢末年「靈帝」在位（公元 168-189）ê 時 chiah 有交趾本地人「李進」（Lý Tiến）hông 提名做交趾刺史。李進 kap 後來 ê「李琴」（Lý Cầm）lóng 是 chhui-sak 交趾人 ē-sái 做官 ê 重要人物。交趾人 kap 中國人 kāng-khoán ē-sái 做官就是 ùi in 2 人開始。（Trần 1921: 52）

　　Ùi 公元 939 年越南脫離中國 ê 直接統治 ê hit 1,000 thóng 冬以來，越南模仿中國建立 in ka-tī ê 封建社會制度 kap 王朝。越南李朝（公元 1010-1225）kap 陳朝（公元 1225-1400）期間 ùi 中國引進各式政治、文物制度，特別是「科舉制度」kap「儒家思想」thang 穩定越南朝代

ê 封建基礎。換一句話講，雖然越南無 koh 受中國直接統治，但是中國對越南 iáu 是有真大 ê 影響（SarDesai 1992: 21）。莫怪越南近代有名 ê 歷史學家陳重金（Trần Trọng Kim 1882-1953）感慨講「m̄ 管大人、囡仔，去到學校 lóng 無 teh 學越南史，kan-taⁿ 學中國史。詩賦文章 mā tō 取材中國、照中國價值觀來 kiâⁿ…」。（Trần 1921: 8）

因為引進「科舉制度」kap 獨尊「儒家」ê 關係，越南各朝代繼續沿用漢字甚至將漢字當作唯一 ê 正式文字。一般 tek 來講，漢字用 tī 行政、教育（科舉）、學術著作、kap 古典文學 ê 創作（Nguyễn 1999: 3-4）。古早越南人使用漢字寫作 ê sî-chūn，書面是用文言文 ê 方式書寫，口語就用越南話 lìn ê「漢越音」發音。Chit 種情形就類似古早台灣人去漢學仔學四書五經 ê 時用台語文言音來讀文言文教材 hit chit-iūⁿ。下面咱就用李白 ê《靜夜思》（Tĩnh Dạ Tứ）來說明越南人 án-choáⁿ 用漢越音來讀唐詩：

床前明月光
Sàng tiền minh nguyệt quang
疑是地上霜
Nghi thị địa thượng sương
舉頭望明月
Cử đầu vọng minh nguyệt
低頭思故鄉
Đê đầu tư cố hương

越南人使用漢字 ê 時間若 ùi 第一 pái 北屬時期算起，到 kah 1915

---

3 台語 lìn 有所謂 ê 文言音 kap 白話音 ê 差別，像講「三」ê 文言音是/sam/、白話音是/saⁿ/。越南話 lìn mā 有類似文、白音 ê 差別，像講「三」ê 文言音是/tam/、白話音是/ba/。越南話 ê 文言音俗稱「漢越音」（âm Hán Việt）。

kap 1919 年法國殖民者分別廢除越南北部 kap 中部 ê 科舉考試，算起來有 2,000 thóng 冬 ê 時間。越南人有 chiah 久長使用漢字 ê 歷史，若按呢，in 是 ań-choáⁿ 看待漢字 kap 漢字文學作品？In kám 有 kā in 看做越南文學 ê 一部分？

　　若就漢字來講，越南人認定漢字是中國文字（Lê Văn Siêu 2006: 66；Nguyễn Khắc Viện & Hữu Ngọc 1975: 44；Lại Nguyễn Ân et al. 2005: 70；Bùi Đức Tịnh 2005: 11）ê chit 部分是無爭議 ê。In 認為字喃字（chữ Nôm）kap 現此時 teh 使用 ê 越南羅馬字（Chữ Quốc ngữ）chiah 是越南文字。（Lại Nguyễn Ân et al. 2005: 70-75）

　　若就漢字文學作品來講，越南學者 mā bat 有過爭論（Bùi Đức Tịnh 2005: 10-14；Phạm Thế Ngữ 1997a: 58）。過去有人主張因為漢字是外國文字，所以用漢字寫 ê 作品無算越南文學。Mā有人認為，雖然漢字是外國文字，m̄-koh 只要作品是「越南人用越南話寫 ê」就算是越南文學。若按呢，目前主流 ê 看法是 án-choáⁿ？一般 tek 來講，第二種看法 ê 人 khah chē。抑就是講，越南人一方面認為漢字是外國文字，m̄-koh 一方面 koh kā 用漢字寫 ê 作品有條件 ê 當作越南文學 ê 一部分。Che 看起來 ká-ná 真矛盾，其實 bē。因為越南人認為 in 是 ko-put-jī-chiong 之下 chiah 使用外國文字；雖然用漢字，m̄-koh in iáu 堅持作者一定 ài 是越南人而且作品本身 ài 用越南話來發音。所以像「四書五經」chit khoán 中國人寫 ê 漢文冊雖然對越南文學來講有伊 ê 影響力，m̄-koh 越南人並無 kā in 列入越南文學內面（Dương Quảng Hàm 2005: 56）。但是，hit koá 越南人用越南話發音寫 ê、koh 有突顯民族意識 ê 漢字作品 chiah 算越南文學，像講「李常傑」（Lý Thường Kiệt 1019-1105）ê《南國山河》，「黎文休」（Lê Văn Huru 1230-1322）ê《大越史記》，「張漢超」（Trương Hán Siêu ?-1354）ê《白滕江賦》，「阮廌」（Nguyễn Trãi 1380-1442）ê《平吳大誥》。

越南 tī 借用漢字 liáu，in 發覺漢字無法度完整表達越南 ê 日常用語，所以民間慢慢仔發展出具有越南特色 ê「字喃」。Chit khoán 情形 kap 台灣民間發展出歌仔冊 hit khoán 用漢字來寫台語 ê 歷史是類似 ê。所謂 ê「字喃」是指南方（相對中國來講）ê 文字 ê 意思；越南人 mā kā 字喃字號做「越南字」（chữ Việt）。因為欠標準化，「字字喃」mā ē-sái 寫作「字宁喃」、「字字 字南」。字喃 ê 使用者主要是 thùg 赤腳 ê 平民、落魄文人、僧侶、kap chió 數有強烈民族意識 ê 精英。一般來講，字喃主要用 tī 紀錄民間口傳文學、創作純越南話文學、翻譯佛經、kap 替漢字作注音、註解。（Nguyễn Quang Hồng 1999）

Tī 累積 kúi 百年使用 ê 經驗 liáu，tī 13 世紀 chiah 有字喃 ê 文學作品 ê 出現[4]，ah tī 16 至 18 世紀之間達到高潮[5]。其中上有名 ê 包含「阮攸」（Nguyễn Du 1765-1820）kap 女詩人「胡春香」（18 世紀尾-19 世紀頭）。Chit koá 文人 lóng 有漢字 kap 字喃字 ê 作品，m̄-koh tī 民間流傳 siōng khoah koh 受文學研究者重視 ê lóng 是 in ê 字喃作品。

雖然字喃 tī 越南真早就出現，有 bē-chió 文學作品，而且 koh 是越南人 ka-kī 創造 ê，m̄-koh 伊 soah 無法度取得正統 ê 地位或者取代漢字。主要原因有：第一，受中國「漢字正統」ê 價值觀影響。第二，hō· 科舉制度束縛 soah 無法度對抗漢字既得利益者。第三，字喃先天 tek 有歹學、歹寫 ê 文字結構缺陷 kap 歹標準化 ê 社會因素（蔣為文 2007a）。字喃 tī 久年 ê 發展當中，除了 chió 數像講「胡季犛」、「阮惠」在位時期，chhun--ê ē-sái 講無得 tiòh 歷代越南朝廷 ê 體制上 ê 支持。Chit 種情形就 ká-ná 台語文學 tī 台灣 ê 發展 kāng-khoán，無受「華語既得利益者」ê 執政者 ê 重視。

---

4 根據現存 ê 文學作品年代所論斷。
5 Hām 河內大學越南學系主任 Nguyễn Thanh Xuân 博士 ê 個人訪談。

雖 bóng 字喃 tī 過去無法度成功取代漢字，目前 ê 越南人是 án-choán 看待字喃 kap 字喃文學作品 neh？台灣俗語講「三年一潤，好 bái 照輪」。過去 hông 當作漢字附屬品 ê 字喃，目前 hō͘ 越南人當做比外國漢字 khah 重要 ê 民族文化資產來看待。若論到字喃文學作品，目前越南文學史 ê 論著差不多 lóng kā 字喃文學當作越南古典文學 ê 代表性作品。（Bùi Đức Tịnh 2005: 75）

3. 反殖民、文化啟蒙 kap 白話文運動

台灣 ùi 1624-1662 年 hō͘ 荷蘭人佔領做殖民地了後，陸續受 tiòh 外來政權 ê 殖民統治。1895 年台灣 koh ùi 大清帝國 ê 手頭轉做新興日本帝國 ê 殖民地（1895-1945）。Ah tī che chìn 前，法國 tī 1858 年利用傳教士受迫害做藉口聯合西班牙軍艦向越南中部 ê 峴港（Đà Nẵng）出兵（Trần 1921: 516-517）。越南末代朝廷「阮朝」phah bē 過法軍，為 tiòh 求和只好 tī 1862 年簽訂「第一次西貢條約」割讓南部「嘉定」、「邊和」、kap「定祥」三省 hō͘ 法國（Trần 1921: 523）。當然法國並無按呢就滿足，in koh 繼續侵佔其他各省。越南 bē-kham--chit 法國 ê 軍事壓力，soà 尾 tī 1883 年 kap 1884 年分別簽訂「第一次順化條約」（Hiệp ước Harmand）kap「第二次順化條約」（Hiệp ước Patenôtre），承認法國是越南 ê 宗主國。越南遭受法國攻擊 ê 時 mā bat 向清國求援助，清法雙方因為按呢展開所謂 ê 中法戰爭，法國甚至 bat 一度佔領澎湖 koh 攻打到台灣淡水[6]。（龍章 1996）Hit 當時 ê 清國為 tiòh 避免擴大事端，雙方 tī 1885 年簽定協議停戰 ê「天津條約」。按照 chit ê 條約，清國正式放棄對越南　宗主國地位 koh 承認越南 hō͘

---

[6] 後來法軍失勢 koh 退出台灣。Hit 時假使法國佔領台灣，台灣 hoān-sè 會 hām 越南 kāng-khoán hông 納入法屬印度支那統治範圍內底。

法國保護（Trần 1921: 577）。越南屬法國殖民地 ê 情形一直到 kah 1945 年胡志明宣布越南民主國成立 chiah 改變。

19 世紀尾 ê 台灣、越南已經淪為帝國 ê 殖民地，ah 清國 kap 後來建立 ê 中華民國（後壁簡稱中國）mā chiâⁿ 做列強吞食 ê 對象 kap 呈現半殖民地 ê 狀態。因為 pêⁿ-pêⁿ 受 tiȯh 帝國主義 ê 欺壓，só-pái hit 時台灣、越南、hām 中國 ê 憂國之士時常有聯繫甚至加入對方 ê 組織 thang 交換救國 ê 步數。像講，台灣文化協會 ê 總理「林獻堂」bat tī 1907 年 hām 流亡日本 ê 保皇黨要角梁啟超會面熟似了就互相有往來 koh 深受影響（吳三連等 1971: 2-14；蔡相煇 1991: 1；林柏維 1993: 23）。越南東京義塾 ê 創辦人「潘佩珠」（Phan Bội Châu 1867-1940）kap「潘周楨」（Phan Chu Trinh 1872-1926）等人 kāng-khoán mā bat hām 梁啟超見面（DeFrancis 1977: 161；Chương Thâu 1982: 33；Đinh Xuân Lâm 2001: 141）。Koh，台灣 ê 部分精英親像「翁俊明」、「蔣渭水」等人 bat 參加中國同盟會台灣分會（戴月芳 2007: 8-9）。法國統治越南時期，中國因為地緣 hām 歷史 ê 關係，mā chiâⁿ 做成為越南抗法運動者 ê 活動場所之一（Hood 1992: 14；康培德 2007）。Bē chió 越南人 sio-soà 投入中國 ê 革命運動，按算透過中國 ê 力量協助越南獨立。像講，「越南革命同盟會」ê「阮海臣[7]」（Nguyễn Hải Thần）、「越南國民黨」「阮太學」（Nguyễn Thái Học）與「武鴻卿」（Vũ Hồng Khanh）。M̄-nā 按呢，越南 ê 國父「胡志明」hām 中國國民黨 kap 中國共產黨 mā bat 有密切交往（李家忠 2003、楊碧川 1998）。因為胡志明 bat 有 hām 中國交往 ê 經驗而且發覺中國 tī 二次大戰了有長期佔領越南北部 ê 企圖，所以透過國際 ê 力量 kā 蔣介石 ê 軍隊趕出越南

---

[7] 阮海臣是黃埔軍校出身，kap 中國國民黨關係真好。阮海臣長期住 tī 中國，伊 tī 1945 年 tòe 中國「盧漢」軍隊進入越南，tī 中國國民黨 ê 支持之下擔任越南聯合政府 ê 副主席，路尾流亡中國（Nguyễn & Nguyễn 1997: 953-954）。

（蔣為文 2008；陳鴻瑜 2003）。M̄-nā 有越南人到中國，mā 有中國人到越南走 chhoē 資源。像講，hām 潘佩珠有私交 ê「孫文」 m̄-nā 來過台灣，mā 去過越南募款革命經費。

越南、台灣 hām hit 當時世界各地 ê 殖民地 kāng-khoán，當受 tiòh 外來政權無平等對待 ê 時 lóng 會激起本民族 ê 反抗意識。Tī 反抗外來統治 ê 前期，越南 hām 台灣 lóng 以武力為主，了後大約 20 世紀初開始 chiah 以政治、文化抗爭手段為主（Phạm Thế Ngữ 1997b；Đinh Xuân Lâm 2001；王育德 1993、王詩琅 1988、吳三連等 1971；Defrancis 1977）。越南 ê 文化抗爭運動一般是 ùi 1907 年東京義塾 ê 成立開始算起。Ah 台灣 ē-tàng ùi 1914 年台灣同化會或者 1921 年台灣文化協會 ê 成立為起點。

是 án-choán 台灣 hām 越南 ê 文化抗爭運動 lóng ùi 20 世紀初開始 chhiaⁿ-iāⁿ？至 chió hām 以下 chit koá 原因有關：第一，tī 經過大約二十外年 ê 武力抗爭了，台灣 kap 越南 ê 人民發覺 beh 用有限 ê 武力對抗強大 koh 有組織 ê 帝國軍隊並 m̄ 是簡單 ê 代誌。第二，受日本 kap 法國近代教育 ê 影響。若 ùi 1895 年日本統治台灣 kap 1885 年法國統治全越南算起，到 20 世紀初已經有 20 外年 ê 時間。雖 bóng 殖民者提供 ê 是一種跛跤 ê 殖民教育，m̄-koh hām 傳統教育相比，chit khoán 新式教育 hō 台灣人 kap 越南人有 khah chē ê 機會 thang 接觸「民族主義」、「民族國家」、「民主」kap「科學」等等 ê 新觀念。Ah chit koá 接受新式教育 ê 新生代到 chit ê 時期，tú-hó tī 社會上出頭。第三，日本明治維新以後國力增強，甚至 tī 1895 年戰贏清國 koh tī 1905 年打敗羅西亞（Russia），變成新興 ê 帝國。Chit 件代誌 hō 台灣人 kap 越南人發覺講亞洲人只要拚力 phah 拚就有可能改變 hông 殖民 ê 命運甚至進一步建立強 ê 國家。第四，20 世紀初民族主義潮流 tī 各地 chhiaⁿ-iāⁿ ê 影響。1918 年美國總統 Wilson 發表「十四點和平原則」ê 民族自決聲

明，hō˙各地 ê 民族獨立運動者真大 ê 鼓舞。第一次世界大戰（1914-1918）ê 時陣，有超過 10 萬名 ê 越南人替法國做軍伕，chit koá 人對當時 ê 民族主義熱潮有真深 ê 印象。加上中國 tī 1912 年革命成功建立「中華民國」，che 對當時 ê 越南 kap 台灣 ê 民族主義者 lóng 有鼓舞 ê 作用。

Beh 對殖民者從事文化抗爭，就 ài 對民眾進行文化啟蒙運動，有群眾基礎 chiah 有可能戰贏殖民者。Ah beh án-choán 進行文化啟蒙運動 leh？從事大眾化 ê 國民教育、hō˙民眾 ē-tàng 真緊學會曉讀 kap 寫就變成真重要 ê 空課。Tī chit ê 思考 logic 之下，台灣 kap 越南 ê 反殖民領導者 lóng 開始思考語文使用 ê 問題。Tī che chìn 前，漢字文言文是台越社會 ê 主流。Beh 靠漢字 thang hō民眾 ē-tàng 真緊學會曉讀 kap 寫，是真 oh ê 代誌。所以就有人提出 ài 改革文言文、改用口語白話書寫 ê 方式。白話文 ê 訴求當然真緊就受 tiòh 反殖民領導者 kap 大眾支持，mā造就白話文學 ê 出世。M̄-koh，到底是 beh 用 tó 一種白話文？是用現成 ê 殖民者 ê 語文 iàh 是用 iáu-boē 現代化 ê 在地語文？若 beh 用在地語文，是 beh 用漢字、字喃、歌仔冊 iàh 是羅馬字 ê 文字方案？Chit koá 問題當然引起真大 ê 爭論。Tī 越南，「東京義塾」團體 kap「阮文永」「范瓊」扮演 chhui-sak 羅馬字式白話文 ê 重要角色。大約 kāng 時陣，台灣「蔡培火」kap「台灣文化協會」mā 是台灣羅馬字 ê 重要 chhui-sak 者。下面咱就針對 chit ko 團體 kap 個人做紹介 kap 探討。

4. 東京義塾 kap 越南羅馬字運動

越南「東京義塾」（Đông Kinh Nghĩa Thục）ê 成立 hām「潘佩珠」（Phan Bội Châu 1867-1940）kap「潘周楨」（Phan Chu Trinh 1872-1926）ê 推動有真大 ê 關係。

Tī 成立東京義塾 chìn 前，潘佩珠 tī 1904 年成立秘密組織「維新

會」（Duy Tân hội ）。Chit ê 會主張以武力暴動推翻法國政權 thang 建立君主立憲 ê 越南國（Đinh Xuân Lâm 2001: 140）。因為當年日本 tng teh 發動對羅西亞 ê 軍事攻擊，而且得 tiȯh 勝利。Chit khoán 國際局勢促使潘佩珠感覺明治維新了後國力大增 ê 日本 ē-tàng 作為越南 ê 學習對象。所以潘佩珠 kap 鄧子敬（Đặng Tử Kính）、曾拔虎（Tăng Bạt Hồ）一行三人 tī 1905 年 2 月頭擺前往日本行踏。（Đinh Xuân Lâm 2001: 141；Marr 1971: 98-119）

潘佩珠頭擺拜訪日本就遇 tiȯh 流亡日本 ê 梁啟超。梁啟超勸潘佩珠放棄以武力對抗法國殖民政權，改以啟發民智 ê 教育來深化政治、文化抵抗 ê 力量（Đinh Xuân Lâm 2001: 141；Marr 1971: 114）。經由梁啟超 ê 介紹，潘佩珠見 tiȯh 當時日本重要政治人物「大隈重信」kap「犬養毅」。潘佩珠向 in 提出協助越南以武力推翻法國政權 ê 要求，m̄-koh 無得 tiȯh 支持，in kan-taⁿ 建議潘佩珠應該加強人民 ê 教育 kap 輿論 ê 宣傳 thang 等候適當時機（Đinh Xuân Lâm 2001: 141）。經過一番思考，潘佩珠確信教育民眾 thang 宣揚民族意識 kap 愛國精神 ê 重要，就寫一本《越南亡國史》（Việt Nam vong quốc sử）koh 請梁啟超 tiàm 日本出版[8]。另外，經由犬養毅 ê 牽線，潘佩珠 mā tú-tiȯh hit 當時 tī 日本 ê 孫文。孫文批評潘佩珠 ê 君主立憲觀念過頭保守，建議講 ài 建立民主共和國。孫文 koh 建議伊鼓勵越南人加入中國 ê 革命運動，等中國革命成功了 chiah koh hoan 頭協助越南獨立建國。潘佩珠反轉來建議孫文應該先協助越南獨立，了後中國革命人士 ē-sái 用越南做為反清 ê 基地。（Đinh Xuân Lâm 2001: 143；Marr 1971: 126）

潘佩珠 tī 1905 年 6 月 chah 一 koá《越南亡國史》tńg 去越南 koh

---

[8] Chit 本冊主要 beh hō 海外 ê 中國人了解越南 ê 處境 thang 尋求支援（Marr 1971:114）。Chit 本冊後來 tī 中國出版五版，koh 譯做越南羅馬字 tī 越南秘密流傳。（SarDesai 1991: 45）

開始運作鼓催越南青年到日本留學 ê「東遊運動」（Phong trào Đông Du）。Tī 1906 到 1907 年之間越南人到日本，主要 tī 東京 ê「同文書院」就讀，人數到 1908 年大約有 200 人。（Đinh Xuân Lâm 2001: 142；DeFrancis 1977: 162）

潘佩珠 kap 潘周楨 tī 1904 年熟似。潘周楨原本 tī 法國扶持下 ê 阮朝擔任官吏，hām 潘佩珠熟似了感覺改革救國 ê 必要性 soah 辭官而去。潘周楨對 tiòh 潘佩珠提倡 ê 東遊 kap 教育民眾之事相當贊成，m̄-koh 反對使用武力抗爭 mā 反對依賴越南末代王朝阮朝進行君主立憲（Đinh Xuân Lâm 2001: 149）。潘周楨 kap 潘佩珠 tī 1906 年做伙前往日本參觀「福澤諭吉」（Fukuzawa Yukichi 1835-1901）所創辦 ê「慶應義塾」，koh 對義塾 ê 教育理念 kap 作為留下深刻印象。（Chương Thâu 1982: 34）

潘周楨 tī 1906 年 8 月 15 日寫批 hō͘ 當時 ê 法國殖民政權總督 Paul Beau，批中表達 ê 意思大概是按呢：「tī 法國保護越南期間，越南 tī 橋樑、交通等各方面 ê 建設有一 koá 進步是 ta̍k-ê 有看 ê。M̄-koh，官場 ê oai-ko kap 腐敗 mā 是事實…。造成 chit khoán ê 原因有三項：第一是法國對阮朝朝廷官吏 ê 放任…。第二是法國對越南人 ê 歧視…。第三是朝廷官吏 hông 分化…。」潘周楨 tī 批內批評法國殖民政權無盡 tiòh 保護國 ê 責任。伊認為法國既然以提升越南 ê 文明程度為理由 chiah 來保護越南，就應該善盡責任 hō͘ 越南人受教育 thang 提升文化水準。（Đinh Xuân Lâm 2001: 149-150）

因為頂面 chit koá 歷史背景，潘周楨 kap 潘佩珠等人 tī 1906 年底決定 beh 成立一間模仿「慶應義塾」ê 學校啟發民智 thang 作為文化抗爭 ê 基礎（Đinh Xuân Lâm 2001: 159）。1907 年 3 月「東京義塾」tī

河內市桃 á 街成立[9]。所謂「東京」是指越南胡朝首都「昇龍」ê 名稱，「義塾」ê 意思是「免費義務教學 ê 學校」（Chương Thâu 1982: 32）。「東京義塾」ê 主要目的是：「一、提高民眾 ê 愛國心、自信心 kap 進取心。二、推廣新思想、新觀念 kap 進步 ê 文明生活。三、配合潘佩珠所提倡 ê 東遊 kap 維新運動」（Đinh Xuân Lâm 2001: 160）。主要 ê 領導人物 koh 有「梁文干」（Lương Văn Can 1854-1927）、「阮權」（Nguyễn Quyền）、「阮文永」（Nguyễn Văn Vĩnh 1882-1936）、「陶元普」（Đào Nguyên Phổ）、「范俊風」（Phạm Tuấn Phong）、黎大（Lê Đại）等人。學校成立了，梁文干 hông 選做「塾長」。上初大概有 30-50 個學員，包括愛國進步人士或者有錢人 ê 子弟。後來入學 ê 學生背景 koh khah 多元，學校 tī 兩個月內招生幾 á 百個學員，上 koân bat 收過 1,000 個學員（Chương Thâu 1982: 37）。Tú 成立 ê 時，學校所有 ê 經費 lóng 來自善心人士 ê 自願捐款，後來因為學校 ê 名聲 jú 來 jú tháu，koh 因為 gâu 宣傳，所以學校 ê 經費 jú 來 jú 豐富。

「東京義塾」tī 教學制度上分做三個小班級：小學、中學 kap 大學，伊 ê 教學課程是模仿中國 kap 日本新學方式。組織分成四組：教育組、財政組、宣傳組 kap 教材組（Chương Thâu 1982: 38-40；Đinh Xuân Lâm 2001: 160-162）。財政組主要 ê 職務是負責學校 ê 收支。宣傳組主要舉辦讀書會、讀報會、演講、討論會等活動 thang 擴大對校外民眾 ê 影響。教材組負責編輯老師授課 beh 用 ê 專冊 kap 學員上課 ê

---

[9] 關於東京義塾 tī 桃 á 街（phố Hàng Đào）ê 具體地址，有文獻記載是 4 號（Chương Thâu 1982:32；Đinh Xuân Lâm 2001:160），mā 有記載是 10 號（Hoàng Tiến 1994:94）。根據 Chương Thâu 本人 ê 上新講法，是 4 號 kap 10 號 2 間攏是（2011.2.15 tī 越南河內社科院史學所採訪）。Chit 2 間厝 lóng iáu 有人 toà，一樓店面 lóng 租人賣衫。

講義。教育組負責開課、收學生、教導學員。Chit 組 tī教學語言方面 koh 分做三個小組，也就是越南文（羅馬字[10]）、漢文 kap 法文。老師 lóng 是儒士 iáh 是支持「東京義塾」ê 人，mā有一 koá 進步 ê 知識份子 參加越南文 kap 法文教學，代表人士有：阮文永、範維遜（Phạm Duy Tôn）、阮博學（Nguyễn Bá Học）、陳庭德（Nguyễn Đình Đức）等 等。上課 ê 課程包含歷史、地理、衛生、算術、倫理、體育等。學校 mā 成立圖書館來服務老師 kap 學生 ê 閱讀需求。其中，多數是中國 kap 日本新思想為主 ê 相關書籍。（Đinh Xuân Lâm 2001: 161）

根據 Chương Thâu（1982: 41-58），東京義塾 ê 活動內容大概分 做 9 類：第一，反對舊學。東京義塾 ê 領導者認為過去傳統文人所受 ê 舊漢學已經無合時代，應該 hō 人民接受新文明、新思想。第二，反 對舊儒家文人。Hit koá 舊儒家文人 tī當時是腐敗、官僚、封建思想 ê 代表，in 一心 kan-nā 想 beh 做官 koh m̄承認越南已經失敗到亡國 ê 地 步。第三，反對漢字。Bē-chió 人寫文章批評漢字歹學歹 bat，不利全 民教育 ê 推廣。像講，潘周楨就發表〈無廢漢字就無法度救越南國 [11]〉，認為廢除漢字 chiah ē-tàng 提高民智。第四，反對科舉考試。當 時法國扶持下 ê 阮朝 iáu 有舉辦科舉考試。東京義塾 ê 提倡者認為 chit ê制度無法度順應時代、為國舉才，所以主張廢除科舉考試。第五，提 倡越南羅馬字。國民教育 beh 成功 koh 普及，首重工具。Ah 羅馬字相 對漢字 kap 字喃是 khah 簡單好學 ê 文字工具。所以東京義塾 kā 羅馬 字 ê 推廣列為上 tāi-seng ê khang-khoè（Chương Thâu 1982: 47）。第 六，提倡新方法。第七，提高人本、發揮創造力。第八，提升民眾 ê 民族精神 kap 愛國心。第九，加強基礎教育 kap 專業教育。

---

[10] 越南語 ē-sái 用漢字、喃字或者羅馬字書寫。用羅馬字書寫 ê 越南文 tī 越南語裡 號做「國語字」（chữ Quốc ngữ）。（蔣為文 2002、2007a；DeFrancis 1977）

[11] 原文 "Bất phế Hán tự, bất túc dĩ cứu Nam quốc"。

　　東京義塾成立了引起社會大眾鬧熱迴響，mā 引起法國殖民政權 ê 強烈干涉，路尾 tī 1907 年 12 月被迫關門。雖然成立時間真短，m̄-koh 東京義塾對 tiȯh 20 世紀初越南 ê 文化、教育、社會、經濟各方面 lóng 有真重大 ê 影響。（Chương Thâu 1982: 7；Đinh Xuân Lâm 2001: 170；Marr 1971: 182）

　　「東京義塾」雖然成立無 kah 1 冬就 hō͘ 法國殖民者強迫關門，不過 in ê 主張 soah tī 知識份子之中普遍得 tiȯh 認同 kap 支持。Tī in ê 影響之下，「推廣羅馬字」soah 變成越南民族主義者 ê 普遍主張 kap 推動要點，mā 引起一陣興學、辦羅馬字報紙 ê 風潮（Vương Kiêm Toàn & Vũ Lân 1980: 20-32）。根據估計，到 kah 1930 年為止，全越南大約有 75 種羅馬字報紙。（Hannas 1997: 86）

　　東京義塾重要創辦人之一 ê 阮文永是河內南邊 ê「河東」人。伊本身精通法文、越南羅馬字、漢字、字喃字。伊 tī 義塾負責推廣、教越南羅馬字 kap 法文（Hoàng Tiến 1994: 94、Đinh Xuân Lâm 2001: 160）。阮文永 koh hām「梁文干」tī 1907 年 4 月組織「翻譯會」thang kā 重要 ê 法文、漢文、字喃文翻譯做羅馬字（Phạm Thế Ngữ 1997b: 121）。伊 hām 法國人做伙經營印刷廠（nhà in），koh 擔任過真 chē 報紙雜誌 ê 主筆或者主編，像講《大南同文日報》（Đại Nam Đồng Văn Nhật Báo）、《登鼓叢報》（Đăng Cổ Tùng Báo）、《Notre Journal》、《東洋雜志》（Đông Dương Tập Chí 1913-1919）kap《中北新文》（Trung Bắc Tân Văn）等。其中上重要 ê 是擔任《東洋雜志[12]》ê 主筆。政治上，阮文永主張「歐化維新」，終其尾是 beh 建立越

---

[12] 法國殖民者為 tiȯh 化解民怨 thang 減少武裝起義事件，in tī 1913 年主動發行《東洋雜志》（越南原文使用「志」）作為法國殖民政策 ê 宣傳報。Chit 份報紙有法文 kap 越南羅馬字版。雖然伊發行 ê 目的是為 tiȯh 宣傳政策，m̄-koh 因為伊 kā 真 chē 法文文學作品翻譯做越南文，所以 chit 份報紙對 20 世紀初越南

南共和國。伊認為法國雖然是殖民者，不過 mā 有值得越南人學習 ê 進步文明。所以阮文永拼命翻譯 hit koá kā 法國文明介紹 hō˙ 越南人 ê 冊，thang 提升越南文化 thang 作為獨立國家 ê 基礎（Phạm Thế Ngữ 1997b: 132；Đỗ Đức Hiểu 2004: 1226）。為 tiòh chhoân khah chē 資金 thang 印冊 kap 辦活動，伊去寮國籌募黃金，後來 soah tī 1936 年 5 月病死 tī 寮國。（Nguyễn Q. Thắng & Nguyễn Bá Thế 1997: 712）

另外一位重要 ê 羅馬字 chhui-sak 者是范瓊（Phạm Quỳnh 1892-1945）。范瓊出世 tī 河內，父母原底是河內東 pêng「海洋省」ê 人。伊 mā 精通法文、越南羅馬字、漢字、字喃字。伊 tī 1917 年受法國殖民者 Louis Marty 委託擔任《南風雜志[13]》（Nam Phong Tạp Chí）法文版 kap 越南羅馬字版 ê 主筆（Phạm Thế Ngữ 1997b: 137-148；Đỗ Quang Hưng 2000: 55）。除了擔任主筆，伊 koh 從事翻譯、研究 kap 創作 ê khang-khoè，主要從事法文 kap 越南文 ê 溝通媒介。伊用越南羅馬字紹介法國文史 hō˙ 越南人，mā 用法文介紹越南 hō˙ 法國人。政治上，范瓊主張「非武力抗爭」、「君主立憲」，koh bat tī 法國殖民政府 kap 阮朝 siōng 尾任皇帝「保大」之下做過官。因為政治主張 bô-kāng，范瓊 soah tī 1945 年遭受革命派人士殺害（Nguyễn Q. Thắng & Nguyễn Bá Thế 1997: 759；Phạm Thị Hoàn 1992: 13-15）。雖 bóng 范瓊 ê 政治立場遭受部分越南人 ê 質疑，m̄-koh 就建立越南羅馬字國民文學 ê 角度來看，伊 ê 主張 tī hit 時是非常先進 koh 有力 ê（Phạm Thị Hoàn

---

新文學 ê 出現有真重要 ê 貢獻。（Đỗ Quang Hưng 2000:48；Phạm Thế Ngữ 1997b:117）

[13] Hit 時《南風雜志》（越南原文使用「志」）發行時間 ùi 1917 到 1934 年，lóng 總出版 210 期，內容有法文、漢文 kap 越南羅馬字版。Chit 份雜誌 kap 其他刊物相比評，雖 bóng m̄ 是上早出版 ê 羅馬字刊物，m̄-koh 是發行時間 khah 久長而且對越南文學、語言有 khah 大影響力 ê 刊物。（蔣為文 2010；Nguyễn Khắc Xuyên 2002；Nguyễn Đức Thuận 2007）

1992: 13-15）。下面咱就摘要伊 tī 1931 年《南風雜志》第 164 期所講 ê 話：

用外國語來替換本國語 tiāⁿ-tiāⁿ 會有按呢 ê 情形：借用人 ê 語言就會受人 ê 思想 ê 影響，借用人 ê 文學就會受人 ê 風俗習慣 ê 影響⋯。Hit-koá khiáu ê 人若 lóng 走去學外國語、tòe 外國人 kiâⁿ，siáⁿ 人來領導咱 ê 國民 neh？群眾無領導者就 ká-ná 咱人無頭腦，按呢國家 beh án-choáⁿ 會久長。（Phạm Thị Hoàn 1992: 54）

總結來講，「國學」bē-sái 脫離「國文」。若無國文 mā 無法度成立國學。咱越南國過去無應該用漢字建立國學，未來 mā 無應該用法文建立國學。咱越南國 beh 建立國學就 ài 用越南話文 chiah thang。（Phạm Thị Hoàn 1992: 56）

5. 台灣文化協會 kap 蔡培火

台灣 ê 抗日頭人「林獻堂」看 tiòh 中國革命成功了 tī 1913 年到北京再訪「梁啟超」。透過梁啟超 ê 安排，林獻堂 sėk-sāi chit-koá hit 當時 ê 中國政要 mā 對中國 ê 局勢有 khah 清楚 ê 認 bat。Hit pái ê 訪問 hō͘ 林獻堂證實了梁啟超 chìn 前 tī 日本 ê 時 kā 林獻堂建言 ê「在三十年內，中國絕無能力救援你們」（吳三連等 1971: 2-14；王詩琅 1988: 22；林柏維 1993: 34）。Só͘-pái 林獻堂 hoan 頭 koh 再訪問日本，意外見 tiòh 日本開國元老「坂垣退助」。坂垣退助平時主張「日華兩民族應該結 chiâⁿ 同盟 thang 維持東亞 ê 和平，ah 日華同盟 ê 手段方法，koh khah 應該利用台灣人做橋樑」（王詩琅 1988: 22）。In 2 人見面了講 kah 真歡喜，隔轉年初由林獻堂出資安排坂垣退助訪問台灣。坂垣退助第一 pái 訪問台灣 tō 受 tiòh 台灣各地民眾 ê 鬧熱歡迎。相關人士

khoàⁿ chit ê 機會，tō tī 1914 年 12 月 20 日正式成立台灣同化會，koh 由坂垣退助擔任總裁。[14]（王詩琅 1988: 32）

　　Hit 當時 tī 台南第二公學校教冊 ê 蔡培火[15]（1889-1983）因為林獻堂 ê 關係 mā 參與同化會有 tiòh。根據蔡培火 ê 講法，伊 hit chūn 有當面 kā 坂垣退助建議 tiòh 採用羅馬字。Che 是蔡培火第一 pái 正式對外 chhui-sak 台語羅馬字。M̄-koh 坂垣退助反對，in 講：「總督府 kap 真 chē 內地人對 chit ê 會不止大反對；chit-má 若講 beh 普及羅馬字，thang beh 促進台灣 ê 教育，驚會 koh khah 反對」（蔡培火 1925: 27）。蔡培火 hit 時 ê 建議 m̄-nā 無受坂垣退助 ê 支持，mā 無受其他同化會幹部 ê 肯定，soah 無法度實現（廖毓文 1954: 470）。雖 bóng 第一 pái chhui-sak 羅馬字 tō tú-tiòh 阻礙，蔡培火 iáu 是無失志，繼續伊一生 ê 台語白話字 ê 推廣。

　　台灣同化會雖 bóng 號做「同化」，m̄-koh 各方人馬對 che soah 「同床異夢」各有 bô-kâng ê 解讀。以坂垣退助為主 ê 自由派日本人認為台灣 kap 日本同文同種，應該 chiâⁿ 做團結中國 hām 日本 ê 橋樑，以促進亞洲國家 ê 結盟 thang 對抗白種人 ê 侵略。Beh 達成 chit ê 目標，tek-khak hō 台灣人 chham 日本同化 thang 增進雙邊 ê 利益（王詩琅 1988: 33）。M̄-koh 對台灣人來講，hoān-sè 有 chit-koá 人對同化有孤單 giàn[16] ê 寄望，m̄-koh 大多數人不而過 kā「同化」當作一種藉口 thang tháu-pàng 台灣總督對台灣 ê 高壓政策（吳三連等 1971: 20-22）。因為坂垣退助 tī 台灣期間 ê 言論 siuⁿ 過頭批評台灣總督對台灣 ê 無平等對待，soah 引起在台日本人 hām 總督 ê 不滿（吳三連 1971: 22；王詩琅

---

[14] 當時全台 ê 會員 lóng 總有 3198 名（王詩琅 1988:38）。

[15] 有關蔡培火生平 ê 重要記事 kap 著作年代，林佩蓉（2005）kap 張漢裕（2000）有真詳細 ê 整理，ē-sái 參考。

[16]「一廂情願」ê 意思。

1988: 33-36）。路尾手 tī 1915 年 1 月 26 日台灣同化會被控有害公安 soah hō˙總督強制解散（王詩琅 1988: 39）。蔡培火因為有參與 tiòh 同化會，soah hō台南第二公學校開除。無頭路 ê 蔡培火，tī林獻堂 kap 親友 ê 贊助下，tī 1915 年 3 月前往日本東京。台灣同化會雖 bóng tī短暫成立了 tō sûi hông 解散，m̄-koh 自按呢台灣人 ê 文化抵抗意識 tàuh-tàuh 增強 mā tàuh-tàuh 行向多元化。

公元 1921 年春，住 tī台灣島內 ê「蔣渭水」透過「林瑞騰」ê 介紹 chiah 來 sėk-sāi 林獻堂。蔣渭水 kap 林獻堂等人感覺台灣島內 iáu 無指導啟蒙運動 ê 團體，tō chhōe 人參詳組織文化團體 ê 代誌（吳三連等 1971: 282-283）。Tō 按呢，台灣文化協會 tī 1921 年 10 月 17 日 tiàm 台北市大稻埕靜修女子學校舉行成立大會。根據會章第二條，chit ê 會以「助長台灣文化之發達為目的」（王詩琅 1988: 254）。Hit 時由林獻堂擔任總理，蔣渭水擔任專務理事。會員 lóng 總 1032 人，出席人數 300 外人（吳三連等 1971: 286-287；王詩琅 1988: 251）。初期總部設 tī 台北，到 kah 1923 年 10 月由蔡培火擔任專務理事 ê 時 chiah choán-kàu 台南（林柏維 1993: 80）。後來因為意識形態 kap 路線爭議，台灣文化協會 tī 1927 年 1 月分裂。改組了 ê 文化協會由「王敏川」、「連溫卿」等社會主義派掌控，協會延續到 1931 年停止。協會舊幹部蔣渭水、蔡培火、林獻堂等民族主義派離開協會了 tī 1927 年 7 月另外 koh 組「台灣民眾黨」繼續活動。（林柏維 1993: 216-252；王詩琅 1988: 334-381；向山寬夫 1999: 753-773）

蔡培火 tī 同化會時期建議 chhui-sak 羅馬字，雖 bóng 無受幹部採納，伊 mā無死心。伊 tī 文化協會設立 hit 年 koh 提案建議普及羅馬字，雖 bóng iáu 是有 bē-chió漢文派反對，隔 tńg 年 6 月協會正式通過

kā chhui-sak 羅馬字列作協會 ê 工作之一[17]。而且決議幹部之間 ê 通批 ài 用羅馬字 thang 帶動示範作用（吳文星 1992: 342）。蔡培火為 tioh beh hō͘ khah chē 人認 bat 普及羅馬字 ê 重要性，伊 koh 寫文章〈新台灣 の建設と羅馬字〉，分別 tī《台灣》kap《台灣民報》刊載[18]。1923 年，會員「張洪南[19]」起來呼應，mā tiàm 雜誌《台灣》誤發表〈誤解 されたローマ字〉（Hông 誤解 ê 羅馬字），鼓吹大眾 tō 認真來認 bat 羅馬字，m̄-thang kā 看做是外國人或者基督教徒、青瞑牛 chiah teh 用 ê 文字。（張洪南 1923；廖毓文 1954）

公元 1923 年 10 月 17 號下晡，文化協會 tī 台南市醉仙閣召開第 3 回定期總會兼辦理幹部改選。蔣渭水因為 siuⁿ 無閒、無法度接專務理 事，tō 推 sak 蔡培火接任。蔡培火以大會同意普及白話字（台語羅馬 字）為條件 chiah 接落專務理事 ê 缺（khoeh）（蔡培火 2000: 72）。 Hit 年總會議決事項 lóng 總有 6 大項，其中第 6 大項全文如下（吳三 連等 1971: 294）：

六、鑒於時勢顧我協會本來之使命決議左列六條為本協會 新設事業願我會員一致漸次力行務期實現禪益同胞文化向 上
（甲）普及羅馬字
（乙）編纂及發行羅馬字之圖書
（丙）開設夏季學校
（丁）獎勵體育

---

[17] 根據吳文星（1992:342），1922 年 6 月通過普及羅馬字。M̄-koh 廖毓文 （1954:470）ê 講法是 1923 年 ê 第 3 回定期總會。根據吳三連 kap 蔡培火（吳三 連 1971: 286-295），並無提起 1922 年 6 月 ê 代誌。詳細情形，ài koh 查證。

[18] 蔡培火 1922〈新台灣の建設と羅馬字〉《台灣》第 3 年第 6 號。蔡培火 1923 〈新台灣の建設と羅馬字〉《台灣民報》第 13、14 號。

[19] 張洪南：澎湖人，戶籍設 tī 淡水，伊本身是基督徒。（廖毓文 1954: 477）

（戊）尊重女子人格

（己）為改弊習涵養高尚趣味起見特開活動寫真（電影）

會音樂會及文化演劇會

因為蔡培火 ê 關係，台灣文化協會 chiâⁿ 做第一個公開正式提倡普及羅馬字 ê "非宗教目的" ê 文化團體（蔣為文 2009）。張洪南為 tióh 支持蔡培火 ê 主張，tī hit 年編印《羅馬字自修書》thang 推廣羅馬字（吳文星 1992: 343、廖毓文 1954: 477）。蔡培火 mā úi 1923 年 10 月開始落筆用羅馬字寫伊有名 ê 著作《Cháp-hāng Koán-kiàn》（十項管見），到 kah 隔 tńg 年 10 月寫作完成，1925 年 9 月正式印刷發行。Chit 本冊算是文化啟蒙、社會教育 ê 冊，本文 lóng 總有 162 頁，全部用白話字寫，作者分下面十項來論述（蔡培火 1925）：

Goá só khoàⁿ ê Tâi-oân（我所看 ê 台灣）

Sin Tâi-oân kap Lô-má-jī ê koan-hē

（新台灣 kap 羅馬字 ê 關係）

Lūn siā-hōe seng-oáh ê ì-gī（論社會生活 ê 意義）

Lūn Hàn-jîn ték-iú ê sèng-chit（論漢人特有 ê 性質）

Bûn-bêng kap iá-bân ê hun-piát（文明 kap 野蠻 ê 分別）

Lūn lú-chú ê tāi-chì（論女子 ê 代誌）

Lūn oáh-miā（論活命）

Lūn jîn-ài（論仁愛）

Lūn kiān-khong（論健康）

Lūn chîⁿ-gîn ê tāi-chì（論錢銀 ê 代誌）

其中第二項論新台灣 kap 羅馬字 ê 關係。下面 chit 段引文 ē-sái hō͘ 讀者理解蔡培火 chhui-sak 白話字 ê 理由（蔡培火 1925: 15）：

Tâi-oân kap Tiong-kok ê óng-lâi tek-khak bē ēng-tit keh-tñg khì, só-í Hàn-bûn sī toān-toān bē ēng-tit pàng-sak. Tâi-oân lâng iū-sī Jit-pún ê peh-sèⁿ, só-í Jit-pún ê Kok-gú iā-sī tek-khak tiòh ài òh. M̄-kú Hàn-bûn sī chin oh, Kok-gú iā chin lân, koh-chài chit nñg hāng kap Tâi-oân-oē lóng sī bô koan-hē. Chit ê lâng beh sió-khóa cheng-thong chit nñg khoán giân-gú bûn-jī, chì-chió tiòh ài chàp-nî ê kang-hu; thang kóng sī chin tāng ê tàⁿ-thâu. Siàu-liân gín-ná chū sè-hàn òh-khí, chiū ū ǹg-bāng ē sêng-kong; hiān-sî m̄-bat jī ê toā-lâng beh lâi òh, phah-sǹg òh kàu sí iā káⁿ-sī bē-chiâⁿ. (白話字原文)

台灣 kap 中國 ê 往來 tek-khak bē 應得隔斷去，所以漢文是斷斷 bē 應得 pàng-sak。台灣人又是日本 ê 百姓，所以日本 ê 國語也是 tek-khak tiòh ài 學。M̄-kú 漢文是真 oh，國語也真難，koh 再一二項 kap 台灣話 lóng 是無關係。一個人 beh sió-khóa 精通 chit 二 khoán 言語文字，至 chió tiòh ài 十年 ê 功夫；thang 講是真重 ê 擔頭。少年囝仔自細漢學起，就有 ǹg-bāng 會成功；現時 m̄-bat 字 ê 大人 beh 來學，phah-sǹg 學到死也 káⁿ 是 bē-chiâⁿ。(漢羅譯版)

為 tiòh 實現普及羅馬字 ê 決議，文化協會 tī 1925 按算開辦羅馬字講習會。雖 bóng 有招 tiòh 一百個學員，m̄-koh 總督府以普及羅馬字會妨害日語教學 kap 阻礙台、日融合為藉口，soah 禁止開辦。為 tiòh 抗議總督府 ê 無理，蔡培火繼續寫文章鼓吹羅馬字，甚至向日本讀者控訴台灣總督府（吳文星 1992: 343）。像講，蔡培火 tī 1928 年 tiām 東京「台灣問題研究會」發表〈日本本國民に與ふ[20]〉爭取日本人 ê 支

---

[20] 日文版 kap 漢文版〈與日本本國民書〉siāng 時收錄 tī 張漢裕（2000c）。

持。Chit-khoá 開明 ê 日本人，像講「矢內原忠雄」、眾議院議員「田川大吉郎」、同志社大學校長「海老名彈正」mā 贊成普及羅馬字。（吳文星 1992: 343；李毓嵐 2003: 27-28）

簡要來講，台灣文化協會 tī 1921 到 1927 年中間，主要 ê 活動內容包含：第一，發行會報。第二，設置讀報所。第三，舉辦各種講習會。第四，開辦夏季學校。第五，辦理文化講演會。第六，辦理「無力者大會」以對抗「有力者大會」。第七，提倡文化話劇運動。第八，創辦「美台團」，以電影巡迴放映來做文化宣傳。（吳三連等 1971；王詩琅 1988；林柏維 1993；吳密察 2007）

根據「台灣總督府警務局」所編 ê《台灣總督府警察沿革誌》，日本當局認為「雖然台灣文化協會表面上是以提升台灣文化為目的，實際上 soah 是 beh 促進台灣島民 ê 民族自覺、要求設置台灣特別議會 soà--lâi 行向民族自決」（王詩琅 1988: 263-264）。台灣文化協會成立了，伊造成 ê 影響真闊，包括青年運動、學潮、思想啟蒙、工人覺醒、新舊文學論戰、大東信託公司、文化書局 kap 中央書局 ê 創立等。（吳三連等 1971；王詩琅 1988；林柏維 1993）

文化協會 tī 1927 年分裂，離開文協 ê 蔡培火 iáu 是繼續 chhui-sak 羅馬字。為 tiȯh 向普羅大眾宣傳羅馬字，蔡培火 tī 1929 年 1 月創作「白話字歌」，歌詞原文按呢寫（張漢裕 2000a: 83、2000f: 279）：

1. 世界風氣日日開，無分南北與東西，因何這個台灣島，舊相到今尚原在，舊相到今尚原在，怪怪怪！因何會按如，怪怪怪！咱著想看覓。

2. 五穀無雨昧出芽，鳥隻發翅就會飛，人有頭腦最要緊，文明開化自然會，文明開化自然會，是是是！教養最要緊，是是是！咱久無讀冊。

3. 漢文離咱已經久，和文大家尚未有，你我若愛出頭

天，白話字會著緊赴，白話字會著緊赴，行行行！勿
得更延遲，行行行！努力來進取。

根據蔡培火 ê 日記，1929 年 1 月 28 號伊編好《白話字課本》koh
交 hō 台南市 ê 新樓書房印刷。到 kah 3 月初 6 印好 5,000 本，按算用
「台南民眾俱樂部」ê 名義開會員研究會（張漢裕 2000a: 87-89）。原
底按算 tī 3 月 11 開辦「台灣白話字研究會」，m̄-koh hit kang soah tú-
tiȯh 台南警察署派人來阻擋。隔 tńg kang 蔡培火去警察署 kap 高等課
chhoē in 理論。蔡培火 kā lû 講 he 只是會員內部 ê 討論會 niâ，並 m̄ 是
公開講習。經過交涉，當局勉強 hō 伊開辦 3 期、lóng 總 6 禮拜 ê 研究
會（張漢裕 2000a: 90；李毓嵐 2003: 30）。研究會 ùi 3 月 12 開始到
kah 4 月 22 號，上課地點是 tī 台南市 ê「武廟[21]」。第一期人數有 50
gōa 人，lóng 是 cha-po͘-ê。第二期有 60 gōa 人，其中有 10 gōa 個婦-
jîn-lâng。第三期差不多 90 gōa 人，其中 40 gōa 是 cha-bó͘-lâng。經過三
期研究會 ê 開辦，蔡培火更加相信羅馬字是真好學 ê 工具：只要 2 禮
拜就 ē-sái 領會，若 beh koh khah 熟練，koh ke 2 禮拜 tō 有夠（張漢裕
2000a: 91）。Chit ê 研究會 mā 引起 tī 日本留學 ê「葉榮鐘」ê 注意，伊
tī《台灣民報》連載三期發表〈關於羅馬字運動[22]〉，鼓勵人 ai 關心
kap 討論羅馬字 kap 台灣話文 ê 標準化。（廖祺正 1990: 36；戴振豐
1999: 68-73）

為 tioh thang 長期推廣羅馬字，蔡培火擬好〈推廣台灣白話字之主
旨暨其計畫[23]〉tī 1929 年 4 月 25 號向總督府各部門官員遊說。M̄-koh
soah tú-tiȯh 文教局長「石黑英彥」ê 強烈反對（張漢裕 2000a: 92；李

---

[21] 吳密察（2007: 26）有收錄「台灣白話字第一回研究會紀念」ê 相片。

[22] 刊 tī《台灣民報》1925 年 5 月，260-262 號。

[23] 收錄 tī 張漢裕（2000f: 223-225）。

毓嵐 2003: 31）。Tńg 去台南了，蔡培火無顧石黑英彥 ê 反對，iáu 是積極照計畫進行。伊 tī 5 月初 4 向台南州提出白話字講習會 ê 申請，koh tī 5 月 14 號 tiàm khiā-ke 掛牌「台灣白話字會事務所」。伊按算用台灣白話字會 ê 名義來 chhui-sak 羅馬字，準備開初級 kap 進階班，每班 60 人。想 bē 到申請書 hông 拖一 chām 時間了，蔡培火 tī 7 月 25 號接 tióh 總督府行文到台南州否決辦理羅馬字講習 ê 通知。總督府 ê 理由 iáu 是以妨礙日語普及 ê 教育方針來反對羅馬字（蔡培火 1929: 5；李毓嵐 2003: 31-32）。公開舉辦白話字講習會 ê 計畫受阻礙了，蔡培火暫時轉向私人聚會 ê 方式來傳授羅馬字。像講，根據伊日記 ê 記載，1930 年 4 月 29 號伊 bat 招 10 gōa 人去 in tau 研習羅馬字。Hit koá 人包含葉榮鐘、陳茂源、楊肇嘉等。

根據日記，1931 年 3 月 30 號，蔡培火 tī 日本 hām 前台灣總督「伊澤多喜男[24]」見面。伊澤多喜男 kā 伊表示：無反對用台灣話教育台灣人，m̄-koh 反對用羅馬字來做教育。伊澤多喜男 koh 建議講若用「Kana」（日本假名）來寫台灣話 hoān-sè會 khah 好（張漢裕 2000a: 167）。Chit ê 建議予蔡培火聽有入耳，致使伊轉向研究用「Kana」來寫台語 ê 可能性。（李毓嵐 2003: 33-34）

蔡培火 tō 參考總督府所編 ê《日台大辭典》台語假名拼音方案，tī 1931 年 5 月 17 號設計好「新式台灣白話字[25]」。Ùi hit-chūn 開始，蔡培火 ê 羅馬式白話字轉向做假名式白話字。伊 koh 開始四界 hām 朋友 kap 官員推銷新式白話字。根據日記，kāng 年 6 月初 1 伊出外 10 g

---

[24] 就任台灣總督時間 1924.9.1-1925.7.15。（李園會 1997:409）

[25] Chit 份假名式白話字 lóng 總有 28 個字母，其中 19 字是 uì 五十音假名借用，5 字借用中國注音符號，1 字採用伊澤修二 ê設計，chhun--ê 3 字是蔡培火 ka-tī ê 發明。字母 ê排列是採取二維、類似韓國諺文 hit khoán ê方式 thang 配合漢字 ê 造型。詳細 ē-sái 參考蔡培火編《新式台灣白話字課本》收錄 tī張漢裕（2000f: 23-44）。

a kang 去中、北部紹介新式白話字。當中有得 tiòh 林獻堂 ê 肯定。Chit choā hō蔡培火認為林獻堂有 khah 了解普及白話字 ê 要緊,mā感覺新式白話字比羅馬字 khah 便利。M̄-koh 蔡培火 iáu 是感覺林獻堂無 kàu 積極 teh chhui-sak。(張漢裕 2000a: 172-174)

1931 年 6 月 26 號蔡培火正式向台南州提出開設假名式白話字 ê 申請。想 bē 到經手 ê 市役所官員竟然 kā khau-sé 講 beh 用台灣話來做教育是無可能得 tiòh 批准 ê。蔡培火無顧市役所 ê khau-sé mā無 beh 等總督府 ê 許可文,伊 tī 7 月 16 號 tō大膽 tiàm 武廟 ê 佛祖廳開辦新式台灣白話字講習會。Hit 日教育課 kap 警察署 sûi 來阻擋開課。蔡培火 kap 以前 kāng-khoán koh kap in lû,堅持繼續上課。Tō 按呢,lóng 總 hō蔡培火辦二期,每期 2 禮拜。第一期 cha-poo 班有 50 g a 人、婦女班 7 人。第二期 lóng 總 40 g a 人,男女各半。經過 chit piàn ê 試辦,蔡培火認為假名式白話字比羅馬字式 koh khah 好學。原訂一期上課 2 禮拜,m̄-koh 學到第 10 kang 學員 tō ē-hiáu à。(張漢裕 2000a: 177-179)

蔡培火辦 2 期研習會了,iáu 是等無總督府 ê 正式批准公文。伊 tō 按算 tiàm 台灣 kap 日本發起一個白話字連署運動。1933 年 6 月初 10,蔡培火 kā假名式白話字方案交 hō日本拓務大臣「永井柳太郎」,ǹg-bāng 得 tiòh 伊 ê 支持。過 2 禮拜了,蔡培火接 tiòh 永井柳太郎 ê 回批。批中伊表示對蔡培火長期推動白話字 ê 敬意,mā會 chim-chiok 考慮實踐普及白話字 ê 代誌。雖 bóng 永井柳太郎無直接答應,m̄-koh 已經 hō蔡培火真大 ê 鼓舞(張漢裕 2000a: 261-263)。1934 年 4 月初 7 蔡培火 koh 就普及白話字 ê 議題拜訪伊澤多喜男。伊澤多喜男 kā表示講:「用日本國語做台灣 ê 標準語是既定政策、無討論 ê 空間。若為 tiòh 救文盲,用台灣語 kap 白話字做補助,伊是無反對」。4 月 12 號蔡培火 kap 矢內原忠雄見面 mā 得 tiòh 伊 ê 支持。蔡培火認為可能是

ka-tī 主張設立台灣議會 chiah 得失台灣總督府，致使白話字 ê chhui-sak 受阻礙。伊 tō問矢內原忠雄講，若是 tek-khak tiòh ài 二項選一項，ài keng tó 一項為重。矢內原忠雄 kā in 講以普及白話字優先。（張漢裕 2000a: 296）

因為有 chit koá 開明派日本人士 ê 鼓舞，hō˙蔡培火 koh khah 有信心 kap 意志 thang 繼續 chhui-sak 白話字。伊 tō 趕緊起草〈普及台灣白話字趣意書[26]〉，koh 招 kúi 位死忠 ê 同志像講林獻堂、韓石泉、林攀龍做共同發起人，thang chiân 做發動連署 ê 書面稿。1934 年 5 月開始，蔡培火先 tiàm 台灣島內 chhōe chit-koá 頭人連署，到 8 月 lóng 總有百外人簽名。蔡培火 tō kā chia ê成果 chah 去總督府遊說官員，可惜 iáu 是踢 tiòh 鐵 pang。伊想講可能是欠缺日本中央級人士 ê 支持 chiah 會受反對。伊 tō tī 8 月 18 koh 啟程到日本拜訪相關有力人士。路尾有得 tiòh bē-bái ê 成果，包含前總理大臣「齊藤實」、前台灣總督「太田政弘」、「南弘」、眾議院議員「安部磯雄」、「青瀨一郎」、「田川大吉郎」、日本帝國教育會長「永田秀次郎」、岩波書店店長「岩波茂雄」等 49 位 ê 支持。（李毓嵐 2003: 38-40；張漢裕 2000a）

蔡培火真歡喜得 tiòh chit koá 日本開明人士 ê 支持，tńg 來台灣了 tō tī 1934 年 11 月 kap 12 月分別 tī 台南 kap 台北辦理「懇談會」招待新聞媒體、積極宣傳普及白話字 ê 重要。M̄-koh hit 時台灣總督已經制定「國語普及十箇年計畫」，按算 hō˙台灣人 ê 日語普及率 ē-tàng tī 10 冬內達到 50% ê目標。M̄-nā日本總督府無接受白話字，在台日本人 ê 普遍輿論 mā 反對（吳文星 1992: 344-345；李毓嵐 2003: 41）。1935 年 2 月 2 號台灣總督「中川建藏」再度當面 kā蔡培火表明目前無法度支持白話字。蔡培火雖然有心，無奈政治環境無允准。後來因為日本

---

[26] 收錄 tī張漢裕（2000f: 227-229）。

hām 中國 ê 戰事 lú 來 lú 明顯，伊 tī 1936 年 1 月前往日本發展「日華親善」ê 理想。白話字 ê chhui-sak mā 因為按呢暫告一段落。（蔡培火 1969: 6）

6. 結尾

Tī 東京義塾 ê chhui-sak 之下，越南羅馬字變成全民運動，路尾變做越南文學 ê 主流。是講，是 án-choáⁿ 日本時代 ê 台灣羅馬字運動無法度完成？咱 ē-sái ùi 殖民者、殖民地精英 kap 殖民地大眾三方面來探討：

第一，殖民者 ê 語文政策對羅馬字運動有影響。對照法國殖民者有條件 ê 支持越南羅馬字，台灣總督府並無支持台語羅馬字。雖 bóng 蔡培火長期 kā 台灣總督府相關官員遊說，伊 mā 一再強調普及白話字是 beh 普及教育、掃除文盲 niâ，總督府 iáu 是擔心白話字會促成台灣人民族意識 ê 覺醒，所以無支持。咱若比較 hit 時歷史背景 kap 台灣差不多 ê 越南，tō ē-tàng 清楚了解統治者對促成文字改變 ê 影響程度。越南 ē-sái ùi 漢字換做羅馬字，che kap 近代法國統治越南有真大 ê 關係。因為法國人 beh 切斷越南 kap 中國之間 ê 文化往來，in tō 想辦法用越南羅馬字取代具有中國文化代表性 ê 漢字（蔣為文 2002）。相對法國 ê 對漢字有敵意，台灣總督府統治台灣初期並無排斥漢字，in 甚至 koh 利用漢字來降低台灣人 ê 反抗意識。台灣總督 tiāⁿ 舉辦漢詩聯吟大會，招台籍文人來官廳吟詩作對 thang giú 近台灣人 hām 日本人 ê 距離（施懿琳 2000: 186-187）。日本人就是利用漢字文化圈 lāi-té 漢字 ê「chīn-chhun ê 價值」來做為軟化台灣人反抗 ê 工具。台灣總督府除了有政治考慮之外，伊 iáu 有文字方案 ê 實務考量。咱知，日文除了用漢字之外，mā 用「Ka-na」（假名）。因為「Ka-na」hām 羅馬字 kâng-khoán 是比漢字 khah 簡單學 ê 文字，台灣總督 tō 有理由無 beh 用

羅馬字。

第二，殖民地精英對待羅馬字 ê 態度兩極化。Tī 漢字文化圈 lìn 因為長期實施科舉考試，所有作官 ê lóng tō 學習 kap 使用漢字。因為一般人對作官 ê 或者讀冊人 lóng 真欣羨 kap 尊敬，soah 無形中 mā 對漢字有一種崇拜 kap 迷思，ah 對 tiòh 其他 ê 文字 lóng 無 kā 當作正式文字。甚至 kā 羅馬字當作是囡仔、基督徒、或者外國人 chiah teh 用 ê 文字（蔣為文 2007b: 231-257）。Chit khoán 現象 tī Barclay 牧師用台語羅馬字發行《台灣府城教會報》ê 時 mā 有點出過（Barclay 1885）。Beh 自我了斷 chit khoán ê 漢字迷思，實在講無簡單。以越南為例，tī 封建時期雖 bóng 越南有獨立 ê 王朝，m̄-koh in iáu 是維持使用漢字文言文。Chit khoán ê 迷思 ài 等到法國殖民者 ê 強力介入 chiah 有法度 phah 破。

日本時代 hit koá 知識分子，tō 算是台灣話文派，mā 多數無法度跳脫漢字 ê 迷思。因為有漢字、漢人 ê 迷思，kiò-sī 推廣漢文 chiah ē-tàng 保存民族精神 kap 文化 thang 對抗日本 ê 同化。M̄-koh in soah 無注意 tioʰh 漢字歹學、歹寫、欠缺學習效率 ê 本質，mā 無注意 tiòh 漢字 ê 中國文化色彩。相對台灣人 beh 用漢民族來對抗日本大和民族 ê 異族統治，越南人選擇用越南民族來抵制法國殖民統治。以現此時 ê 台越情勢來看，結果證明越南人 ê 選擇是止確 ê。

第三，大眾本身 ê 語言、文化慣勢（habitus）kap 自信影響 in 對羅馬字 ê 接受度。日本人統治台灣 ê 時 in 以文明者來看待 "落後" ê 台灣。Hit 時 ê 台灣 iáu 是傳統封建社會。面對優勢 ê 日本語言 kap 文化，台灣人 soah 對 ka-tī ê 語言、文化無信心。台灣人是 án-choàn 會 hiah chhè、真緊 tō 對 ka-tī ê 文化無信心？Che 可能 kap 台灣自古以來無一個輝煌 ê 歷史文化傳統有關。咱看周邊國家 ê 韓國 kap 越南，in khah 早 mā hông 殖民統治。M̄-koh 因為過去有獨立王朝 ê 歷史文化傳

統，tī 1945 年獨立了 in tō sûi 恢復原來 ê 本土語文。相對越南人 kap 韓國人對民族母語 ê 堅持，台灣人 ká-ná有 khah 弱。M̄-nā 認為台灣語文比日本語文 khah 低路，甚至有人像張我軍按呢認為比中國語文 koh khah 差。因為台灣人對 ka-tī ê 民族母語無自信，當然 tō bē 感覺台灣語文現代化、標準化 ê 重要性。無動機，自然 tō bē 認真去學母語 ê 書寫，只好借用他人 ê 語文。Tī 中國統治 ê 封建時代，因為慣勢漢字，就用文言文；日本時代因為無自信，就 ǹg-bāng 透過日文 lâi 提升自我 ê 文明程度；中華民國時代因為慣勢中文 ah，soah 無 siūⁿ beh 回復 ka-tī ê 民族母語。

有人講，借用日文或者中文是 beh "以接受做為反抗"，是一種 "同床異夢" ê 法度。總是，天光 ah，kám thang koh hām 敵人睏 kāng 床？

【原文發表 tī 2010 年《海翁台語文學》98 期，頁 4-42。Chit 篇論文根據原文增補修訂。】

參考冊目

Barclay, Thomas. 1885. *Tâi-oân-hú-siâⁿ Kàu-hōe-pò.* No.1.

Bùi, Đức Tịnh. 2005. *Lược Khảo Lịch Sử Văn Học Việt Nam* [越南文學歷史略考]. TPHCM: NXB Văn Nghệ.

Chiung, Wi-vun Taiffalo. 2003. *Learneng Efficiencies for Different Orthographies: A Comparative Study of Han Characters and Vietnamese Romanization.* PhD Dissertation: University of Texas at Arlengton.

Chương, Thâu. 1982. *Đông Kinh Nghĩa Thục và Phong Trào Cải Cách Văn Hóa Đầu Thế Kỷ XX* [東京義塾與二十世紀初ê文化改革運動] Hà Nội: NXB Hà Nội.

Davies, Norman. 1997. *Europe: A History.* London: Pimlico.

DeFrancis, John. 1977. *Colonialism and Langoage Policy in Vietnam.* The Hagoe.

Dương, Quảng Hàm. 2005. *Việt Nam Văn Học Sử Yếu* [越南文學史要]. Hà Nội: NXB Trẻ.

Đinh, Xuân Lâm 2001. *Đại Cương Lịch Sử Việt Nam Tập II* [越南歷史大綱 II] Hà Nội: NXB Giáo Dục,

Đỗ, Đức Hiểu. et al.（eds.）2004. *Từ Điển Văn Học* [文學辭典]. Hà Nội: NXB Thế Giới.

Đỗ, Qoang Hưng. 2000. *Lịch Sử Báo Chí Việt Nam 1865-1945* [越南報紙歷史]. Hà Nội: NXB Đại Học Quốc Gia Hà Nội.

Hannas, William. 1997. *Asia's Orthographic Dilemma.* Hawaii: University of Hawaii Press.

Hoàng, Tiến. 1994. *Chữ Quốc Ngữ và cuộc Cách Mạng Chữ Viết Đầu Thế Kỷ 20* [20 世紀初 ê 國語字 kap 文字改革]. Hà Nội: NXB Lao Động.

Hood, Steven J. 1992. *Dragons Entangled: Indochina and the China-Vietnam War.* NY: M.E. Sharpe, Inc.

Lại, Nguyễn Ân & Bùi Văn Trọng Cường. 2005. *Từ Điển Văn Học Việt Nam* [越南文學詞典]. Hà Nội: NXB Đại Học Quốc Gia Hà Nội.

Lê, Văn Siêu. 2006. *Văn Học Sử Việt Nam* [越南文學史]. Hà Nội: NXB Văn Học.

Marr, David G. 1971. *Vietnamese Anticolonialism: 1885-1925.* California: Univ. of California Press.

Nguyễn Đăng Na. 2005. *Tinh Tuyển Văn Học Việt Nam Tập 3: Văn Học thế kỷ X-XIV* [越南文學精選：10-14 世紀文學]. Hà Nội: NXB Khoa Học Xã Hội.

Nguyễn Q. Thắng & Nguyễn Bá Thế. 1997. *Từ Điển Nhân Vật Lịch Sử* [歷史人物辭典]. Hà Nội: NXB Văn Hóa.

Nguyễn, Đức Thuận. 2007. *Tìm Hiểu Văn Trên Nam Phong Tạp Chí（1917-1934）* [南風雜志 lìn 文章內容 ê 研究]. 博士論文：越南社科院文學所。

Nguyễn, Khắc Viện & Hữu Ngọc. 1975? *Vietnamese Literature.* Hanoi: Red River.

Nguyễn, Khắc Xuyên. 2002. *Mục lục phân tích tạp chí Nam Phong 1917–1934* [南風雜志目錄分析]. 河內：NXB Thuận Hoá và trung tâm văn hoá ngôn ngữ Đông Tây.

Nguyễn, Q. Thắng. 1998. *Khoa Cử và Giáo Dục Việt Nam* [越南科舉 kap 教育]. Hà Nội: NXB Văn Hoá.

Nguyễn, Qoang Hồng. 1999. Chữ Hán và chữ Nôm với văn hiến cổ điển Việt Nam [漢字、字喃 hām 越南古代文獻]. *Ngôn Ngữ & Đời Sống* 6（5）, 2-7.

Phạm, Thế Ngữ. 1997a. *Việt Nam Văn Học Sử Giản Ước Tân Biên* [越南文學史簡約新編第一集]. （Tập I）Đồng Tháp: NXB Đồng Tháp.

Phạm, Thế Ngữ. 1997b. *Việt Nam Văn Học Sử Giản Ước Tân Biên* [越南文學史簡約新編第三集]. （Tập III）Đồng Tháp: NXB Đồng Tháp.

Phạm, Thị Hoàn. 1992. *Phạm –Quỳnh 1892-1992: Tuyển Tập và Di Cảo* [范瓊 1892-1992：選集 kap 遺稿]. Paris: An Tiêm.

SarDesai D. R. 1992. *Vietnam: The Struggle for National Identity.*（2nd ed.）Colorado: Westview Press, Inc.

Seeley, Christopher. 1991. *A History of Writeng in Japan.* Netherland: E. J. Brill.

Trần, Trọng Kim. 1921. *Việt Nam Sử Lược* [越南史略]（2002 再印版）Hà Nội: NXB Văn Hoá Thông Tin.

Vương, Kiêm Toàn & Vũ Lân 1980. *Hội Truyền Bá Quốc Ngữ 1938-1945* [國語推展協會 1938-1945]. Hà Nội: NXB Giáo Dục.

向山寬夫 著 楊鴻儒 譯 1999《日本統治下 ê 台灣民族運動史》。台北：福祿壽興業股份有限公司。

吳三連、蔡培火、葉榮鐘、陳逢源、林柏壽 1971《台灣民族運動史》。台北：自立晚報社。

吳密察編 2007《文化協會在台南 展覽特刊》。台南：國立台灣歷史博物館。

吳文星 1992《日據時期臺灣社會領導階層之研究》。台北：正中。

康培德 2007〈1946 年 2 月 28 日—越南歷史經驗下 ê 反思〉，《二二八事件 60 週年國際學術研討會人權與轉型正義學術論文集》（會後論文集），頁 143-164，台北，二二八事件紀念基金會。

廖毓文 1954〈台灣文字改革運動史略〉原載 tī《台北文物》3 卷 3 期-4 卷 1 期。收錄 tī 李南衡 1979，頁 458-496。

廖祺正 1990《三十年代台灣鄉土話文運動》。碩士論文：成功大學。

張妙娟 2005《開啟新眼：台灣府城教會報與長老教會 ê 基督徒教育》。台南：人光。

張洪南 1923〈誤解されたローマ字〉，《台灣》，第 4 年第 5 號，頁 48-54。

張漢裕 2000a《蔡培火全集（一）家世生平與交友》。台北：吳三連台灣史料基金會。

張漢裕 2000b《蔡培火全集（二）政治關係—日本時代（上）》。台北：吳三連台灣史料基金會。

張漢裕 2000c《蔡培火全集（三）政治關係—日本時代（下）》。台北：吳三連台灣史料基金會。

張漢裕 2000d《蔡培火全集（四）政治關係—戰後》。台北：吳三連台灣史料基金會。

張漢裕 2000e《蔡培火全集（五）台灣語言相關資料（上）》。台北：吳三連台灣史料基金會。

張漢裕 2000f《蔡培火全集（六）台灣語言相關資料（下）》。台北：吳三連台灣史料基金會。

張漢裕 2000g《蔡培火全集（七）雜文及其他》。台北：吳三連台灣史料基金會。

戴振豐 1999《葉榮鐘與台灣民族運動 1900-1947》。碩士論文：政治大學。

戴月芳 2007《台灣文化協會》。台中：莎士比亞文化事業股份有限公司。

施懿琳 2000《從沈光文到賴和—台灣古典文學 ê 發展與特色》。高雄：春暉出版社。

李家忠編譯 2003《越南國父胡志明》。北京：世界知識。

李毓嵐 2003〈蔡培火與白話字運動〉，《近代中國》，155 期，頁 23-47。

林佩蓉 2005《抵抗 ê 年代・交戰 ê 思維—蔡培火 ê 文化活動及其思想研究》。碩士論文：國立成功大學。

林柏維 1993《台灣文化協會滄桑》。台北：台原出版社。

楊允言 1993〈台語文字化兮過去佮現在〉，《台灣史料研究》，第 1 號，頁 57-75。

楊碧川 1998《胡志明與越南獨立》。台北：一橋出版社。

王育德 1993《台灣—苦悶 ê 歷史》。台北：自立晚報。

王詩琅 譯 1988《台灣社會運動史—文化運動》。台北：稻鄉出版社。

葉石濤 1993《台灣文學史綱》。高雄：文學界雜誌。

董芳苑 2004〈台語羅馬字之歷史定位〉，《台灣文獻》，第 55 卷第 2 期，頁 289-324。

蔡培火 1923〈新台灣の建設と羅馬字〉原載 tī《台灣民報》，13、14 號，收錄 tī張漢裕 2000f，頁 209-221。

蔡培火 1925《ChA̍p-hāng Koán-kiàn》。台南：新樓書房。收錄 tī張漢裕 2000e，頁 5-174。

蔡培火 1929〈羅馬白話字 ê 講習會決定不認可〉，《台灣民報》，271 期，頁 5。

蔡培火 1969〈本人對台語注音符號工作 ê 經過〉，《國語閩南語對照常用辭典》頁 1-8。台北：正中書局。

蔡培火 2000〈台灣光復前之經歷〉，收錄 tī 張漢裕 2000a，頁 69-81。

蔡相煇 1991〈台灣文化協會 ê 民眾啟蒙運動〉，中華民國建國八十年學術討論會。

蔣為文 2002〈語言、階級與民族主義：越南語言文字演變之探討〉，收錄 tī 顧長永、蕭新煌編《新世紀 ê 東南亞》，269-280 頁，台北五南圖書公司。

蔣為文 2005《語言、認同與去殖民》。台南：成功大學。

蔣為文 2007a〈越南文學發展史 kap 伊對台灣文學 ê 啟示〉，《台灣文學評論》7 卷 4 期，132-154 頁。

蔣為文 2007b《語言、文學 kap 台灣國家再想像》。台南：成功大學。

蔣為文 2008〈1979 年中越邊界戰爭對台灣 ê 啟示〉，「二二八事件與人權正義—大國霸權 or 小國人權」二二八事件 61 週年國際學術研討會，2 月 23-24 日，台北，二二八事件紀念基金會。

蔣為文 2009〈蔡培火 kap 台灣文化協會 ê 羅馬字運動之研究〉，《台灣風物》期刊，59（2），41-65 頁。

蔣為文 2010〈二十世紀初越南《南風雜志》裡語言、文學觀之初探〉，台灣的東南亞區域研究年度研討會，4 月 30 日-5 月 1 日，台南，台南藝術大學。

陳培豐 2006《同化の同床異夢》。台北：麥田。

陳慕真 2007《漢字之外：台灣府城教會報 kap 台語白話字文獻中 ê 文明觀》。台南：人光。

陳淑容 2004《1930 年代鄉土文學/台灣話文政爭論及其餘波》。台南：
　　台南市立圖書館。

陳鴻瑜 2003〈第二次世界大戰後中華民國對越南之政策（1945-1949
　　年）〉行政院國科會補助專題研究計畫成果報告 NSC 91-2414-H-
　　004-057。

黃佳惠 2000《白話字資料中 ê 台語文學研究》。碩士論文：台南師
　　院。

龍章 1996《越南與中法戰爭》。台北：台灣商務印書館。

❧ CH 6. ❧

越南語文主體性 ê 建立

《南風雜誌》&「范瓊」研究

1. 話頭

自十九世紀後半期開始，越南（1862-1945） kap 台灣（1895-1945）分別受法國、日本殖民統治。Tī 外來統治 ê 初期 chit 兩國 lóng 是以武力抵抗為主，到 kah 二十世紀初 chiah 改用文鬥做抵抗策略。

為 tiòh 叫醒民族意識來抵抗外來統治，chit 兩國 ê 民族獨立運動領導者 lóng 設法推行本土化 ê 現代國民教育。Beh 完成教育 ê 現代化 kap 本土化，推 sak 白話文 kap 進行白話文書寫標準化 chiân 做越南 hām 台灣 ê 民族運動者 tī 二十世紀初 ê 工作目標之一。為 tiòh 達成 chit ê 目標，發行羅馬字刊物 chiân 做 hit 當時重要 ê khang-khoè。Chit 當中，《南風雜志》對近代越南 ê 羅馬字式白話文運動 kap 民族語言、文學 ê 發展搬演 chin 重要 ê 角色。

《南風雜志》ê「南風」源自詩經，意思是講替百姓帶來幸福 ê 好風。自 1917 年 7 月出版第一期到 1934 年 12 月停刊，《南風雜志》lóng 總出版 210 期，tàk 期量略百外頁。《南風雜志》封面 ê 越南文原文有時寫做《NAM-PHONG TẠP-CHÍ》，有時寫做《NAM PHONG》。自發行到停刊，chit 本雜誌 tàk 期 lóng 有越南文版（越南羅馬字）kap 漢文版1（附錄一 kap 二）。越南文版是「范瓊2」（Phạm Quỳnh 1892-1945）擔任主編 kap 主筆3，漢文版是「阮伯卓4」（Nguyễn Bá Trác）負責。除了 chit 兩 ê 版本以外，koh 有以附錄（phụ trương）方式呈現 ê「詞彙」（TỰ-VỰNG; 出現 tī 第 1~10 期，13-14 期）kap「法文版」（ùi 第 60 期起出現）。詞彙 ê 部分以越南

---

[1] 《南風雜誌》有時以 chữ nho（儒字）稱呼漢字。

[2] 「范瓊」是 Phạm Quỳnh tī 南風雜誌頂頭出現 ê 原始漢字名。

[3] 當時 ê 越文將范瓊註明做 chủ-nhiệm kiêm chủ bút。

[4] 「阮伯卓」是 Nguyễn Bá Trác tī 南風雜誌頂頭出現 ê 原始漢字名。

文、漢文 kap 法文照順序對照 ê 方式呈現一 kóa 當時 ê 新詞彙。若比
較其他刊物，chit 份雜誌雖 bóng m̄是上早出版 ê 羅馬字刊物，卻是發
行時間 khah 長而且對越南文學、語言影響力 khah 大 ê 刊物（岩月純
一 2005:142-144）。其實 chit 份雜誌是法國人出版，發行人是 Louis
Marty。法國人創辦越南羅馬字刊物本 chiân 目的是政治宣傳 kap 紹介
法國文化 hō越南。總是越南人主編 ê 目的顛倒利用擔任主編 ê 機會 kā
刊物變做教育民眾、提升民智 ê 工具，thang 好建設越南文化（Phạm
Thế Ngữ 1997:137-148、Đỗ Quang Hưng 2000:54-64）。

　　Tī 越南，二十世紀初期藉 tiòh《南風雜志》等大眾刊物所進行 ê
白話文運動 kap 書寫標準化起造當代越南文書寫 ê 基礎。差不多 kāng
時期 ê 台灣，當時也針對語言 kap 文學發起新舊文學 kap 台灣話文論
戰。本研究 ùi 社會語言學 kap 文學 ê 角度深入分析探討《南風雜志》
hām 范瓊關係越南語言、文學 ê 論述，thang 來了解 in 對建立近代越南
語文主體性 ê 貢獻，mā thang hō台灣人 teh 起造台灣語文主體性 ê 時陣
做參考。

2.　羅馬字開基 ê 歷史背景

　　越南 tī 公元前 111 年 hō中國漢武帝吞併了後 tō 正式開始使用漢
字。後來 tī 公元 939 年越南脫離中國統治 koh 建立家己 ê 封建王朝。
Tī 越南封建王朝時期，民間開始出現類似漢字 ê「字喃」（chữ
Nôm）文字。雖 bóng 字喃出現，越南封建朝廷猶原以漢字做正統文
字。現此時越南 teh 使用 ê「越南羅馬字」源自 16 世紀末，歷過數百
年 ê 發展了後 chiah chiân 做當今 ê 正式文字（DeFrancis 1977; 蔣為文
2005, 2007, 2010）。

　　羅馬字大概 tī 16 世紀末、17 世紀初透過宣教師傳入越南（Đỗ
Quang Chính 1972）。通過 chē-chē 宣教師 ê 打拚，法國籍宣教師

「Alexandre de Rhodes」tī 1651 年出版第一本越南羅馬字辭典《越、葡、拉[5]》。Alexandre de Rhodes kap《越、葡、拉》對越南羅馬字 ê 貢獻 tō 親像 Medherst[6] hām 伊 1837 年出版 ê《福建方言字典》對台灣教會白話字 ê 開基性貢獻；兩人 lóng 是集合眾人 ê 經驗，將羅馬字書寫系統化 koh 出版 ê 頭一人。Alexandre de Rhodes ê 羅馬字方案經過無kāng 時期略仔修改以後，發展做當今越南普遍使用 ê 正式文字（蔣為文 2005b:197）。

Tī 越南，羅馬字 ê 普及化是先 ùi 南部開始，後來 chiah 擴展到中部 kap 北部。羅馬字 tī 越南 ê 發展 thang 分做 4 ê 階段：第一，17 世紀初到 19 世紀中期教會使用期；第二，19 世紀後半期 ê 法國殖民者推廣使用期；第三，20 世紀前半期越南民族主義者推 sak 使用期；Koh 有第四，1945 年以後 ê 正統地位時期（蔣為文 2005:196）。

羅馬字傳入越南 ê 前半期 kan-taⁿ tī 教會 lìn 流傳。Ē-tàng tī 教會以外普遍使用羅馬字，che kap 法國統治越南有關（蔣為文 2005b:197）。法國殖民者統治越南 ê 時，in 認為中國是法國 hām 越南之間 ê 第三者，對法國統治越南會造成潛在威脅。若 beh kā 越南 kap 中國永久分開，tō ài 切斷兩國之間 sio 接 ê hit 條線。長期以來越南lóng kā 中國尊奉做宗主國，而且利用漢字學習中國 ê 文化、價值觀，若準 hō 越南人繼續使用漢字 tō 親像 hō 越南 kap 中國保持親密關係 hit 款。所以法國認定 sio 接越南、中國 ê chit 條線 tō 是「漢字」。為 tiòh斷絕越南 kap 中國 ê 關係，thang 好 kap 法國親近，一定 ài kā 漢字除掉（DeFrancis 1977:77）。法國人想 tiòh ê 對策 tiòh 是用「羅馬字」取代漢字。In 按算若 ē-tàng hō 越南人接受羅馬字，按呢未來 beh 進一步接

---

5 越南、葡萄牙、拉丁語 3 語對照辭典，原文 Dictionarium Annamaticum, Lusitanum et Latinum。越南話俗稱「Việt Bồ La」（越、葡、拉）。
6 Walter Henry Medherst （1796-1857），伊 ê 漢字俗名是「麥都思」。

受「法文」，可能性 lú 大。

雖 bóng 法國殖民者推 sak 羅馬字 ê 目的是為 tiòh 推廣法文，in 無形中 soah 提供越南羅馬字初期成長 ê 奶水。像講，法國殖民者 kā 羅馬字列入學校課程，接 sòa tī 1865 年官方發行第一份羅馬字報紙《嘉定報[7]》（Gia Định Báo 1865-1910）（Đỗ Quang Hưng 2000:27-29）。「嘉定報」kap 台灣 1885 年出版 ê 頭一份羅馬字報紙《Tâi-oân-hú-siân Kàu-hoē-pò》（台灣府城教會報）kāng 款，有 chhōa 頭普及羅馬字 ê 貢獻（蔣為文 2005）。

法國人佔領越南 ê 前半期，iah tō 是 19 世紀末，用盡心神推 sak 羅馬字 koh 有貢獻 ê 頭一位越南人是「張永記」（Trương Vĩnh Ký 1837-1898）（Hoàng Tiến 1994:56）。張永記出世 tī 越南南部「永隆省」（tỉnh Vĩnh Long）一 ê 天主教家庭[8]。伊真有語言天份，m̄-nā bat 越南羅馬字 kap 法文，mā 會曉漢文、字喃、拉丁文、希臘文、英文、日文 kap 印度文。張永記 bat 做過《嘉定報》主編，koh 出版過幾百外本 ê 冊。伊主要 ê 貢獻包含 1）將西方 kap 越南 ê 經典譯做越南羅馬字，親像將《翹傳》、《大南國史演歌》等譯做羅馬字。2）研發出版越南羅馬字 kap 法文推廣教材。3）進行越南羅馬字 ê 研究 kap 創作（Hoàng Tiến 1994:56-60; Lại, Nguyễn Ân et al. 2005:558-562; Phạm Thế Ngữ 1997:72-92）。

Tī 法國殖民者 ê 推 sak 之下，越南羅馬字 tī 19 世紀後半期雖 bóng 比以早 koh khah 普及，總是整體來看，推行 ê 效果 iáu 真有限（DeFrancis 1977:69）。羅馬字 ê 推 sak ài 到 20 世紀初以後，受越南

---

[7] 嘉定報 ê 紙本大多數已經損害，存留落來 ê 部分現此時主要收藏 tī 胡志明市綜合圖書館。

[8] 伊 ê 墓 tī 胡志明市第五郡陳興道路 520 號（520 Trần Hưng Đạo, P2, Q.5, TPHCM）。

本土民族主義者 ê 鼓舞,特別是 1907 年「東京義塾」潮流以後,chiah 有明顯 ê 進展(DeFrancis 1977:159; 蔣為文 2010:16-21)。Che 是因為:Tī 反對法國殖民主義 ê 氣氛下面,用外來 ê 羅馬字 tō 會 hō 人當做倚靠外來政權 ê 行為,像講張永記當時 mā bat hō 人當做是通敵 ê 越奸。M̄-koh 當越南民族主義者感受 tiȯh 羅馬字簡單、好用、是教育民眾 ê 好工具了後,對羅馬字 ê bái 感就化解 ah,koh kā 羅馬字本土化、當做對抗外來統治 ê 武器。1945 年 9 月 2 日胡志明宣布越南獨立。無 gōa 久,伊 sûi 宣布採用越南語 kap 越南羅馬字做官方語言 ê 政策。自按呢,越南語 kap 越南羅馬字取代法語、漢字 chiân 做當今越南唯一 ê 口語 kap 書寫語標準 (蔣為文 2005b)。

Tī 20 世紀初,接 tī 張永記後面推行羅馬字 ê 名人主要有「阮文永」(Nguyễn Văn Vĩnh 1882-1936)kap「范瓊」(Phạm Quỳnh 1892-1945)。In 兩人 lóng tī 越南北部出世。

阮文永是河內南 pêng ê「河東」人,本身精通法文、越南羅馬字、漢字、字喃。伊是東京義塾重要創辦人之一,tī 義塾負責推廣、教學越南羅馬字 kap 法文 (Hoàng Tiến 1994:94 、Đinh Xuân Lâm 2001:160)。伊 hām「梁文干」(Lương Văn Can)組織「翻譯會」kā 重要 ê 法文、漢文、字喃文譯做羅馬字(Phạm Thế Ngữ 1997:121)。伊 kap 法國人做伙經營印刷廠(nhà in),koh 擔任過真 chē 報紙雜誌 ê 主筆或者主編,像講《大南同文日報》(Đại Nam đồng văn nhật báo)、《登鼓叢報》(Đăng cổ tùng báo)、《Notre Journal》、《東洋雜志9》(Đông Dương Tạp Chí 1913-1919) kap《中北新文》(Trung Bắc Tân Văn)等。其中上重要 ê 是擔任《東洋雜志》ê 主筆(蔣為文 2010:21-22; Đỗ Quang Hưng 2000:48; Phạm Thế Ngữ

9《東洋雜志》ê「志」原文使用有時寫做「志」,有時寫做「誌」,並無一致。

1997:117）。

　　法國殖民者為 tióh 化解民怨、減少武裝起義事件，tī 1913 年 5 月
15 日 in 主動發行《東洋雜志》，是法國殖民政策 ê 宣傳報。東洋雜志
第一期出版 ê 時算是《六省新聞》報（Lục tỉnh tân văn） tī 西貢（Sài
Gòn）出版 ê 副本。東洋雜志 tàk 禮拜出版一期。伊 ê 發展過程 thang
分做兩 ê 個階段，第一 ê 階段 ùi 1913 年 ê 第一期到 1915 年 ê 第一
期，第二階段是 ùi 1915 年 ê 第二期到停止出版 ê 1919 年 9 月 15 日。
第一 ê 階段，東洋雜志只是一般 ê 言論報紙，內容主要 teh 反映法國殖
民 ê 觀點。Ùi 1915 年 ê 第二期起東洋雜志 ê 主要內容轉向文學 kap 學
術，分做歷史、風俗、古文、古學、翻譯文學等內容，篇文 khah 短，
像一本冊按呢。也就是講，東洋雜志 ùi 綜合政治新聞 ê 雜誌完全轉換
做文化社會 ê 雜誌。Chit 份報紙有法文 kap 越南羅馬字版。雖 bóng 伊
發行目的是 beh 宣傳政策，不而過伊將真 chē 法文文學作品翻譯做越
南文，所以這份報紙對 20 世紀初越南新文學 ê 出現有真重要 ê 貢獻
（Đỗ Quang Hưng 2000:48、Phạm Thế Ngữ 1997:117）。

　　《東洋雜志》停刊 liáu，代替伊發揮類似功能 ê 有《學報》（主
任是 Nguyễn Văn Vĩnh，主筆 Trần Trọng Kim）以及《南風雜志》。
《學報》專門負責教學活動，《南風雜志》teh 負責學術、國語文運
動。後來 tī 1937 年 5 月 15 日到 1938 年 1 月 27 日期間，阮文永 ê 兒子
阮江（Nguyễn Giang）擔任主任發行新版《東洋雜志》攏總 37 期。

　　現今舊版 kap 新版《東洋雜志》lóng 收藏 tī 越南社科院圖書館，
編號：OCTO 22772-OCTO 22784。Hit 筆資料原本收藏 tī 越南 ê 法國
遠東學院圖書館（Thư viện Viễn Đông Bác Cổ），hit 間圖書館解散了
後交 hō 越南社科院圖書館保管。除了社科院圖書館以外，tī 其他圖書
館 mā 有收藏部份資料。整體來看，保存 ê 狀況並無理想 mā 無完整，
遺漏或者受損害 ê 情形相當嚴重。經過本計畫團隊人員 ê 調查 kap 整

理，現時越南社會科學圖書館所收藏 ê《東洋雜志》裝訂本總共 13本。

3. 《南風雜志》ê 相關文獻

因為《南風雜志》kap 范瓊 tī 越南文學史 ê 影響真重要，關係 chit 份雜誌 kap 伊主筆 ê 研究自然 mā bē 少。M̄-koh 大多數以單篇論文或者是冊、報紙、雜誌內底 ê 簡介性文章為主，專書著作 tō khah 少。下面簡介 kúi 項 khah 重要 ê 文獻整理工作 kap 專書作品：

越南因為氣候 tâm 濕 koh 經歷久年戰亂，歷史文獻、史料 ê 保存相當困難。佳 chài 完整 ê《南風雜志》已經 tī 美國加州 ê 私人非營利組織「越南學研究所[10]」（Viện Việt-Học）經過 6 冬 ê 收集整理 kap 數位化，總算 tī 2009 年正式出版。Hit-ê 出版品包含 6 片 DVD，內容全部用 PDF 格式呈現。第一片內容紹介 hit-ê 數位化計畫 ê 執行過程，另外附三份相關作品 ê 數位化檔案，分別是：（1）「阮克川[11]」（Nguyễn Khắc Xuyên）tī 1968 年出版 ê《南風雜志目錄分析》。（2）「范氏玩[12]」（Phạm Thị Ngoạn）1993 年出版 ê《認 bat 南風雜志 1917-1934》。（3）南風雜志 1918 年 ê 特刊《南風舊曆年春節》（Tết Nam-Phong）。第二片到第六片 DVD 分別收錄各卷、期 ê 內容如圖表 1：

---

[10] Che 是作者 ê 中文翻譯，越南羅馬字原文是 Viện Việt-Học，越南漢文寫做「院越學」，英文名是 Institue of Vietnamese Studies。Tī chia 感謝院越學提供完整 DVD thang 做研究使用。詳細看網址<http://www.viethoc.org>。

[11] 本論文作者照越文發音推論 ê 漢譯。

[12] 本論文作者照越文發音推論 ê 漢譯。

圖表 1. 越南學研究所 ê《南風雜志》
數位收藏期數

DVD	卷 quyển	期數 số
1	紹介	
2	1~7	1~41
3	8~14	43~84
4	15~21	85~124
5	22~28	125~163
6	29~35	164~210

　　阮克川 tī 1968 年出版 ê《南風雜志目錄分析》，封面 ê 越南原文是全部大寫 ê《MỤC-LỤC PHÂN-TÍCH TẠP-CHÍ NAM-PHONG 1917 – 1934》，出版單位是前南越 ê「教育部學料中心」（TRUNG-TÂM HỌC-LIỆU BỘ GIÁO DỤC）。Ùi 封面 kap 內容 ē-tàng 看出當時 ê 越南羅馬字 iáu 保留「連字符」「-」ê 使用。後來「順化出版社」kap「東西語言文化中心」共同 tī 2002 年將 chit 本冊重新再版。再版時內容 kāng-khoán，m̄-koh 已經取消「連字符」ê 使用，完全以 chit-má ê 羅馬字書寫方式編排。阮克川 ê《南風雜志目錄分析》分做三部分 hō讀者查詢：（1）分做散文 kap 韻文兩類 koh 照作者筆劃順序查詢。（2）照內容類別分做 14 類查詢，包含南風雜志、哲學、宗教、社會、政治、經濟、教育、風俗、語言、科學、美術、文學、歷史、地輿（含遊記、旅行）。（3）照作者筆劃順序查法文文章。

　　《認 bat 南風雜志 1917-1934》是范氏玩 ê 博士論文，原文是法文，收錄 tī 1973 年 ê《印度支那研究學會通訊[13]》。Chit 本冊 hō

---

[13] Bulletin de la Société des Etudes Indochinoises.

Phạm Trọng Nhân 譯做越南文，1993 年 tī 胡志明市出版。《認 bat 南風雜志 1917-1934》全冊分做五大部分來討論：

第一部分標題是南風雜志 ê 出現 kap 進展。Chit 部分分別就歷史背景，重要人物范瓊 kap 其他主要 ê 編輯成員 Nguyễn Bá Trác、Nguyễn Hữu Tiến、Nguyễn Đôn Phục、Nguyễn Trọng Thuật、Nguyễn Bá Học、Lâm Tấn Phát、Nguyễn Mạnh Bổng、Nguyễn Tiến Lãng 等所做 ê 研究。第二部分標題是南風雜志 kap 國語、國學。Chit 部分談論新文學、母語（越語）教學 kap 越南國家文化。第三部分標題是南風雜志 lìn ê 文章潮流。Chit 部分探討新舊文學 ê 交會。第四部份標題是南風雜志 lìn ê 科學 kap 藝術。第五部分標題是南風雜志內底對社會 kap 政治 ê 論述。

除了以上兩本專冊以外，「范氏環[14]」（Phạm Thị Hoàn）1992 年 tī 巴黎出版《范瓊 1892-1992：選集 kap 遺稿》。Hit 本冊 kā 范瓊 ê 遺稿 kap 已經出版 ê 文章分做 17 類整理做選集。Chit 17 類包含（1）立國精神（2）論國學（3）國學 kap 國文（4）民謠俗語（5）國語文（6）讀冊救國（7）寂寞（8）Hō 朋友 ê 詩（9）論孔教（10）哲學（11）法國哲學大師 Descartes（12）東西文化開講（13）論美好（14）心情故事（15）論名譽（16）翠喬傳（17）阮攸傳。

Chit kúi 年越南社科院文學所 mā 有一份研究南風雜志 ê 博士論文。Chit 篇論文是「阮德順」（Nguyễn Đức Thuận）tī 2007 答辯完成，題目是《南風雜志 lìn 文章內容 ê 研究》。該論文 ùi 文學 ê 觀點詳細探討南風雜志對越南文學各方面 ê 影響。

---

[14] 本論文作者照越文發音推論 ê 漢譯。

4. 《南風雜志》ê內容

Ùi《南風雜志》ē-tàng 看出二十世紀初 ê 越南知識分子按怎看待法文、越南文（羅馬字）、字喃 kap 漢字。Tī chit 份雜誌 lìn ē-tàng 看tióh 各種文字 ê 支持者 kap 反對者。M̄-koh，整體來看，chit 份雜誌 ê 多數文章 lóng 支持發展越南語文，mā 肯定吸收法國文明是提升越南文化 ê 重要手段。若講 tiòh 發展越南語文 ê 部分，越文版有 khah chē 支持越南羅馬字 ê 文章，漢字版雖 bóng mā 主張用羅馬字，總是 mā 有bē 少文章建議保存漢字 kap 字喃字。漢字版 ê 文章有 kóa 直接轉載中國 ê 漢文文章。摘要簡述如下：

圖表 2.《南風雜志》越文版論述文章選

公元	期數	越文標題/台文漢羅翻譯	作者
1918	T016	Thư ngỏ cho chủ bút Nam Phong Hō͘南風主筆 ê 公開信	Ng -H -V
1918	T017	Một Tháng ở Nam Kỳ 南圻[15]一個月	Phạm Quỳnh
1918	T018	Đã nên làm từ điển An Nam chưa? 應該做安南[16]詞典--無？	Phạm Quỳnh
1918	T018	Nam Âm thi văn khảo biện 安南詩文考編	Tú Tài Nguyễn Hữu Tiến
1919	T019	Tiếng dùng trong quốc văn 國文 lìn ê 語言	Nguyễn Văn Ngọc
1919	T019	Cái mục đích học Tiếng Pháp để làm gì? 學法語 beh 創啥？	Dương Tự Nguyên

---

[15] 越南南部。

[16] 越南 ê 舊名。

1919	T020	Bàn về sự dùng chữ Nho trong văn quốc Ngữ 關係國語 lìn 使用儒字 ê 議題	Phạm Quỳnh
1919	T020	Một tháng ở Nam kỳ 南圻一個月	Phạm Quỳnh
1919	T021	Bàn về việc học của quốc dân Chữ Nho có bỏ được không? 有關國民 ài 學 ê 代誌 kap 儒字[17] kám ài 廢除？	Nguyễn Tất Tế
1919	T022	chữ Pháp có dùng làm quốc văn An Nam được không? 法文 ē-tàng 做國文，安南 kám ē-tàng？	Thượng Chi
1919	T022	Bàn về tiếng An Nam 關係安南語	Dương Quảng Hàm
1919	T022	Nên đặt tòa Hàn Lâm Tiòh 設立翰林院	Đòan Vinh
1919	T024	Bàn về vấn đề học chữ Hán 關於學漢字 ê 議題	Tuyết Huy
1920	T038	Khuyên học quốc ngữ 勸學國語[18]	Phạm Huy Tọai
1922	T059	Tiếng An Nam có nghèo không? 安南語 kám 是 sàn 赤無物 ê 語言？	Vũ Công Nghi
1924	T086	Bài diễn thuyết bằng Quốc văn của ông Phạm Quỳnh 范瓊 ê 國語[19]演說稿	Phạm Quỳnh
1930	T149	Học Quốc Văn 學國語	Phạm Quỳnh
1931	T160	Tiếng Nam 安南語	Lê Thăng

---

[17] 指漢字。
[18] 指越南語 kap 越南羅馬字。
[19] 指越南語。

圖表 3.《南風雜志》漢文版論述文章選

公元	月份	卷次	期數	標題 （原文）	內容摘要翻譯
1918	1	2	7	明治之基礎	主張 kiân 日本明治維新 ê 方向，hō 國家 koh khah 進步。
1918	1	2	7	文學觀摩簡章發表	以國語文或者漢文書寫，bē tàng 翻譯或者抄錄古文，應該以泰西近體、社會寫實為主。
1918	2	2	8	吾國興旺之前途	我國人民意志堅定 m̄-koh 欠團結，中華因為無團結而敗，日本團結而有成，beh 有組織 ài 先開民智，tō ài 設立學堂。
1918	2	2	8	統一論	國家人民統一 chiah 會 chiân 做大國，近來民心無團結，需要統一。
1918	4	2	10	我國民對於東洋統一之感覺	主張東洋聯邦，親像歐洲各國聯盟，越南也應該 kap 東洋各國聯盟，thang 提升共同發展。
1918	6	2	12	欲聯絡越南者必組織越南民族議會	以君主為尊，建立越南民族議會。
1918	6	2	12	我國現在之教育問題	應該重視法文，kiân 向世界舞台，m̄-koh 漢文 m̄-thang 偏廢，thang 作為考古學研究，另外漢文 kap 國文有部分關聯，因此也必須教漢文，若是國文 ê 前途，另外 koh 再討論。
1918	6	2	12	舉人亦有別呼	訪問一舊舉人，認為伊 m̄ 學習今日之法國科學文明，kan-taⁿ 崇尚漢學，過頭執守舊學。

1918	11	3	17	我南漢學之古後觀	科舉制度已經衰微，應該將漢學做古典學研究，無應該 koh 再追求科舉，各行業 lóng 能出頭，文章也描述漢文 ùi 漢朝傳入 ê 歷史 kap 士燮 hō 伊普及 ê 過程。
1919	3	4	21	答某友人書	認為若 beh 進步需要直接 ùi 歐洲吸收智識，m̄是 ùi 漢文吸收，總是漢文 m̄-thang 放棄，應該成立考究班，thang 保存舊有之精神。
1919	7	5	25	國民教育	小學國民教育有以下 kúi-ê 重心：1.灌輸歐學常識，2.保存孔孟倫理，3.以文明代替舊法，4.以國語文代替漢字，5.Hō學生容易接受法國教育，5.學科分類專門，6.為學說立總目。
1920	9	7	39	教授阮玕夢先生之進書表（附引）	贊同教育章程保留漢學之一課，m̄-koh 認為 beh 保留古漢學 ài koh-khah 積極，作者崇尚漢文，認為儒家 kap 漢字 m̄-thang 一時偏廢。
1920	9	7	39	越南使略出版	陳仲金出版越南史略。
1920	10	7	40	對於漢學問題之講說	先論述漢學已經沒落，西歐新學初興，科舉已經無合用，thang 將漢學當做古典學，親像西歐之於羅馬希臘文學；一方面肯定舊學者：漢學儒家是義理之學，thang 涵養民情，m̄-thang 偏廢；一方面苦勸新學者：漢學是東亞一支，身為東亞人，不可不知。

1920	11	7	41	讀明遺民朱舜水供役安南記	無認同中國所謂教化開化越南人之說，認為學問之道，lóng 是自我 chhiau-chhōe，也無歡喜 hō 中國稱做夷，認為該國 lóng 是以禮相待。
1921	2	8	44	我安南民族進化之歷史	描述安南民族 ê 來源 kap 成長過程。
1921	5	8	47	對於鄉村問題論之評論詞	追求普及語文教育，總是 mā 肯定漢文對現代 ê 扶助。
1921	7	9	49	對於舊學列先生之獻言	有欠頁，認為漢學派應該放棄虛文 kap 自高驕傲 ê 態度，吸收新學，hō 漢學增加活氣，來保存漢學精華，無應該靠勢家己身分，kan-taⁿ 做一 kóa 詩詞虛文。
1921	9	9	51	復南風報主筆君	感嘆當時中華 ê 冊 chē，南國 ê 冊少。Kan-taⁿ 金雲翹傳空前 koh 絕後。
1922	3	10	57	初學漢文課法（續十）	批評中國愛做虛文，顛倒西歐有真-chē 專門之學。
1922	4	10	58	越南光榮之歷史	小國越南 kap 強國中國比鄰，雖 bóng tiāⁿ-tiāⁿ 受侵略，卻 ē-tàng 一再獨立，說明越南真韌命，koh 接受文明國家指導，未來會 thang 期待！
1922	4	10	58	法國事情	紹介 o-ló 法國歷史 kap 強盛。
1923	3	12	69	亞洲諸國考	身為現代人 bē tàng kan-taⁿ bat 中國歷史或者西洋歷史，對鄰近 ê 亞洲國家歷史 mā ài 知影，本文紹介日本、朝鮮 kap 台灣等簡史。
1923	4	12	70	大法保護後之越南人精神的進化	精神智識是一國富強 ê 標準，應該改進越南人精神，hō 越南進入列強 ê 行列。

1923	7	13	73	警告我國諸文學家	主張應該使用本國語文（羅馬字）書寫，本國語文利便好學，thang 教化人民，在 chit-ê 漢學漸虛西學漸盛 ê 時代，應該推崇本國語文，而且以本國語文編輯字典。
1923	8	13	74	古學院之組織	應該保存越南古有 ê 舊精神，無因為新時代來荒廢。主張用漢字做古學 ê 考究基礎。
1923	9	13	75	我國民對於編輯國文字典所應担認之責任	本國 iáu 無越南文字典，應該用越南羅馬字來編輯本國語文字典，發揚一國文化。
1924	3	14	81	本朝前代與明末義士關係之逸事	明末義士投靠越南，kap 越南皇帝聯絡，企圖反清復明 ê 事蹟。
1924	4	14	82	國文中漢字參用之題	作者認為漢字多轉做土音，而且漢字 kap 義理，tī 越南流傳久長，認為國文應該將漢字 lām teh 使用。
1924	9	14	87	教育方針之革新	法國政府將越南教育制度帶向現代化，廢除科舉成立現代學制，koh 將小學定做義務教育。
1926	10	19	110	觀戲記（摘錄自華報）	廣東人極獨立，到 tó 位 lóng 維持自身 ê 文化語言，chit-tiám-á to 無改變。
1926	12	19	112	越史名人烈女吟曲序	既然外國人物事蹟 tiāⁿ-tiāⁿ 受 tiȯh 褒獎，按呢本國有成就 ê 歷史人物，koh khah 應該受 tiȯh 表揚 koh 當做模範。

5. 范瓊ê生平kap主張

公元 1892 年 12 月 17 日，范瓊 tī 河內出世，父母原本是河內東 pêng「海洋省」人。范瓊精通法文、越文、漢字及字喃字。伊 koh 有筆名「Thượng Thư」（上書?），號「Thương Chi」（商芝?） kap「Hồng Nhân」（鴻仁?）（ Nguyễn Q. Thắng & Nguyễn Bá Thế 2006:1136）。

公元 1908 年范瓊 ùi 通譯學校畢業，後來 hông chhiàⁿ 去法國人 tī 河內設立 ê「遠東學院」（Vễn Đông Bác cổ Hà Nội）食頭路。因為伊相當有才情 koh 得 tiòh 頂司欣賞看重，1917 年受法國籍頂司 Louis Marty 委託擔任《南風雜誌》越文版 kap 法文版 ê 主筆（Phạm Thế Ngữ 1997:137-148、Đỗ Quang Hưng 2000:55）。擔任主筆以外，伊 koh 進行翻譯、研究 kap 創作 ê khang-khoè，主要 teh 做法文 kap 越南文 ê 溝通媒介。伊用越南文紹介法國 ê 文史 hō越南人，mā 用法文紹介越南 hō法國人。

政治上，范瓊主張「非武力抗爭」、「君主立憲」。伊自 1932 年開始 tī 法國殖民政府 kap 阮朝末代皇帝「保大」之下做過官。因為政治主張無全，1945 年 8 月 23 日范瓊 tī 朝廷所在 ê「順化」hō革命派人士掠去，後來 tī Hiền Sĩ ê 庄跤受害（Nguyễn Q. Thắng & Nguyễn Bá Thế 2006:1136、Pham Thi Hoàn 1992:13-15）。范瓊 ê 一生因為 kap 法國殖民者關係密切，而且 tī 末代朝廷做官，後代對伊 ê 評論呈現兩極化。

文學 kap 政治是後代學者對范瓊評價 ê 兩 ê 主要領域。Tī 文學方面基本上大部份 hō伊正面 ê 評價，政治上 tō o-ló、批評攏有。像講《歷史人物辭典-新編》）以「交結法國殖民政權 chiah ē-tàng 做大官」來形容范瓊（Nguyễn Q. Thắng & Nguyễn Bá Thế 2006:1136。就推

廣越文 ê 策略來看，范瓊 kap 台灣 ê 蔡焙火有類似 ê 策略[20]。雖然范瓊 ê 一生充滿爭議性，m̄-koh 伊對越南羅馬字 ê 推廣 kap 企圖建立越南語 ê 越南文學，深深受 tiòh 越南人民 ê 肯定。

若就建立越南羅馬字國民文學 chit 點來看，范瓊 ê 主張 tī 當時是 非常先進 koh 有力 ê（Phạm Thị Hoàn 1992:13-15）。像講，下面 chit 段摘錄 1931 年《南風雜志》第 164 期伊所講 ê 話：

Những cái nghiệp mượn tiếng ngoại để thay vào tiếng mình bao giờ nó cũng thế: mượn tiếng người thì mượn cả tư-tưởng của người, mượn cả học-thuật của người, rồi đến mượn cả tính-tình phong-tục của người nữa…Bao nhiêu kẻ khôn-ngoan đi theo ngoài mất cả, còn ai là làm hướng đạo cho quốc dân? Thành ra dân không có đầu, dân đến lụn bại; nước không có óc, nước sống sao được!

用外國語來替換本國語 tiāⁿ-tiāⁿ 會有 chit-khoán 情形：借用 pàt 人 ê 語言 tō 會受 pàt 人 ê 思想影響，借用人 ê 文學 tō 會 hō͘人 ê 風俗習慣影響…。Hit-kóa 頭殼巧 ê 人若 lóng 去學外 國話、tòe 外國人 kiâⁿ，啥人 ē-tàng 來領導咱 ê 國民 neh？民 眾無領導者 tō 親像人無頭腦，國家 beh án-chóaⁿ ē 久長？

Nói tóm lại thi quốc-học không thể dời quốc-văn được. Không co quốc-văn không thể sao có quốc-học. Nước Nam ta đời trước không thể có quốc-học bằng chữ Hán được; nước Nam ta đời sau này cũng không thể có quốc-học bằng chữ Pháp được. Muốn cho nước Nam có quốc-học thì phải có quốc-văn bằng tiếng Nam.

---

[20] 關於蔡培火 ê 台灣羅馬字運動，請參閱蔣為文（2009）。

總結來講，「國學」bē-sái 脫離「國文」。若無國文 tō 無法度建立國學。咱越南國過去無應該使用漢字建立國學，未來 mā 無應該用法文建立國學。咱越南國 beh 起造國學 tō ài 用越南話文 chiah thang。

6. 結語

Tī 漢字文化圈 lìn，二十世紀初是重要 ê 語文改革時期。除了日本真早 tō tī 十九世紀末 tō 改革成功，tī 中國、朝鮮半島、台灣 kap 越南等所在 lóng 是二十世紀初 chiah 成功 ùi 漢字文言文轉型做白話文。

受 tiòh 法國殖民政府 ê 政策引導，越南語 ê 白話文自漢字文言文直接轉用羅馬字書寫 ê 白話文。雖 bóng tú 開始越南 ê 知識份子對法國殖民政權 ê 羅馬字政策抱 tiòh 懷疑，lō-bóe in 猶原認同羅馬字對國民教育 ê 重要性，就按呢全力支持推 sak 羅馬字化 ê 越南白話文。翻頭來看，台灣 ê 知識份子一直無法度脫離依賴漢字、kah 意漢字 ê 心態。因為當時統治台灣 ê 日本政府一起初並無禁止漢字 ê 使用，甚至藉 tiòh 漢字來強調台灣人 kap 日本人 "kāng 文 kāng 種" ê 關係，致到台灣無法度 kap 漢字割離 （蔣為文 2010）。台灣 ê 教會 lìn 雖 bóng bat 普遍使用羅馬字式 ê 白話字（Pèh-ōe-jī），總是欠缺政策 ê 引導，白話字 kan-taⁿ tī 教會內底 teh 流傳 niâ （蔣為文 2005c、2009）。因為按呢 hit 當時台灣語 ê 白話文運動分做二線 teh 進行：教會外以漢字為主，教會內以白話字為主。致到二十世紀初 ê 白話文運動 ê 力草自按呢分散 soah 無法度成功。

Tī 法國統治下 ê 越南知識份子雖 bóng bē 反對使用法文，m̄-koh 大多數認為法文 kan-ta 是提升越南文化 ê 工具之一 niâ，終其路尾 iáu 是 ài 用越南文建立主體性 ê 國語（越南語） kap 越南文化。羅馬字化 tō 是上緊 koh 方便達成目標 ê 工具。二次大戰結束以後，使用羅馬字差

不多已經是越南知識份子 ê 共識，所以胡志明 tī 建立政權了後 sûi 宣布採用羅馬字 thang 建立越南語文 ê 主體性。真無 chhái，戰後 ê 台灣 m̄-nā 無法度建立本土政權來推 sak 台灣語 ê 白話文運動，甚至 hō 使用北京話文 ê 中華民國佔領去，因為按呢到 ta 台灣人 iáu hông 逼 teh 使用北京話文做官方語文，台灣語 soah chiân 做一 ê 無國家 ê 語言。就語文主體性 ê 角度來看，越南人比台灣人 koh khah 看重家己 ê 母語。台灣人面對強權 ê 妥協性格相當明顯。凡勢 tō 是出 tī chit-ê 原因，越南早 tō 獨立半外 ê 世紀久，台灣人 iáu teh "b̍ok-b̍ok-siû" chhiau-chhōe 家己 ê 國家文化認同。

【原文發表 tī 2013 年〈越南語文主體性之建立：《南風雜志》與「范瓊」研究〉，9 月 27 日，台北，中央研究院。本篇論文根據原文增補修訂 liáu 收錄 tī chia。Chit 篇論文是國科會三年期計畫 NSC98-2410-H-006-078-MY3 ê 研究成果之一。感謝所有 bat 參與計劃 ê 台、越兩國研究助理 ê 貢獻，才 ē-tàng hō 計畫順利進行。In 是蔡明庭、何氏慧誠、胡氏青娥、阮清河、阮功皇、陳氏蘭、阮黃燕、裴光雄、范氏芳草、陳氏秋玄、杜仲奇、張清麗、鄭垂莊、蔡氏清水、呂越雄、曾學佑、蔡承翰、蘇代千、蔡詠淯。本論文 ê 部分成果 bat 分別 tī 2010 年台灣 ê 東南亞研討會以及 2013 年中研院越南研究會議 lìn 發表，tī chia 感謝研討會討論人提出 ê 改進意見。作者 tī 撰寫論文期間 tī 日本東京外国語大學亞非研究所客座研究。感謝三尾裕子所長 kap 相關同仁 tī chit 期間提供 chē-chē 有利 ê 資料 kap 相關協助。】

參考冊目

DeFrancis, John. 1977. *Colonialism and Language Policy in Vietnam*. The Hague.

Đỗ, Quang Chính. 1972. *Lịch Sử Chữ Quốc Ngữ 1620-1659* [國語字歷史 1620-1659]. TPHCM: Tủ Sách Ra Khơi.

Đỗ, Quang Hưng. 2000. *Lịch Sử Báo Chí Việt Nam 1865-1945* [越南報紙歷史]. Hà Nội: NXB Đại Học Quốc Gia Hà Nội.

Hoàng, Tiến. 1994. *Chữ Quốc Ngữ và cuộc Cách Mạng Chữ Viết Đầu Thế Kỷ 20* [20 世紀初的國語字與文字改革]. Hà Nôi: NXB Lao Động.

Lại, Nguyễn Ân & Bùi Văn Trọng Cường. 2005. *Từ Điểm Văn Học Việt Nam* [越南文學詞典]. Hà Nội: NXB Đại Học Quốc Gia Hà Nội.

Nguyễn Q. Thắng & Nguyễn Bá Thế. 2006. *Từ Điển Nhân Vật Lịch Sử* [歷史人物辭典-新編]. TPHCM: NXB Tổng Hợp TP Hồ Chí Minh.

Nguyễn, Đức Thuận. 2007. *Tìm Hiểu Văn Trên Nam Phong Tạp Chí (1917-1934)* [南風雜志裡文章內容之研究]. 博士論文：越南社科院文學所。

Nguyễn, Khắc Xuyên. 2002. *Mục lục phân tích tạp chí Nam Phong 1917 – 1934* [南風雜志目錄分析]. 河內：NXB Thuận Hoá và trung tâm văn hoá ngôn ngữ Đông Tây.

Phạm, Thế Ngữ. 1997. *Việt Nam Văn Học Sử Giản Ước Tân Biên* [越南文學史簡約新編第三集]. （Tap III）Đồng Tháp: NXB Đồng Tháp.

Phạm, Thị Hoàn. 1992. *Phạm –Quỳnh 1892-1992: Tuyển Tập và Di Cảo* [范瓊 1892-1992：選集和遺稿]. Paris: An Tiêm.

Viện Văn Học. 1961. *Vấn Đề Cải Tiến Chữ Quốc Ngữ* [改進國語字的問題]. Hà Nội: NXB Văn Hoá.

岩月純一 2005〈近代ベトナムにおける「漢字」の問題〉收於村田雄
　　　二郎編《漢字圈の近代──こばと國家》131-148 頁。東京：東
　　　京大學出版會。

蔣為文 2005a《語言、認同與去殖民》。台南：國立成功大學。

蔣為文 2005b〈越南的去殖民化與去中國化的語言政策〉收錄於蔣為
　　　文 2005a，頁 188-209。台南：國立成功大學。

蔣為文 2005c〈越南羅馬字 hām 台灣白話字 ê 文字方案比較〉收錄於
　　　蔣為文 2005a，頁 188-209。台南：國立成功大學。

蔣為文 2007〈越南文學發展史 kap 伊對台灣文學 ê啟示〉，《台灣文
　　　學評論》7 卷 4 期，132-154頁。

蔣為文 2009〈蔡培火 kap 台灣文化協會 ê 羅馬字運動之研究〉，《台
　　　灣風物》期刊，59（2），41-65頁。

蔣為文 2010〈二十世紀初台灣 kap 越南羅馬字文學運動 ê 比較〉，
　　　《海翁台語文學》98 期，4-42頁。

❧ CH 7. ☙

台灣白話字 hām 越南羅馬字

ê 文字方案比較

1.　話頭

　　公元 1492 年 Kholanpos（Christopher Columbus）代表歐洲人第一 pái 行船到美洲大陸；幾年後，葡萄牙 ê 行船人 Gama（Vasco da Gama）tī 1498 年經由「好望角」（The Cape of Good Hope）phah 開歐洲到印度 ê 新航線。15 世紀 ê 結束 tú 好是新航線時代 ê 開始。Tī 亞洲，tòe 新航線時代腳後 táu 來 ê 是西歐 ê 傳教活動、國際貿易 kap lō-bóe ê 殖民主義。

　　羅馬字 mā tī chit 種情形之下 tòe 宗教活動傳播到西歐以外 ê 地區。台灣 hām 越南 tō 是 tī án-ne ê 背景之下，tī 17 世紀由西方傳教士引進羅馬字來書寫當地 ê 語言。現此時，雖然羅馬字 tī 台灣 m̄是主流，m̄-koh 羅馬字 tī 越南已經成功取代漢字 chiânⁿ-chò in 國家唯一 ê 正式文字 koh 正名做「國語字」（chữ Quốc ngữ）。

　　本論文 tō 是 beh 用語言學 ê 角度來分析比較台灣 ê「白話字」（台灣字）hām 越南 ê「國語字」chit 2 套當初由傳教士發展出來 ê 羅馬字方案。因為篇幅限制 ê 關係，本文重點 khǹg tī 文字方案本身 ê 文字結構設計 ê 比較。若是 beh 了解 khah chē 越南推行羅馬字成功 ê 社會因素，請參閱本冊其他各章抑是 DeFrancis（1977）、Đỗ（1972）、Hannas（1997）、Chiung（2003）、蔣為文（2002, 2005, 2007, 2011）；若 beh 了解羅馬字 tī 台灣 ê 發展，請參閱 Chiúⁿ（2016）、Chiung（1999, 2001）、呂興昌 （1994）、賴永祥（1990）、蔣為文（2001, 2005, 2007, 2011, 2016）。

2.　文字方案 ê 語言學分析

　　因為台灣「白話字」hām 越南羅馬字 tī 歷史 ê 發展當中 lóng 加加減減有經過修改，lán tī chit 份論文內底所 beh 分析紹介 ê 白話字拼字

法是以「甘為霖」牧師 tī 1913 年編輯出版 ê《廈門音新字典》以後 ê 用法為主。《廈門音新字典》後來正名做《甘為霖台語字典》tī 2009 年重新出版。越南羅馬字是以現此時越南學校教育系統 lin ê 用法為準。

台灣白話字 hām 越南羅馬字 ê 文字設計 lóng hām in 本身語言 ê 特色有關係,所以 lán tō tī chia 先講 chit-ē-á 台語 kap 越語 ê 特色。

一般得來講,台語 hām 越語 kāng-khoán lóng 屬「孤立語」(isolating languages),也 tō 是講 in ê 語詞無 siáⁿ 詞性或者語法 ê 衍生變化。M̄-taⁿ án-ne,chit 2 ê 語言 lóng 有真 koân ê 單音節語詞(monosyllabic)ê 特色,也 tō 是講 in ê 語詞真 chē lóng 是單音節 ê、或者是由單音節語詞來複合衍生構成 ê。雖然講現此時台語 hām 越語 ê 多音節語詞 ê 比例愈來愈 koân,m̄-koh 因為過去單音節語詞過 chē ê 現象,soah 對 hit 當時 ê 文字設計造成影響。

除了有「孤立語」kap「單音節」ê 特性之外,台語 hām 越語 lóng 是聲調語言。就 hông 普遍得接受 ê 分類來講,台語有 7 ê 聲調類型,越南話有 6 ê。Tī 台語內底有真豐富 koh 系統性 ê「變調」(tone sandhi)現象;m̄-koh tī 越南話 lìn,除了真 chió 數 ê 例之外,ē-sái 講是無系統性變調 ê 現象。

台灣「白話字」hām 越南羅馬字 chit 2 套文字,雖然加減 lóng 有 chit-kóa 以「語音學」(phonetics)觀點來設計拼字法 ê 例,m̄-koh 整體來講 lóng ē-sái 算是「音素」文字(phonemic writing)。就語音 hām 文字符號 ê 對應關係來講,in 原則上 lóng 是一對一 ê 關係,m̄-koh 越南羅馬字有 bē chió 一音素對多符號 ê 例。Ē-kha lán tō kā 白話字 hām 越南羅馬字 sio-siâng hām 無 siâng ê 所在簡要列出來。

Sio-siâng ê 所在:

a. Pêⁿ-pêⁿ lóng 是線性 ê、音素文字。

b. Lóng 以音節做拼音 ê 單位。

c. Lóng 有用「區別符號」（diacritics），像講 "^" 等，來附加 tī 原有 ê 羅馬字母 téng-koân thang 區別聲調或者語音。

d. Lóng 是經過一段無短 ê 時間、由真 chē 人累積經驗所「約定俗成」起來 ê。

e. 雖然當初設計 lóng 有受「漢字音譯」方式 ê 影響，m̄-koh 基本上來講 lóng ē-sái 當做獨立 ê 文字來使用。

f. 因為 chit 2 套文字 ê 出現 lóng 已經超過百年 a，所以 lóng 加減有 chit-kóa 拼字 hām 現代實際發音無 siâng ê 現象。

無 siâng ê 所在：

a. 白話字 ê 區別符號主要用 tī 聲調，m̄-koh 越南字 ê 區別符號用 tī 聲調 kap 語音；因為 chit-ê 原因，白話字算是 2 層 ê 文字結構，越南字算是 3 層 ê 結構。

b. 有關區別音節 hām 音節之間 ê「音節符」，白話字是採用 "-"，越南字是採用 làng 一個 space。

c. 就語音 hām 文字符號 ê 對應關係來講，白話字原則上是一對一 ê 關係，m̄-koh 越南羅馬字有 bē chió 一音素對多符號 ê 例。

2.1. 台語白話字方案

文字方案 ê 設計 lóng 是建立 tī hit-ê 語言 ê 音韻分析頂頭；無 kâng ê 分析觀點，通常 ē 造成無 kâng ê 文字設計方案。就現代優勢腔 ê 台語來講，若無算「空聲母」（zero consonant） kap nâ-âu 塞音（glottal stop），台語有 17 个子音（consonants）、 6 个單母音（simple vowels）kap 7 个聲調（調類）。[1] In 分別列 tī 圖表 4、圖表 5 kap 圖表 6 乎大家參考。

台語 ê 音素/l/真 chē sî-chūn 實際上是發[d]或者[ɾ] ê 音值（張裕宏，2001:31-32），m̄-koh tī chia 咱暫時以普遍 ê 講法來標音。

圖表 4.台語 ê 子音（用國際音標 IPA 表示）

		雙脣 （bi-labial）	齒岸 （alveolar）	軟頂 khok （velar）	Nâ-âu （glottal）
		-送氣 / +送氣	-送氣 / +送氣	-送氣 / +送氣	
清塞音	(voiceless stop)	p / pʰ	t / tʰ	k / kʰ	
濁塞音	(voiced stop)	b		g	
清擦音	(voiceless C. fricative)				h
清擦音	(voiceless G. fricative)		s		
清塞擦音	(voiceless affricate)		ts / tsʰ		
濁塞擦音	(voiced affricate)		dz		
濁邊音	(voiced lateral)		l		
濁鼻音	(voiced nasal)	m	n	ŋ	

圖表 5. 台語 ê 單母音（用國際音標 IPA 表示）

	頭前（front）	中央（central）	後壁（back）
高（high）	i		u
中（mid）	e	ə	o
低（low）		a	

---

[1] 有關台語 ê 音韻系統 kap 白話字拼字法，詳細 ē-sái 參閱張裕宏（2001）；鄭良偉、鄭謝淑娟（1977）kap 蔣為文（2014）。

圖表 6. 台語 ê 聲調 kap 伊 ê 各種表示法

調類	君 kun	滾 kún	棍 kùn	骨 kut	裙 kûn	-	近 kūn	滑 kút
白話字符號*2		´	`		^	-		'
傳統聲調叫法	1	2	3	4	5	6	7	8
數字 ê 調值	44	53	21	3	12 或 212		22	5
IPA ê 調值	˦	˥˧	˨˩	˧	˩˨ 或 ˨˩˨		˨	˥

　　《甘為霖台語字典》內底 ê 白話字 ē-sái 講 tō 是照頂面圖表 4、圖表 5 kap 圖表 6 ê 音韻分析來設計 ê。Lán tō kā 白話字 lìn「音素」（子音 kap 單母音）hām「文字符號」ê 對應關係列 tī 圖表 7 kap 圖表 8 乎大家對照。

　　基本上，除了少數 ê 例外是用語音（phonetic），甘為霖是以音韻（phonemic）ê 角度來設計白話字。用語音思考 ê 案例是字母 **ts** hām **ch** ê 差別。In 用法差別就 tī 後壁接 ê 母音 ê 性質。字母 **ts** 後壁接「後母音」（back vowels, **a, oˑ, u**），像講"tsa"；字母 **ch** 後壁接「前母音」（front vowels, **e, i**），像講"chi"。Che 是因為台語 ê /ts/ piān-nā 接 tiȯh 前母音 tō 會出現顎化現象（Palatalization）。Sui-bóng《甘為霖台語字典》有區分 **ts** hām **ch** ê 拼字法，m̄-koh 當代台語界已經真少人維持 án-ne ê 差別，一律 lóng 寫做 **ch**。

---

2 第 4 或者 8 聲調 ê 韻尾一定有 p t k 或者 h 收尾，相對 ê，第 1 聲一定無 p t k h 收尾。所以第 4 hām 第 1 聲之間無需要聲調符號來區別。

圖表 7. 白話字 ê 子音 hām 文字符號 ê 對應關係

子音	文字符號	條件	實例
/b/	b		bûn 文
/ts/	ch	tī 前母音/i/, /e/ 頭前	chi 之
	ts	其他任何情形	tsa 查
/tsh/	chh		chha 差
/g/	g		gí 語
/h/	h		hi 希
/dz/	j		jit 日
/k/	k		ka 加
/kh/	kh		kha 腳
/l/	l		lí 你
/m/	m		mī 麵
/n/	n		ni 奶
/ŋ/	ng		ngō͘ 五
/p/	p		pi 碑
/ph/	ph		phoe 批
/s/	s		sì 四
/t/	t		tê 茶
/th/	th		thai 胎

圖表 8. 白話字 ê 單母音 hām 文字符號 ê 對應關係

單母音	文字符號	條件	實例
/i/	i		ti 豬
/e/	e	其他 ê 情形	tê 茶
	ia	後 piah 若接/n/或者/t/	kian 堅
/a/	a		ta 礁
/u/	u		tu 蛛
/ə/	o		to 刀、toh 桌
/o/	**o͘**	其他 ê 情形	to͘ 都
	o	後 piah 若有子音（/ʔ/ 除外）	tong 當、kok 國

Ùi 圖表 7 kap 圖表 8 ē-sái 看出白話字內底除了 chió 數 ê 例外之外，大部分 lóng 是一個音素對一個符號組，像講/b/ tō 用 b，/kʰ/ tō 用

kh；而且白話字所選用 ê 文字符號 ē-sái 講真接近現代語言學所使用 ê 國際音標。

Chai-iáⁿ 每一個子音 hām 單母音 ê 文字符號了，lán tō 來看白話字 ê 拼字法。基本上，白話字先照音節 kā 每一個語詞（word）拆開，sòa--lâi ùi tò-pêng 到正 pêng kā 每一個音節 ê「音素」照圖表 7 kap 圖表 8 ê「文字符號」kā 填寫落去，koh 來 kā 圖表 6 ê 白話字聲調符號加 tī 音節核心（nucleus）[3] 頂頭，lō͘-bóe chiah koh kā "-"「音節符號」加 tī 音節 hām 音節之間；像講 chhit-thô、han-chî、ám-bo̍k-kóe、chhài-thâu-kóe。

因為台語有真豐富 ê 變調現象，所以白話字採用表記「單音節 ê 本調」（base tone of a syllable）ê 方式來處理聲調。像講「菜頭粿」經過變調 ê 實際發音是 chhái-thâu-kóe；m̄-koh 寫 ê 時 ài 照每一個音節 ê 本調，寫做 chhài-thâu-kóe。Chit 種做法雖然講 ē-sái 處理各地台語方言 ê 差異，m̄-koh chit 種做法某種程度來講是受 tio̍h 傳統上「漢字」單音節構詞 ê 影響。也 tō 是講，傳教士設計白話字 ê 時並無完全 kā 西方語言「多音節語詞」ê 觀念應用 tī 白話字 lìn，所以 chiah 需要標單音節本調 kap 加 "-" tī 音節之間。Chit 種做法有好處 mā 有 bái 處。Bái 處之一 tō 是 ē 延續漢字 ê 單音節特色。Chit 種單音節標記方式若運用 tī 外來語 ē koh khah 突顯伊無合理 ê 所在。像講 kā 外來語 motorbike 寫做 o͘-tó͘-bái，看起來 tō 真奇怪。因為 o͘-tó͘-bái 並 m̄是由 3 ê 單音節詞素 "o͘" "tó͘" kap "bái" tàu 起來 ê，是一個純 ê 3 音節語詞，所以若寫做 **ō͘to̍bái** 或者 o͘to̍bái hoān-sè ē khah 合理。

Ō͘to̍bái chit 種做法是以「語詞」（包含多音節 kap 單音節）做單

---

[3] 聲調符號加 tī 音節核心只是 1 ê 主要 ê 原則 niâ，mā 是有 chit-kóa m̄是標 tī 音節核心 ê 例，像講 "pōe" kap "oē" ê 用法 tō 無一致。

位，標「語詞」ê 本調而 m̄是單音節 ê 本調，sòa--lâi kā 語詞內底音節之間 ê "-" thèh 掉。O͘ tơ bái ê 做法 kap ơ͘ tơ bái ê 做法差不多，不過，聲調 ê 部分原則上 kan-taⁿ 保留「重音」，其他 ê 聲調 lóng 無標。一般來講，同音異義（homophone）ê 情形大部分是出現 tī 單音節語詞 lìn，若是多音節語詞 tō 真罕 leh 發生。所以多音節語詞 ē-sái 免標聲調 mā ē-tàng 分 kah 真清楚。

若講 kah "-" chit-ê 符號，真明顯 ē-sái 看出白話字是 kā 定義做區別音節 ê「音節符號」，並 m̄是區別音素位置屬性 ê「隔音符號」。未來若大家認為有需要改進白話字，ē-sái 考慮 kā "-" 定義做「隔音符號」。像講 han-chî，i ê /n/ hām /ch/真清楚是無可能 tàu-tīn chò-hóe 發音 ê，所以 ē-sái 寫做 hanchî；若是 kokong，因為有可能是 kok-ong（國翁）mā 有可能是 ko-kong（高公），所以 tō tī 適當 ê 位置加「隔音符號」乎語詞 khah 正確 leh。事實上，像 kokong chit 種例實在真 chió，而且大部分 lóng 是出現 tī 專有名詞，一般台語 ê 多音節語詞真 chió 有 chit-ê 問題。有人認為若 kā「音節符號」thèh 掉 ē 減慢閱讀 ê 速度，其實 he 是 khiā tī 慣習看漢字、無慣習看羅馬字 ê 角度來思考 ê。若是自細 hàn tō 教講「蕃薯」寫做 hanchî，án-ne 伊後來讀著 hanchî tō ē-tàng 以正常 ê 速度了解語詞 ê 意思。

台語 ê 介音（glides）/w/ tī 白話字 lìn 是寫做 o，像講 góa、koe。有人感覺奇怪，講 thái 無 ài 用 w 或者 u 做/w/ ê 文字符號？Che 主要是因為台語 ê 介音/w/ gâu 受後 piah ê 音節核心 ê 影響：假使/w/後 piah 接「無 koân ê 母音」（[-high]），像講/a/、/e/，tō ē 乎原本是[+high] ê /w/向[-high] ê 方向徙位。Chit chit 徙位，tō 乎 /w/ ê 音值接近[o]或者[ə]；因為/w/聽起來 khah sêng [o]或者[ə]，所以傳教士 tō kā 寫做 góa、koe。Chit 種介音/w/受後 piah 母音影響 ê 現象 tī 越南話內底 mā 是有，而且 mā 表現 tī in ê 文字系統 lìn；詳細請參閱後 1 節。

台語內底有 bē chió 鼻音化 ê 現象。Tī 白話字 lìn 是 kā 鼻音符號 " ⁿ " 加 tī 音節 ê 正 pêng 頂 koân，像講 tiⁿ（甜）、chiúⁿ（蔣）、koaiⁿ（關）。

另外，台語 iáu 有 nâ-âu 塞音化（glottal stop）ê 現象（IPA 標做 [ʔ]），chit-ê nâ-âu 塞音 tī 白話字 lìn 是用 h 來標示，像講「鴨」（IPA 標做 [aʔ]）寫做 ah，「滴」（IPA 標做[tiʔ]）寫做 tih。

2.2. 越南語國語字方案

越南話 ê 方言差異真大，根據初步觀察，in ê 差異可能比台灣 ê 台語方言 koh khah 大。無 kâng 學者對越南話方言 ê 分類有無 kâng ê 意見；根據 Ngueyn Dinh Hoa（1997:10）ê 講法，越南話大概 ē-sái 分做北、中、南 3 大方言區，分別以河內、順化、胡志明市做代表。現此時越南是以河內 ê 方言做全國 ê 標準，使用 tī 全國 ê 教育系統。根據 Đoàn Thiện Thuật（1999）ê 音韻分析，河內標準音有 19 个子音、13 个單母音、3 个雙母音（diphthongs）。[4] 聲調 ê 部分，根據現此時越南教育系統 ê 教法，有 6 ê 聲調（調類）。[5] Lán 分別 kā chit-kóa 音素 kap 聲調列 tī 圖表 9、圖表 10、圖表 11、圖表 12 kap 圖表 13。

---

[4] /p/因為主要用 tī 外來語，所以 Đoàn Thiện Thuật 無 kā 算在越南語 ê 音素之內。河內以外 ê 方言 iáu 包含有/tʂ/, /ʐ/, /ʂ/ 3 種捲舌 ê 子音。

[5] 根據無 kâng ê 分類方法，越南話 ē-tàng 分做 2 ê、4 ê、6 ê 或者 8 ê 聲調。

圖表 9. 越南話 ê 子音（用國際音標 IPA 表示）

		雙唇	唇齒	齒岸	硬頂 khok	軟頂 khok	Nâ-âu
				-送氣 / +送氣			
清塞音	(voiceless stop)			t / tʰ	c	k	ʔ
濁塞音	(voiced stop)	b		d			
清擦音	(voiceless fricative)		f	s		x	h
濁擦音	(voiced fricative)		v	z		ɣ	
濁邊音	(voiced lateral)			l			
鼻音	(voiced nasal)	m		n	ɲ	ŋ	

圖表 10. 越南話 ê 一般單母音（用國際音標 IPA 表示）

			頭前	中央	後壁（-圓嘴）	後壁（+圓嘴）
頂	upper	high	i		ɯ	u
		upper mid	e		ɤ	o
下	lower	lower mid	ɛ			ɔ
		low			a	

圖表 11. 越南話 ê 短 ê 單母音（用國際音標 IPA 表示）

			頭前	中央	後壁（-圓嘴）	後壁（+圓嘴）
頂	upper	high				
		upper mid			ɤ̆	
下	lower	lower mid	ɛ̆			ɔ̆
		low			ă	

圖表 12. 越南話 ê 雙母音（用國際音標 IPA 表示）

		頭前	中央	後壁（-圓嘴）	後壁（+圓嘴）
頂	upper	i‿e		ɯ‿ɤ	u‿o
下	lower				

圖表 13. 越南話 ê 聲調

調類	ngang	sắc	huyền	hỏi	ngã	nặng
越南字符號		´	`	?	~	.
數字 ê 調值	33	35	21	313	435	3
IPA ê 調值	˧	˧˥	˨˩	˧˩˧	˦˧˥	·˧

越南話 ê 音素 hām 文字符號 ê 對應 kap 拼字法比台灣白話字有 khah 複雜 sió-khóa，若 beh 完全 kā khǹg tī 本文 lìn ē 無方便讀，下面 lán tō kā in ê 對應簡要列 tī 圖表 14 kap

圖表 15 thang 做討論，詳細 ê 音素-符號對應表 kap 拼字法請看附錄。

圖表 14. 越南字 ê 子音 hām 文字符號 ê 對應關係

子音	文字符號	條件	實例
/t/	t		tôi 我
/th/	th		thu 秋
/c/	ch		cho 乎
/tʂ/	tr	方言差	trồng 種
/k/	k	後壁若接字母 i, y, e, ê,	kê 雞（漢越音）
	q	後壁若接介音/w/	quả 果子
	c	其他任何情形	cá 魚仔
/b/	b		ba 三
/d/	đ		đi 去
/f/	ph		pháp 法
/s/	s		xa 遠
/ʂ/	x	方言差	so 比較
/x/	kh		khi 當
/h/	h		hỏi 問
/ʔ/	無符號		ăn 食
/v/	v		về 轉去

/z/	d	無規則	da 皮
	gi	無規則（主要用 tī 漢越詞）	gia 家
	g	後壁若接字母 i	gì 啥物
/z̧/	r	方言差	ra 出去
/ɣ/	gh	後壁若接字母 i, e, ê	ghi 紀錄
	g	其他任何情形	gà 雞仔
/l/	l		là 是
/m/	m		mẹ 阿母
/n/	n		nam 南
/ɲ/	nh		nhớ 思念
/ŋ/	ngh	後壁若接 i, e, ê	nghi 歇睏
	ng	其他任何情形	ngọc 玉

*虛線---表示方言差。

圖表 15. 越南話 ê 單母音 hām 文字符號 ê 對應關係

母音	文字符號	條件	實例
/i/	i		khi 當
	y	主要用 tī 漢越詞	đồng ý 同意
/e/	ê		ghế 椅仔
/ɛ/	e		em 人稱代詞
/ɛ̆/	a	後壁若接 /ɲ/, /c/	thanh 清
/u/	u		cũ 舊
/ɯ/	ư		từ 語詞
/o/	ô		cô 姑
/ɤ/	ơ		thơ 詩
/ɤ̆/	â		thấy 看
/ɔ/	o	其他任何情形	co 收縮
/ɔ̆/	o	後壁若接 /ŋ/, /k/	cong 彎曲
/a/	a		ta 咱
/ă/	ă	其他任何情形	ăn 食
	a	後壁若接字母 y, u	tay 手

/i‿e/	iê	其他任何情形	tiên 仙
	yê	tī 喉塞音/ʔ/ 抑是介音/w/ 後壁	yêu 愛 truyện 故事
	ia	無介音/w/ mā bô 韻尾 ê 時	bia 啤酒
	ya	tī 介音/w/ 後壁而且無韻尾	khuya 半暝
/u‿o/	uô	其他任何情形	chuông 鍾
	ua	無韻尾	vua 王
/ɯ‿ɤ/	ươ	其他任何情形	được 會當
	ưa	無韻尾	mưa 落雨

越南羅馬字 ê 音素 hām 文字符號 ê 對應 kap 拼字法比台灣白話字有 khah 複雜 sió-khóa。Che 有幾 ê 主要 ê 原因：

1）因為越南話 ê 音韻系統本來 tō 比台語 khah 複雜，致使現有 ê 羅馬字母無法度應付一對一 ê 音素-符號對應 ê 需求，所以 ài tī 現有 ê 羅馬字母頂頭動腳手做 chit-kóa 修改。像講 tī "o" 頂頭戴帽仔 chiâⁿ 做 ô 來表示[o]，thang 區別 o [ɔ]。

2）因為當初設計 ê 時受著講無 kâng 母語 ê 眾傳教士 ê 影響。比如講 *gi* [z] ê 用法是受 Italy 話 ê 影響（Thompson 1987:62）、*nh* [ɲ]是受葡萄牙話 ê 影響（Jerold Edmondson; David Silva 個人訪談）、*c, k, q* [k]是受法語影響（Đoàn Thiện Thuật 個人訪談）、*ph* [f] 是受古希臘話影響（DeFrancis, 1977:58）。

3）因為方言音 ê 影響。河內標準語雖然無捲舌音/tʂ/, /ʐ/, /ʂ/，m̄-koh 其他真 chē 所在 lóng 有捲舌音，而且 lóng 有反應 tī 越南羅馬字 ê 拼字法 lìn。比如講，原本越南字 ê 設計 "ch" 是用來記/c/，"tr" 記/tʂ/；因為講標準語 ê 人無分 /c/ hām /tʂ/，所以拼字 ê 時 tiāⁿ 分 bē 清 ài 拼 "ch" iah 是 "tr"；像講 trồng （種樹仔）有可能拼 m̄-tiòh，寫做 chồng（翁婿）。

4）因為歷史語音演變 ê 關係。越南羅馬字自開始發展到 tan mā 已經 400 冬，越南話 ê 語音 tī chit 400 年來當然有經過變化。當初時有差異 ê 語音，到 chit-má 有可能已經無分別 à。像講 "d" hām "gi" chit 2 組符號 tī 17 世紀 ê 時有可能分別是記[d] hām [kj] ê 古音，m̄-koh 到現此時 chit 2 ê 古音 lóng 變[z] ê 音，但是文字書寫 ê 時 iáu 維持 "d" hām "gi" ê 差別，所以現代人 tō 感覺符號使用無一致（Doan, 1999:163-164）。因為 hit-chūn 設計者 kā "d" thèh 來記 [d] ê 音，所以另外一個越南話音素 /d/（實際上 i ê 音值是「pre-nâ-âu 塞音化」（pre-glottalized）ê [ɗ]）tō ài 用符號 "đ" 來表示。

5）因為傳教士 ê 語言學知識有限，無法度完滿分析越南話 ê 音韻系統。像講當初同時用 "k" kap "q" 來表示 kâng 一個音素 /k/ tō 是因為設計者 kiò 是介音[w]頭前 ê "q"（比如講 quả）ê 發音 hām 一般 ê "k"（比如講 kê）無 kâng，所以 in tō 用 chit 2 組符號。Koh 比如講短母音 /ɤ̆/（文字符號 â）應該用 hām 長母音 /ɤ/（σ）類似 ê 符號，m̄-koh soah 用 hām /a/（a）類似 ê 符號。現代語言學 ê 知識是經過久年 ê 累積 chiah 有今 á 日 ê 成就，hit 當時傳教士 ê 音韻分析雖然 m̄是真完美，m̄-koh 算是真好 ê 成績 à。

講完越南話拼字法比白話字 khah 複雜 ê 原因了，lán sòa--lâi 補充講越南話子音、母音、kap 聲調 ê 設計方式。

有關塞音 ê 部分，越南話 ê 塞音有分清、濁、kap 送氣，所以越南字 ê 設計 hām 白話字 kāng-khoán：用 p t k 表示清音，b d g 表示濁音，加 h 表示送氣。

有關越南話 ê nâ-âu 塞音[ʔ]是 m̄是應該當做獨立 ê 音素，現代 ê 語言學家有無 kâng ê 意見。Tī 越南羅馬字 ê 音韻系統 lìn 無 kā nâ-âu 塞音[ʔ]分析做一個獨立 ê 音素，所以無符號來描寫 chit-ê 音，像講 ăn [ʔăn] 照講是 ài 有 nâ-âu 塞音 tī 頭前，m̄-koh tī 文字 lìn 無表現出來。雖然越

南字無 kā [ʔ]表現出來，che 並無造成大問題，因為語義 bē 因為 án-ne tō 來 hoe 去。

另外，「雙重結束」（double closure）ê 現象 tī 越南字內底 mā 無表現出來。Tī 越南話 lìn，/ŋ/ kap /k/若是接 tī u, o,或者 ô 後 piah tō ē 分別發做 [ŋ͡m]（ labial-velar nasal ） kap [k͡p]（ voiceless labial-velar plosive）。像講，ông（阿公、先生）實際發音是[o͡ŋm]。

越南話 ê 韻尾子音（final consonants）[c] kap [ɲ] tī 越南字 lìn 是當做 2 ê 獨立 ê 音素，分別用 "ch" hām "nh" 來表記。M̄-koh，[c] hām [ɲ] 其實 mā ē-sái 分析做分別是/k/ hām /ŋ/ ê 音素變體（allophones），用符號 "k" hām "ng" 來表記 tō ē-tàng。就 chit-ê 例來講，音素變體 ê 條件是 tī「前母音」/i e ɛ̌/ 後 piah 出現 ê /k/ hām /ŋ/ ē 自動發做 [c] kap [ɲ]。像講，越語 sinh（súi;美麗）一定是發做 [siɲ]，無可能發做 [siŋ]。

越南話 ê 音素 hām 文字符號雖然有 khah 複雜，m̄-koh 有 chit-kóa 情形是有規則 ē-sái thang 判斷 ê。Chit-ê 規則是按照母音 ê 特色，kā 分做頭前（front）vs.後 piah（back）、頂（upper）vs.下（lower）、長（long）vs.短（short）、圓喙（+rounded）vs.扁喙（-rounded）（參閱圖表 10、圖表 11、圖表 12）。Lán 分別舉例來說明：音素/k/後 piah 若接「頭前母音」tō ài 用符號 "k"，其他 ê 情形 tō ài 用 "q" 或者 "c"，像講 kê、cá（參閱圖表 14）。介音/w/後 piah 若接「頂母音」tō ài 用符號 "u"，若接「下母音」tō ài 用 "o"，像講 nguy（危）、hoa（花）（參閱附錄 1）。音節尾溜（coda）[j]若接 tī「短母音」ê 後 piah tō ài 用 "y"，其他 ê 情形 tō ài 用 " i "，像講 áy、tai（參閱附錄 1）。Tī 原來圓嘴母音 ê 邊 á 加符號 " ' " tō 變扁嘴母音，像講 u [u]變 ư [ɯ]。

越南字拼字 ê sî-chūn hām 白話字 kāng-khoán 是以音節做基準，m̄-koh 越南字 tī 音節之間是採用 làng 1 格（space）ê 方式來區別音節，像

講 Việt Nam（越南）、hiện nay（現在）、tiến sĩ（博士）。

越南字 ê 標點符號 kap 大小寫 ê 規定一部分照西洋語文 ê 用法，一部分 koh 有 in 越語特別 ê 用法，一部分是隨人 ê ka-tī 用法。下面 tō sió-khóa 舉例來講：

每一句開始 ê 頭一個字母 lóng ài 大寫，結束 ài 有 "."。

專有名詞，像講人名、地名等 ê 頭一個字母 ài 大寫。專有名詞分 2 大類，第一類是漢越詞，也就是原本是漢字 ê 詞。若準 chit-kóa 漢越詞是人名 kap 地名，「原則上」根據「音節」來大寫，像講 Đài Loan（台灣）、Việt Nam（越南）；m̄-koh mā 有例外 ê，像講 Án độ（印度）。Che 例外 ê 原因有可能因為現此時 ê 民眾已經 bē-hiáu 漢字，bē 記 Án độ 原本是漢越詞。另外，若是人名、地名以外 ê 漢越詞 tō 照「語詞」或者「詞組」來寫，像講 Quốc ngữ（國語）、Xã hội chủ nghĩa（社會主義）、Cộng hoà xã hội chủ nghĩa Việt Nam（mā ē-sái 寫做 Cộng hoà Xã hội Chủ nghĩa Việt Nam；共和社會主義越南）。

第二類是漢字以外 ê 專有名詞。Chit 類大部分根據「語詞」來大寫，像講 Áp-ga-ni-xtan（Afghan）、Ô-xa-ma Bin La-đen（Osama Bin Laden）。

越南字簡寫 ê sî-chūn 原則上照「音節」來簡寫，像講 Việt Nam 簡寫做 VN，Xã hội chủ nghĩa（社會主義）寫做 XHCN。

越南話 ê 外來語主要有 2 ê 來源：早期以漢語為主，後來以西方國家語言為主。以漢語為來源 ê 外來詞主要借漢字 kā 讀做漢越音，像講 Mỹ（美國）、Pháp（法國）、văn học（文學）、Xã hội chủ nghĩa（社會主義）。以西方國家語言為來源 ê 外來詞 tō 用越南字 kā 原語詞 ê 音拼寫出來，而且大多數 lóng 無標聲調（若有標調，主要是標重音），但是大多數 ài 加音節符號 "-"。像講 Ô-xtrây-li-a（英語 Australia）、pa-lăng（法語 palan）、péc-măng-ga-nát（法語

permanganate）、ô tô（英語 automobile）、cà phê（coffee）、Ucraina（Ukraine）、photo copy（mā ē-sái 寫做 pho to co py；來自英語 photocopy）。

整體來講，越南字 ê 標點符號、大小寫、外來語 ê 使用雖然有一定 ê 原則，m̄-koh 變通性真大、穩定度 iáu 無夠。

3. Ùi 台語學越南語 ê 發音

越南話對咱台灣人來講 bē seng 難。一般來講，若 1 禮拜學 10 點鐘，學 3 個月了應該就有法度 kā 越南話 ê 語音 kap 文字符號學 kah 真熟，而且基本 ê 生活對話 mā 應該無問題。若學 1 冬了，應該看有越南冊 7、8 成以上。越南話 ê 音節結構 kap 台語 kāng-khoán，ē-sái 用圖表 16 來表示。Chit-ê 音節結構內部每一個位置 lóng 有 i 相對應 ē-sái 出現的音素（詳見附錄）下面 chit 節咱會 ùi 台語 ê 角度來紹介越南話 ê 字母符號 hām 伊對應 ê 母音（vowels）、子音（consonants）、kap 聲調（tones）。

圖表 16. 台語&越南語音節結構

聲調（tone）		
聲母 （onset）	韻母		
	介音 （glide）	核心 （nucleus）	韻尾 （coda）

3.1. 越南話 ê 字母 hām 母音對應

越南字母（母音 ê 部分）kap 伊對應 ê 白話字（台灣字）、國際音標 IPA、出現條件 hām 實例分別列 tī 圖表 17。Chiap-sòa 圖表後壁是

針對每一个字母 ê 紹介。

圖表 17. 越南字母 ê 發音（母音）

越南字	台灣字	IPA	條件	實例
a	短 a	/ă/	後壁若接 y, u	tay 手
	a	/a/	別位	ta 咱
ă	短 a	/ă/		ăn 食
â	短 o	/ɤ̆/		thấy 看
i	i	/i/		khi 當
y			主要用 tī 漢越詞	đồng ý 同意
u	u	/u/		cũ 舊
ư	扁嘴 u	/ɯ/		từ 詞
ê	e	/e/		ghế 椅仔
e	闊嘴 e	/ɛ/		em 少年
ô	o·	/o/		cô 姑
o	闊嘴 o·	/ɔ/		co 收縮
ơ	o	/ɤ/		thơ 詩
iê	ie	[i‿e]	別位	tiên 仙
yê	ie	[i‿e]	頭前若接 /ʔ/ 或者介音 /w/	yêu 恰意 truyện 故事
ia	io	[i‿ə]	若無介音 /w/ kap 韻尾	bia bih-luh ia 放屎
ya	io	[i‿ə]	頭前若接 /w/ 而且後壁無韻尾	khuya 暗暝
uô	uo.	[u‿o]	別位	chuông 鍾
ua	uo	[u‿ə]	後壁無韻尾	vua 國王
ươ	扁嘴 uo	[ɯ‿ɤ]	別位	được 會當
ưa	扁嘴 uo	[ɯ‿ə]	後壁無韻尾	mưa 落雨

越南羅馬字 **a** 所對應 ê 音素是/a/ kap /ǎ/（發音時間比/a/短），發音 sêng 白話字 **a**、華語注音符號ㄚ。各位讀者 ài 注意，越南羅馬字 **a** 發音有分長、短二種：**a** 後壁若接 y、u，發音時間就 ài khah 短。

越南羅馬字 **ă** 所對應 ê 音素是短母音/ǎ/（發音時間比 **a** 短）。Tī 越南字 lìn，**ă**、**a** lóng 表記母音/a/，m̄-koh **ă** 一定是短母音，**a** 大多數情形下是長母音。

越南羅馬字 **â** 所對應 ê 音素是短母音/ɤ/，發音 sêng 白話字（台灣字）短 **o**（亦就是發音 ê 時 ài 比平時 khah 短）、華語注音符號短ㄜ（亦就是發音 ê 時 ài 比平時 ㄜ khah 短）。各位讀者 ài 注意，越南羅馬字 **â** 並 m̄是發/a/ ê 音。有真 chē 人受 **â** 外形影響，kiò-sī 發做/a/ ê 音。

越南羅馬字 **i, y** 若出現 tī 音節核心 ê 時伊所對應 ê 音素是/i/，發音 sêng 白話字 **i**、華語注音符號一。字母 **y** 通常出現 tī 漢越詞 lin。

越南羅馬字 **u** 所對應 ê 音素是/u/，發音 sêng 白話字 **u**、華語注音符號ㄨ。

越南羅馬字 **ư** 所對應 ê 音素是/ɯ/，發音 sêng **u**，m̄-koh 嘴形 ài 扁扁。Chit 個 **ư** 音對大多數 ê 台灣人來講真歹發。一般咱若 teh 發 **u** 音 ê 時，嘴形會圓圓。M̄-koh 發 **ư** 音 ê 時，嘴形 ài 扁扁。各位 ē-sái án-ne 練習：面容笑笑，m̄-koh m̄-thang phah 開嘴齒，kan-taⁿ phah 開嘴唇，chit ê sî-chūn 各位出聲發 u 音。Chit ê 情形下各位發出來 ê 音就會像 **ư**。

越南羅馬字 **ê** 所對應 ê 音素是/e/，發音 sêng 白話字 **e**、華語注音符號せ。

越南羅馬字 **e** 所對應 ê 音素是/ɛ/，發音 sêng 白話字闊嘴 **e**、華語注音符號闊嘴せ。台灣人通常分 bē 清越南字 **ê**、**e** 有啥物無 kâng，因為台語 lāi-té [ɛ] hām [e] lóng 是音素/e/ ê 變體（allophones）。一

般來講，發越南 **e** 音 ê 時，嘴形 ài 開 khah 闊 leh。

越南羅馬字 **ô** 所對應 ê 音素是/o/，發音 sêng 白話字 **o·**、華語注音符號ㄛ。

越南羅馬字 **o** 所對應 ê 音素是/ɔ/，發音 sêng 白話字**闊嘴 o·**、華語注音符號**闊嘴**ㄛ。發越南 **o** 音 ê 時，嘴形 ài 比 **ô** 開 khah 闊 leh。越南話 lāi-té **ô**、**o** 差別 kap **ê**、**e** kāng-khoán，一個嘴開 khah 細、一個嘴開 khah 大。

越南羅馬字 **ơ** 所對應 ê 音素是/ɤ/，發音 sêng 白話字 **o**、華語注音符號ㄜ。越南羅馬字 **ơ**、**â** lóng 發/ɤ/音，兩者差別主要是時間 ê 長短：**â** 發短母音/ɤ̆/。就音韻 角度來講，sui-bóng 台語 ê 央元音一般 lóng 選擇/ə/做主體音素，m̄-koh 伊其實有[ə] hām [ɤ] ê 變體。Só-pái 用台語白話字 ê **o** 來發越南羅馬字 **ơ** mā ē-sái 準過。

越南羅馬字 **iê**、**yê**、**ia**、**ya** chit 4 組符號 lóng teh 表記越南語音素/i‿e/。越南話 lāi-té，音素/i‿e/分做[i‿e]、[i‿ə]二種音素變體。其中 **iê**、**yê** 是表記[i‿e]，**ia**、**ya** 是表記[i‿ə]。

越南字 **iê**、**yê** 表記[i‿e]，發音 sêng 白話字 ie、華語注音符號ㄧㄝ。咱 beh án-chóaⁿ chai-iáⁿ tang-sî 用 **iê** tang-sî 用 **yê**？若是音節核心頭前有介音/w/或者/ʔ/，就用 **yê**，若無就用 **iê**。越南字 **iê**、**yê** 後壁一定 koh 有接韻尾（coda）。

越南字 **ia**、**ya** 是表記[i‿ə]，發音 sêng 白話字 io、華語注音符號ㄧㄜ。若是音節核心頭前有介音/w/或者/ʔ/，就用 **ya**，若無就用 **ia**。越南字 **ia**、**ya** 後壁一定無 koh 接韻尾（coda）。

越南字 **uô**、**ua** lóng teh 表記越南語音素/u‿o/。越南話 lāi-té，音素/u‿o/分做[u‿o]、[u‿ə]二種音素變體。越南字 **uô** 是表記[u‿o]，發音 sêng 白話字 uo·、華語注音符號ㄨㄛ。越南字 **uô** 後壁一定 koh 有接韻尾（coda）。越南字 **ua** 是表記[u‿ə]，發音 sêng 白話字 uo、華

語注音符號ㄨㄜ。越南字 **ua** 後壁一定無 koh 接韻尾（coda）。

越南字 **ươ**、**ưa** lóng teh 表記越南語音素/ɯɤ/。越南話 lāi-té，音素/ɯɤ/分做[ɯɤ]、[ɯə]二種音素變體。越南字 **ươ** 表記 [ɯɤ]，發音 sêng 白話字**扁嘴 uo**、華語注音符號**扁嘴**ㄨㄜ。所謂 ê 「**扁嘴**」，伊 ê 發音方法 kap **ư** kāng-khoán，嘴形 ài 扁扁。越南字 **ươ** 後壁一定 koh 有接韻尾（coda）。越南字 **ưa** 表記[ɯə]，發音 sêng 白話字**扁嘴 uo**、華語注音符號**扁嘴**ㄨㄜ。越南字 **ưa** 後壁一定無 koh 接韻尾（coda）。

3.2. 越南話 ê 字母 hām 子音對應

越南字母（子音 ê 部分）kap 伊對應 ê 白話字（台灣字）、國際音標 IPA、出現條件 hām 實例分別列 tī 圖表 18。Chiap-sòa 圖表後壁是針對每一个字母 ê 紹介。

圖表 18. 越南字母 ê 發音（子音）

越南字	台灣字	IPA	條件	實例
đ	l	/d/		đi 去
t	t	/t/		tôi 我
th	th	/th/		thu 秋
ch	類似 ch	/c/		cho 被 hō͘
tr	捲舌 ch	/tʂ/	方言差	trồng 種
b	b	/b/		ba 三
p	p	/p/		pin 電池
ph	無	/f/		pháp 法
d	j	/z/	無規則	da 皮
gi	j		無規則（主要用 tī 漢越詞）	gia 家
g	j		後壁若接 i	gì 啥物
	g	/ɣ/	其他任何情形	gà 雞仔
gh	g		後壁若接 i, e, ê	ghi 紀錄
k	k	/k/	後壁若接 i, y, e, ê,	kê 雞
q			後壁若接介音 /w/	quả 果子
c			其他任何情形	cá 魚仔
kh	類似 h 抑 kh	/x/		khó 難
h	h	/h/		hỏi 問
v	無	/v/		về 轉去
r	類似 j	/ʐ/	方言差	ra 出去
l	l	/l/		là 是
x	s	/s/		xa 遠
s	捲舌 s	/ʂ/	方言差	so 比較
m	m	/m/		mẹ 阿母
n	n	/n/		nam 男
nh	類似 ng	/ɲ/		nhớ 思念
ngh	ng	/ŋ/	後壁若接 i, e, ê	nghỉ 歇睏
ng	ng		其他任何情形	ngọc 玉

越南羅馬字 **đ** 所對應 ê 音素是/d/，發音類似白話字 l、華語注音符號濁化 ê ㄉ"、sêng 英語 **dog** lāi-té ê **d**。有學者認為越南語 ê 音素/d/是無經過肺 ê 封閉音（implosive） [ɗ]。發 chit 个音 ê 時 tiāⁿ 會先喉塞音化（preglottalized）兼濁化（voiced），IPA 記做 [ʔd]。台語 ê l 其實大多數 ê 情形下 lóng 發做濁塞音[d]抑是[ɾ] ê 音值，m̄-koh 後壁若接低母音/a/ ê 時發音 sêng 邊音[l]。所以台語 ê l tī 大多數 ê 情形下發音 sêng 越南話 ê đ，m̄-koh l 後壁若接低母音/a/ ê 時就無 sêng。

越南羅馬字 **t** 所對應 ê 音素是/t/，發音 sêng 白話字 **t**、華語注音符號ㄉ。

越南羅馬字 **th** 所對應 ê 音素是/tʰ/，發音 sêng 白話字 **th**、華語注音符號ㄊ。

越南羅馬字 **ch** 所對應 ê 音素是/c/，發音類似白話字 **ch**、華語注音符號ㄗ。咱發台語 ê ch 音 ê 時，嘴舌會接近齒岸；但是 beh 發越南話 **ch** ê 時，嘴舌 ài 離齒岸 khah 遠稍寡。越南羅馬字 **ch** ē-sái 出現 tī 音節頭 mā thèng-hó tī 韻尾。若出現 tī 韻尾 ê 時，對台灣人來講，聽起來 sêng /k/或者/t/。像講，越南話 **sách** 聽起來 sêng 台語 sa̍k。咱台灣人 beh án-chóaⁿ 發越南話韻尾 **ch** chiah 會準？Ē-sái kā 當作台語 **t** 來發，m̄-koh 嘴舌尖 bóe-chhiú bē-sái tú tio̍h 齒岸。

越南羅馬字 **tr** 所對應 ê 音素是捲舌音/tʂ/，發音類似白話字**捲舌ch**（ài 捲舌）、華語注音符號ㄓ。

越南羅馬字 **b** 所對應 ê 音素是/b/，發音 sêng 白話字 **b**、華語注音符號濁化 ê ㄅ"。華語 lāi-té ê ㄅ是清塞音，hām 越南字 **b** 發音無 sáⁿ kâng，所以 ài kā ㄅ發做濁塞音ㄅ" chiah ē-sái。因為華語無濁塞音符號，所以 tī chit 本冊 lìn 咱用 " 符號表示。有學者認為越南語 ê 音素/b/是無經過肺 ê 封閉音（implosive） [ɓ]。發 chit 个音 ê 時 tiāⁿ 會先喉塞音化（preglottalized）兼濁化（voiced），IPA 記做 [ʔb]。

越南羅馬字 **p** 所對應 ê 音素是/p/，發音 sêng 白話字 **p**、華語注音符號ㄅ。越南羅馬字 **p** 真罕出現 tī 越南話，主要用 tī 外來語。所以有 ê 語言學家無 kā 算是越南語 ê 音素。

越南羅馬字 **ph** 所對應 ê 音素是/f/，發音 sêng 華語注音符號ㄈ、英語 father ê **f**。初次學越南話 ê 人 khah gâu kā 越南羅馬字 **ph** 當作送氣塞音/pʰ/，chit 點 ài sè-gī。

越南羅馬字 **d**、**gi** 二個 lóng teh 表記越南語音素/z/，發音 sêng 白話字 **j**、華語注音符號**無捲舌** ê ㄖ。各位 ài 注意，越南羅馬字 **d** ê 發音 hām 英語 ê **d** 是無 kâng--ê。另外，**gi** kan-taⁿ 表記/z/，並 m̄是/zi/，所以 tī 越南字 lìn **da**、**gia** 發音是 kāng-khoán--ê，lóng 是/za/。

越南羅馬字 **g** 所對應 ê 音素有二個：/z/ kap /ɣ/。越南羅馬字 g 後壁若接 i，伊就發/z/音，發音 sêng 白話字 **j**、華語注音符號**無捲舌** ê ㄖ。越南羅馬字 **g** 後壁若接 i 以外 ê 字母，就發/ɣ/音。/ɣ/音類似白話字 **g**、華語注音符號**濁化** ê ㄍ"。

越南羅馬字 **gh** 所對應 ê 音素是濁擦音/ɣ/，發音類似白話字 **g**、華語注音符號**濁化** ê ㄍ"。濁擦音/ɣ/雖然 hām 濁塞音/g/無完全 kāng-khoán，m̄-koh 語音真接近。越南話 ê 濁擦音/ɣ/其實有[ɣ] hām [g] ê 音素變體，kap 台語 ê **g** ê 音值有重疊。所以越南羅馬字 **gh** 用台語 ê **g** 來準 mā ē-sái。越南羅馬字 **gh** 後壁一定接「前母音」i, e, ê。

越南羅馬字 **k, q, c** 所對應 ê 音素 lóng 是/k/，發音 sêng 白話字 **k**、華語注音符號ㄍ。當初會採用無 kâng ê 符號表示 kāng-khoán ê 語音，主要是因為當初參與設計 ê 傳教士來自無 kâng ê 語言背景。越南羅馬字 **q** 後壁一定接介音/w/（文字符號 **u**），像講 **quả**（果子）。若是 **k**，後壁一定接「前母音」**i, y, e**, 或者 **ê**，像講 **kê**（雞 ê 漢越音）。其他 ê 情形一定接 **c**，像講 **cá**（魚仔）、**của**（的）。一定有讀者會感覺奇怪，為啥物 **của** 是用 **c** m̄是 **q**？這是因為 **quả** kap **của** lìn ê **u** 是無 kâng--ê。越南話 **quả** ê **u** 是介音，m̄-koh **của** lìn ê **u** hām **a** 合做伙算是一個雙母音 **ua** （發音[u‿ə]）。這 ùi 越南文字標調慣習看會出來：若 **qu** 出現 ê sî-chūn，聲調一定標 tī **qu** 以外 ê 所在。

越南羅馬字 **kh** 所對應 ê 音素是**軟頂** khok ê 清擦音/x/。越南話 ê 清擦音/x/其實有[x], [h] hām [kʰ] ê 音素變體。Chit ê 音類似台語白話字 **h** 或者 **kh**，華語ㄏ或者ㄎ，但是發音 ê 時 ài 稍寡有 hit 種清 nâ-âu、beh phùi 痰 ê 聲。建議初學者先用台語 ê **kh** 來發越南話 ê 清擦音/x/。越南南部人發 **kh** ê 時，khah sêng /h/，kap 台語 ê **h** 完全 kāng-khoán。

越南羅馬字 **h** 所對應 ê 音素是/h/，發音 sêng 白話字 **h**、華語注音符號ㄏ。

越南羅馬字 **v** 所對應 ê 音素是脣齒音/v/，發音 sêng 英語 **voice** ê **v**。

越南羅馬字 **r** 所對應 ê 音素是/ʐ/，發音類似華語注音符號ㄖ。

越南羅馬字 **l** 所對應 ê 音素是邊音/l/，發音類似英語 **late** ê **l**、華語注音符號ㄌ。台語白話字 lìn 雖然 mā 有 **l**，m̄-koh 伊實際 ê 發音 khah sêng 越南話 ê **đ**。

越南羅馬字 **x** 所對應 ê 音素是/s/，發音 sêng 白話字 **s**、華語注音符號ㄙ。

越南羅馬字 **s** 所對應 ê 音素是捲舌音/ʂ/，發音 sêng 華語注音符號ㄕ。Tú 學越南話 ê 人容易 kā 越南羅馬字 **x**、**s** hut 花去。各位 ài 會記 chit，**s** 是有捲舌、**x** chiah 是無捲舌。一般來講，河內 ê 越南人是無分 **x** kap **s**。

越南羅馬字 **m** 所對應 ê 音素是/m/，發音 sêng 白話字 **m**。

越南羅馬字 **n** 所對應 ê 音素是/n/，發音 sêng 白話字 **n**。

越南羅馬字 **nh** 所對應 ê 音素是/ɲ/，發音類似白話字 **ng**。Beh 發越南字 **nh** 語音，ē-sai kā 當做台語 **ng** 加上介音 **i**。像講，越南話 **nhớ**

發音 sêng 台語 **ngio**，越南話 **nha** 發音 sêng 台語 **ngia**。

越南羅馬字 **ngh**、**ng** 二個 lóng teh 表記越南語音素/ŋ/，發音 sêng 白話字 **ng**、英語 long ê **ng**。越南羅馬字 **ngh** 一定出現 tī「前母音」**i, e, ê** 頭前，其他 ê 情形就用 **ng**。

3.3. 越南話 ê 聲調

有關越南話 ê 聲調到底有幾 ê，che tō ài 看分類 ê 標準是 siáⁿ；而且各地方言 ê 調類 sió-khóa 無 kâng。雖然現此時真 chē 人 lóng 講越南話有 6 ê 聲調，事實上 che 是受越南羅馬字聲調符號影響 ê 關係。因為越南字內底 kan-tan 表記 6 種聲調，所以人 tō kioh 是越南話 kan-tan 有 6 種聲調。當初傳教十 kan-tan 表記 6 種聲調是因為 in 對聲調 ê 掌握無夠充分，無法度區分出韻尾語音/p/（文字符號 p），/t/（t），/k/（c 或者 ch）收尾 ê 聲調，soah ka in 歸類到 sắc 或者 nặng 調類去。若照傳統 ê 分法越南話是有 8 種聲調（參閱圖表 19），其中 ê「入聲調」tī 越南字 lìn hông 合 lòe「去聲調」。[6]

圖表 19. 越南話 ê 傳統聲調調類

傳統調類	平		上		去		入	
傳統調類[7]	浮	沉	浮	沉	浮	沉	浮	沉
越南聲調名稱	ngang	huyền	hỏi	ngã	sắc	nặng	sắc	nặng
數字 ê 調值	33	21	313	435	35	3	5	3
IPA ê 調值	⊣	⌐	⌄	√	◜	⋅⏐	⏐	⋅⏐
註解							p t c ch 文字收尾	p t c ch 文字收尾

---

[6] Hām 越南社科院漢喃所教授 Nguyễn Quang Hồng ê 個人訪談。

[7]「浮」（phù）類就類似台灣或者中國 ê「陰」，「沉」（trầm）就是「陽」。

越南話 ê「**ngang 調**」若以五音階來看，伊 ê 調值（tone value）是 33，也就是聲調 ê 頻率變化 ùi 3 出發到 3 停止（或者是講 ùi 五線譜 ê **mi** 到 **mi**）。Ngang 調 hām 台語第一、七聲 kāng-khoán 是水平調（level tone），m̄-koh 聽起來比台語第一聲（44） khah 低，比台語第七聲（22） khah 高。台灣人聽越南人發 ngang 調 ê 時，多數會認知做台語 ê 第一調。越南人聽台灣人發台語第一、七聲 ê 時，多數無法度分別 in ê 差異，lóng 會 kā 當做 ngang 調。

越南話 ê「**huyền 調**」（21） tī 調形 kap 調值方面 kap 台語第三聲（21）真類似。調值（21），也就是聲調 ê 頻率變化 ùi 2 出發到 1 停止（或者是講 ùi 五線譜 ê **re** 到 **do**）。

越南話標準 ê「**hỏi 調**」是結合「下降」kap「上升」ê「降升調」，調值是 313。M̄-koh 現此時真 chē 河內少年人 ê hỏi 調 ê「上升」部分並無明顯。一般來講，越南話標準 ê「hỏi 調」hām 台語 ê 第五聲（212） khah sêng。但是讀者 ài 注意，台語第五聲有二種可能 ê 調值，亦就是降升調（212） kap 低升調（12）。若是發（12）調值 ê 台灣人，teh 學越語「hỏi 調」ê 時 ài 注意加強聲調下降 ê 部分。

越南話 ê「**ngã調**」（435） mā 是「降升調」，m̄-koh 伊 hām「hỏi 調」比起來調值 lóng khah 高，而且發音時間（time duration） khah 短。Tī 越南話 lìn，m̄是所有 ê 越語方言 lóng 有「ngã調」，像講胡志明市就無「ngã調」。In hia ê 人 kā「ngã調」發做「hỏi 調」。所以 hia ê 人 teh 寫越南字 ê 時 khah 容易 kā「ngã調」phiat 做「hỏi 調」。「ngã調」是越南話聲調 lāi-té 台灣人 khah chheⁿ-hūn、khah pháiⁿ 發 ê 一個。Beh 發「ngã調」，各位 ē-sái kā 當作「hỏi 調」，但是發音 ê 時間 ài 相對 khah 短 leh，頻率 ài giú khah 懸 leh。

越南話 ê「**sắc 調**」實際上 ē-sái 幼分做「高升」（35） kap「高入聲」（5）二種調值。「高升」調值 ê「sắc 調」聽起來 sêng 台語第

九聲（像講，紅紅紅 ê tò-pêng 第一個紅）。「高入聲」ê「sǎc 調」通常是出現 tī 越南字 p、t、c、ch 收尾 ê 情形，聽起來 sêng 台語第八聲。比如講，**sáng** hām **sáp** 雖然 lóng pên-pên 是「sǎc 調」，m̄-koh in ê 調值無 kâng：**sáng** ê 發音時間 khah 長，聽起來 sêng 北京話 ê 第 2 聲（c.k.麻）；[8] **sáp** ê 發音時間 khah 短，聽起來 sêng 台語 ê 第 8 聲。

越南話 ê「**nặng 調**」相對其他 ê 調類來講，發音時間有 khah 短。「nặng 調」mā ē-sái 根據詞尾是 m̄是有 p、t、c、ch 收尾來幼分二類。有 p、t、c、ch 收尾 ê 聽起來 sêng 台語第四聲。無收尾 ê 聽起來 sêng 台語第三聲，m̄-koh 發音時間 khah 短；mā sêng 台語第四聲，m̄-koh 發音時間相對 khah 長稍寡。像講，**động** hām **đọc** 雖然 lóng pên-pên 是「nặng 調」，m̄-koh：**động** ê 調形類似台語第三聲 kap「huyền 調」，但是發音時間比「huyền 調」短、比 **đọc** 長；**đọc** ê 發音時間比 **động** 短，khah sêng 台語 ê 第 4 聲。

因為越南話真 chió 有變調 ê 現象，所以原則上 án-chóan 講 tō án-chóan 寫。若有變調 ê 時，有時 ē 標變調。比如，mười（數量 10 ê 意思）本調是 mười，i 若頭前有接數字，像講 hai mươi（20 ê 意思）ê 時，ē 變做 mươi，寫 ê 時 tō 照變調寫 mươi。若是因為地方腔口 ê 關係致使聲調有無 kâng ê 時，無 kâng ê 聲調 ê 標法有可能 ē 同時存在，像講「多謝」ē-sái 寫做「cám ơn」或者「cảm ơn」。Ē 同時存在 ê 原因大部分是因為 hit-kóa 腔口已經真普遍 à；若是腔口無普遍 ê sî-chūn，hit 種腔口 ê 寫法通常 ē hông 當做寫 m̄-tiòh 去 à。以上所講 ê chit 種處理腔口 ê 方式無限定 tī 聲調，mā 適用 tī 子音 kap 母音。

---

8 台灣華語 ê 第 2 聲（調值 212）hām 北京話 ê 第 2 聲（調值 35）其實是無 kâng--ê。台灣華語第 3 聲（調值 21）hām 北京話第 3 聲（調值 313）mā 無 kâng。

4. 結論

越南羅馬字經過將近 400 冬 ê 發展，lō͘-bóe 總算 ián-tó「漢字」、chiâⁿ-chò 越南唯一 ê 正式文字。台灣白話字 tī 台灣 ê 發展 mā 過百外冬；現此時白話字 ê 發展已經突破「教會使用」時期、邁向全民使用 ê 階段。雖然白話字 ê 發展有比越南羅馬字 khah 慢，m̄-koh 越南 ê 例 kā lán 證明講 beh kā 台語書面語羅馬字化是有可能 ê。何況，就語言學 ê 角度來講，白話字 ê 設計比越南羅馬字 khah 簡單 koh 有系統性。就 chit 1 點來講，白話字 koh khah 有 châi-tiāu chiâⁿ-chò 台灣正式 ê 文字。

【原文發表 tī 2002 年第 1 屆台灣羅馬字教學 kap 研究學術研討會，7 月 14 日，台東。Chit 篇論文根據原文增補修訂。】

參考冊目

Chiung, Wi-vun Taiffalo. 1999. *Language Attitudes toward Taibun, the Written Taiwanese*. MA thesis: The University of Texas at Arlington.

Chiung, Wi-vun Taiffalo. 2001. Romanization and language planning in Taiwan. *The Linguistic Association of Korea Journal* 9（1）,15-43.

Chiung, Wi-vun Taiffalo. 2003. *Learning Efficiencies for Different Orthographies: A Comparative Study of Han Characters and Vietnamese Romanization*. PhD dissertation: The University of Texas at Arlington.

Chiúⁿ, Ûi-bûn; Chiu Tēng-pang; Iûⁿ Hūi-jû （eds.）2016. *The Odyssey of Taiwanese Scripts*. Tainan: Taiwanese Romanization Association & National Museum of Taiwan Literature.

DeFrancis, John. 1977. *Colonialism and Language Policy in Vietnam*. The Hague.

Đỗ, Quang Chính. 1972. *Lịch Sử Chữ Quốc Ngữ 1620-1659* [國語字歷史 1620-1659]. TPHCM: Tủ Sách Ra Khơi.

Đoàn, Thiện Thuật. 1999. *Ngữ Âm Tiếng Việt* [越南語語音]. Hà Nội: NXB Đài Học Quốc Gia.

Hannas, William. 1997. *Asia's Orthographic Dilemma*. Hawaii: University of Hawaii Press.

Nguyen, Dinh Hoa. 1997. *Vietnamese*. John Benjamins.

Thompson, Laurence. 1987. *A Vietnamese Reference Grammar*. Hawaii: University of Hawaii.

呂興昌 1994〈白話字中的台灣文學資料〉，< http://www.de-han.org/pehoeji/tbcl/>

張裕宏 2001《白話字基本論：台語文對應&相關的議題淺說》台北：文鶴。

蔣為文 2001〈白話字，囝仔人 teh 用 ê 文字？──台灣教會白話字 ê 社會語言學分析〉，《台灣風物》，第 51 卷第 4 期，頁 15-52。

蔣為文 2002〈越南的去殖民化與去中國化的語言政策〉，收錄於施正鋒編《各國語言政策》649-677 頁，台北前衛出版社。

蔣為文 2005《語言、認同與去殖民》台南：國立成功大學。

蔣為文 2007《語言、文學 kap 台灣國家再想像》台南：國立成功大學。

蔣為文 2011《民族、母語 kap 音素文字》台南：國立成功大學。

蔣為文 2006《牽手學台語•越南語》台南：國立成功大學。

蔣為文、周定邦、楊蕙如 2016《探索台語白話字的故事》台南：台灣羅馬字協會&國立台灣文學館。

鄭良偉、鄭謝淑娟 1977《台灣福建話的語音結構及標音法》台北：學生。

賴永祥 1990《教會史話（第一輯）》台南：人光出版社。

附錄一：

越南話羅馬字（chữ Quốc ngữ 國語字）ê 音素-文字符號對應 kap 拼字法

Vietnamese Phonemes and Their Corresponding chữ Quốc ngữ

V.2.0T Designed by Taiffalo Feb. 28, 2017

Phonemes 音素	IPA 國際音標	越南字符號 kap 伊出現 ê 所在				Conditions 條件	Examples 例	Notes 註明
		onset 聲母	glide 介音	nucleus 核心	coda 韻尾			
/p/	[p]	p				用於外來語	pin '電池'	
					p		tạp '雜'	
/t/	[t]	t					tôi '我'	
					t		tốt '好'	
/tʰ/	[tʰ]	th					thu '秋'	
/c/	[c]	ch					cho 'hō˙'	
/tʂ/	[tʂ]	tr					trồng '種樹 á'	方言
/k/	[k]	k				出現 tī 前母音頭前 /i e ɛ/ (i, y, ê, e)	kia 'hia' ký '記' kê '雞' ke '齒屎'	法語影響
		q				kan-tañ 出現 tī 介音頭前 /w/ (u)	quả '果子' quy '龜' que '柴枝'	
		c				別位	cũ '舊' cữ '仍然' cô '姑' cơ '肌' con '子女' cá '魚'	
					c	別位	khác '其他'	
	[k͡p]				c	出現 tī 圓喙 ê 後母音 ê 後壁 /u ɔ o/ (u, o, ô)	ục 'kā lâng cheng' học '學' ốc '田螺'	
	[c]				ch	出現 tī 前母音 ê 後壁 /i e ɛ̌/	thích 'kah-ì' éch '四跤仔' sách '冊'	
/b/	[b]	b					ba '三'	註 *[1]
/d/	[d]	đ					đi '走去'	註 *[1]
/f/	[f]	ph					phải 'tiòh-ài'	古希臘語

音位	音值	字母	韻尾字母	條件	例	備註
/s/	[s]	x		tiòh-ài 學習	xa '遠'	
/ʂ/	[ʂ]	s		tiòh-ài 學習	sa 'lak--loʼh'	方言
/x/	[x]	kh			khi 'tng-tong'	
/h/	[h]	h			hói '問'	
/v/	[v]	v			vè 'tńg--khì'	
/z/	[z]	d		tiòh-ài 學習	di '移' dì '姨' da '皮膚' dẻ 'lát-chí'	
		gi		tiòh-ài 學習（tiāⁿ用 tī 漢越詞）	gia '家' giũ '看守' giẻ '布'	Italy 語影響
		g		tī koân 前母音頭前 /i/（i）	gì '啥物' giếng '井'	
/ẓ/	[ẓ]	r		tiòh-ài 學習	ra '出去'	方言
/ɣ/	[ɣ]	g		別位	gà '雞'	法語 kap Italy 語影響
		gh		tī 前母音頭前 /i e ɛ/（i, ê, e）	ghi '紀錄' ghê '起雞母皮' ghe '柴船'	
/l/	[l]	l			là '是'	
/m/	[m]	m			mẹ '母親'	
			m		nam '南'	
/n/	[n]	n			nam '南'	
			n		đen '烏色'	
/ɲ/	[ɲ]	nh			nhớ 'ē記得'	葡萄牙語影響
/ŋ/	[ŋ]	ng		別位	ngọc '玉'	hām g kap gh ê 條件全款
		ngh		tī 前母音頭前 /i e ɛ/（i, ê, e）	nghi '歇睏' nghề '行業' nghe '聽'	
			ng		hàng '貨物'	
	[ŋ͡m]		ng	tī 圓喉 ê 後母音後壁 /u ɔ o/（u, o, ô）	ung '腐臭' cong '彎曲' công '公'	雙重結束
	[ɲ]		nh	tī 前母音後壁 /i e ě/	tinh '精' ênh '展開' nhanh*² 'kín'	hām 韻尾 ch 全條件

/w/	[w]	u	tī 高母音 ê 頭前 /i e ɤ ɤ̆/（y, ê, ơ, â）抑是 tī 文字 q 後壁 /k/（q）	nguy '危' Huế '順化' thuở '時期' xuân '春' que '柴枝' quả '果子' quốc*3 '國'	
		o	tī 低母音 ê 頭前 /ɛ a ă/（e, a, ă）	khoẻ '健康' hoa '花' xoăn '捲'	
/i/	[i]	i	別位	khi '…ê 時'	註 *4
		y	tiāⁿ 用 tī 漢越詞	đồng ý '同意'	註 *4
/e/	[e]	ê		ghế '椅 á'	
/ɛ/	[ɛ]	e		em '人稱'	
/ɛ̆/	[ɛ̆]	a	kan-taⁿ 用 tī -anh, -ach	thanh '聲音' sách '冊'	
/u/	[u]	u		cũ '舊'	
/ɯ/	[ɯ]	ư		từ '詞'	
/o/	[o]	ô	別位	cô '姑'	
		ôô	tī ē-kha ê 音素 ê 頭前 /ŋ k/（ng, c）	côông côốc	kan-taⁿ 少數案例
/ɤ/	[ɤ]	ơ		thơ '詩'	
/ɤ̆/	[ɤ̆]	â		thấy '看著'	
/ɔ/	[ɔ]	o	別位	co 'kiu'	
		oo	tī ē-kha ê 音素 ê 頭前 /ŋ k/（ng, c）	coong xoong '鍋 á' moóc '海象'	kan-taⁿ 少數案例
/ɔ̃/	[ɔ̃]	o	tī 下面音素頭前 /ŋ k/ (ng, c)	cong '彎曲' cóc '蟾蜍'	
/a/	[a]	a		và 'hām' an '安'	
/ă/	[ă]	ă	別位	ăn '食物件'	
		a	tī ē-kha ê 韻尾 ê 頭前 y, u	tay '手' sau 'sió 等'	
/i‿e/	[i‿e]	iê	別位	tiên '先'	
		yê	tī 喉塞音 /ʔ/ 抑 介音 /w/ 後壁	yêu '愛' truyện '故事'	
	[i‿ə]	ia	無介音 /w/ mā bô 韻尾 ê 時	bia 'bih-luh' ia '屎'	
		ya	tī 介音 /w/ 後壁而且無韻尾	khuya '半暝'	

/u‿o/	[u‿o]			uô	別位	chuông '鐘' uống 'lim' quốc*3 '國'	
	[u‿ə]			ua	無韻尾	vua '國王' của 'ê' ùa 'kui-tīn'	
/ɯ‿ɤ/	[ɯ‿ɤ]			ươ	別位	được 'ē-tàng'	
	[ɯ‿ə]			ưa	無韻尾	mưa '落雨'	
/w/	[w]			o	別位	vào '入去' sao '天星' keo '糊仔'	
	[w:]			u	tī 高前母音後壁 /i e ɯ ɤ ɯ‿ɤ i‿e/（i, ê, ư, â, ươ, iê, yê）抑是短母音 ê 後壁 /ă ɤ̆/（a, â）	chịu '忍受' kêu '叫' cứu '救' Âu '歐洲' rượu '酒' kiêu '驕' yêu '愛' sau 'sió 等' đâu '佗位'	
/j/	[j]			i	別位	tai '耳á'	
	[j:]			y	短母音後壁 /ă ɤ̆/（a, â）	tay '手' ấy 'hit-ê'	註*4

註

*1 有學者認為越南語 ê 音素/b/ hām /d/ 分別是無經過肺 ê 封閉音（implosive）ê [ɓ] hām [ɗ]。發 chit 兩个音 ê 時 tiaⁿ 會先喉塞音化（preglottalized）兼濁化（voiced），IPA 記做 [ʔb] 和 [ʔd]。

*2 Tī chit 个案例內底 a 其實是短 ê 前元音[ɛ]。

*3 Tī 古早，quốc ê 發音是[kwɤ̆k]（像 quắc ê 發音），m̄-koh 當今伊發做[ku‿ok]（像 cuốc）。Tī quốc ê 拼字 lìn，u 字母代表雙母音/u‿o/ ê 前半段，毋是介音（glide）ê /w/。

*4 字母 y 通常用來表記漢越詞（ùi 漢語借到越南語 ê 外來語）。M̄-koh，y 有 sî-chūn 是 leh 區分核心抑是韻尾 ê 差別，像講 túi（i 是韻尾）hām tuý（y 是核心）;有 sî-chūn 是 leh 區分長短音 ê 差別，像講 tai（i 是短 ê 半母音）hām tay（y 是長 ê 半母音）。

∞ CH 8. ∞

越南少數民族

族語分類 kap 教育現況

1. 話頭

越南是一个多語言、多民族 ê 國家，官方正式認定公布 ê 民族總共 54 族。根據越南統計總局 2010 年（Tổng Cục Thống Kê 2010）公布 tī 2009 年所做 ê 人口普查結果，全國總人口大約 8,584 萬人。其中主體民族「京」（Kinh）族占 85.7%，其他 53 ê 少數民族佔 14.3%（參閱附錄一）。少數民族 ê 人口數字 mā 精差 kài 大，100 萬以上 kan-tāⁿ 5 族，100 萬至 10 萬有 14 族，10 萬至 1 萬之間有 18 族，若 1 萬以下 ê 有 16 族。就比例來講，tī 越南總人口超過 1% ê 少數民族 kan-tāⁿ 6 族：岱族（Tày）2.2%、泰族（Thái）1.8%、芒族（Mường）1.48%、高棉族（Khmer; Khơ me）1.47%、苗族（Mông; Hmông）1.24%，其他 47 族 lóng-chóng chiah 佔總人口 ê 6.11%。

若是就語言分類 ê 角度來看，越南 ê 民族數目遠遠超過 54 ê 民族。照 Ethnologue （Lewis 2009:537）ê 記錄，手語若無算在內，越南全境總共有 105 種語言。越南政府有認定 ê 54 ê 民族分別屬 tī 下面 5 ê 語系：「南亞語系」（Austro-Asiatic），「壯侗語系」（Daic）、「苗瑤語系」（Hmong-Mien; Miao-Yao）、「南島語系」（Austronesian）和「漢藏語系」（Sino-Tibetan）。屬南亞語系 ê 越南語（京族 ê 族語）hō 政府採用做全國性官方語言，tī 教育體制 kap 大眾媒體使用。少數民族大約有 90% ê 人口會曉使用各種程度 ê 越南語。Chit kúi 冬來少數民族 ê 語言意識 jú 來 jú 提昇，民族母語 ê 教育權 kap 傳播權漸漸受 tióh 重視。譬如講，越南之聲廣播電台已經使用一 kóa 少數民族語言，像講：苗語、泰語、高棉語、Xơ đăng、Ba na、Gia rai 等等來放送。本文 ùi 社會語言學 ê 角度，針對族語分類、文字化、族語教育 kap 族語傳播權等方面來探討越南少數民族族語發展 ê 現況。

2. 民族 kap 族語分類

民族 kap 語言 ê 分類通常受 tioh 主、客觀因素 ê 影響。就算是客觀因素，因為分類標準無 kâng 結果 mā 無 kâng。若是主觀因素，koh khah gâu 受族群自我認同 kap 統治者 ê 政治經濟考量影響產生無 kâng 結果。

越南 ê 地理位置 tī 語言分布真複雜 ê 東南亞，而且大多數語言屬 tī 分類爭議極 chē ê Austric 大語門（Austric phylum）（Ruhlen 1991:148-158），其中壯侗語系 kap 苗 語系 ê 歸屬上有爭議。因為按呢，國際 kap 越南國內 ê 語言學者對越南境內 ê 語言分類並無完全一致（Lewis 2009; Trần 2000; Hoàng 2002; Đặng et al. 2000）。本論文綜合學界 khah 多數 ê 分類法 koh 加上作者個人意見，將越南官方認定 54 ê 民族語言做初步分類，如圖表 1。

圖表 1. 越南境內民族語言分類

語系 （英文/越文名稱）	語支 （越文名稱）	語言 （越文名稱）
南亞語系 （Austro-Asiatic; Nam Á）	越芒 （Việt Mường）	越語（Kinh）、芒（Mường）、Thổ、Chứt
	孟高棉 （Môn-Khơ me）	Ba na、Brâu、Bru、Chơ ro、Co、Cơ tu、Cơ ho、Gié-Triêng、Hrê、Kháng、Khmer、Khơ mú、Mạ、Mảng、Mnông、Ơ đu、Rơ măn、Xinh mun、Xtiêng、Xơ đăng、Tà ôi
壯侗語系（Daic; Tày Thái; Thái Kađai）	加岱（Kađai）	Cơ Lao、La Chí、La ha、Pu Péo
	泰（Thái）	Bố Y、Giáy、Lào、Lự、Nùng、Sán Chỉ、Tày、Thái
苗瑤語系 （Hmong-Mien; Miao-Yao; Mèo Dao）	Mông、Dao、Pà Thẻn	
南島語系 （Austronesian; Nam Đảo）	Chăm、Chu ru、Ê Đê、Gia rai、Ra glai	
漢藏語系 （Sino-Tibetan; Hán Tạng）	漢（Hán）	Hoa（華）、Ngái、Sán Dìu
	藏（Tạng）	Cống、Hà Nhì、La Hủ、Lô Lô、Si La、Phù Lá

越南語 éng 過 bat 使用漢字而且 koh 有 chē-chē 漢越詞，致到 tī 20 世紀初越南語 bat hō͘ 人誤會做漢藏語系 ê 成員。尾手經過深入研究，chiah 發現越語 ài 歸 tī 南亞語系 khah 適當（Ruhlen 1987: 149-156）。

Tī 越南 ê 民族認定 chit 方面，ùi 中國遷 sóa 到越南 ê "華人"（iāh 是廣義 ê 漢人）分做華族（Hoa）、Ngái 族 kap Sán Dìu 三族。事實上，華族是複數族群 ê 綜合體，主要包含來自中國講廣東話、福建話、潮州話、海南島、客家話等族群（Trần 2000:54-55; Đặng et al. 2000:226）。Chia-ê 族群 tī 無 kâng 時期陸續 sóa 到越南 tòa，in 越化 ê 程度 mā 無 siâng。根據 2009 年越南 ê 人口普查結果 thang 知，計共有 823,071 華人。

早期華人遷 sóa 到越南，通常照 in ê 籍貫分做福建人、廣東人、潮州人等等，in 也傳承家己族群 ê 母語。二十世紀初中華民國建立以後，liah 北京語做標準 ê 國語運動推動之下，chia-ê 華人開始接受、學習北京話。2011 年 2 月 11 口筆者 tī 越南胡志明市 ê 二府會館（又 koh 稱做二府廟）訪問廟寺管理委員楊 sèⁿ（祖籍福建廈門，hit 時 80 歲，爸母 lóng 是廈門人，是移民越南 ê 第三代）。楊先生 m̄-nā 越南話會曉講，koh ē-tàng 講輪轉 ê 廈門話。因為台語 kap 廈門話真接近，筆者用台語 kap 楊 sèⁿ 交談，beh 了解對方 ê 語意並無困難。楊先生細漢 tī 廟 lìn 用廈門話讀漢文，會曉廈門話以外，讀冊 ê 時 mā 學習北京話。後來伊 kap 廣東籍 ê 牽手結婚，學會曉廣東話。楊先生講，若照伊語言輪轉 ê 好 bái 來排列，是越南語、廈門話、廣東話 kap 北京話。伊 ê 囝 á 會曉越南話 kap 廣東話，m̄-koh 廈門話無 kài gâu 講。

雖 bóng 華族列 tī 越南 54 ê 民族之一，m̄-koh 華語（北京話/普通話/漢語）kap 漢字是 hō 越南人 kap 越南政府當作 "外國語文"。像講，中文系列 tī 外語學院，電視 kap 廣播節目內底 ê 華語教學算做外語教學節目。凡勢是因為中國將華語 kap 漢字列做官方語文，致到越南採取 chit-khoán 做法。Chit 種做法值得台灣做參考。

Tī 華族以外，Ngái 以及 Sán Dìu hō 人獨立分類出來。是 án-chóaⁿ beh 將 Ngái kap Sán Dìu 獨立列出來？Chit 兩族 ê 語言到底是 siáⁿ khoán？In kap 華族 saⁿ-têng-thảh ê 程度有 gōa chē？Iáu 需要進一步研究 chiah ē-thang 回答 chia-ê 問題。

照 2009 年 ê 越南人口普查結果，Ngái 族總共有 1,035 人，kap 1989 年統計結果 1,318 人 saⁿ 比 koh 減 283 人[1]。根據越南學者 ê 講法，Ngái 也稱做 Hắc Cá, Sán Ngài, Xín, Lô, Đản, Hẹ, Xuyến, Ngái Lầu Mần 等等無 kâng 名稱（Viện Ngôn Ngữ Học 2002; Trần 2000; Đặng et al. 2000; Bùi 2004）。Ngái 族真有可能 tō 是台灣所稱呼 ê「客人」（Hak-ngin; Hak-ka ngin）。Ngái tī 無 kâng 時期進入越南，koh 四散 tī 越南北中南各地，伊所 tñg--tiỏh ê 隔壁族群 mā 無 kài sio-siāng，kiám-chhái 自按呢產生無 kâng-khoán ê 族群稱呼。Tī 胡志明市 ê 客人一般自稱做 Người Hẹ（華夏人）iảh-sī「崇正人」。Tī 越南，「客人」並 m̄-sī 一個統一 ê 概念 hām 專有名詞，有 chit-kóa hō台灣客人認為是"客人" ê 人並無認為 in 自己是"客人"。另外，有 kóa 華人眼中 ê 客人其實是指廣東人、福建人、潮州人 hām 海南人以外，來自中國其他省分 ê 人 lóng 號做客人。

Ngái tàu 底 kám 是講單一 ê 客語？或者是無 kâng-khoán ê 客語方言？甚至是無 siâng ê 語言？伊 ê 語言活跳程度是 siáⁿ-khoán？Kám 是因為族群認同 ê 轉變（Ùi Ngái 族到 Hoa 族）iảh 是越化 ê 結果來致到人口減少？因為越南學者差不多無針對 Ngái 族語言進行調查，ài théng 候未來進一步田野調查（Trần 2000:114）chiah ē-tàng 回答。Chit kúi 冬，台灣中央大學客家語文研究所 ê 碩士生吳靜宜（2010）bat 去越南做客家族群 kap 客語 ê 研究。雖 bóng iáu 無法度針對越南 ê 客語進行全面系統性 ê 調查，不而過 Ngái 族 ê 研究非常欠缺，hit 篇論文猶原有 thang 參考 ê 價值。

---

[1] 1989 年統計數字根據 Trần（2000:114）。

　　根據吳靜宜（2010:137）ê 調查研究，當地客語受 tiòh 廣東話 kap 潮州話影響 bē chió。胡志明市 ê 客語因為內部有方言差，soah 無形成優勢腔，就是無一 ê 主流 ê 客語標準 thang chiâⁿ 做所有客人 ê 共通語（lingua franca）。Tī 華人社區 lìn，客人反轉 khah chiàp 使用 khah 強勢 ê 廣東話，m̄-nā 客語退入去家庭內底使用，甚至廣東話 mā 漸漸 tò⸱入去家庭用語。

　　除了 Ngái 族，另外一 ê 獨立出來 ê 是 Sán Dìu 族。越南學界對 Sán Dìu 族 kap 伊 ê 語言 ê 研究 iáu 真罕得有。照 Trần（2000:76）ê 簡介，Sán Dìu 語 tī 華語 kap 越南另外一族 Sán Chay 兩者中間。具體 ê 情形 iáu 需要進一步調查。

3.　民族書寫文字

　　越南使用越南語做官方語言，自按呢越南語 ê 文字化 kap 標準化工作上 chiâu 備，siâng 時越南文 mā chiâⁿ 做越南各民族主要 ê 溝通語文。根據 2009 年人口普查 ê 結果，越文 bat 字率達到 94%，其他各民族 ê 文字發展受 tiòh 無 kâng ê 歷史背景 kap 社會條件影響有所差異。現此時有將近一半 ê 民族 iáu 無正式 iàh 是 chiâu 備 ê 母語書寫系統。就算有傳統文字 iàh 是新造文字，chiah-ê 民族 ê 母語文字普及率 mā 無 tek-khak 會 kâng-khoán。筆者根據 Trần（2000）、Viện Ngôn Ngữ Học（2002）、Coulmas（1999）、Nida（1971）kap Lewis（2009）ê 資料，kā 越南各民族 ê 文字現況整理 tī 圖表 2。

圖表 2. 越南境內各民族文字現況

	文字型式	語言文字	
有文字	羅馬字式	越語、Ba na、Bru, Chơ ro、Chu ru、Co、Cơ ho、Cơ tu 、Ê Đê、Gia rai、Gié-Triêng、Hrê、Mnông、Mông、Tà ôi、Ra glai、Xtiêng、Xơ đăng、Chăm*、Mường、Tày*、Nùng*、Thái *	
	漢字式	漢字	華語
		喃字	Cao Lan、Tày*、Nùng*、Dao*
	梵文式	Chăm*、Khmer、Lào、Thái *	
	彝字	Lô Lô	
無文字	其餘民族		

4. 教育權 kap 傳播權

越南政府 tī 關係民族語文 chit 方面採用雙軌政策。也就是一方面規定越語 kap 越南文（羅馬字）做官方語言文字，chiaⁿ 做全民 kap 各少數民族之間 ê 溝通語文，另外一方面 tī 憲法 kap 法律 lìn 保障各民族使用民族語言 kap 文字 ê 權利（Trần 2003:63-68; 2004）。

用 1992 年 4 月 15 日制訂、2001 年 12 月 25 日修訂上新 ê 越南憲法做例，第五條規定如下：

「越南社會主義共和國是共同生活 tī 越南國土頂面 ê tàk 民族之統一國家。國家實行 tàk 民族之間 ê 平等、團結 kap 互助 ê 政策，絕對禁止任何民族歧視 kap 分化 ê 行為。所有民族 lóng 有權使用家己 ê 語言

kap 文字、維護族群認同、以及發展其善良風俗、習慣、傳統 kap 文化。國家實行 ta̍k 方面 ê 發展政策，tá uh-tá uh 提昇少數族群同胞 ê 物質 kap 精神生活。」

M-nā 憲法明文保障，越南教育法 mā 有關係語文 ê 規定。像講 2009 年 11 月 25 日上新修訂版 ê 越南教育法（Luật giáo dục Số: 44/2009/QH12）第七條（Điều 7）規定：

「越南語用 tī 學校 kap 各種教育場合。......國家應該創造有利 ê 條件提供少數民族學習家己民族 ê 族語 kap 文字 koh 發揮伊民族文化特色......。」

雖然越南 tī 憲法 kap 法律方面保障少數民族 ê 語言、文字 kap 文化 ê 發展，總是 tī 現實面無 tú-tú ē-tàng 對所有民族完全實行。就教育來講，beh 達到 chiâu-chn̂g ê 民族母語教育，其中一項基礎 khang-khòe 就是文字標準化。M̄-koh 現此時越南量約有一半 ê 民族 iáu 無民族書面語文字。就算已經有文字，ta̍k 民族文字標準化 ê 程度 mā 有 koân 有低，並無一致。

Tī 大眾媒體方面，2002 年 2 月 10 日國營 ê 越南電視台（Đài Truyền hình Việt Nam[2]）所屬 ê VTV5 成立，專工播送少數民族語言 ê 節目[3]。就 VTV5 全國 kap 地方電視台節目時間表來看，歷年以來有以下 chia-ê 語言照時段輪流播送：Hmông、Ê Đê、K'ho、Ba na、Khơ me、Xtiêng、Chăm、Xê Đăng、Rắc Lây、Xơ đăng、Mường、Hrê、Gié Triêng、Jơrai、Thái、Dao 等。節目內容以時事新聞、政令宣導 kap 民歌，koh 有民俗活動等為主。播送員通常使用民族母語，m̄-koh 字幕是配越南文。

---

[2] 網站<http://vtv.gov.vn/home/>
[3] 有關 VTV5 ê 詳細資料，thang 參考 khó 伊網站<http://truyenhinhdantoc.info/index.asp?langid=1>

圖表 3. 越南 VTV5 電視台 ê 少數民族語節目

Tī 電視台以外，國營 ê 越南之聲廣播電台（Đài Tiếng nói Việt Nam4）mā 有專屬 ê 少數民族語言台 VOV4。照 in 網站公告 ê 資料，各區域電台放送 ê 語言包含 Hmông、Mnông、Ê Đê、K'ho、Ba na、Khơ me、Chăm、Xê Đăng、Xơ đăng、Mường、Gia rai、Jơrai、Thái、Dao 等等。

Tày 族 kap Nùng 族計共算來是越南人數上 chē ê 少數民族，總是 tī 現有資料 lìn soah 無 chhōe tióh 使用 Tày 語或者是 Nùng 語 ê 電視台 kap 電台節目。到底是資料 phàng-kiàn iáh 是另有其他政治因素，ài 等待進一步追蹤 kap 研究。

5. 結語

越南是一 ê 多民族國家。伊 tī 憲法 kap 法律方面雖 bóng 有保障少數民族語言文化 ê 發展權利，不而過 tī 實踐方面 iáu 有 ài phah 拚 ê 所

---

4 網站<http://tnvn.gov.vn/>

在。自 1945 年越南宣布獨立到 1986 年革新開放 chit 段時期，以推 sak 越南語文為主。了後，越南經濟 ná 發展、ná 受注重文化多樣性 ê 國際潮流影響，越南 mā 一步一步實踐多民族語文政策。越南 ê 民族現今 iáu 有半數無民族書寫文字，建議越南 tiòh 運用政府 ê 力量 tàu 制訂標準文字 thang 進一步推 sak sòa 落去 ê 族語教育。另外，tī 大眾媒體 ài hō 各民族有至少一台以上 ê 地方電台、電視 thang 傳播族語。若是 chit-ê 目標 ē-tàng 實行，越南就更加符合 2001 年聯合國教科文組織呼籲 ták 國遵守 ê 世界文化多樣性宣言 ê 精神 kap 宗旨 ah。

【原文以〈越南少數民族族語發展現況調查〉標題發表 tī 2011 年台灣 ê 東南亞區域研究年度研討會，4 月 29 日-30 日，台北，淡江大學。Chit 篇論文根據原文增補修訂 liáu 收錄 tī chia。】

參考冊目

Bùi, Thiết. 2004. *Dân Tộc Việt Nam & Các Tên Gọi Khác* [越南民族 kap 各種稱呼]. Hà Nội: NXB Thanh Niên.

Coulmas, Florian. 1999. *Encyclopedia of Writing Systems*. Oxford: Blackwell.

Đặng, Nghiêm Vạn; Thái Sơn Chu; and Lưu Hùng. 2000. *Ethnic Minorities in Vietnam*. Hà Nội: NXB Thế Giới.

Grimes, Joseph E. and Barbara F. Grimes. 1996. *Ethnologue: Language Family Index*. Dallas: SIL International.

Hoàng, Văn Ma. 2002. *Ngôn Ngữ Dân Tộc Thiểu Số Việt Nam: Một Số Vấn Đề về Quan Hệ Cội Nguồn và loại hình học* [越南少數民族語言：有關語源 kap 分類 ê 一 kóa 問題]. Hà Nội: NXB Khoa Học Xã Hội.

Lewis, M. Paul. （ed）. 2009. *Ethnologue*. Dallas: SIL International.

Nida, Eugene A. 1971. *The Book of a Thousand Tongues*. London: United Bible Societies.

Ruhlen, Merritt. 1991. *A Guide to the Would's Lanugages*. Volume 1: Classification. London: Edward Arnold.

Tổng Cục Thống Kê. 2010. Báo cáo kết quả chính thức tổng điều tra dân số và nhà ở 1/4/2009. [2009 年全國人口 kap 住屋總調查報告] <http://www.gso.gov.vn/default.aspx?tabid=403&idmid=2&ItemID=9782>

Trần, Trí Dõi. 2000. *Nghiên Cứu Ngôn Ngữ Các Dân Tộc Thiểu Số Việt Nam* [越南少數民族語言研究]. Hà Nội: NXB Đại Học Quốc Gia Hà Nội.

Trần, Trí Dõi. 2003. *Chính Sách Ngôn Ngữ Văn Hóa Dân Tộc ở Việt Nam*[越南民族語言文化政策]. Hà Nội: NXB Đại Học Quốc Gia Hà Nội.

Trần, Trí Dõi. 2004. *Thực Trạng Giáo Dục Ngôn Ngữ ở Vùng Dân Tộc Miền Núi Ba Tỉnh Phía Bắc Việt Nam* [越南北部三省山地區少數民族 ê 語言教育實況]. Hà Nội: NXB Đại Học Quốc Gia Hà Nội.

Viện Ngôn Ngữ Học. 2002. *Cảnh Huống và Chính Sách Ngôn Ngữ ở Việt Nam* [越南語言情形 kap 語言政策]. Hà Nội: NXB Khoa Học Xã Hội.

吳靜宜 2010《越南華人遷移史與客家話的使用─以胡志明市為例》。碩士論文：中央大學。

附錄一

越南各少數民族 ê 統計資料（2009 年）

	主要名稱	別稱	人數	分布區域	使用語言	使用文字	備註
1	Kinh（京）		73,594,341	Cả nước 全國	Tiếng Việt（越南話）	chữ Quốc ngữ（越南國語字）	
2	Tày（岱）	Thổ	1,626,392	Cao Bằng, Hà Giang, Tuyên Quang, Lạng Sơn, Bắc Kạn, Thái Nguyên, Lào Cai, Yên Bái, Bắc Giang, Hà Tây, Hòa Bình, Nghệ An, Hà Tĩnh	Tày	羅馬字（1961 年製）	Koh 分布 tī 中國，稱做壯族
3	Thái（泰）	Tày, Pu Thang, Tai,	1,550,423	Sơn La, Lai Châu, Lào Cai,	Thái	古泰文、泰式羅馬字	Koh 分布 tī 泰國、寮

		Thay		Yên Bái, Hòa Bình, Nghệ An, Hà Tĩnh, Thanh Hóa			國 kap 中國
4	Mường （芒）	Mol	1,268,963	Hòa Bình, Thanh Hóa, Hà Tây, Vĩnh Phúc, Phú Thọ, Sơn La, Lào Cai, Yên Bái, Ninh Bình	Mường	羅馬字	
5	Khmer （高棉）	Khơ me	1,260,640	Hậu Giang, Cửu Long, Kiên Giang, An Giang, Minh Hải, Tây Ninh, Đồng Nai, Sóc Trăng, Châu Đốc, Trà Vinh	Khmer	古 Khmer 文	Koh 分布 tī 柬埔寨

6	Mông（苗）	Hmông, Mèo	1,068,189	Hà Giang, Tuyên Quang, Lào Cai, Yên Bái, Lai Châu, Sơn La, Nghệ An, Hà Tây, Hà Tĩnh, Hòa Bình, Cao Bằng, Thanh Hóa, Lạng Sơn, Bắc Kạn, Thái Nguyên	Mông	羅馬字（1961 年製）	Koh 分布 tī 中國、寮國、泰國
7	Hoa（華人）	Hắc Cá, Pạc Và, Ngái, Xa Phăng, Xường Phống, Thông Nhằm …	823,071	Quảng Ninh, Bắc Giang, Hà Giang, Tuyên Quang, Cửu Long, Hậu Giang, Hải Phòng	華語（包含各地方語言）	漢字	

| 8 | Nùng（儂） | | 968,800 | Lạng Sơn, Cao Bằng, Hà Giang, Tuyên Quang, Bắc Kạn, Thái Nguyên, Bắc Giang, Hoàng Liên Sơn | Nùng | 羅馬字（1961年製） | Koh 分布 tī 中國，稱做壯族 |
| 9 | Dao（瑤） | Người Mán | 751,067 | Hà Tuyên, Hoàng Liên Sơn, Cao Bằng, Lai Châu, Quảng Ninh, Lạng Sơn, Bắc Kạn, Thái Nguyên, Sơn La, Hà Tây, Hòa Bình, Vĩnh Phúc, Phú Thọ, Bắc | Dao | 漢字、喃字 | Koh 分布 tī 中國、寮國、泰國 |

				Giang, Thanh Hoá			
10	Gia rai		411,275	Gia Lai, Kontum, Đaklak, Bình Thuận, Ninh Thuận	Gia rai	羅馬字 （19世紀 末法國人 製）	
11	Ê Đê	Ra đê, Đê	331,194	Đaklak, Phú Yên, Khánh Hoà	Ê Đê	羅馬字 （19世紀 末法國人 製）	
12	Ba na		227,716	Gia Lai- Kontum, Quảng Ngãi, Bình Định, Phú Yên, Khánh Hòa, Đaklak	Ba na	羅馬字 （1861法 國人製）	
13	Xơ đăng		169,501	Kontum, Quảng Nam, Quảng	Xơ đăng	羅馬字 （美國人 製）	

			Ngãi, Bình Định, Đaklak			
14	Sán Chay	Cao Lan, Sán Chỉ	169,410	Hà Giang, Tuyên Quang, Bắc Cạn, Thái Nguyên, Bắc Giang, Quảng Ninh	Tiếng Cao Lan, tiếng Sán Chỉ	無
15	Cơ ho		166,112	Lâm Đồng, Ninh Thuận, Bình Thuận	Cơ ho	羅馬字（法國製、美國 kap 越南人修改）
16	Chăm（占）	Chàm	161,729	Thuận Hải, Phú Yên, Khánh Hòa, Quảng Ngãi, Bình Định, An Giang, Tây Ninh, Đồng Nai	Chăm	古 chăm 文

17	Sán Dìu	Trai đất, Mán Đất, Mán quần cộc, Slản Dáo, Sơn Man	146,821	Bắc Kạn, Thái Nguyên, Vĩnh Phúc, Phú Thọ, Bắc Giang, Quảng Ninh, Hà Giang, Tuyên Quang	Sán Dìu	無	
18	Hrê	Re	127,420	Quảng Ngãi, Đaklak	Hrê	羅馬字（美國人製）	
19	Mnông	Biắt	102,741	Đaklak, Lâm Đồng, Sông Bé, Quảng Nam	Mnông	羅馬字（美國人製）	Koh 分布 tī 柬埔寨，稱做 Biắt
20	Ra glai		122,245	Ninh Thuận, Bình Thuận, Phú Yên, Khánh Hòa	Ra glai	羅馬字（DTGP製）	

21	Xtiêng		85,436	Sông Bé, Gia Lai, Kontum, Đồng Nai	Xtiêng	羅馬字（美國人製）	
22	Bru	Bru -Vân Kiều	74,506	Quảng Trị, Quảng Bình	Bru	Bru 羅馬字（美國人製）Vân Kiều 羅馬字（DTGP 製）	
23	Thổ	Cuối, Đan lai, Ly Hà, Tày Poọng	74,458	Tây Nghệ An	接近 Mường 語	無	
24	Giáy		58,617	Lào Cai, Yên Bái, Hà Giang, Tuyên Quang, Lai Châu	Giáy	無	
25	Cơ tu	Teu, Khat, Attouat	61,588	Quảng Nam, Thừa Thiên	Cơ tu	羅馬字（美國人製）	

26	Gié-Triêng	Gié, Triêng	50,962	Kontum, Quảng Nam	Giẻ	羅馬字（美國人製）	
27	Mạ		41,405	Lâm Đồng, Đaklak	Mạ	無	
28	Khơ mú	Tay Huy, R. Thenh, Mun Xan	72,929	Nghệ An, Sơn La, Lai Châu	Khơ mú	無	
29	Co	Cua	33,817	Quảng Ngãi, Quảng Nam	Co	羅馬字（美國人製）	
30	Tà ôi	Ta ôi – Pa cô	43,886	Tây Thừa Thiên	Tà ôi, Pa cô	羅馬字（美國）	
31	Chơ ro		26,855	Đồng Nai, Ninh Thuận, Bình Thuận	Chơ ro	羅馬字（美國人製）	
32	Kháng		13,840	Lai Châu, Sơn La	Kháng	無	
33	Xinh mun		23,278	Sơn La, Lai Châu	Xinh mun	無	
34	Hà Nhì	Cô Chồ,	21,725	Lai Châu,	Hà Nhì	無	

		La Mi		Lào Cai, Yên Bái			
35	Chu ru		19,314	Lâm Đồng	Chu ru	羅馬字（美國人製）	
36	Lào（寮）		14,928	Lai Châu, Sơn La, Nghệ An, Hà Tĩnh	Lào	古寮文	Koh 分布 tī 寮國
37	La Chí		13,158	Lai Châu, Lào Cai, Yên Bái	La Chí	無	Koh 分布 tī 中國
38	La Ha		8,177	Sơn La, Lào Cai, Yên Bái	La Ha	無	
39	Phù Lá		10,944	Lào Cai, Yên Bái, Hà Giang, Tuyên Quang	Phù Lá	無	
40	La Hủ	Cò Sung	9,651	Lai Châu（Mường Tè）	La Hủ	無	
41	Lự		5,601	Lai Châu	Lự	無	Koh 分布 tī 中國，名稱傣族

42	Lô Lô	Mun Di	4,541	Cao Bằng, Hà Giang, Tuyên Quang	Lô Lô	彝文	Koh 分布 tī 中國，名稱彝族
43	Chứt	Mày, Rục, Sách, Arem, Mã Liềng	6,022	Quảng Bình	Chứt	無	
44	Mảng	Mảng Ư, Xá Mảng	3,700	Lai Châu （Mường Tè）	Mảng	無	
45	Pà Thẻn	Pà Hưng	6,811	Hà Giang, Tuyên Quang	Pà Thẻn	無	
46	Cơ Lao		2,636	Hà Giang, Tuyên Quang （các huyện Đồng Văn, Hoàng Su Phì, Mèo Vạc）	Cơ Lao	無	

47	Cống	Xá Khao, Côông	2,029	Lai Châu （h. Mường Tè）	Cống	無	
48	Bố Y		2,273	Hà Giang, Tuyên Quang （h. Quản Bạ）	Bố Y	無	
49	Ngái	Hắc Cá, Sán Ngải, Xín, Lô, Đản, Hẹ, Xuyến, Ngái Lầu Mần	1,035	Thái Nguyên, Bắc Cạn, Bắc Giang, Lạng Sơn, Cao Bằng, Tuyên Quang, Quảng Ninh, TPHCM	Ngái		
50	Si La		709	Lai Châu （h. Mường Tè）	Si La	無	
51	Pu Péo	La Quả, Ka Bẻo	687	Hà Giang, Tuyên Quang	Pu Péo	無	Koh 分布 tī 中國

52	Brâu			397	Gia Lai - Kontum	Brâu	無	
53	Ơ đu			376	h. Tương Dương, Nghệ An	Ơ đu	無	
54	Rơ măn			436	Gia Lai, Kontum	Rơ măn	無	Koh 分布 tī 柬埔寨
55	外國人			2,134				
56	無確定			86				
lóng 總				85,846,997				

本表內容 ùi 下列參考資料整理完成：

Tổng Cục Thống Kê. 2010. Báo cáo kết quả chính thức tổng điều tra dân số và nhà ở 1/4/2009.

Viện Ngôn Ngữ Học. 2002. *Cảnh Huống và Chính Sách Ngôn Ngữ ở Việt Nam* [越南語言情形 kap 語言政策]. Hà Nội: NXB Khoa Học Xã Hội.

Trần, Trí Dõi. 2000. *Nghiên Cứu Ngôn Ngữ Các Dân Tộc Thiểu Số Việt Nam* [越南少數民族語言研究]. Hà Nội: NXB Đại Học Quốc Gia Hà Nội.

∞ CH 9. ∞

越南 ê 明鄉人 kap 華人移民 ê

族群認同 hām 本土化 ê 精差

1. 話頭

公元 1644 年農民軍 ê 領袖「李自成」攻入去北京，「崇禎」皇帝自殺，大明帝國滅亡。原底是明將、鎮守山海關 ê「吳三桂」帶領 tī 東北 ê 滿清軍隊入關，無偌久清軍拍贏農民軍 koh kā 首都徙去北京，開始滿族人統治中國 ê 歷史。大明帝國滅亡了後，皇帝 ê 宗親 kap 遺將 chia--ê 路尾 sûi-ê 四散，chiâ ⁿ 做 kap 大清對抗幾若 10 冬 ê「南明」hām「明鄭」時期。四散去 ê 皇帝 ê 宗親、官員、遺將 kap 難民 sûi-ê 走去台灣、越南 kap 東南亞逐所在 （華僑志編纂委員會 1978; 陳烈甫 1983;吳鳳斌 1994;李恩涵 2003; 陳錦昌 2004; 湯錦台 2005;）。

大明尾期 tng 亂 hit-chūn，台灣 tú 好是荷蘭人 leh 統治。公元 1661 年，因為南明「隆武」皇帝賜姓「朱」soah 有「國姓爺」稱號 ê 鄭成功，chhōa 2 萬 5 千个兵仔去拍佔領台灣 ê 荷蘭人（史明 1980:102; 王育德 1993:56; 湯錦台 2001:137; 陳錦昌 2004:102）。1662 年荷蘭人投降，ùi hit-chūn 開始台灣就 hō 鄭成功 ê 家族統治到 1683 年「施琅」chhōa 清軍拍台灣 chiah soah。Tī 荷蘭人統治 ê sî-chūn 陸續移民去台灣開墾 ê chia ê 漢人 kap hō 鄭氏王朝 chhōa 來 ê 兵仔、家屬 kap 難民 lóng-chóng 有幾若萬人。Chia ê 人，khi 起有 ê hông 送轉去中國掠外，chhun--ê kài chē hām 台灣在地 ê 原住民通婚 kap 同化，尾仔「本土化」變做台灣人。

量其約全 hit-chūn，根據越南阮朝官史《大南寔錄》前編卷五 ê 記載，鄭成功 ê 舊部下龍門總兵「楊彥迪」（Dương Ngạn Địch）、高雷廉總兵「陳上川」（Trần Thượng Xuyên） chia ê 人 tī 1679 年[1]chhōa 3

---

[1] 鄭瑞明（1976:26）認為楊 chia ê 人去越南 ê 時間應該是 1681 年「三藩之亂」結

千外个兵去投靠 hit-chūn 越南 ê 阮氏政權² (藤原利一郎 1949:379; 陳荊和 1960:436; 華僑志編纂委員會 1958:32; 鄭瑞明 1976:25-26; 許文堂、謝奇懿 2000:3; Đặng Thanh Nhàn 2010:8;三尾裕子 2008:5。) 另外，明朝遺臣 ê 後代、廣東雷州莫府城 ê 人「鄚玖」(Mạc Cửu) tī 1671 年 chhōa 4 百外个人去 Combodia 南 pêng iáu-bōe 開荒 ê 所在開墾。路尾手，公元 1708 年鄚玖歸順越南阮氏政權 koh kā 開墾 ê 土地送 hō 越南 ê 顯宗孝明皇帝，因為 án-ne hông 封做「河仙鎮人總兵」(藤原利一郎 1949:383; 華僑志編纂委員會 1958:219; 陳重金 1992:242;許文堂、謝奇懿 2000:5)。M̄甘願 hō 滿清統治 ê 明國遺民 chia ê 人，路尾 tō tòa tī 越南，kài chē lóng kap 在地 ê 越南女性通婚致使 tàuh-tàuh-á 本土化，變做現此時一般講 ê「明鄉人」(người Minh Hương)。越南 ê 明鄉人就像明鄭時期流亡去台灣 ê 漢人全款，透過通婚 kap 逐款本土化 ê 過程，已經建立強烈 ê 在地認同。基本 tek，明鄉人 lóng 講越南話 mā kap 越南在地 ê 文化 lām 做伙 ah，in 身分證件 ê 民族類別 mā 登記做京族 (Kinh 越南主體民族)。

明鄉人 sòa-āu，遷徙時間 khah 倚近 koh 明顯看會 tioh--ê 是 tī 19 世紀尾期到 20 世紀前半段這段期間，陸續有華裔 ê 族群移民去越南。日本侵略中國 kap 國共內戰期間，足 chē 華裔 ê 族群徙去越南避難。Ùi 中國徙去越南 ê chia ê 華裔族群，tī 越南 ê 民族認定 lìn hông 分做華

束了後 khah 合理。根據越南胡志明市「明鄉嘉盛堂」(iàh 就是明鄉會館) ê 紹介手冊，楊彥迪 chia ê 人去越南 ê 時間是 1683 年 (Đặng Thanh Nhàn 2010:8)。陳荊和 (1960:454) mā 認為應該 tī 1682 年底到 1683 年。

² 公元 16 到 18 世紀 hit kha-tau，越南 tng leh 南北分裂時期。北 pêng 是鄭氏政權，南 pêng 是阮氏政權 (iàh-sī 講廣南國)，雙方大約用現此時越南中部 ê 靈江 (Sông Gianh) 做隔界 (Trần Trọng Kim 2002:312; 郭振鐸、張笑梅 2001:459)。

族（Hoa）、客家（北部 tiāⁿ 叫做 Ngái，南部 tiāⁿ 叫做 Hẹ[3]）kap Sán Dìu 3 族。根據越南 tī 2009 年做 ê 人口普查結果，lóng-chóng 有 823,071 个華人。華族其實是複數族群 ê 綜合體，主要包含 ùi 中國來 ê 講廣東話、福建話（以漳州、泉州 kap 廈門為主）、潮州話、客家話、海南島 chia--ê 無仝語言 ê 族群。Chia ê 族群 tī 無仝 sî-chūn 陸續 sóa 去越南 tòa，in 越化 ê 程度 hām 保留族群母語 kap 文化 ê 程度 mā 無仝。In ê 族群認同 kap 國家認同 mā tòe 無仝 ê 情境 leh 變動。規个來講，kap 明鄉人 ê 越南化比起來，khah òaⁿ chiah 遷徙去越南 ê chia ê 華裔族群，某種程度 iáu 有保留祖國中國 ê 原鄉認同。Mā 因為強烈 ê 原鄉認同 soah kap 當地社會產生衝突，造成 1950 到 1970 年代越南用看 kah kài 明 ê 排華政策。

台灣 tī 1945 年二次大戰戰 soah 了後 mā tñg tiòh 蔣介石 chhōa 頭 ê 百萬中國軍民遷徙來台灣[4]。Ùi 中國逐省來 ê 中國人 ná 像 17 世紀 ê 明鄉人流落去台灣仝款。因為來台灣 ê 時間 iáu 短，土著化 ê 程度有限，kài chē 人 iáu 有強烈 ê 中國認同。這款中國認同生本會 kap 本地 ê 台灣認同起衝突，就有咱講 ê「省籍衝突」抑是（iàh-sī）「族群衝突」；Chia ê 衝突本質其實是國家認同 ê 精差 niâ，kap 越南 ê 排華運動本質 beh 仝。

本文 ê 目的按算用人類學「土著化」ê 角度探討明鄉人 kap 近代華人遷徙去越南了後，族群 ê 認同 kap 本土化 ê 過程仝款 kap 無仝 ê 所在。早期關係明鄉人 kap 華人 ê 研究，多數主要是用文獻 ê 稽考，倚年以日本東京外國語大學亞非研究所三尾裕子做代表 ê 跨國研究團隊，就用人類學 ê 訪談方式去越南做實地訪查，in ê 成果提供 bē-chió

---

[3] 越南文 Người Hẹ 本底 ê 意思是「華夏人」。

[4] 照黃宣範（1993:25）ê 估計，1949 年移居台灣 ê 中國軍民量其約 121 萬人，本土台灣人量其約 660 萬。

新 ê 發現 kap 見解（三尾裕子 2007, 2008;芹澤知　2007; Trần Hồng Liên 2007; 中西裕二 2008）。因為文獻稽考對本研究 ê 議題有 kóa 制限，本研究 ê 方法 m̄-nā 包含文獻回顧，koh 去越南針對明鄉人 kap 華人做實地訪問 hām 調查。越南田野訪查 ê 時間地點是 2008 年 9 月初 2-3（「會安[5]」）、2011 年 8 月初 9-14（「胡志明市[6]」kap「前江省[7]」）、2012 年 11 月 16-19（「胡志明市」kap「同奈省」ê「錦美縣[8]」） kap 21-23 口（「會安」）、2013 年 1 月 31-2 月初 6 hām 9 月 28 日-10 月初 2（「胡志明市」）。

2. 專有名詞 ê 界定 kap 討論

本文講 ê「本土化」是 leh 講人類學角度 ê「上著化」（indigenization） 概念，就是 ùi 移民社會（immigrant society） 變做「上著社會」（native society）轉變 ê 過程。可比講早期漢人 ùi 唐山移民來台灣 hit-chūn，siōng-thâu 見若過年過節 tō 會想 beh 轉去故鄉唐山 hām 親人團圓，甚至若往生了後 mā 想 beh kā 屍體送轉去唐山埋。Che 是移民社會 ê 現象，iah 就是移民者 iáu 有做客 ê 心態。M̄-koh 經過一定 ê 時間 kap 社會情境 ê 發展，hia ê 漢人 ê 移民 tàuh-tàuh-á「他鄉變故鄉」發展在地 ê 認同，過年、過節無 beh koh 轉去唐山，往生了後 mā 直接埋 tī 台灣。終其尾 hia ê 漢人移民認同家己 mā 是台灣人，台灣是 in 新 ê 故鄉。Che 就是土著化 ê 過程。陳其南（1994:92）指講，ùi 1683 到 1895 chit 200 外冬 lín，台灣 ê 漢人移民社會 tàuh-tàuh-á

---

[5] 越南文 Hội An.
[6] 越南文 Thành phố Hồ Chí Minh.
[7] 越南文 T. Tiền Giang.
[8] 越南文 H.Càm Mỹ.

形成土著社會[9]。意思就是日本 kap 中華民國政權陸續來台灣進前，台灣早就形成土著化 ê 社會。Ah 若本文討論 ê 二个主要 ê 對象明鄉人 kap 華人移民去越南 liáu-āu，kám koh 有移民心態 hām 現象，抑是 lóng 本土化 ah？若準已經本土化，i ê 程度 kap 內涵是啥？Che 是本研究關心 ê 焦點。

本文內底 ê 專有名詞「華裔」、「華僑」、「華人」、「中國」、「唐人」、「漢人」、「明人」、「清人」chia--ê 意涵 sió-khóa 無仝。解釋 kap 定義像下跤 án-ne：

「華裔」是 leh 講 ùi 中國 sóa 去別國 tòa 了後傳 ê 後代。Ùi 血統來看，chia ê 人有純 ê 華人血統（就是爸母 lóng 是華人），mā 有 lām--tióh-ê（譬如講，老爸是華人抑是華裔，老母是在地 ê 女性）（陳烈甫 1983:12）。移民定居在地 ê 時間 chit leh 久，一般 ték 華裔 ê 華人血統會一代一代減少，koh 提 tióh 當地 ê 國籍。通婚一般 ték 是同化重要 ê 過程之一（Gordon 1964）。影響華裔族群 華裔認同 ê 客觀因素大概是華文教育、族語使用、略仔知影中國 ê 歷史地理、kap 華人有往來 chia ê 因素（陳烈甫 1983:13; 周勝皋 1961）。

「華僑」是 leh 講中國人 sóa 去外國 tòa koh 無失去中國國籍 ê 人（楊建成 1985:2; 1984）。Chia ê 華僑一般 ték 是因為做生理暫時先留 tī 外國。華僑移居去國外年久月深 koh 經過土著化 ê 過程，就 chiâⁿ 做華裔抑是華人。「華人」是清國尾 táuh-táuh 普遍 ê 用語，講 khah 闊 leh 就是無管 i ê 國籍是啥，若祖先加減有中國血統 ê 就準算。華裔 kap 華人主要 ê 差別是 tī 土著化 ê 程度 hām 這個族群 tī 當地國 kám 是已經 chiâⁿ 做主體 ê 民族來區別。一般 ték，華裔 lóng 是 leh 指已經有某種程度 ê 土著化，in ê 族群人口是分散 ê 抑是 in ê 人口無 chē，tī 當地 ê 人

[9] 三尾裕子（2006）mā 有大約相仝 ê 看法。

口來算比例佔 kài chió ê。譬論講，華裔 ê 美國人。若準華裔人口分布
集中抑是佔當地多數，就有可能講做華人抑是用新名詞。譬論講新加
坡華人、馬來西亞華人 kap 越南華人（người Hoa[10]） chia--ê。用新名
詞 ê 例，親像馬來西亞 ê Baba Nyonya （華人 kap 馬來人通婚 ê 後
代）、越南明鄉人、台灣 ê 台灣人 chia--ê。雖罔 chia ê 用詞用語有相
對客觀 ê 區分標準，m̄-koh 影響族群認同上要緊 ê iáu 是當事人主觀 ê
自我認同。

「中國」這个政治名稱是近代 20 世紀開始 chiah 普遍有 leh 用。
現此時「中國」一般 tėk 是 leh 指中華人民共和國管 ê 所在。中國人就
khah chiảp 是 leh 指政治上有中國國籍 ê 人。論真講，早期 ê 中國 tī 無
仝時期 kap 無仝地區有無仝款 ê 講法。大唐 hit-chūn，大唐 ê 國民落南
去東南亞做生理 ê 人 bē-chió。só·-pái 東南亞逐所在 tiāⁿ 講中國是「唐
山」、中國人是「唐人」（陳烈甫 1983:92-93）。譬論講，筆者 2011
年 8 月去馬來西亞檳城做田調 ê 時，在地 ê 福建裔華人 iáu 用「唐山」
（Tn̂g-soaⁿ）、「唐人」（Tn̂g-lâng）ê 用語。

台灣早期 mā 用「唐山」（Tn̂g-soaⁿ）稱呼中國，用「唐山人」
（Tn̂g-soaⁿ-lâng）抑是「唐山客」（Tn̂g-soaⁿ-kheh）稱呼中國人（王
育德 1993:96;甘為霖 1978:707;麥都思 1832:661;杜嘉德 1873:510;小川
尚義 1931:395）。台語俗語講：「有唐山公，無唐山媽[11]」，直接 kā
翻是「有 ùi 唐山來 ê 查埔祖，m̄-koh 無 ùi 唐山來 ê 查某祖」，意思是
講「hit-chūn 唐山來 ê 移民多數是男性，路尾 in kài chē mā 娶台灣在地
ê 女性做某。」這句俗語說明明鄭時期 kap 滿清統治台灣 ê 初期，ùi 中
國移民來台灣 ê 明人 tiāⁿ kap 台灣本地 ê 原住民通婚自 án-ne tảuh-tảuh

---

[10] 越南語內底，華人號做 người Hoa，當今 ê 中國人號做 người Trung Quốc，khah
早進前 mā 用 người Trung Hoa （中華人）講中國人。

[11] 台語白話字 Ū Tn̂g-soaⁿ-kong, bô Tn̂g-soaⁿ-má.

土著化 ê 現象。「唐山人」這个詞本底會使講是"自稱"mā 會當講做是
"他稱"，m̄-koh tòe 土著化過程 ê 進行 kap 本地意識 giâ koân，唐山人
táuh-táuh chiâⁿ 做他稱，形成「唐山（中國）hām 本地（台灣）ê 地區
性 kap 社會性 ê 對立抗爭」（史明 1980:198）。這款唐山（中國）
hām 本地（台灣）ê 區分 tī 19 世紀尾就蒸 tiāⁿ-tiȯh kap 普遍 ah（史明
1980:198）。用台語諺語：「唐山客對半說[12]」（意思是 leh 講 ùi 中國
大陸來 ê 行商烏白 hoah 價，ài kā 拍對折）做例，清國尾 hit-chūn ê 台
灣人已經自認是台灣 ê 本地人，唐山客抑是唐山人就用來稱呼 ùi 中國
來 ê hia ê 生理人（王育德 1993:96）。到 20 世紀了後，一頭是土著化
ê 關係，另外一頭是日本統治 ê 期間促成近代化 kap 資本主義化，hō̄台
灣 ê 社會 kap 台灣人 ê 意識形成（史明 1992:220）。Iȧh 就是講這个時
期開始「台灣人」這个詞就真普遍取代「唐山人」 講法，chiâⁿ 做台
灣人稱呼家己 ê 主流講法。

　　現此時台灣普遍 tȧk 用「漢人」這个詞來講 hit-chūn ùi 中國移民來
台灣 ê 人。「漢人」本底是 leh 指漢朝 ê 人民（麥都思 1832:208;杜嘉
德 1873:118）。這个詞 tī 台灣 hông 用 kah 真普遍 kap 中華民國來台灣
有關係。中華民國開國 chhím-thâu 就強調漢、滿、蒙、回、藏 5 族共
和，「漢人」這个詞 hông 提來做國家內部族群名稱 ê 稱呼，ah「華
人」這个詞是為 tiȯh kap「中華」這个概念 sio-thīn-kha 所產生 ê，chiâⁿ
做外界 kap 移民海外 ê 中華民國人新 ê 稱呼。

　　Sòa「唐人」後壁，大明 hit-chūn ê 居民 mā hông 號做「明人」，
大清 hit-chūn 就號做「清人」。Chia ê 用詞 tī 越南國史 lìn tiāⁿ 看會
tiȯh。像講，1840 年《大南寔錄》正編第二紀卷 208 lìn 記載（許文
堂、謝奇懿編 2000:210）：

---

[12] 台語白話字 Tn̂g-soaⁿ-kheh tùi-pòaⁿ soeh.

戶部奏言嘉定別納各戶有**唐人**屯田四耨二百三十六人歲納
稅錢人各六緡老疾半之且彼等本自清國投來雖不與**清人**同
幫而稅例豈應有異惟據所著貫址均在南圻各省社村不知是
原**清人**而冒著抑或我民而冒從**唐人**簿額求免兵徭請令省臣
察覈何人確是我民貫南圻各省者抽回受差如有見成家產願
附籍于所寓者亦聽其餘清人插入屬省各幫照從**明鄉**例征稅
有物力者銀二兩無物力者銀一兩。

本論文 leh 書寫 ê 過程 lìn，有 sî-chūn 為 tioh beh 明確反應某一款
特殊時空情境下 ê 稱呼，咱就分別用明人、清人、明鄉人、華人、華
僑、中國人 chia 無全 ê 用語。

逐 sî-chūn ùi 中國移民去越南 ê 明人/清人/華人 lóng 會建立抑是照
現有 ê「會館」做活動中心。Chia ê 會館一般 tek 會拜神明抑是祖先，
mā 是重要 ê 社群網絡 ê 聯繫中心。Chia ê 會館會使分做二大類：第一
類是明鄉人 hōaⁿ-pôaⁿ ê 會館，一般講做明鄉會館。譬論講，胡志明市
ê「明鄉嘉盛堂[13]」、邊和市 ê「新鄰亭[14]」kap 會安市 ê「明鄉萃先堂
[15]」。明鄉嘉盛堂是 ùi 新鄰亭來 ê，koh 全款 tī 越南南部，所 pái nñg-
pêng ê 成員 iáu chiap 有 leh 往來。Ah 若明鄉萃先堂是 tī 越南中部，kap
南部 ê 嘉盛堂 hām 新鄰亭已經無 leh 相借問 ah。作者 leh 訪談 ê 時，萃
先堂 ê 幹部甚至掠做嘉盛堂 kap 新鄰亭是華人 m̄ 是明鄉人。Che 是 kài
特殊 ê 現象！

---

[13] 越南文 Hội Đình Minh Hương Gia Thạnh.
[14] 越南文 Đình Tân Lâm.
[15] 越南文 Minh Hương TuyTiên Đường.

會館 ê 第二類是華人 hōaⁿ-pôaⁿ ê 五幫會館。Chia ê 會館照原底族群（幫）ê 籍貫來分地盤，譬論講，福建會館、廣肇會館（廣東幫）、潮州會館、瓊府會館（海南幫）kap 客家會館 chia--ê。準講 ùi 全一省來 ê，mā 會照語言/城市 ê 差別 kā 地盤分 hō幼。譬論講，胡志明市 ê「霞漳會館」（漳州）kap「溫陵會館」（泉州）chia--ê。五幫會館 lóng 是華人 hōaⁿ-pôaⁿ--ê，現此時逐間會館 lóng koh 有 leh 往來，譬論講互相送牌匾 chia--ê。M̄-koh 當今，chia ê 會館 kap 明鄉會館已經無 leh 交插 ah。以早 kám 有 leh 交插就 m̄知 ah。訪查 liáu，大概是幾个因端：第一，語言因素。華人多數 iáu 用家己 ê 族群母語，m̄-koh 明鄉人已經用越南語 ah。雖罔多數 ê 華人 lóng 會曉越南語，m̄-koh 畢竟母語 ê 情感無全。第二，族群文化認同 ê 精差。明鄉人 lóng 認同家己是越南人，對越南有 khah 深 ê 土地情感 koh 已經建立在地化 ê 社會網路。對明鄉人來講，中國 ê 祖籍地 kan-taⁿ 是歷史 lìn 古早 ê 記持 niâ，已經無實質 ê 人際網路面頂聯繫 ê 需要。第三，經濟因素。根據受訪人 A kap B 表示，1975 年越南解放了明鄉人 ê 經濟狀況倒退 kài chē。顛倒，tī 1990 年代越中關係 ê 改善了後，tī 越南 ê 華人 ê 經濟狀況 tòe 越南 ê 開放有 tàuh-tàuh-á 富裕。因為經濟無對等，mā hō明鄉人 kap 華人無 saⁿ 有聯繫。

3. 明人到釘根生湠 ê 明鄉人

中國 kap 東南亞 ê 交流量其約 tī 漢、唐 ê 時代就 tàh-chāi 地基 ah。了後，tī 宋、元、明、清 kap 20 世紀 ê 時 lóng 有中國人因為做生理抑是戰亂 chia ê 因素陸續 sóa 去東南亞 tòa（華僑志編纂委員會 1978; 吳鳳斌 1994）。東南亞逐國 lìn，因為越南 kap 中國 ê 陸地相連， koh 漢唐 ê 時 bat hō中國直接統治，só-pái 老早就變做中國人做生理 kap 移居 ê 國家之一 ah（Trần Trọng Kim 1921;郭振鐸、張笑梅 2001）。

雖罔中國人 kài 早就有遷徙去越南 ê 紀錄，m̄-koh 因為年久月深抑是人數有限，chia ê 早期 ê 移民早就 lām-lòe 越南 ê 社會文化真 oh 認 ah。現此時，iáu 會使藉文獻抑是文化表徵來認 ê 華裔後代差不多 lóng 是 ùi 大明帝國 hit-chūn 陸續遷徙去越南 ê 移民。

公元 1405 年，大明帝國永樂 3 年，「鄭和」chhōa 2 萬 8 千外人拍開去西洋 7 擺 ê 歷史。鄭和 ê 頭站「占城[16]」就 tī chit-má 越南 ê 中部（華僑志編纂委員會 1958）。1492 年「哥倫布」（Christopher Columbus）代表歐洲人頭一擺行船去美洲大陸；幾若冬了後，葡萄牙 ê 行船人「達伽碼」（Vasco da Gama）tī 1498 年 ùi「好望角」（The Cape of Good Hope）拍開歐洲去印度新 ê 行船路線。15 世紀結束 tú 好是新 ê 行船路線、大行船時代 ê 開始。Tī 亞洲，tòe 新 ê 行船路線時代 ê 跤步來 ê 是國際貿易、西歐 ê 傳教活動 kap 殖民主義。

Ùi 16 世紀中到 18 世紀尾，hit-chūn 越南 tng leh 南北分裂，鄭、阮相冤 ê 時期。北 pêng ê 鄭氏政權（抑是咱講 ê「鄭主」Chúa Trịnh）以「舖憲」（Phố Hiến）這个所在為主，南 pêng ê 阮氏政權（抑是咱講 ê「阮主」Chúa Nguyễn）就用「會安」（Hội An）做國際貿易。越南中部 ê 海港會安 tī 占城 hit-chūn 就是東南亞要緊 ê 國際貿易港口之一。Chia ê 生理人包含 ùi 葡萄牙、大明帝國、日本、台灣、荷蘭 chia ê 所在來 ê（Trương Hữu Quỳnh 等 2006:371; 華僑志編纂委員會 1958:32;湯錦台 2005:179-180; Wheeler 2003; 譚志詞 2005）。Hit-chūn ê 明人多數趁冬季東北季風落南去會安，夏季吹西南季風 ê 時 chiah koh 回國，就 án-ne mā hō在地 ê 越南人叫做 **người Tàu**（越南 ê 字嘛寫做「人艚」），意思就是講「坐船來 ê 人」。

---

[16] 占城是占族人建立 ê 東南亞 ê 文明古國，所在量其約 tī chit-má ê 越南中部大部分 ê 土地。占城 tī 17 世紀尾 hō越南 ê 阮氏政權滅去，in ê 所在變做 chit-má 越南中部 ê 逐省（陳重金 1992:240）。

　　早前會安 ê 大明生理人聚集 ê 所在叫做「大明客庸」，路尾 mā 叫做「大唐街」，lóng 是臨時性 ê 僑居地（陳荊和 1965）。到大明帝國亡國了後，ná 來 ná chē ê 明人為 tiòh cháu-bih 戰亂抑是 m̄願服 in 滿清 chiah 遷徙去會安。Hit-chūn 北 pêng ê 鄭主雖罔無拒絕明人入境，m̄-koh 用足嚴 ê 入籍同化政策來避免滿清藉機會來干涉。比較 tek，阮主 ê 廣南國離滿清 khah 遠，khah 無清軍侵入 ê 壓力。阮主就用歡迎 ê 態度，向望利用明人 ê 資源來對抗鄭主 kap 促進南 pêng 土地 ê 開拓（陳荊和 1965, 1960, 1968）。阮主 hō˙ chia 按算 beh tiàm 越南釘根生湠 ê 明人特別 ê 恩典，就是設立特別 ê 村社組織，叫做「明香社」（Minh Hương xã）。「明香」本底 ê 意思是「維持明朝香火」。明香社 ê 男性大多數是明人抑是明越 thàu-lām--ê，女性大多數是在地 ê 越南人（陳荊和 1965）。這款情形 kap 二次大戰了後蔣介石 ùi 中國 chhōa 百萬軍眷去台灣 beh 全，多數未婚 ê 男性軍人 kap 台灣在地 ê 女性通婚。根據陳荊和（1965） kap 三尾裕子（2008:6） ê 研究，量其約 1650 年 hit kha-tau 聚集 tī 會安 ê 明人開始建立明香社。Hit-chūn 會安 ê 明人量其約有 5 千人 hiah chē（湯錦台 2005:180）。照 Wheeler（2003）leh 講，這內底有 170 外名鄭成功 ê 舊部下 ùi 台灣流亡去會安 ê 海關食頭路。

　　明鄭遺將楊彥迪 kap 陳上川 chia ê 人 chhōa 人去投靠有會安 ê 阮氏政權了後，阮主 hō˙ in 官職 koh 負責開墾南 pêng，包含 chit-má 越南南部 ê「嘉定」、「定祥」、「邊和」chia ê 所在。Koh，流亡去柬埔寨 tī「河仙」hia 開墾「河仙」成功 ê「鄭玖」tī 18 世紀頭 mā 投靠阮主。河仙 hia 尾仔 chiân 做越南南部 ê 河仙省。楊彥迪、陳上川 kap 鄭玖 chia ê 人 lóng chiân 做越南南部明鄉人 ê 開基祖（Đặng Thanh Nhàn 2010:8）。

　　公元 1802 年阮世祖統一越南，用越南中部 ê「順化」做首都，建

立越南上尾期 ê 王朝「阮朝」。阮世祖 tī 1807 年下令 tī 全國設立明香社來管理明人後裔 koh 編入去戶籍。到阮聖祖上台了後，1827 年開始 kā「明香」改做「明鄉」，kā 明鄉人看做是已經有入籍 ê 越南人（陳荊和 1965:1; 藤原利一郎 1976:260）。因為明鄉人 ê 權益 phēng 清國 ê 生理人 khah 好，清國 hit-chūn chiah 移民去越南 ê 清人 kap 越南 ê 女性通婚 liáu in ê 後代 mā kài chē 自認家己是明鄉人（華僑志編纂委員會 1958:41; 三尾裕子 2008:10）。Só-pái 明鄉人 ê 意思 m̄-nā 是明朝 ê 香火 niâ，khah 闊來講是 leh 指華越通婚 ê 後代子孫。

Chit-má 到底 koh 有 gōa chē ê 明鄉人 leh？In ê 族群文化認同是啥？若照華僑志編纂委員會（1958:43）ùi 南洋年鑑 ê 記載 kā 轉話講，「明鄉華僑以南越為最多，其人數在 1921 年為 64,500 人，1931 年增為 73,000 人」。M̄-koh，文章內底 ê「明鄉華僑」到底是明鄉人抑是華僑？因為無交代 hō 明，só-pái 無 thang 知影。早前法屬 ê 時抑是中華民國僑務委員做 ê 華僑人口調查，主要是針對「華僑」m̄ 是明鄉人（楊建成編 1984:92）。另外，年久月深久 ah，koh 現此時越南身分證面頂無明鄉人 ê 民族選項，驚 oh 去估計。照筆者去行踏訪問胡志明市、邊和市 kap 會安 ê 明鄉會館做 ê 調查，若用當今 iáu 有 tī 逐所在 ê 明鄉會館 leh 出入 koh 家己認為是明鄉人 ê 來 kā 按，凡勢 kan-taⁿ 數百人抑是極加 chiâⁿ 千人 niâ。

4. 當今越南化 ê 明鄉人

頂一節講 ê 是歷史 tek ê 明鄉人，若是當今 ê 的明鄉人 kap in ê 後代 ê 情形按怎？本節 beh 針對胡志明市 ê「明鄉嘉盛堂」、邊和市 ê「新鄰亭」kap 會安 ê「明鄉萃先堂」做 ê 田調重點掠落來記 tī 下跤

17 。

胡志明市 ê「明鄉嘉盛堂」，koh 號做「明鄉會館」、「明鄉嘉盛會館」抑是「嘉盛堂」，tī 胡志明市第五郡陳興道路 380 號[18]。照嘉盛堂入口 hia ê 碑文 ê 紹介，明鄉嘉盛堂 tī 1789 年是 81 个明鄉人做伙創立 ê，來紀念陳上川（Trần Thượng Xuyên）、鄭懷德（Trịnh Hoài Đức 1765-1825）、阮有鏡（Nguyễn Hữu Cảnh 1650-1700）kap 吳仁靜（Ngô Nhân Tịnh 1761-1813）chia ê 人。這 4 个人內底，khi 起阮有鏡掠外，chhun--ê lóng 是明鄉人 ê 後代。照受訪人 A kap B ê 意見，越南南部早前用「Ba Tàu」稱呼明鄉人抑是華人用 kah 真普遍就是 ùi chia 來 ê：Ba Tàu 是 leh 講陳上川、鄭懷德 kap 吳仁靜 3 个人。「Ba」tī 越南語內底是 leh 講數字「三」，「Tàu」原底 ê 意思是「船」，路尾延伸講 ùi 中國來 ê 人。

明鄉嘉盛堂分做正殿 kap 後殿。正殿中央祭拜明末皇帝（牌位面頂寫「龍飛」二字）、「五土尊神」、「五穀尊神」、「東廚司令」

---

[17] Khiò 起頂懸講 ê 3 間明鄉會館掠外，胡志明市 chit-má iáu tī--leh 有 3 間明鄉會館：是福安會館、義潤會館 kap 富義會館。福安會館（Phước An Hội Quán）現此時 mā 叫關帝廟，地址 tī 184 Hồng bàng, Phường 12, Quận 5, TPHCM. 福安會館 ê 入口 hia、碑文 kap 牌區 iáu 有留寡「明鄉」kap「Chùa Minh Hương」ê 字。雖罔 ùi 建物遺跡看會出來福安會館是明鄉人 ê 會館，m̄-koh 實地訪查 liáu，這間會館現此時主要是華人（主要是廣東幫）leh 經營 kap 祭拜。透過 kap 明鄉嘉盛堂 ê 報導人 D ê 訪談，D 認為福安會館是華人 ê 會館 m̄ 是明鄉會館。照 che kā ioh，福安會館凡勢以早是明鄉人 bat 來聚集過 ê 會館，尾仔 chiah 轉做拜關公（主要）kap 媽祖（其次）做主要 ê 華人 leh 經營。義潤會館（Hội Quán/Định Nghĩã Nhuận）地址 tī 27Đường Phan Văn Khỏe, Phường 13, Quận 5, TPHCM.根據報導人 D ê 看法，義潤會館是明鄉人 ê 會館，m̄-koh 實地訪查 liáu 發現，這間會館現此時主要 leh 拜關聖帝君、天后聖母 kap 本境城隍，來參拜 ê 有華人 kap 越南人。這間會館 ê 建物 kap 牌區無留明鄉 ê 字，kan-taⁿ 有寡牌區 iáu 有留「龍飛」ê 年號。富義會館（Phú Nghĩã Hội Quán）地址 tī 16 Đường Phú Định, Phường 11, Quận 5, TPHCM. 有寡牌區 iáu 有留「龍飛」ê 年號。

[18] 越南文 380 Đường Trần Hưng Đạo, Phường 11, Quận 5, TPHCM.

kap「本境城隍」。根據嘉盛堂紹介手冊內底 ê 紹介,「龍飛」是明朝尾期皇帝 ê 年號(Đặng Thanh Nhàn 2010:17)。論真講,明朝並無龍飛 ê 年號。「龍飛」應該是明鄉人家己號 ê、虛構、象徵 tėk ê 明朝皇帝年號。In siōng-thâu ê 用意凡勢是 beh 避免直接用明朝皇帝 ê 年號 khah bē 公開得罪 hit-chūn ê 大清皇帝 kap 收留明鄉人 ê 越南阮朝皇帝。因為年久失傳,明鄉人 ê 後代就掠準龍飛是明末皇帝 ê 真實年號。

正殿正 pêng(面向門外)chhāi 鄭懷德 kap 吳仁靜。倒 pêng(面向門外)chhāi 陳上川 kap 阮有鏡,in ê 神位 nñg-pêng koh 有對聯像下跤 án-ne:

恥作北朝臣綱常鄭重

寧為南國客竹帛昭垂

這副對聯好親像會使表明陳上川 chia--ê 早前 ê 明鄉人反清 ê 心態。

正殿頂懸 mā 掛 bē-chió 無全 sî-chūn ê 牌匾。根據報導人 C 表示,hit 內底 ê「敦本睦鄰」kap「正氣長存」是蔣介石 kap 陳誠 1960 年代送 hō 嘉盛堂 ê。這 tè 牌匾面頂本底有刻蔣介石 kap 陳誠 ê 名,m̄-koh 1975 年南北越統一了後為 tiòh 避免政治上 ê 敏感問題就主動 kā in ê 名刣掉。

明鄉嘉盛堂 ê 後殿主要拜三繼賢 kap 歷年來經營嘉盛堂有功勞 ê 幹部。三繼賢是 leh 講王光珍、柯文麟 kap 康成源 3 位 tī 1924 年 tàu 出錢出力重建嘉盛堂有功勞 ê 人士。正殿 thàu 後殿 ê 巷路有 khǹg 早前明鄉人穿過 ê 鞋仔 kap 帽仔。Koh,照報導人 A 表示,解放(1975)進前這條巷路 ê 神明桌頂 bat chhāi 鄭成功 ê 神位。

Beh 加入 chiân 做明鄉嘉盛堂 ê 成員 tiòh-ài 明鄉人(tòe 老爸這 pêng)ê 後代 chiah 會使。組織 lìn,是自治 ê 管理委員會 leh 管理。管

理委員會（Ban Quản trị）量其約 3 冬改選 1 擺，一般成員（穿黑色禮服）大約做過 3 冬 ê 幹部 chiah 會使 hông 選做鄉長（Hương trưởng），ài 做過鄉長（穿藍色禮服）ê 成員 chiah 會使 hông 選做管理委員會 ê 委員（Ủy viên），thōng 無 ài 做過 3 冬 ê 委員 chiah 會使升起 lih 做視事鄉長（Hương trưởng thị sự）。做過視事鄉長 koh 年紀 thōng 無 45 歲以上 chiah 會使 hông sak 去 lih 做正主（Chánh chủ）。「正主」是組織 lìn 上懸 ê 職位，正主 lóng-chóng 有 3 个：1 个負責對外 ê 業務，1 个負責對內 ê 業務，1 个負責做管理委員會 ê 主任委員（Trưởng ban）。

　　現此時，明鄉嘉盛堂是民間 ê 私人團體 leh 經營。I tī 1993 年正月初 7 hō 越南文化通訊部公定做歷史文化 ê 遺蹟。根據受訪人 A kap B 表示，營運 ê 經費主要是 in 明鄉 ê 成員 kap 來探訪 ê 貴賓人客自由奉獻。雖罔越南政府有公認嘉盛堂是歷史文化遺蹟，m̄-koh 無提供經費援助。根據受訪人 A kap B 表示，明鄉會館是明鄉人重要 ê 集會所，見若過年過節 lóng 有集會活動來 khioh-óa 明鄉人 ê 意識。解放進前，胡志明市 ê 滇邊府路 lìn 有真 chē 明鄉人 ê 會館，見若過年過節 lóng 會辦桌請人客 koh 發紅包、獎學金抑是敬老金 hō 明鄉成員。解放了後，hit-chūn ê 政府對明鄉會館無 kài chē 善意，甚至 bē-chió 明鄉人 hông 清算鬥爭，致使真 chē 明鄉人四界逃難抑是 am-khàm 身分。這種緊張 ê 關係一直到 kah 1990 年代越中關係改善了後 chiah tòe leh 改善。根據受訪人 A kap B 表示，解放進前 tiāⁿ 來明鄉嘉盛堂 ê 成員量其約有 2、3 百个人 hiah chē，m̄-koh chit-má ê 人數已經降足 kín--ê ah。照筆者 2013 年春節 ê 聚會活動觀察 tio̍h ê 人數做例，kan-taⁿ chhun chiâⁿ 10 人參加 niâ。

　　Tī 禮俗這頭，khiò 起少數掠外，明鄉人大概照越南京族人 ê 禮俗。根據受訪人 A kap B 表示，這个會館 ê 明鄉成員 tī 結婚前 2 工 ài

轉去嘉盛堂祭拜。有 taⁿ-á 出世 ê 紅嬰仔 ê 時家屬 ài 通報會館[19]。紅嬰
仔滿月 hit-chūn 會請人客，m̄-koh 無做四月 kap 度晬。年老往生 ê 時，
in ê 喪禮照越南京族 ê 儀式。Kan-taⁿ 一項無仝 ê 是送出山 hit-chūn ài 去
明鄉會館 kā 祖先告辭，會館 ē 指派幹部 2 个人代表回禮（京族是家屬
回禮）。祭拜穿 ê 禮帽（Khăn xếp）有九層（意思是「久長」），kap
越南京族 ê 三層 sió-khóa 無仝。明鄉人 kap 京族人相仝 tī 過年進前接
祖先轉來過年，m̄-koh 京族人舊曆初三就送祖先轉去，明鄉人初六
chiah 送祖先。Ah 若清明節，明鄉人無 leh 過清明節，m̄-koh 當今 ê 華
人 koh 有留--leh。雖罔受訪 ê 明鄉人表示無 koh 過清明節，koh 根據嘉
盛堂壁頂刻 ê 年度祭拜活動日 mā 無記載清明節，m̄-koh 嘉盛堂上新版
ê 紹介手冊 ê 內容 soah 加清明節活動（Đặng2010）。

---

[19] 現此時逐每年大約 2~4 个 taⁿ-á 出世 ê 紅嬰仔來報到。

圖表 1. 胡志明市明鄉嘉盛堂年度祭祀活動

日期（舊曆）	祭祀活動	越文原文
01 月 07 日	春首祭	Cúng Xuân Thủ
01 月 16 日	求安節祭祀	Cúng Kỳ Yên
03 月份	清明節祭祀*	Cúng Thanh Minh
03 月 19 日	天后靈魂 ê 祭祀	Cúng Vía Bà
05 月 05 日	五日節祭祀	Cúng Đoan Ngọ
06 月 29 日	祭拜 Trưởng Công Sĩ	Cúng Ông Trưởng Công Sĩ
07 月 11 日	三繼賢祭祀	Cúng Tam Kế Hiền
07 月 16 日	張夫人祭祀（杜氏祭祀）	Cúng Bà Trương （Đỗ Thị）
08 月 15 日	中秋節	Lễ Trung Thu
10 月 01 日	紀念吳仁靜開墓	Cúng kỉ niệm ngày bốc mộ Ông Ngô Nhân Tịnh
10 月 16 日	謝神祭祀	Cúng Tạ Thần
12 月 22 日	冬至祭祀	Cúng Đông Chí
12 月 16 日	祭拜 Tạ Tinh	Cúng Tạ Tinh
12 月 24 日	送神祭祀	Cúng Đưa Thần
12 月 25 日	掃墓祭祀	Cúng Tảo Mộ
12 月 28 日	迎祖先祭祀	Cúng Rước Ông Bà
12 月 30 日（暗時 7 點）	迎神祭祀	Cúng Nghinh Thần

*近年新增加 ê，kan-taⁿ 記載三月份，無指定日期。

Ah 若語言這頭，明鄉人基本 tek 講越南語，m̄-bat 漢字 kap 漢語。筆者 2011 年 8 月初 10（舊曆 7 月 11）進前探訪越南胡志明市 ê「明鄉嘉盛堂」。Hit-chūn tú 好舉行「三繼賢祭拜」（cúng Tam Kế

Hiền），參加 ê 明鄉人量其約 10 外个人，全程講越南語。In lóng m̄-bat 華語抑是各幫 ê 語言（譬論講福建話抑是廣東話），漢字極加 kan-taⁿ bat 幾字仔（譬論講家己 ê 名姓）。Soah-āu 幾若擺針對無仝 ê 明鄉人 kā 訪問，大概 mā 是仝款 ê 答案。用受訪人 A、B（2 人 lóng 大約 50 歲）kap D（56 歲）做例，in 阿公 hit 代 iáu 會曉講廣東話/福建話 kap 法語（因為法國殖民時期），m̄-koh 後一代了後廣東話/福建話就失傳 ah，完全講越南語。另外 1 位 1926 年出世 ê 受訪人表示，祖先 tī 17 世紀尾 ùi 中國廣東來，i 本身會曉越語、法語、英語 kap 一寡簡單 ê 廣東話，序細就袂曉廣東話 ah。Che 是唯一 1 位受訪人表示 koh 會曉一寡簡單 ê 廣東話。照 án-ne kā ioh，明鄉人老一輩 ê 族語（廣東話抑是福建話 chia--ê）量其約到 20 世紀初期 hit kha-tau tō 開始 chiâⁿ 明顯大量失傳 ah。

另外，報導人 D（女性，1957 年出世）mā 提 1 份祖先傳落來 phòa-khih 用抄--ê ê 族譜 hō 作者（看附錄一）。Ùi 這份族譜，mā 會使 ùi 無仝款面去瞭解明鄉人。抄這份族譜 ê E kap D ê 阿公是叔伯兄弟，就是 E 是 D ê 叔公。咱 kā 這份族譜 ê 重點整理落來 tī 下跤：

第一，這份族譜是越南羅馬字 kap 漢字雙文字 ê 方式呈現。人名 kap 地名有 sî-chūn 有出現字喃（chữ Nôm）。譬論講 tī 越南出世 ê 第四代祖先 ê 名「Hai」（數字「二」ê 意思，因為排第二）用字喃寫做「台二」。越南羅馬字 ê 表記用越南語發音做標準，m̄-koh mā 有看 tiȯh chió-chió-á ê 例外。譬論講，第五代女性祖先 ê 名「花」用越式羅馬字記做「Huê」，發音 kap 台語/咱人話/福建話 ê「Hoe」一致[20]。這個詞凡勢是 sòa 以早 ê 人 ê 福建話用語來 ê。另外，漢字 ê 越南語發音主要用文言音，m̄-koh mā 有看 tiȯh 仝 1 字漢字 tī 無仝所在分別記文言音

---

[20] Hoe 是台灣 kap 福建時行 leh 用 ê 傳統白話字表記 ê 方式。

kap 白話音。譬論講，「蓮」tī 無仝人 lìn 分別用「liên」（文言音）
kap「sen」。

　　第二，這份族譜 ùi 去越南第一代紀錄到第六代（報導人 D hit
代），了後因為家族無人 bat 漢字 soah 斷去。族譜起頭是族譜圖，
sòa--lâi 是主文照輩分 sûi-ê 紹介。族譜內底查埔查某 lóng 有收錄。族
譜圖 ê 輩分大細漢 ùi 正 pêng 到 tò-péng 區分，koh 照越南人稱呼 ê 慣
習 kan-taⁿ 記名 ê siōng 尾一字。男性 tī 名 ê 面頂加双圓箍仔做號，女性
tī 名 ê 面頂加 1 个圓箍仔號，m̄知查埔查某 ê 就無 koh 做號。主文內底
主要寫逐代親屬 ê 名姓 （寫全名）、過身 ê 年閣（無寫出生年）、後
生查某囝 ê 名 kap 主要 ê 事業。一寡內容 kan-taⁿ 記錄人名，chhun ê 資
料就無。年閣就用中國（早期用大清，了後用中華民國）年號 kap 越
南年號雙重紀錄。Ùi 族譜內底出現 ê 人名會使看 tiòh，名無 lóng 照中
國慣習用 ê 字輩來分輩份號名。另外，各代男性娶 ê 某全部是越南人
抑是明鄉人 ê 後代，無看 tiòh 轉去中國娶某 ê 現象。

　　第三，來越南第一代 ê 開基祖 hông 號做「高祖公」。照族譜寫--
ê，高祖公 tī 大清康熙年間（1662-1723 年） ùi 福建省泉州府安溪縣培
田鄉來越南。因為無準確寫講到越南 ê 年閣，致使無法度知影 kám 是
tòe 陳上川來越南 ê 頭一批移民。抄族譜 ê E mā 無記錄家己出世往生 ê
年閣 kap 抄錄族譜 ê 時間。根據族譜，E ê 老爸 tī 大清道光 24 年 9 月
26 （公元 1844 年 11 月初 6）出世，中華民國 2 年（1913 年）往生，
有生 1 个查某 4 个查埔，E 是屘仔囝。E ê 阿媽是出名人鄭懷德 ê 查某
囝。因為 E bat 漢字、越南羅馬字 kap 法文（kám bat 福建話抑是廣東
話，報導人就 m̄知影），só-pái 應當受過法國統治 hit-chūn ê 教育[21]。

---

[21] 公元 1858 年，法國利用傳教士 hông 迫害做藉口聯合西班牙軍艦向越南中部 ê 峴
　　港（Đà Nẵng）出兵（Trần 1921:516-517）。越南尾代朝廷「阮朝」拍 bē 贏法
　　軍，為 tiòh 求和只好 tī 1862 年簽訂「第一次西貢條約」割南部 ê「嘉定」、

Ùi chia kā 按，E siōng 慢應該 tī 19 世紀尾出世。Ùi 這點來看，19 世紀尾進前 ê 明鄉人 iáu 有用漢字，m̄-koh bat 漢字 ê 人數比例應該無 koân，若無 bē 過一二代 ê 時間就造成族譜書寫斷去 ê 現象。

　　胡志明市 ê 嘉盛堂在外，tī chit-má 同奈省邊和市和平坊 ê 新鄰亭 mā 是要緊 ê 明鄉會館之一[22]。根據新鄰亭內部流通 ê 手冊寫講，自底新鄰亭是 tī 喇叭城（Thành Kèn）ê 細間廟仔。越南明命帝（Minh Mạng 1820-1840）ê 時，附近 ê 人民 chhāi 這間廟來表示對陳上川將軍開墾同奈-嘉定地區 pha-hng ê 所在有功勞 ê 尊敬。過 2 擺遷徙了後（1861 &1906）chiah 徙到現此時 chia。因為陳上川對開拓越南南 pêng ê 土地有功勞，越南明命、紹治、嗣德 chia ê 皇帝 lóng kā 封做「上等神」（Thượng Đẳng Thần）。因為新鄰亭有歷史文化意義 kap 價值，1991 年 hō越南文化資訊 kap 體育旅遊部認定做國家級 ê 歷史文化古蹟。

　　嘉盛堂 kap 新鄰亭 lóng tī 越南南部 ê 所在。越南中部 ê 會安 mā 有要緊 ê 明鄉會館，是「明鄉萃先堂[23]」kap「文聖廟[24]」。明鄉萃先堂現此時已經修補好勢 mā 開放觀光，是會安老街 ê 景點之一。M̄-koh 文聖廟現此時 iáu-bōe 開放參觀，koh leh 聽候 khioh 面整理。

　　萃先堂主要祭拜明鄉人 ê 祖先（開基 ê「十大老」、「三大家」kap 歷年來明鄉社 ê 幹部），無拜神明[25]。1993 年 hō越南政府認定做歷史文化古蹟，2002 年到 2009 年接受越南政府補助重整修。照報導

　　「邊和」、kap「定祥」3 个省 hō法國（Trần 1921:523）。

[22] 新鄰亭越文是 Đình Tân Lân。地址是 đường Nguyễn Văn Trị,phường Hoà Bình, thành phố Biên Hoà, tỉnh Đồng Nai。

[23] Tī 會安老街陳富路（Trần Phú）14 號。

[24] Tī 陳富路隔壁 ê 潘周楨（Phan Châu Trinh）路 lìn。

[25] 原底萃先堂無拜神明，後來因為觀光經濟考量，chit kúi 冬 chiah 開始 tī 入門 ê 前殿 chhāi 五尊神明 ê 雕像（蔣為文 2015）。

人 F（祖籍福建泉州，來越第 10 代，lóng m̄-bat 漢字） ê 講法，用萃先堂做連絡中心 ê 明鄉人 tī 1945 年戰後 tiām 靜 beh kah 半世紀，到 kah 2009 年 khioh 面 soah 開放參觀了後政府主動動員 chiah koh chhōe 現有 ê 明鄉人做會館自治管理 ê khang-khòe。因為有半世紀 hiah 久無連絡，現此時成員 ê 人數無以早 hiah chē，chit-má koh 有 leh 往來 ê 大約幾百人。因為過去久長無活動，訪談 ê 過程明鄉報導人對明鄉人 ê 歷史記持差不多 lóng 是 ùi 倚年出版 ê 冊內底 ê 資料重掠落來、建構來 ê。

上早建立萃先堂具體 ê 年閣暫時無 saⁿ 清楚。照萃先堂門口正式 ê 紹介文 kā 看，萃先堂量其約 tī 18 世紀尾期建立 ê。根據三尾裕子（2008:9）ê 研究，萃先堂建立 ê 年閣應當 tī「明香社」正式改做「明鄉社」 hit-chūn ê 1827 年 hit kha-tau。因為明鄉人會使有 phēng 華僑 khah 優待 ê 稅率，koh m̄免一般 ê 越南人 ài 做兵 kap 做工 ê 義務，só-pái ùi 早前 ê 中華會館 kap 福建會館（大約 1690 年代建立）獨立出來建立會館會使有明鄉人特別 ê 身分 ê 好空。

拜訪萃先堂 hit-chūn，報導人 G （祖籍福建泉州，來越第 11 代，lóng m̄-bat 漢字）提供 1 份收 tī 厝 lìn ê 土地移轉契約。這份契約用漢字寫，起初拍約 ê 時間是越南嘉隆帝 9 年（Gia Long 公元 1810 年），中途移轉 2 擺，是嘉隆 10 年 kap 16 年（1817 年）。這段期間契約 lóng 用「明香社」這个詞。尾手買倒轉來 hit-chūn 是成泰 16 年（公元 1904 年），chit-chūn 已經改做「明鄉社」ê 用詞 ah。這份契約 tú-hó 會使看出「明香社」轉換做「明鄉社」ê 過程。

Ùi 頂懸 kài chē pêng kā 看，sui-bóng 講 iáu 有一寡明鄉人盡力 leh 保存族群意識，規个來講，明鄉人會使講已經本土化，hām 越南 ê 主體社會 lām-lām 做一伙 ah。

5. 明鄉人在外新入來 ê 華人移民

Khiò 起有明人移居去越南掠外，滿清統治中國 ê 18 到 19 世紀期間，陸續 mā 有清國人去越南做生理抑是定居。主要 ê 因端有：

第一，人口 kap 土地 ê 壓力 ná 來 ná 大（吳鳳斌 1994:228-234）。滿清平定反清 ê 勢力了後，人民會使歇喘一下。M̄-koh 人一直增加，thang 種作 ê 土地無夠，致使 chē-chē 人民向外發展。雖罔滿清初期 bat 陸續採取海禁政策，m̄-koh iáu 有 bē-chió 人甘願違反禁令冒險向外去發展。到 kah 鴉片戰爭了了後清國 sûi-ê-á sûi-ê 取消禁令，人民 chiah thang 自由去海外做生理抑是做工。

第二，戰亂 kap 政局 ê 變動。譬論講，公元 1788 年越南西山王朝 ê 阮惠拍贏侵入 ê 清國 20 萬 ê 大軍（Trần Trọng Kim 1921:395）。戰後，真 chē tī 戰爭 lìn hông 掠去 ê 清國兵留 tī 越南。Koh 像講，19 世紀中期，清國發生太平天國革命 ê 動亂，bē-chió 餘黨走去越南北 pêng ê 所在 bih（華僑志編纂委員會 1958:35）。另外，清國尾期民國初期 hit-chūn，bē-chió 革命黨人 mā 定定 tī 越南出入。譬論講，孫文 tī 1900 到 1908 年這段期間 bat 留 tiàm 越南 6 擺（Chương Thâu 2011;僑志編纂委員會 1958:36）。

Ùi 革命黨人推翻滿清 tī 1912 年建立中華民國以來，中國四界內亂。Koh 1937 年了後日本侵略中國，lóng 致使越南 ê 華僑人數 ná 來 ná chē。按《華僑之研究》轉載法屬越南年鑑統計 ê 資料，1889 年 kan-taⁿ 有 56,528 人，1906 年有 12 萬人，1934 年就有 32 萬 6 千人（楊建成 1984:92）。到二次大戰了後，按陳烈甫（1983:327）引用 ê 資料，法國殖民政府 tī 1948 年公布 ê 華僑數目量其約有 70 萬（南越有 63 萬，chhun--ê tī 北越），中國僑委會公布 ê 數字是 100 萬。Chia 數字 ê 精差主要是僑委會用老爸這 pêng ê 血緣主義 koh 承認雙重國籍。

公元 1954 年越南用北緯 17 度分做南北來治理。北 pêng 是「越南

民主共和國」，南 pêng 是「越南共和國」。到 1975 年分裂 ê 勢面
chiah hō北 pêng ê 政權統一全國。1954 年到 1986 年越南改革開放進前
這段 30 外冬 ê 期間，經濟 kap 政治問題 ê 因端，越南政府對華僑用積
極 ê 同化 kap 排華 ê 政策（黃宗鼎 2006）。

　　同化政策這頭，主要有強迫入越南 ê 國籍 kap 限制僑辦中學（僑
志編纂委員會 1958:213-216; 陳烈甫 1983:324-325）。譬論講，南越政
府 tī 1956 年修改國籍法，規定「tī 越南出世，爸母是中國人 ê 囡仔，
一律是越南籍」。學校上課，華語當做是外國語。Hit-chūn 僑界對這
个越化政策足反感，掠做是歧視華僑 ê 措施（僑志編纂委員會
1958:214）。Ṁ-koh，越南政府認為 he 是一種優惠。雙方 ê 認知精差
kài 大。

　　排華政策包含限制營業項目 kap hông 趕出去。因為早前華僑 tī 越
南 cháng tiòh 經濟 ê 命脈，致使越南政府限定華僑有寡行業 bē-sái 經營
（僑志編纂委員會 1958:215-216）。Án-ne mā hō華僑足倒彈。1979 年
越中武裝衝突爆發進前，越南政府對中國政府 lóng 積規腹火 ah，致使
對 m̄願入越南國籍 ê 華僑用強硬 kā 趕出去 ê 政策。照估計，中越戰爭
爆發進前已經有量其約 20 萬 ê 華僑離開越南 ah（黃宗鼎
2006:147）。

　　Ùi 1986 年越南改革開放以來過 30 外冬 ah。激烈 ê 排華政策 mā
放軟 ah。華僑、台商、越僑 chia 陸續 lóng koh 轉去抑是去到越南做經
濟貿易。現此時，khiò 起 hiông-hiông 發生 ê 事件，像講中國 ê 情報人
員藏 tī 西原礦區 leh 活動，抑是「東南亞海」（越南講做「東海」，
中國號做「南海」）主權 chia 會引起外交爭議掠外，越南 ê 民間無 saⁿ
有排華 ê 心態。Ṁ-koh 30 冬前激烈排華 ê 印象凡勢 koh 留 tiàm 越南華
人 ê 印象 lìn。根據筆者 2011 年 8 月訪問過 ê 南北 23 位華人內底，有
3 位對訪問 tiòh 華人議題 ê 時 iáu 無 saⁿ beh 公開 hông 訪問。

Ùi 中國移居去越南 ê 「華人」（抑是咱講 ê 廣義 ê 漢人）越南 ê 民族認定 hông 正式分做華族（Hoa）、Ngái （客家 ê 一个支系） kap Sán Dìu 3 族（蔣為文 2011）。華族 kêng-sit 是複數族群 ê 綜合體，主要包含 ùi 中國來 ê 講廣東話、福建話、潮州話、海南島、客家話 chia ê 族群/幫（僑志編纂委員會 1958:51; Trần 2000:54-55; Đặng et al. 2000:226）。現此時越南到底有 gōa-chē 越南籍 ê 華人？根據越南 2009 年人口普查 ê 結果，全越南 lóng-chóng 有 823,071 位華人（người Hoa，chit ê 調查無 khah 幼分五幫）。按 1936 年統計 ê 資料，廣肇籍大約佔 50%，福建籍 20%，chhun--ê 三幫大約 lóng-chóng 30%。資料 siuⁿ 久 koh 經過排華階段 ê 因端，chit ê 比例該當有真大 ê 改變。根據芹澤知 透過胡志明市華人事務部門提 tiòh ê 資料，胡志明市 tī 1992 年 lóng-chóng 有 524,000 名 ê 華人（大約佔全市八分之一人口），逐幫分布 ê 比例像下跤 án-ne ：（Serizawa 2008:23）

圖表 2.胡志明市華人族群
分布比例（1992 年）

族群	百分比%
廣東	56
潮州	34
福建	6
海南	2
客家	2

早前 ê 華人移居去越南 ê 時一般 tèk 照 in 族群 ê 屬性 thng in 家己族群 ê 母語。到 20 世紀頭中華民國建立了後，推 sak 用北京話做標準

ê 國語運動 ê 因端，chia ê 華人開始接受 kap 學北京話。筆者 2011 年 2 月 11 tī 越南胡志明市 ê 二府會館訪問 tiòh H 報導人（祖籍福建廈門，爸母 lóng 廈門人，hit 年 82 歲，來越南是第三代）。楊先生 m̄若講越南話，廈門話 mā 講 kah 真輾轉。因為台語 kap 廈門話 kài 倚意，筆者用台語 kap H 報導人溝通 ê 時 bē 有語意了解 ê 困難。H 報導人細漢 tī 廟 lìn 用廈門話讀漢文，khiò 起會曉族語廈門話掠外，讀冊 hit-chūn mā 學北京話。路尾 i 娶廣東籍 ê 某，soah 學會曉廣東話。I 講，i ê 語言 liú-liảh 程度是越南語、廈門話、廣東話 kap 北京話。I ê 囡仔會曉越南語 kap 廣東話，m̄-koh 廈門話無 san 會講。

雖罔華族 hông 列做越南 54 个少數民族之一，m̄-koh 華語（北京話/普通話/漢語）kap 漢字是 hō 越南人 kap 越南政府看做是"外國語文"。譬論講，中文系 hông 列 tī 外語學院，電視 kap 廣播節目 ê 華語教學 hông 當做外語 ê 教學節目。凡勢是中國 kā 華語 kap 漢字列做官方語文，越南 m̄-chiah 用這款 ê 做法。這款做法有值得 hō 台灣做參考。

越南北部定 kā 客人講做是 người Ngái，南部定講做 người Hẹ。根據 2009 年越南人口普查 ê 結果，Ngái 族 lóng-chóng 有 1,035 人，phēng 1989 年統計 ê 1,318 人數減 283 人。照越南學者講 ê，Ngái koh 號做 Hắc Cá, Sán Ngài, Xín, Lô, Đản, Hẹ, Xuyến, Ngái Lầu Mần chia--ê 無全 ê 名稱（Viện Ngôn Ngữ Học 2002; Trần 2000; Đặng et al. 2000; Bùi 2004）。照本人 2012 年 11 月去越南北部北江省 ê Ngái 族庄頭做 ê 初步調查，hit 庄頭 ê Ngái 人講 ê 客語大約有一半無相全。因為 Ngái tī 無全 sî-chūn 入去越南，koh in 分散 tī 越南北中南逐所在 tn̄g--tiòh ê 厝邊族群無 chiâu 相全，凡勢是 án-ne chiah 有無全 ê 族群稱呼。到底 Ngái kám 是講孤項 ê 客語，抑是無全 ê 客語方言，甚至是無全 ê 語言？In 語言 ê 活力是 sián-khoán？人口減少是因為族群認同 ê 轉變（ùi Ngái 族

到 Hoa 族）抑是越化 ê 結果？因為越南學者對 Ngái 族語言 ê 調查差不多是零，進一步 ê 田野調查 ài koh 做（Trần 2000:114）。這 kúi 年，台灣 ê 中央大學客家語文研究所碩士生吳靜宜（2010）bat 去越南胡志明市做客家族群 kap 客語 ê 研究。雖罔無針對越南 ê 客語做規个系統性 ê 調查，m̄-koh 因為 Ngái 族 ê 研究 kài 欠缺，這份論文 mā 是 iáu 有參考 ê 價值。

照吳靜宜（2010:137） ê 調查發現，hit 个所在 ê 客語 hō廣東話 kap 潮州話影響 bē-chió。胡志明市 ê 客語內部因為有方言差，無變做優勢腔，就是講無一个主流 ê 客語標準 chiaⁿ 做全部 ê 客家人 ê 共通語（lingua franca）。華人社區 ê 互動 lìn，客家人顛倒 lóng 講 khah 強勢 ê 廣東話，客語 m̄-nā 倒退 tī 家庭 leh 講，甚至廣東話 mā ûn-ûn-á 浸到家庭 ê 領域。

總--ê 來講，按筆者 2011 年 8 月訪問胡志明市 22 位華人受訪者（包含 5 幫）做 ê 初步觀察，hit 个所在 ê 華人大約有幾個現象：

第一，多數 ê 華人 khiò 去讀正範 ê 越語學校掠外，koh 會去讀華文小學抑是中學。In lóng 會使講無全程度 ê 華語，溝通理解無問題。

第二，chia ê 人 lóng 會使講無全程度 ê 越南語，ná 少年 ê 越南語 ná 好。老一輩 ê 結婚 ê 對象是華人 khah chē，男性 ê 華人一般 tėk 會娶華人抑是越南 ê 女性，m̄-koh 女性 ê 華人 khah 偏向內婚、khah chió 嫁 hō越南 ê 男性。M̄-koh 少年輩 ê 華人外婚、以越南人做嫁娶 ê 對象 ê 情形已經加 khah chē ah。

第三，chia ê 人 ê 族群母語 tòe 年紀 ná chió 歲有 ná 退化 ê 現象。廣東話是越南語 kap 華語以外，華人 khah chiáp 用 ê 語言。Koh 來是福建、潮州 kap 客家，上維尾是海南島。這五幫 ê 語言使用者 lóng koh 留 tiàm 口語這 khám，無發展白話文 ê 書寫系統。

第四，這市 ê 福建話（「閩南話」抑是「咱人話」） kap 台語量

其約有 95%會使溝通理解。

第五，受訪者 tī 某種程度 lóng 掠做祖國是中國。譬論講，有一位受訪者 1932 年 tī 越南出世，來越第三代祖籍廈門 ê 人，iáu 掠做祖國是中國。受訪 hit-chūn 有當時仔會用「安南」稱呼越南。

第六，有一位 1930 年出世 ê 受訪者講，細漢 hit-chūn tòe 爸母來越南，是 beh bih 國共內戰 hit-chūn ê「拉丁」（受訪者 ê 用語，就是掠人去做兵）。

第七，有受訪者 bat 講當初福建人因為做生理 ê khah chē，só-pái khah chē 人 tī 排華 hit-chūn-á 離開胡志明市。

第八，在地 ê 台商多數出入 ê 是拜媽祖 ê「霞漳會館」（漳），koh 來是「二府會館」（漳、泉）。泉州人出入 ê 是「溫陵會館」。

第九，在地 ê「三山會館」m̄是台灣人印象中 ê 客家會館，是福州人為主 ê 會館。

第十，「崇正總會」是胡志明市客人 tiān 出入 ê 會所。在地 ê 客人 mā 叫家己是「崇正人」。

6. 結尾

中國境內 ê 人移民去越南了照 in 土著化 ê 程度量其約會使分做 3 種情形。第一，華僑生理人 ê 身分，iáu 有中國籍、中國語言 kap 文化 ê 生活模式，後日仔凡勢 iáu 會轉去中國。第二，有越南國籍，koh hông 列入去越南 54 个少數民族之一 ê 華族。第三，lóng 已經越南化 ê 明鄉人。

影響明鄉人 kap 華人有無全 ê 族群文化意識主要 ê 因端大概有這 kúi 个：

第一，通婚 ê 比例。早期明人 ê 移民 kài chē 是男性 koh 人口有限，só-pái 大多數外婚、娶在地越南 ê 女性做某。若比較來看，hit-chūn 華人 ê 人口有 80 外萬，一半 koh 集中 tī 胡志明市。外婚無像明鄉人 hiah 急，só-pái in 華越通婚 ê 比例 phēng 明鄉人 khah 低。

第二，移民時間 ê 長短。明鄉人移民去越南 siōng 無有 2、3 百冬 ê 歷史，in 本土化 ê 程度 khah 深，對土地 ê 認同度 mā khah koân。Saⁿ 對比，華人量其約 lóng 是 19 世紀尾期了後 chiah 移民去越南，iáu 有中國歷史 ê 記持，甚至 kap in 祖籍 hit 所在 ê chhin-chiâⁿ iáu 有 leh 連絡。Che thang 講是按怎 1945 年了後 chiah 來台灣 ê 中國人多數 iáu 認同中國是祖國。

第三，移民人數占在地人口 ê 比例 chē-chió。越南明鄉人 kan-taⁿ 占越南 ê 總人口 kài 少數（大約無到 0.01%），só-pái in 本土化 ê 路線倚越南主體民族--京族 chit-pêng、tàuh-tàuh 越南化 chiâⁿ 做越南人。因為台灣 ê 唐山人占台灣總人口 ê 大多數，雖罔唐山人 mā 有透濫 tiòh 台灣平埔族文化 ê 成分，m̄-koh 終其尾發展出家己 ê 主體文化 koh 形成「台灣人」ê 主體意識，mā 有保留原底 ê 母語。比較講，「明鄉人」tī 越南 m̄是主流 ê 族群意識，só-pái tàuh-tàuh hō越南 ê 京族文化同化。Ah 若越南華人，雖罔 kan-taⁿ 占全越南人口 ê 1% hit kha-tau，m̄-koh 因為 in ê 總數有 82 萬人，內底有一半集中 tī 胡志明市，所以 sio-siāng 有 in ê 群聚效應。

第四，kám 有保存家己 ê 語言、文化 kap 教育。明鄉人 tī 語言、文化 kap 教育方面 thang 講 lóng 已經越南化 ah。現此時，明鄉人意識 ê 傳承基本 tek 主要透過家庭教育。若厝 lìn 無長輩堅持傳承，kài kín 就會斷去。Saⁿ 對比，華人有家己 ê 華文學校、報紙 kap 傳統文化節日。In 文化認同 ê 傳承 khah 多元性，m̄是 kan-taⁿ 靠家庭教育。

近代越南會發生「排華」運動，越華雙方 lóng 有檢討 ê 空間。一般 tek，華人抑是華僑 tī 越南在地生理做 kah chiâⁿ 好 koh 對在地 ê 經濟活動有足大 ê 影響力。Só-pái，in tī bē-chió 方面用 hiau-pai ê 心態 leh

對待在地 ê 越南人，koh 積極去維持自我族群 ê 華人認同。對在地 ê 越南人來講，in 感覺經濟 hông 剝削，koh 華人聚集 ê 社區 chiâⁿ 明，só-pái 真 kín hông chiâⁿ 做報復 ê 對象。當越南人用激烈 ê 排華方式報復華人，華人就 koh khah 仇恨越南人。

論真講，歷史頂 koân m̄是無華、越合作、創造雙贏 ê 例。越南明鄉人凡勢是會使 chiâⁿ 做典範 ê 成功案例。明鄉人一頭認同祖先 ùi 中國來 ê 歷史，一頭 mā 認同 koh hām 釘根生湠 ê 在地文化 lām 做伙 ah。Che 凡勢會當 hō͘戰後來台 ê 中國人 kap 東南亞排華運動激烈 ê 國家做參考。

【原文 tī 2013 年〈越南的明鄉人與華人移民的族群認同與本土化差異〉，《台灣國際研究季刊》期刊發表，9（4），63-90 頁。Chit 篇論文根據原文增加補充修訂了收錄 tī chia。本論文是國科會計畫，編號：NSC101-2410-H-006-078，hām NSC102-2410-H-006-036 ê 研究成果之一。本論文 ê 部分成果 bat 陸續 tī 2013 年台灣國際研究學會主辦 ê「瞭解當代越南」學術研討會 hām 2013 年 & 2012 年台灣 ê 東南亞研討會發表，tī chia 感謝研討會討論人提供 ê 改進意見。作者寫論文 ê 時 tī 日本東京外国語大學亞非研究所客座研究。感謝三尾裕子所長 kap 相關同仁 tī hit-chām 提供真 chē 有幫贊 ê 資料 kap 相關 ê 協助。另外，mā 感謝大阪大學 ê 清水政明教授熱心提供相關 ê 文獻。】

參考冊目

Bùi, Thiết. 2004. *Dân Tộc Việt Nam & Các Tên Gọi Khác* [越南民族及各式稱呼]. Hà Nội: NXB Thanh Niên.

Chương, Thâu. 2011. Ảng hưởng của Tôn Trung Sơn ở Việt Nam [孫中山在越南的影響]. Hội thảo khoa học kỷ niệm 100 năm cách mạng Tân Hợi, 7/15, Hà Nôi.

Đặng, Nghiêm Vạn; Thái Sơn Chu; and Lưu Hùng. 2000. *Ethnic Minorities in Vietnam*. Hà Nội: NXB Thế Giới.

Đặng, Thanh Nhàn（ed.）. 2010. Minh Hương Gia Thạnh Di Tích Lịch Sử - Văn Hóa [明鄉嘉盛文化歷史遺跡]. BQT Hội Đình Minh Hương Gia Thạnh.

Đăng, Văn Thăng. 2007. Người Hoa với Gốm Nam Bộ Việt Nam [Chinese People and South Vietnam Ceramics], in Yuko Mio, ed. *Culturl Encunters betweenn People of Chinese Origin and Local People: Case Stduies from the Philippines and Vietnam*, pp.57-64. Tokyo: Tokyo University of Foreign Studies.

Gordon, Milton. 1964. *Assimilation in American Life: the Role of Race, Religion and National Origins*. Oxford: Oxford University Press.

Lâm, Văn Lang（ed.）. 2010. Đình Tân Lân[新鄰亭]. BQT Đình Tân Lân.

Mio, Yuko（三尾裕子）, ed. 2007. *Culturl Encunters betweenn People of Chinese Origin and Local People: Case Stduies from the Philippines and Vietnam*. Tokyo: Tokyo University of Foreign Studies.

Mio, Yuko（三尾裕子）. 2008. "Sojouring and Indigenization of Chinese Immigrants: A Case Study from Hoi An, Vietnam." 收於三尾裕子

（編）《東南アジアにおける中国系住民の土著化・クレオール化についての人類学的研究》頁 1-17。東京：東京外国語大学。

Nakanishi, Yuji （中西裕二）. 2008. "Some Aspects of Ong bon（本頭公）in Southern Vietnam." 收於三尾裕子（編）《東南アジアにおける中国系住民の土著化・クレオール化についての人類学的研究》頁 18-21。東京：東京外国語大学。

Serizawa, Satohiro （芹澤知広）. 2007. The Fujian Chinese and the Buddhist Temples in Ho Chi Minh City, Vietnam, in Yuko Mio, ed. *Culturl Encunters betweenn People of Chinese Origin and Local People: Case Stduies from the Philippines and Vietnam*, pp.65-75. Tokyo: Tokyo University of Foreign Studies.

Tổng Cục Thống Kê. 2010. Báo cáo kết quả chính thức tổng điều tra dân số và nhà ở 1/4/2009. [2009 年全國人口及住屋總調查報告] <http://www.gso.gov.vn/default.aspx?tabid=403&idmid=2&ItemID =9782>

Trần, Hồng Liên. 2007. Hội Nhập và Giao Lưu Văn Hoá của Người Hoa ở Việt Nam （Trên Lĩnh Vực Tín Ngưỡng-Tôn Giáo）, in Yuko Mio, ed. *Culturl Encunters betweenn People of Chinese Origin and Local People: Case Stduies from the Philippines and Vietnam*, pp.87-95. Tokyo: Tokyo University of Foreign Studies.

Trần, Trí Dõi. 2000. *Nghiên Cứu Ngôn Ngữ Các Dân Tộc Thiểu Số Việt Nam* [越南少數民族語言研究]. Hà Nội: NXB Đại Học Quốc Gia Hà Nội.

Trần, Trọng Kim. 1921. *Việt Nam Sử Lược* [越南史略]. Hà Nội: NXB Văn Hoá Thông Tin. （2002 再印版）。

Trương, Hữu Quỳnh;Đinh Xuân Lâm&Lê Mậu Hãn. 2006. *Đại Cương Lịch Sử Việt Nam ToànTập* [越南歷史大綱全集]. Hà Nội: NXB Giáo Dục.

Viện Ngôn Ngữ Học. 2002. *Cảnh Huống và Chính Sách Ngôn Ngữ ở Việt Nam* [越南語言情形及語言政策]. Hà Nội: NXB Khoa Học Xã Hội.

Wheeler, Charles. 2003. A Maritime Logic to Vietnamese History? Littoral Society in Hoi An's Trading World c.1550-1830. Paper presented at Conference on Seascapes, Littoral Cultures, and Trans-Oceanic Exchanges, Feb 12-15, Library of Congress, Washington D.C.

三尾裕子（編），2008。《東南アジアにおける中国系住民の土著化・クレオール化についての人類学的研究》日本平成 16 年度~平成 19 年度科學研究成果報告書（課題番号 16251007）。東京：東京外国語大学。

三尾裕子，2006。〈土着化か、あるいは漢化か？——「漢族系台湾人」のエスニシティについて〉《中国 21》25 期，頁 221-230。

小川尚義，1931。《臺日大辭典》（上卷）。台北：臺灣總督府。

王育德，1993。《台灣苦悶的歷史》。台北：自立晚報社文化出版部。

史明，1980。《台灣人四百年史》。San Jose：蓬島文化公司。

史明，1992。《民族形成與台灣民族》。作者自印出版。

甘為霖，1978。《廈門音新字典》（第十二版）。台南：台灣教會公報社。

吳鳳斌，1994。《東南亞華僑通史》。福州：福建人民出版社。

吳靜宜，2010。《越南華人遷移史與客家話的使用—以胡志明市為例》。碩士論文：中央大學。

李庆新，2009。〈越南明香與明香社〉《中國社會歷史評論》10 卷，頁 205-223。

李恩涵，2003。《東南亞華人史》。台北：五南圖書。

杜嘉德，1873。*Chinese-English Dictionary of the Vernacular or Spoken Language of Amoy.* London: Missionary of the Presbyterian Church in England.

周勝皋，1961。《越南華僑教育》。台北：華僑出版社。

許文堂、謝奇懿編，2000。《大南實錄清越關係史料彙編》（依據日本慶應義塾大學版本精選整理）。台北：中央研究院東南亞區域研究計畫。

郭振鐸、張笑梅，2001。《越南通史》。北京：中國人民大學出版社。

陳重金著，戴可來譯，1992。《越南通史》（中譯版）。北京：商務印書館。

陳烈甫，1983。《東南亞洲的華僑、華人與華裔》（修一版）。台北：正中書局。

陳荊和，1960。〈清初鄭成功殘部之移殖南圻（上）〉《新亞學報》5 卷，1 期，頁 433-459。

陳荊和，1965。〈關於「明鄉」的幾個問題〉《新亞生活雙周刊》8 卷，12 期，頁 1-4。

陳荊和，1968。〈清初鄭成功殘部之移殖南圻（下）〉《新亞學報》8 卷，2 期，頁 413-485。

陳錦昌，2004。《鄭成功的台灣時代》。台北：向日葵文化。

麥都思，1832。*A Dictionary of the Hok-keen Dialect of the Chinese Languages, According to the Reading and Colloquial Idioms*. Macao: Honorable East India Company.

湯錦台，2001。《大航海時代的台灣》。台北：果實。

湯錦台，2005。《閩南人的海上世紀》。台北：果實。

華僑志編纂委員會，1958。《越南華僑志》。台北：華僑志編纂委員會。

華僑志編纂委員會，1978。《華僑志總志》（增訂三版）。台北：華僑志編纂委員會。

黃宗鼎，2006。《第二次世界大戰後越南之華人政策》。碩士論文：國立政治大學中山所。

黃宣範，1993。《語言、社會與族群意識》。台北：文鶴。

黃蘭翔，2013。〈南越華人（明鄉人）的定居與會館的興造〉發表 tī 2013 年台灣 ê 東南亞區域研究年度研討會。宜蘭：佛光大學。5 月 31 日-6 月初 1。

楊建成編，1984。《華僑之研究》。台北：中華學術院南洋研究所。

楊建成編，1985。《華僑史》。台北：中華學術院南洋研究所。

蔣為文，2011〈越南少數民族族語發展現況調查〉發表 tī 2011 年台灣 ê 東南亞區域研究年度研討會。台北：淡江大學。4 月 29 日-30 日。

蔣為文，2015。〈越南會安市當代明鄉人、華人及越南人之互動關係與文化接觸〉，《亞太研究論壇》61 期，頁 131-156。

鄭瑞明，1976。《清代越南的華僑》。台北：嘉新水泥公司文化基金會。

藤原利一郎，1949。〈廣南王阮氏と華僑：特に阮氏の對華僑方針について〉《東洋史研究》10 卷 5 期，頁 378-393。

藤原利一郎，1951。〈安南阮朝治下の明鄉の問題：とくに稅例について〉《東洋史研究》11 卷 2 期，頁 121-127。

藤原利一郎，1976。〈明鄉の意義及び明鄉社の起源〉《東南アジア史の研究》頁 257-273。東京：法蔵館。

譚志詞，2005。〈越南會安唐人街與關公廟〉《八桂僑刊》5 期，頁 44-47。

附錄一：

明鄉嘉盛堂報導人 D 提供 ê 家族系譜（蔣為文 hip）

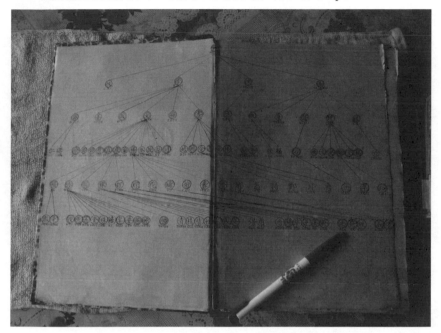

附錄二：

明鄉嘉盛堂報導人 D 提供 ê 族譜內頁（蔣為文 hip）

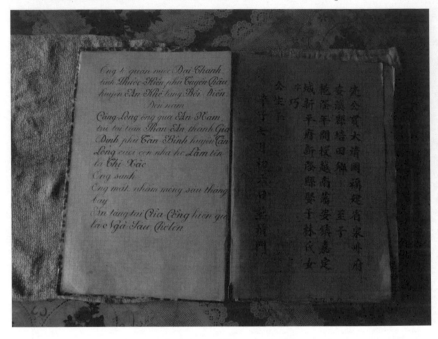

∽ CH 10. ∾

越南會安古城當今 ê

明鄉人、華人 kap 越南人 ê

互動關係 hām 文化接觸

1. 話頭

Ùi 16 世紀中到 18 世紀尾，hit-chūn 越南 tng leh 南北分裂，相冤 ê 雙方用靈江[1]做隔界 sûi 人統治南北方（Trần Trọng Kim 1921:312; 郭振鐸、張笑梅 2001:459）。為 tiòh 加有收入，統治北 pêng ê 鄭主政權（Chúa Trịnh）用「舖憲」（Phố Hiến）做貿易 ê 所在，南 pêng ê 阮主政權（Chúa Nguyễn）就用「會安」（Hội An）做國際貿易。

Tī 15 世紀越南後黎朝出兵拍「占城」（Champa）進前，占城治理 ê 會安已經是東南亞重要 ê 國際貿易港口之一。阮主政權統治 ê 會安 iáu 有國際貿易港口 ê 特色。Hit-chūn，tī 會安做貿易 ê 生理人包含 ùi 葡萄牙、大明帝國、日本、台灣、荷蘭 chia ê 所在來 ê （陳荊和 1957:273; Trương Hữu Quỳnh 等 2006:371; 華僑志編纂委員會 1958:32;Wheeler 2003; 黃蘭翔 2004;鄭永常 2013）。明人多數趁冬季東北季風落南去會安，夏季吹西南季風 ê 時 chiah koh 回國，就 án-ne mā hō在地 ê 越南人叫做 **người Tàu**（越南 ê 喃字寫做「人艚」），意思就是講「坐船來 ê 人」。

早期會安 ê 大明生理人聚集 ê 所在號做「大明客庸」，尾仔 mā 叫「大唐街」，lóng 是臨時性 ê 僑居地（陳荊和 1965）。大明帝國亡國了後，ná 來 ná chē ê 明人為 tiòh cháu-bih 戰亂抑是 m̄願服 in 滿清 chiah 遷徙去會安。Hit-chūn 阮主 ê 廣南國離滿清 khah 遠，khah 無清軍侵入 ê 壓力。阮主就用歡迎 ê 態度，向望會使利用明人 ê 資源來對抗鄭主 kap 開拓南 pêng ê 土地 （陳荊和 1957:276; 1965:1）。鄭成功 ê 舊部下

---

[1] 以早號做 Linh Giang，chit-má 號做 Sông Gianh，tī chit-má ê 越南中北部 ê 廣平省境內。

楊彥迪 kap 陳上川 chia ê 人 tī 這款 ê 歷史背景 mā 去投靠阮主。

根據越南阮朝官史《大南寔錄》前編卷五 ê 記載，龍門總兵「楊彥迪」（Dương Ngạn Địch）、高雷廉總兵「陳上川」（Trần Thượng Xuyên） chia ê 人 tī 1679 年[2]chhōa 3 千外个兵去投靠 hit-chūn 越南 ê 阮主政權（藤原利一郎 1949:379; 陳荊和 1960:436; 華僑志編纂委員會 1958:32; 鄭瑞明 1976:25-26; 許文堂、謝奇懿 2000:3; Đặng Thanh Nhàn 2010:8; 三尾裕子 2008:5）。阮主 hō 陳上川 chia ê 人做官 koh 命令 in 負責向南 pêng 開墾，包含 chit-má 越南南部 ê「嘉定」、「定祥」、「邊和」chia ê 所在（陳荊和 1960:437, 1968）。

阮主 hō˙chia 拍算 beh tiàm 越南釘根生湠 ê 明人特別 ê 恩典，iàh 就是設立特別 ê 村社組織，號做「明香社」（Minh Hương xã）。「明香」本底 ê 意思是「維持明朝香火」（陳荊和 1964:6）。明香社 ê 男性大多數是明人抑是明越 thàu-lām--ê，女性就 khah chē 是在地 ê 越南人（陳荊和 1965）。公元 1802 年阮世祖統一越南，用越南中部「順化」做首都，建立越南 siōng 尾 ê 王朝「阮朝」。阮世祖 tī 1807 年下令 tī 全國設立明香社來管理明人 ê 後裔（hō-è）koh kā 入戶籍。到阮聖祖 chiūⁿ 任了後，tī 1827 年開始 kā「明香」改做「明鄉」，kā「明鄉人」（người Minh Hương）看做是已經入籍 ê 越南人（陳荊和 1965.1, 藤原利一郎 1976:260）。

清國 hit-chūn，一直 iáu 有真 chē 清國人民移居去會安（許文堂 2012）。Hia 路尾來 ê 移民有寡選擇加入明鄉人，有寡就維持華人五

鄭瑞明（1976:26）認為楊--ê chia--ê 去越南 ê 時間應該是 1681 年「三藩之亂」soah liáu khah 合理。根據越南胡志明市「明鄉嘉盛堂」（iàh 就是明鄉會館）ê 紹介手冊，楊彥迪 chia ê 人去越南 ê 時間是 1683 年（Đặng Thanh Nhàn 2010:8）。陳荊和（1960:454）mā 認為應該 tī 1682 年年底到 1683 年 chit-chām。

幫 ê 族群認同，koh 用各幫 ê 會館做組織動員中心。因為明鄉人 ê 權益 phēng 清國 ê 生理人 khah 好，致使清國 hit-chūn chiah 移民去越南 ê 清國人，kap 越南 ê 女性通婚了後 in ê 後代 mā kài chē 選擇做明鄉人（華僑志編纂委員會 1958:41; 三尾裕子 2008:10）。Só-pái 明鄉人 ê 意思無 koh kan-taⁿ 是明朝香火 niâ，是延伸講華越通婚 ê 後代子孫。現此時，明鄉人 lóng 用越南語 koh lóng kap 越南 ê 在地文化 sio-lām，in 身分證件 ê 民族類別 mā 登記做越南主體民族「京族」（Kinh）。明鄉人就 kap 早前移民來台灣 ê「唐山公」（Tn̂g-soaⁿ-kong）相全。唐山公透過通婚 chia ê 本土化 ê 過程，路尾形成在地 ê 台灣人認同（蔣為文 2013）。比較 tėk 明鄉人 ê 京族身分，華人（người Hoa），就屬 tī 越南政府正式認定 ê 54 民族之一 ê 華族。華人 khiò 起講越南語掉外，大多數 koh 會曉無全程度 ê 華語（北京話）抑是原本 ê 族群母語，譬論講廣東話抑是福建話 chia--ê（蔣為文 2013）。Ah 若華僑 kap 台商，因為 in iáu 有中國籍抑是台灣籍，無越南國籍，所以無列入去本研究 ê 範圍內底。[3]

越南中部 ê 會安因為 iáu 保存 15 世紀以來 chē 國貿易 ê 文化歷史 ê 形，só-pái tī 1999 年 hō 聯合國教科文組織（UNESCO）認定做世界遺產。本論文用會安古城 ê 明鄉萃先堂、澄漢宮、福建會館、廣肇會館、潮州會館、海南會館、中華會館 kap 會安傳統市場做主要觀察 ê 場所，ùi 社會語言學 kap 文化人類學 ê 角度探討越南會安市當今 ê 明鄉人、華人 kap 越南人互動 ê 關係 kap 文化接觸，來了解明鄉人 kap 華人 tī 越南本土化 ê 過程 ê 精差。本研究田野調查 ê 期間是 2012 年 11 月 21~23、2013 年 12 月 22~29 kap 2014 年 3 月 31~4 月初 5。

本研究揀會安做研究範圍 ê 理由像下跤 án-ne：根據越南 2009 年

---

[3] 關係華人 kap 華僑 kap 相關用詞 ê 討論，詳細看蔣為文（2013）。

人口普查 ê 結果，全國 lóng-chóng 有 85,846,997 人，內底華人 ê 人口
是 823,071 人，量其約佔全國 0.96%（Tổng Cục Thống Kê2010）。
Koh，照芹澤知 （Serizawa 2007:66）透過胡志明市華人事務部門提
tiòh ê 資料，胡志明市 1992 年 lóng-chóng 有 524,000 名 ê 華人（量其約
佔全市 12.5% ê 人口）。會安 chit-má ê 總人口量其約 12 萬，內底明鄉
人 kap 華人 lóng-chóng 有 2,000 外个人 hit 跤兜，量其約占全市 2%。[4]
相比較，胡志明市華人 ê 比例 khah 懸，會安 khah 倚規个越南 ê 華人
佔越南總人口 ê 比例。另外，因為會安 ê 人口 kap 空間 ê 範圍 khah
細，tī 有限 ê 時間 kap 資源 lìn khah 好做田野調查。

2. 老街 ê 歷史 kap 空間 ê 分布

　　會安古城 lìn kap 明鄉人抑是華人相關 ê 建築物 chit-má 大部分
lóng tī「陳富」（Trần Phú）街 kap sì-kho·-ûi-á ê 路 lìn （地圖 1）。以
陳富為主 hit kho·-ûi-á ê 所在 mā 是現此時國內外 ê 旅客聚集上 chē ê 觀
光地區。陳富街就是早前明人聚集 ê 大唐街，法國殖民統治 hit-chūn
這條街號做日本街。[5]近代越南共產黨統一全國 liáu-āu chiah 改做陳富
街。陳富是越南共產黨第一任 ê 總書記（1930/10-1931/9）。Ùi chia 會
使看 tiòh 越南共產黨對明鄉/華人 kap 越中關係 ê 立場。

---

[4] 因為越南 2009 年 ê 人口普查統計表 kan-taⁿ 寫講各民族全國 ê 總人數，無各地方
　　人口 ê 明細，這个比例是根據作者訪問結果普略仔算 ê。照作者 tī 會安在地對明
　　鄉人、華人 kap 越南人訪問得 tiòh 量其約 ê 數值，現有 ê 華人量其約 2 千 hit
　　kha-tau（kòa 大人 kap 囡仔），明鄉人 kan-taⁿ 量其約數百人（無 kòa hia 完全越
　　南化、m̄知家己是明鄉人後代 ê 明鄉人）。
[5] 因為街仔尾有一條日本橋。

地圖 1. 會安古城明鄉人 kap 華人相關建築物 ê 分布

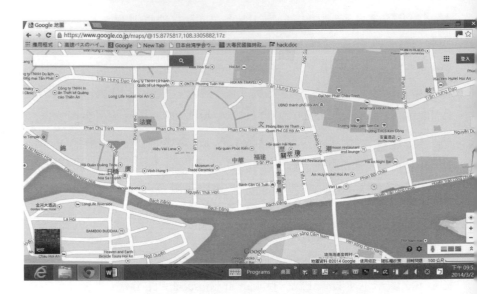

資料來源：作者照田調結果用 **Google Map** 畫 ê。

簡稱說明：	文：文聖廟
錦：錦鋪鄉賢（亭）	歷：會安歷史文物館/明鄉佛寺
日橋：日本橋	關：澄漢宮（關公廟）
廣：廣肇會館	萃：明鄉萃先堂
法寶：法寶寺	瓊：瓊府會館
中華：中華會館/禮義學校	潮：潮州會館
福建：福建會館	岐：周岐山墳墓

　　明鄉會館 kap 華人五幫會館主要分布 tī 陳富街。地圖面頂，ùi 正 pêng 到 tò-pêng 是潮州會館、瓊府會館（海南）、明鄉萃先堂、澄漢宮（關公廟）、明鄉佛寺（chit-má 改做會安歷史文物館）、福建會

館、中華會館（五幫）、廣東會館、日本橋 kap 錦鋪鄉賢亭（明鄉）。會安華人五幫內底 kan-taⁿ 一个無家己 ê 會館 ê 是「嘉應幫[6]」。另外，明鄉人設立 ê 文聖廟就 tī 隔一條街 ê「潘周楨」（Phan Chu Trinh）街 hia。

　　會安明鄉人 10 个大老 ê 頭人「孔天如」（Khổng Thiên Nhu）ê 墓 tī 潘周楨街 kap「𠀧婆徵」（Hai Bà Trưng）雙叉路口 ê 法寶寺園區內底。另外 1 位十大老「周岐山」（Chu Kỳ Sơn）ê 墓 tī 陳興道（Trần Hưng Đạo）路 lìn ê 細條巷仔內底。另外，老街北 pêng khah 外圍仔 ê 孫德勝路 lìn ê「祝聖寺」（Chùa Chúc Thánh）是 ùi 大明國福建泉州來 ê「明海」和尚創立 ê。祝聖寺園內 mā 有 bē-chió 明鄉人、華人 kap 越南人 ê 墓。譬論講，對創建明鄉萃先堂有貢獻 ê「惠鴻大師」kap「鄭門吳氏」（法名：妙成）kap 三家之一 ê 姓張--ê 有寡後代 mā 埋 tī chia。祝聖寺 ê 斜對面是華僑抗日烈士紀念碑、「清明祠」kap「萬善同歸」華人 ê 墓區。照筆者看 tiòh ê 墓 kā 看，華人（m̄管早前抑是近期）kap 早前明鄉人 ê 墓牌主要用漢字寫，近期（量其約 1940 年代 liáu-āu）ê 明鄉人後代 kap 越南人 ê 墓牌主要就用越南羅馬字寫，內底 mā 有漢字 kap 越南羅馬字 lām 做伙用。這个現象 mā 反映出明鄉人越南化 kap 越南語 ùi 漢字轉做羅馬字書寫 ê 歷史背景。

---

[6] 照 tī 會安各會館看 tiòh ê 碑文、牌區抑是對聯，「嘉應幫」是上 chiàp 用 ê 頭銜，m̄是現此時台灣 chiàp 用 ê「客家人」ê 用詞。

圖 2. 近期明鄉人 ê 墓牌多數已經改做用羅馬字寫

Kap 陳富街 pêⁿ-kiâⁿ、tī i 南 pêng ê 後下一條街現此時號做「阮太學」街（Nguyễn Thái Học）。阮太學街 tī 法國 hit-chūn 號做廣東街。Ùi 阮太學街 koh 向南就是倚溪岸 ê「白藤街」（Bạch Đằng）。會安老街 khah 早是以陳富街為主，尾仔因為溪 á ê 沙仔 chek-tái chiah 陸續 thūn kah 變做阮太學街 kap 白藤街（葉傳華 1962）。這 3 條老街 bat lóng 是明鄉/華人聚集 ê 街路。因為 1975 越共解放南越 kap 1979 越中邊境衝突，越南 ê 排華政策致使真 chē 華人移民去海外。現此時 iáu tòa 會安老街 ê 華人已經 kài chió ah。

3. 明鄉萃先堂 kap 澄漢宮

「明鄉萃先堂」（Minh Hương Tụy Tiên Đường，下跤簡稱萃先

堂），住所 tī 陳富路 14 號。[7] 萃先堂現此時是會安地區 iáu 有明鄉人 leh 出入、有代表性、khah 大 ê 明鄉會館。萃先堂上早建立 ê 具體年閣 iáu 有無全 ê 講法。準做是萃先堂內部，in 對建立 ê 年閣 mā 無一致 ê 講法。根據 chhāi tī 萃先堂門口柴做 ê hō遊客看 ê 紹介 khan-páng，內容寫講大約 tī 18 世紀尾期建立 ê。[8] M̄-koh 建築物內底 ê「史略」（Lược sử）簡介 khan-páng 就 koh 寫講 tī 1820 年建立 ê。若照萃先堂正殿 tò-pêng（面向外），tī 越南「維新」二年（1908）chhāi ê 碑文記載 ê 內容：「明命初元建前賢祠額曰萃先堂......成泰十七年卜遷于澄漢宮之左......」。越南「明命」皇帝元年就是 1820 年，「成泰」十七年就是 1905 年。若是這 tè 碑文紀錄無 m̄-tio̍h，萃先堂該當 tī 1820 年建立 ê，路尾 chiah tī 1905 年徙去現此時 ê 所在。

根據日本學者三尾裕子（2008:9）ê 研究，萃先堂建立 ê 年閣應當 tī「明香社」正式改做「明鄉社」hit-chūn ê 1827 年左右。因為明鄉人會使有 phēng 華僑 khah 優待 ê 稅率，koh m̄免像一般 ê 越南人 ài 做兵 kap 做工 ê 義務，só-pái ùi 早前 ê 中華會館 kap 福建會館獨立出來建館會使有保留明鄉人特別身分 ê 好空。中國學者李　新（2009:211）soah 掠做是 1653 年，i 講：「2001 年，笔者前往　安考察，在明乡萃先堂，　现有"　德癸己年"供奉"三界伏魔大帝"、"神威远振天尊"的牌匾」。李　新照這 tè 牌匾認定萃先堂建立 ê 年閣。其實，這 tè 牌匾應當是隔壁澄漢宮 ê。照陳荊和（Chen 1960:18）報導，這 tè 牌匾 tī 澄漢宮 lìn。另外，筆者 2012 年 kap 2013 年去做調查 ê 時，這 tè 牌匾確實 mā 是 tī 澄漢宮。

這 tè 牌匾 m̄是萃先堂 in ê 主要 ê 理由有 3 點：早前 ê 明鄉會館主

---

[7] 越文 14 Trần Phú.

[8] 作者 2012 年 kap 2013 年年底去調查 hit-chūn 看 tio̍h ê khan-páng。

要 chhāi 祖先，sòa--lâi chiah 是 chhāi 神明。這 tè 牌匾 ê 內容 kap 關公 ê 信仰 khah 合。第二，照維新二年 chhāi ê 碑文記載應當 tī 1820 年代建立 ê。這个年閣 kap 李　新主張 ê 1653 年精差有 167 冬，kán-ná 無 saⁿ 可能。第三，筆者 kā 萃先堂 ê 管理委員會 ê 主委曾川先生訪問，確認 i 管理萃先堂 hit-chūn m̄-bat 看過這 tè 牌匾 khǹg tī 堂內底。

　　萃先堂主要拜明鄉人 ê 祖先「十大老」（**Thập Đại Lão**）、「六姓」（**Lục Tánh**）kap「三家」（**Tam Gia**）、逐年明鄉社 ê 幹部 kap 建立萃先堂有功勞 ê 人，koh 來　chiah 拜神明。Bē-chió 研究者對十大老、六姓 kap 三家 ê 認知有誤解。Chia ê 誤解主要是 hō͘主殿 ê 神主牌仔 kap 維新 2 年 ê 碑文 chhōa têng-tâⁿ--khì-ê。譬論講，李庆新（2009:215）掠做「正堂祀"明乡历代先贤"，其中乡官祀"十大老"，这是会安明香社的开山之祖。乡老祀许、魏、吴、伍、庄、邵六人。乡长祀吴廷宽、冼国详、张弘基……」。譚志詞（2005:44）就指講「他们分属魏、吴、许、伍、庄六个姓氏，明香人称此十位创始人为"十老"或"前贤"」。[9] 黃蘭翔（2004:171）mā 表示「會安的明鄉人的祖先是魏、莊、吳、邵、許、伍等六姓的十大老，及後來的三大家冼國公、吳廷公、張弘公等明朝舊臣遺民之後代子孫」。

---

[9] 譚志詞 ê 文章內容 kā「邵」姓漏勾去。

根據頂懸講ê維新 2 年碑文內容ê記載：

......魏莊吳邵許伍十大老者 明舊臣也 明祚既遷心不肯貳遂
隱其官銜名字避地而南至則人唐人在南者冠以明字存國號
也卅六省皆有所立而廣南始焉初居茶饒[10]尋邊會安相川原之
勝通山海之利......十大老既徃[11]三大家繼之曰 洗國公 吳廷
公 張弘公[12]......

因為碑文用文言文寫「......魏莊吳邵許伍十大老者......」。一般
tèk lóng 會解讀做「魏莊吳邵許伍」這六姓就是十大老。到底是寫碑文
ê 人「張同洽」寫 têng-tâⁿ 抑是確實是 án-ne？筆者 kā 陳荊和 ê 中文
（陳荊和 1957:282） kap 越文（Chen 1960:21）ê 論文做比對，tī in 中
文 ê 論文內底 kan-taⁿ 講 tiòh 十大老 kap 三家，m̄-koh 越南文 ê 論文內
底 soah 引用李誠意 tī 1880 年寫 ê 《萃先堂前鄉賢譜圖板》ê 記載明確
講 tiòh 十大老、六姓 kap 三家是無全階段 ê 三批人。中文版 kap 越文
版無一致 ê 現象有夠怪奇。凡勢 tī 陳荊和 sòa-āu ê 中文學者 kan-taⁿ 讀
陳 ê 中文論文，致使 lóng kā 十大老 kap 六姓 lām 做伙。

透過筆者 kap 報導人 F （明鄉人）、G （明鄉人）kap Trương
Duy Hy（查埔，82 歲，明鄉人）ê 訪談 hām 報導人提供 ê 越南文 ê 資
料顯示，十大老、六姓 kap 三家 ê 解讀應當像下跤講 ê khah 會靠 tit：
十大老、六姓 kap 三家是歷史 tèk 無全階段來廣南 ê 明人。根據
Trương Duy Hy（1999:9）ê 論文，第一階段量其約是 1644 年，chia ê

---

[10] 茶饒（Trà Nhiêu）tī 秋盆河 kap 長江這 2 條大條溪河 ê 溪尾相交叉 hia，離會安
古城量其約 3 公里。
[11] 徃這字 ê 意思 kap「往」相全，以早、往生 ê 意思。
[12] 碑文用「洗國公」、「吳廷公」kap「張弘公」ê 尊稱方式稱呼三大家。若照正
殿服祀 ê 神主牌仔寫 ê，全名是「洗國詳」、「吳廷寬」kap「張弘基」。

人 hông 叫做十大老，包含孔（Khổng[13]）、顏（Nhan）、余（Dư）、徐（Từ）、周（Chu）、黃（Hoàng）、張（Trương）、陳（Trần）、蔡（Thái）、劉（Lưu）chia--ê 10 个姓。[14]凡勢因為十大老 tú 來越南 ê 時 iáu 是足危險 ê sî-chūn，為 tioh 避免 hō 滿清追殺，só-pái kan-taⁿ 姓留 tioh、真正 ê 全名無記。第二階段量其約是 1650 年，包含魏（Nguỵ）、莊（Trang）、吳（Ngô）、邵（Thiệu）、許（Hứa）、伍（Ngũ）chia--ê 6 个姓，só-pái 叫做六姓。第三階段（原文無註明年閣[15]）是「洗國詳」、「吳廷寬」kap「張弘基」這 3 个人。第四階段 mā 無註明年閣，是包含鄭、林、丁、馮、尤、丘、黎、鳳這 8 个人。Ùi 這个階段開始，這 8 个人無特別按怎叫。這頂懸 lóng-chóng 27 个人，內底十大老 hông 尊稱是「前賢」，chhun--ê 就尊稱是「後賢」。Ah 若神主牌仔二 pêng 寫 ê「鄉官」、「鄉老」kap「鄉長」，m̄是指十大老、六姓 kap 三家，是 koh 有別人。根據報導人提供 1 份越文版 ê《萃先堂前鄉賢譜圖板[16]》，這个圖譜有列鄉官 lóng-chóng 57 个人、鄉老 lóng-chóng 19 个人、鄉長 lóng-chóng 61 个人（Lý Thành Ý 1880）。

---

[13] 有 ê 資料寫 Khổng thái（孔太）；koh thái 是特別尊稱 ê 意思（Chen 1960:21-22）。

[14] 筆者 2014 年 4 月初 3 特別拜訪 Trương Duy Hy 先生來瞭解 i ê 論文根據 ê 資料來源。I 表示，這个主張是根據萃先堂內部 ê 管理人員流傳 leh 用、用越南文寫 ê《明鄉三保務》（Minh Hương Tam Bảo Vụ）手冊記載 ê 內容。

[15] M̄-koh 照報導人 F kap G 表示，三家大約 phēng 六姓慢 40 外冬 chiah 來。意思是，量其約 17 世紀尾期。

[16] 這个越文（羅馬字）版 ê 譯者是 Tống Quốc Hưng，有註明原稿 hō͘ Lý Thành Ý（李誠意）tī 1880 年編寫好勢。因為筆者無漢文 ê 原稿，「萃先堂前鄉賢譜圖板」kap 李誠意是本論文筆者根據陳荊和（Chen 1960:21）轉述 ê 漢字原文。

圖 3.萃先堂主殿ê神主牌位

雖罔萃先堂傳統 ê 主要功能 m̄是拜神明，m̄-koh tòe 會安 hông 揀 tiòh 做世界遺產、觀光客 ná 來 ná chē，這个傳統已經開始改變 ah。筆者 2012 年 kap 2013 年去做調查 ê 時看 tiòh 萃先堂已經 tī 入門 ê 前殿新加五尊神明 ê 雕像：入門面向神明 ùi tò-pêng 到正 pêng 分別是「金花娘娘」、「天后聖母」、「藥王本頭公」、「保生大帝」、「福德正神」。根據報導人 I（65 歲、京族人，tī 萃先堂協助雜務）ê 表示，chhāi 神明主要 ê 目的是增加經濟（油香錢）收入來維持萃先堂 ê 營運。雖罔萃先堂有加入 tī「會安文化 kap 體育中心」發行 ê 古蹟參觀收費門票，m̄-koh 門票 ê 收入 mā 是有限。[17] 照 in 實際運作 ê 結果是遊客添油香 ê 錢 phēng 門票 ê 收入 koh khah chē。Só-pái，拜神明有 siaⁿ

---

[17] 會安文化 kap 體育中心 ê 越文原文是 Trung Tâm Văn Hóa - Thể Thao Thành Phố Hội An。

遊客來添油香 ê 經濟考量。有管理委員會委員身分 ê 報導人 F 表示，以早 chia ê 神明 kan-taⁿ 牌位 niâ，khǹg tī 主殿 kap 其他明鄉人 ê 前賢、後賢做伙 chhāi。量其約 2011 年開始 chiah kā 神明牌位改做雕像 koh 徙去入口 hia，來 siàⁿ 觀光客。F 表示，早期逐个明鄉社 ē 分工揀 1 仙主要 ê 神明來 chhāi，萃先堂主要是 chhāi 藥王本頭公。

照報導人 I 家己 ê 認知：「藥王本頭公、保生大帝 kap 天后聖母是明鄉人 ê 信仰，m̄-koh 關公是華人 ê 信仰。現此時，在地 kan-taⁿ 明鄉人 iáu 拜藥王本頭公 kap 保生大帝。天后聖母 tō 明鄉人 kap 華人 lóng 有 leh 拜。福德正神 tī 在地代表財神，會使保庇商家大發財」。Ah 若金花娘娘，報導人 I 表示，he 是別 giah chhāi—ê，因為 beh 拆去起大樓 chiah 徙去萃先堂。

報導人 I ê 認知 kám 有合 tī 全國抑是 kan-taⁿ 會安 ê 明鄉人 ê 案例，抑是 kan-taⁿ 是 i 個人 ê 認知？Che ài koh 去調查。M̄-koh 某種程度 mā 反映在地 ê 京族人對 chia ê 神明信仰某種 ê 看法。照筆者 tī 越南逐所在 ê 華人地區做 ê 觀察，拜關公 thang 講是上普遍 ê 華人民間信仰，koh 來 chiah 是拜天后聖母。凡勢是關公 tī 中國歷史上有全國性 ê 知名度，koh i 講義氣 ê 特質 tú 合 tio̍h 華人新移民 ê 需求，só͘-pái i 就 khah 普遍。雖罔報導人 I 掠做關公 m̄ 是明鄉人 ê 信仰，m̄-koh 其實 tī 萃先堂隔壁、拜關公 ê「澄漢宮」上早就是明鄉人建立 ê。凡勢 tàuh-tàuh tòe leh 越南化 koh kap 華人 ê chih-chiap ná 來 ná chió 了後，明鄉人 tàuh-tàuh khah 無有關公信仰，m̄ chiah 會有報導人 I 這款 ê 認知。

明鄉人 kap 五幫華人 in 互相 ê 往來凡勢會使 ùi 碑文 kap 雙方相送 ê 牌匾、對聯內底看一寡出來。一般 tek，明鄉人會用虛構 ê「龍飛」年號抑是越南皇帝 ê 年號；iáu-bōe 越南化 ê 華人就用中國 ê 年號。萃

先堂內底重翻 ê 碑文 lóng-chóng 有 3 份，[18] lóng 用越南 ê 年號，in 是嗣德 28 年（公元 1875 年）、維新 2 年（1908 年）kap 保大 18 年（1943 年）。這 3 份碑文 lóng 是明鄉人 chhāi--ê koh 有寫 tiȯh 寄附錢整修 ê mā 是明鄉人 khah chē。M̄-koh 內底 mā 記錄五幫華人有參與寄附錢整修。譬論講，嗣德 28 年 ê 碑文寫講「四幫錢十貫」。[19] Ah 錢十貫 ê 金額到底有偌 chē？若參考碑文其他明鄉人 ê 捐款額度，量其約是一位明鄉鄉長抑是秀才 ê 額度。另外，保大 18 年 ê 碑文 mā 有寫 tiȯh「并五幫城庸紳豪信女樂供」chia ê 字，mā 顯示少數 ê 五幫華人 mā bat 寄附錢重修。維新 2 年 ê 碑文 mā 記載萃先堂徙去別位重建 khí-thâu 有華人婦女鄭門吳氏捐 chiân 大片 ê 土地 hō͘ in。[20]

Khiò 起碑文掠外，萃先堂 mā 有 1 份落名「五幫眾商」敬送 ê「明德惟馨」ê 牌匾，這 tè 牌匾寫「中華民國拾貳年」（1923 年）。了後，一直到 2009 年 chiah 有落名福建會館敬送 ê 對聯 kap 廣肇會館敬送 ê 鼓仔燈。Ùi 頂懸 chia ê 史料 kā 看，萃先堂 ê 明鄉人雖罔 tī 19 世紀 kap 20 世紀 ê 前半期相全 iáu 有 kap khah òaⁿ 移居會安 ê 華人有 leh 往來，m̄-koh in ê 交陪就 khah 無 hiah bā-tàu ah。1923 年到 2009 年 chit-chām ê 來去會使講差不多是零。一直到倚年因為會安古城 chiân 做國際觀光文化景點，萃先堂 chiah kap 人氣 khah 旺 ê 福建會館 hām 廣肇會館按禮數有相送紀念品。照報導人 F 表示，用 i 做例，雖罔 i ê chhin-chiâⁿ 家屬 lìn 有人嫁 hō͘ 華人，m̄-koh 規个來看，明鄉人 kap 越南

---

[18] 關係數量單位「份」：若全碑文 siuⁿ 長 soah 分別刻 tiàm 幾 tè 石碑，mā 算一份碑文。

[19] 到底欠 toh 一幫，ài koh 稽考。應當是相對人數 khah chió kapkhah òaⁿ 到 ê 海南抑是嘉應（客家）其中一幫。

[20] 維新 2 年 ê 碑文無記錄鄭門吳氏是華人 ê 婦人人，m̄-koh 根據祝聖寺園區內底 ê 鄭門吳氏墳墓石誌記載，i 是華族之女。這 tè 石誌是明鄉社 tī 嗣德 7 年（1853）chhāi--ê。

京族 ê 往來 iáu 是 phēng 華人 koh khah bā-tàu。

　　萃先堂 1993 年 hō 越南政府認定是歷史文化古蹟，koh 2002 年到 2009 年這 chām 接受越南政府 ê 補助重新 khioh 面。照報導人 F（祖籍福建泉州，來越第 10 代，lóng m̄-bat 漢字 mā 袂曉泉州話）ê 講法，用萃先堂做聯絡中心 ê 明鄉人 tī 1945 年戰後 bat tiām-chēng 有半个世紀，到 kah 2009 年整修好，開放 hông 參觀，chiah tī 政府主動動員 ê 時 kā 現此時 ê 明鄉人 chhōe 轉來擔任會館自治管理 ê khang-khòe。因為有半世紀 hiah 久無 leh 連絡，現此時成員 ê 人數無像以早 hiah chē。[21] Chit-má iáu 有 leh 來去 ê 量其約幾百人 hit kha-tau，多數是 tiàm 萃先堂辦理祭拜活動（講越南語）hit-chūn chiah 會出現。報導人 F 表示，舊曆 2 月 12 ê 春祭活動是規年上大 ê 活動。春祭主要是拜前賢後賢 koh 辦聯誼活動來聯繫會員 ê 感情。照 F 提供 ê 2014 年春祭 ê 相片 kā 看，hit-kái ê 活動量其約倚 chiân 百人參加，內容有 1）祭拜儀式 2）kā 老人祝壽 3）抽獎 4）分米救濟貧民。Ah 若活動期間在外，平常時 kan-taⁿ 幾个仔幹部輪流當值 kap 觀光客（外國遊客 khah chē）會來參觀。Kap 相倚近 ê 福建會館 hām 廣肇會館比，筆者田調 hit-chām 來參觀萃先堂 ê 遊客無 kài chē。另外，因為過去長期無活動，tī 訪談過程 lìn 明鄉報導人對明鄉人 ê 歷史記持差不多是 ùi 這幾冬出版 ê 冊 têng khioh 用、建構來 ê。

　　Tòe 明鄉人越南化 ê 演變，萃先堂扮演 khioh-óa 明鄉人意識真要緊 ê 集會場所 ê 角色就無像以早 án-ne hiah 重要 kap 趕緊 ah。會安古城 hông 揀 tióh 做世界遺址了後，萃先堂會使扮演 ê 角色 kán-ná 已經

---

[21] 萃先堂 ê 組織 kán-ná kài 散 iā-iā。根據報導人 F ê 講法，in 是用家庭做單位來聯繫成員。現此時會安地區量其約有 250 个明鄉家庭。有活動 hit-chūn 會寄邀請函 hō˙ in。成員 ê 認定一般 tèk 照 in ê 姓、tòa ê 所在 kap 透過熟似 ê 明鄉人紹介 chia ê 方式來做判斷。

轉型做有越南特色 ê 歷史文化觀光資產之一 ah。華人 ê 會館通常 ài 家己 chông 經費來經營。Ḿ-koh 越南化　明鄉人因為 tit-tiȯh 越南政府 ê 認同所以 ke-kiám ē-tàng 提 tiȯh 經費補助。

Tī 萃先堂拜訪 hit-chūn，報導人 G（祖籍福建泉州，來越第 11 代，lóng m̄-bat 漢字 mā 袂曉泉州話）提供 1 份收 tī 曆 lìn ê 土地移轉契約。這份契約用漢字寫，自底訂 ê 時間是越南嘉隆帝 9 年（Gia Long 公元 1810 年），中途移轉 2 擺，是嘉隆 10 年 kap 16 年（1817 年）。這 tang-chūn ê 契約 lóng 用「明香社」這个詞。到上尾仔買倒轉來 hit-chūn 是成泰 16 年（公元 1904 年），chit-chūn 已經改用「明鄉社」ê 用詞。這份契約 tú 好 thang 看 tiȯh「明香社」轉換做「明鄉社」ê 過程。

「澄漢宮[22]」koh 號做關公廟，tī 陳富街 24 號，就 tī 會安市場 ê 對面。關係澄漢宮成立 ê 年閣，一般 tȧk lóng 用廟內皇帝封 ê 牌匾面頂記錄 ê「慶德癸巳年冬季」推論做 1653 年抑是 koh khah 早進前建立 ê。澄漢宮上早是明鄉人建立（Chen 1962:25）ê。照報導人 F 表示，澄漢宮原本是萃先堂 ê 明鄉人 in ê。Ḿ-koh 南北越統一解放 liáu-āu 澄漢宮 kap 萃先堂 bat hông 收去變做國有。等 kah 越共改革開放 liáu-āu chiah kā 萃先堂還 hō明鄉人家己管理。Ḿ-koh 澄漢宮無 tī hông 還轉去這个清單在內，iáu 是國家 leh 管理，主要 ê 因端是 in ê 信眾 kap 添油香 ê 收入 kài chē。照報導人 F （明鄉人）kap J （華人第三代，1969 年會安出世）表示，現此時澄漢宮關公廟 ê 信眾包含越南人、明鄉人 kap 華人。因為澄漢宮 tī 會安傳統市場 ê 正對面，nā 準有買賣 ê 糾紛，真 chē 案例 lóng 會去澄漢宮 chhōe 關公做公親來 kā 解決。

澄漢宮內底 ê 石碑有 5 份，上古早 ê 2 份 lóng 用「龍飛」年號，

---

[22] 越南文會使號做 Chùa Ông, Quan Công Miếu 抑是 Trừng Hán Cung。

koh 來是「明命 8 年」（1827）、「嗣德 17 年」（1863）kap「成泰 16 年」（1904）。Ùi chia thang 知負責重建整修 ê 主要 lóng 是明鄉人。另外，澄漢宮內底 mā 有真 chē 信眾送 ê 牌匾抑是對聯。In ê 年號有用越南年號、中國年號抑是 kan-taⁿ 註明干支紀年。若落名「五幫」抑是各幫幫名 ê 牌匾抑是對聯 lóng 用中國皇帝 ê 年號，內底用光緒（1875-1909）年號 ê 上 chē、koh 來是同治（1862-1875）kap 嘉慶（1796-1821）。Tī 澄漢宮 mā 有看 tiȯh 落名「嘉應幫」ê 客人 tī 光緒甲辰年（1904）送 ê 牌匾。[23] Ùi chia thang 知華人 tī 19 世紀後半期到 20 世紀初期 kap 澄漢宮上 chiȧp leh 往來。Liáu-āu，信眾內底 ê 華人凡勢是因為 tàuh-tàuh-á 越南化 soah chiâⁿ 做新 ê 明鄉人，抑是因為排華 hit-chūn 陸續移民去海外，抑是華人 tī 廣肇會館另外服祀關公 ê 因端，就 tàuh-tàuh 無突顯華人 ê 參與。

澄漢宮 ê 後壁，門口面向阮惠（Nguyễn Huệ）街 ê「明鄉佛寺[24]」kap 澄漢宮量其約 tī 仝 sî-chūn 起 ê（Chen 1962:25）。明鄉佛寺原本 mā 是明鄉人起 ê，chit-má 已經改做 hō 政府接管 mā 改建做會安 ê 歷史文物館。[25]

4. 華人 ê 會館 kap 文化接觸

福建會館 tī 陳富路 46 號，現此時是會安地區佔地上闊、起 kah 上金 sih-sih koh 香火上旺 ê 媽祖廟 hām 華人會館。照福建會館內底留落--ê tī 乾隆丁丑年（1757）kap 1974 年重修 ê 2 份碑文，thang 知福建會館上起頭是量其約 1690 年代起 ê 草廟（hit-chūn 叫金山寺），主要

---

[23] 根據報導人 J 表示，現此時（2014 年）會安 ê 嘉應幫 kan-taⁿ chhun 幫主 1 个人，chhun ê 成員 lóng 搬去別位 ah。

[24] 越南語號做 Chùa Bà 抑是 Chùa Quan Âm。

[25] 越南語號做 Nhà Trưng Bày Lịch Sử - Văn Hóa Hội An。

chhāi 媽祖。路尾 1757 年是福建幫出錢改建做瓦廟（新號做「閩商會館」），1849 年 koh 增建後殿 chhāi 六姓王爺公，上尾 tī 1895 年動工到 1900 年起好 chiah 有 chit-má ê 規模。

福建會館 ê 主殿服祀「媽祖[26]」，後殿是服祀「六姓王爺公[27]」、「金花娘娘[28]」kap「財神爺[29]」。照報導人 F 表示，chia ê 六姓王爺公 m̄是萃先堂拜 ê 六姓。筆者 kā 會館 ê 人員問 liáu，in mā 講 kan-taⁿ 知影六姓王爺公是當初反清復明 ê 六位將軍。後殿 ê 六姓王爺公神像分別用漢字寫「欽王爺」、「張王爺」、「舜王爺」、「朱王爺」、「十三王爺」kap「黃王爺」chia--ê 6 位王爺。金花娘娘是包含 3 位 Bà Chúa Sinh Thai kap 12 位 Bà Mụ，主要是生囝 ê 查某神，管婦 jîn-lâng ê 有身 kap 生囝。財神爺是管生財好額。照報導人 J（男，48 歲，越南出世，潮州來越第三代）表示，這个館逐年舊曆 2 月 16 拜六姓王爺，2 月初 1 拜金花娘娘 kap 3 月 23 媽祖生是規个館 ê 3 項大活動，che 內底拜六姓王爺是上鬧熱、人上 chē ê 活動。照報導人 J 表示，雖罔福建會館現此時是華人管理 ê 會館，m̄-koh iáu 有 kài chē 在地 ê 越南人來 chia 拜拜求囝仔抑是求財。

雖罔福建會館上早是明鄉人建立 ê，m̄-koh 尾仔 tàuh-tàuh hō͘ 相對 ê「新客」lak 權，chiâⁿ 做現此時是華人 leh hōaⁿ-pôaⁿ ê 會館。這個現象會使 jī 館內 ê 碑文、牌匾 kap 對聯得 tiòh 證明。Chia ê 文物用 ê 年號包含龍飛、越南、中國年號、公元 kap 干支紀元 lóng 有。內底，用中國年號 ê 上 chē。龍飛年號 kan-taⁿ 出現 1 擺，是 tī 後殿頂懸 ê 將軍柱面頂，寫「龍飛歲次己酉年仲秋吉日福建幫幫長總理福首船長眾商全

---

[26] 越南語號做 Bà Thiên Hậu Thánh Mẫu（天后聖母）。
[27] 越南語號做 Lục Tánh Vương Gia。
[28] 越南語號做 Kim Hoa Nương Nương。
[29] 越南語號做 Thần Tài Công。

興」。Ùi 落名 kā 看，應該是比較 tèk「舊客」ê 明鄉人以外，hit-chūn ê 新客，就是 tī 越南做貿易 ê 清人抑是華人送 ê。Ah 若 hia ê 生理人是按怎 tòe 明鄉人用龍飛 ê 年號？因為後殿是 1895 年到 1900 年 hit-chūn 起 ê，除非 che 將軍柱是回收舊材來用，若無應該是後殿起 hit-chūn 新造 ê chiah tiòh。若是新造 ê，是按怎 iáu 用龍飛？Hit-chūn 大明國滅亡已經 200 外冬 ah，無 saⁿ ài koh am-khàm 明人後代 ê 身分。凡勢「龍飛」已經 chiâⁿ 做一款海外 ê 明人 kap in ê 後代 ê 精神象徵，só-pái ò-bóe 來 ê 新客為 tiòh 表示欽佩舊客 ê 義行就刁工用象徵性 ê 年號。龍飛將軍柱邊仔有另外 2 支將軍柱，分別寫「光緒乙未年四月吉旦福建帮帮長總理眾商仝重修」kap「公元一九七五年歲次乙卯孟春吉旦福建同人重修」。光緒乙未年 tú 好是動工增建後殿 ê 1895 年。

越南年號 tī 這个會館出現 2 擺。頭擺是嗣德 4 年（1851）ùi 正 pêng 到 tò-pêng 寫「德配天」ê 牌匾，tò-pêng 落名「金山廟重修誌慶明鄉信善族仝奉供」。照會館 ê 碑文記載，1757 年 liáu-āu 金山寺已經改做閩商會館。Ùi 這 tè 牌匾 thang 知，明鄉人心目中這間會館 chiâⁿ 做金山寺 ê 角色 phēng 閩商會館 koh khah 大。另外 1 份牌匾 tò-pêng 註明「啟定三年冬月吉日御製」（1918），正 pêng 頂懸角寫「勅賜」細 ka 字，中央寫「好義可嘉」4 字大字。一般 tèk，勅賜是指皇帝賞賜。「好義可嘉」kám 是啟定皇帝賞賜 ê？Koh，針對 siáng 嘉勉 i ê 義行 leh？Kám 是六姓王爺公抑是媽祖？Chia ê 問題 ài koh 稽考（khe-khó）。

館內文物 ê 中國年號用光緒（1875-1909）chit-chūn--ê 上 chē，kài chió 數 mā 有用中華民國，m̄-koh 無中華人民共和國 ê 年號。上早 ê 年號是 tī 後殿壁頂 ê 1 tè 塊 tī 乾隆丁丑年（1757）hō 福建泉州府晉江縣 ê 人「施澤宏」chhāi ê 碑文。Ùi chia ê 文物 ê 年號會使看 tiòh 福建會館 kap 澄漢宮仝款，十九世紀後半期到二十世紀頭是清人/華人信眾上

chē ê sî-chūn。福建會館 ùi 建廟 khí-thâu，ká-ná lóng 是新客 leh hōaⁿ-pôaⁿ。Hia tàuh-tàuh 越南化 ê 舊客 tàuh-tàuh-á chiâⁿ 做明鄉人抑是越南人，就脫離福建會館另外建立萃先堂抑是其他明鄉人 leh hōaⁿ-pôaⁿ ê 團體。Mā 是因為福建會館一直以新客為主，chiah chiâⁿ 做現此時福建幫華人 hōaⁿ-pôaⁿ ê 華人會館。另外一頭，因為福建會館 m̄是單純 ê 同鄉會館 niâ，siâng-sî mā 是有久長歷史 ê 廟寺 ê 宗教信仰成分，só-pái 會使 siâⁿ 在地無分族群 ê 大眾來參拜。

館內 ê 公元紀年出現 tī 戰後 ê khah chē，特別是越共改革開放 ê 1990 年代了後。這內底真 chē lóng 是已經移居去海外 ê 華人捐獻 ê 紀念物。其他 ê 華人會館情形 mā lóng 大約相全，這內底福建會館 kap 廣肇會館海外捐 ê 物件上 chē。Chia lóng 反映越南排華期間華人 koh 一擺移民他鄉 ê 現象。

雖罔福建會館 tī 在地是上興 ê 會館 kap 廟寺，福建話（咱人話）tī 在地 kám 有普遍 hông leh 用？答案是：無。筆者 2013 年 12 月 tī 會館 bat 用台語試 hit-chūn 負責排班顧櫃台 ê 幾个仔福建裔 ê 人員，in lóng 聽無。In lóng 講越南語 khah chē。內底有 1 个（查埔，56 歲，來越第五代）bat chit-sut-á 華語。I 講細漢 hit-chūn bat tī 中華會館 ê 禮義學校學過中文。Sòa-āu tī 別个場合（2014 年 4 月），筆者有訪問 tiòh 2 个 bat 福建話 ê 報導人。報導人 K 年紀 81 歲，越南出世，來越第四代，老爸 ê 祖籍福建泉州晉江，老母是客人。K 現此時是某會館重要 ê 幹部。筆者用台語 hām 台灣華語 kap K 普通對話，基本 tèk lóng 無溝通 ê 困難。K 細漢 ê sî-chūn bat tī 福建會館辦 ê「福建學堂」上課。K 表示，hit-chūn 福建學堂用福建話 kap 華語雙語上課，學生量其約有 100 外个。基本 tèk，課文用華語唸，m̄-koh 老師用福建話講解。這間學堂 tī 1940 年代進前開辦，liáu 就無繼續 ah。K in 某 mā 是福建人 ê 後代，2 个人 lóng-chóng 生五男一女。這內底 kan-taⁿ 1 个查埔--ê bat 華語，

chhun--ê lóng m̄-bat 福建話。照 K 表示，現此時規个會安大概 kan-taⁿ 10 幾个 80 歲以上 ê 福建人後代 koh bat 福建話。另外，報導人 L，在地出名 ê 書法家，hit 年 86 歲，越南出世，福建移民 ê 第二代。筆者用台語 kap i 溝通 mā 無問題。L 表示 i 細漢 mā tī 福建學堂上課，i 對學堂 ê 講法 kap K 一致。因為 i 是移民 ê 第二代，só-pái 細漢 tiàm 厝 lóng 用福建話。

中華會館 tī 陳富路 64 號。中華會館上起頭起 ê 年閣量其約 tī 1715 年到 1741 年 chit-chām（Chen 1962:37-40），早期號做「洋商會館」，做各幫 iáu-bōe 有家己 ê 會館進前 ê 綜合性會館。中華民國建立了後 chiah 號做中華會館，現此時在地人一般 kā 叫做 Hội quán Ngũ Bang（五幫會館）抑是 Chùa Bà（媽祖廟）。

中華會館 ê 正殿服祀媽祖，早前是華商重要 ê 宗教信仰中心。M̄-koh 按筆者現場觀察，現此時平常來 chia 拜拜 ê 香客 ká-ná 拚 bē kòe 福建會館。Ùi chia thang 知，當今中華會館 chiâⁿ 做統合華人五幫精神寄託 ê 所在 ê 功能贏過媽祖廟 ah。據報導人 J 表示，這个會館逐年舊曆正月初 2 ê 春節暗會 kap 3 月 23 媽祖生是規个館 mā 是全五幫上大 ê 活動，當日各幫 ê 成員 lóng 會來參加。活動 hit-chūn 用 ê 語言有越南語 kap 華語。另外，中華會館 mā 附屬在地華人慣習叫 ê「禮義學校[30]」。因為越南政府 m̄ 准會館用學校 ê 名義開課，só-pái i 正式 ê 名是補習班性質 ê「禮義華文中心[31]」。照報導人 J kap 禮儀學校 ê M 老師表示，現此時拜六、禮拜有開小學生 ê 華語課，量其約數 10 个學生 leh 上課。週間 ê 暗時有大人 ê 華語班，量其約倚 100 人 leh 上課。大人班有九成以上 lóng 是商業需求來補習華語 ê 越南人。

---

[30] 頭起先號做「中華公學校」，用中華民國 ê 國語（華語）教材。現此時禮義學校 kap 大人華語班就用北京出版 ê 教材。

[31] 越南文號做 Trung Tâm Hoa Văn Lễ Nghĩa。

中華會館入口 hia ê 壁有掛 1940 年代抗日犧牲 ê 13 个華人烈士 ê 相片。現此時 chia ê 烈士 ê 死體 lóng 做伙埋 tī 祝聖寺斜對面 ê 抗日烈士紀念碑。[32] 這內底有 1 位烈士「羅允正」（1920-1945）特別值得講一下。羅允正是會安 ê 大望族羅錦華（1819-1906）ê 孫，1920 年 tī 會安出世，祖籍廣東 ê 東莞，算是來越 ê 第三代（劉陳石草 2013:41-46）。I 對音樂特別有趣味 kap 天份。I 在生 bat 創作一首樂曲《Printemps et Jeunesse》。Tī 羅允正參加抗日 soah 受難了後，這 tè 曲由會安 ê 華人「葉傳華」譜中文 ê 歌詞《青年與春天》 kap 越南 ê 詩人 Thế Lữ 譜越語歌詞 "Xuân và tuổi trẻ"。這个中文版《青年與春天》chiân 做會安 ê 華人普遍傳唱 ê 歌曲，越文版 ê 歌曲 tī 規个越南 mā kài 有知名度。羅允正 ê 族群身分足特別：對華人來講，i 是純 ê 華人，甚至因為有祖國 ê 認同 chiah 會參加抗日救中國 ê 活動。對在地 ê 明鄉人來講，羅允正某種程度 mā hông 看做是明鄉人 ê 一份子。筆者拜訪明鄉人 ê 後代 Trương Duy Hy hit-chūn，Trương Duy Hy 提供 1 份 i tng teh 寫 ê 關係會安明鄉人物誌 ê 草稿，這內底 mā 有包含羅允正。Trương Duy Hy 用羅允正 ê 越南語 ê 筆名 La Hối 來紹介 i tī 會安出世 ê 明鄉社。

Ùi 這个案例會當看講舊客（明鄉人）kap 新客（華人）之間有一个過渡期是明鄉、華人雙重身分 ê 認同。過渡期間，有人 iáu 維持華人 ê 認同，有人就倚明鄉 ê 認同 hit-pêng。這款雙重 ê 認同 tī 萃先堂 mā 有看 tioh 一个案例。報導人 G（祖籍福建泉州，來越第 11 代，lóng m̄-bat 漢字 mā m̄-bat 泉州話）雖罔是萃先堂主要 ê 幹部之一，m̄-koh i 有 tang-sî-á mā 會 tī 福建會館出入。一般 tek，影響族群認同 ê 因素會使分做主觀 kap 客觀二大方面。個人 ê 自我認同屬 tī 主觀因素。客觀因素

---

[32] 這內底有 3 位烈士 ê 死體 hō 家屬領轉去家己埋。

就包含血緣、語言、住所 kap 風俗習慣 chia 逐款 khah 好去區分族群 ê
外在特徵。Khiò 起 chia ê 因素掠外，koh 有一項真要緊 ê 催化因素，就
是族群 ê 政策。Tng 某人 siâng-sî 有 chiaⁿ 做華人抑是明鄉人 ê 條件，是
啥物因素會強化 i 選擇某一个特定族群 ê 身分 leh？照筆者 ê 觀察 kap
訪問越南華人 kap 明鄉人 ê 結果 kā 看：爸母是華、越通婚 koh 家己 tī
越南出世 ê 華人 hām i ê 後代 iáu 維持強烈 ê 中國祖國意識--ê 論真講是
khah 少數。準講是仝一个大家族 lìn，無仝 ê 成員 mā 有無仝 ê 族群認
同，中國祖國認同--ê sù-siông 是少數。一般 ték 經濟收入 khah 富裕 ê
男性成員維持華人認同 ê 比例 mā khah 懸。經濟收入中中仔抑是 khah
bái ê 成員就 tàuh-tàuh 加入明鄉人 in chit-tīn。中國俗語有講「衣錦還
鄉、落葉歸根」。起先去越南做生理 ê 華人，若準事業做有成，tiāⁿ-
tiāⁿ 會 tī 僑居地 kap 中國祖家二頭來來去去，só-pái kap 祖國維持足厚 ê
認同關係。若是生活條件 khah bái--ê 為 tiòh 改善環境，就去選擇明鄉
人 ê 身份。因為有明鄉人 ê 身份會使減稅金 koh hām 越南人仝款有做
公職 ê 基本資格。

廣肇會館 tī 陳富街 176 號。照這間會館現此時留 tiòh 寫講中華民
國 53 年 chhāi ê「會安廣肇會館重修簡誌」ê 碑文講 ê，廣肇會館 tī 光
緒 11 年（1885）建立。廣肇會館主要拜關聖大帝，i nn̄g-pêng 是天后
聖母 kap 財帛星君。

廣肇會館館內 ê 文物年號用光緒 hit-chūn--ê 上 chē，淡薄仔有公元
kap 中華民國 ê 年號。另外，廣肇會館 kap 福建會館仝款，有 1 份勅賜
「好義可嘉」ê 牌匾，tò-pêng 註明「啟定三年十月吉日」（1918）。
khiò 起這份掠外，無看 tiòh 其他 ê 明鄉人送 ê 牌匾。另外 khah 特殊 ê
現象是 tī 本館內底 kan-taⁿ 有海南 chia kài chē 生理人送 ê 牌匾，無看
tiòh 其他各幫落名 ê 牌匾抑是對聯。

潮州會館 tī 陳富街另外一頭 ê「阮維效」街 362 號。[33] 照這間會館內底 1 份 tī 咸豐 2 年（1852）chhāi--ê 有寫「福緣善慶」標題 ê 碑文，內文記載潮州會館 tī 道光乙巳年起--ê，iah 就是 1845 年。

潮州會館主要拜「伏波將軍」，就是東漢時期 bat chhōa 兵拍越南 ê「馬援」。因為馬援 bat 鎮壓越南 ê 民族女英雄二徵夫人起義，só-pái 1975 年越共解放南越 liáu-āu bat kā 潮州會館關起來。到改革開放 liáu chiah koh 重開放這間會館。筆者 bat 訪問幾位在地潮州人 ê 後代，m̄-koh in 對是按怎會館會拜伏波將軍 ê 歷史是按怎來 ê lóng m̄知。筆者 koh 訪問 tòa 潮州會館附近 ê 越南人，in lóng 知影潮州會館 bat 因為拜拍越南 ê 馬援 soah hông 關起來過，m̄-koh 其他細節就 m̄知 ah。現此時，潮州會館是 5 間華人會館內底遊客 khah 罕 tit 去參觀 ê 一間。來這間會館祭拜 ê 主要是潮州籍 ê 華人，無越南人。

瓊府會館 tī 陳富街 10 號，就 tī 萃先堂 ê 隔壁。瓊府會館量其約 tī 1875 年到 1891 年 chit-chām 建立 ê。[34] 瓊府會館 ê 主殿是「昭應殿」，服祀 108 位 1851 年 tī 越南中部外海 hō 越南 ê m̄-chiâⁿ 海巡人員賴講搶劫 soah 遭難 ê 海南籍 ê 生理人。這間會館主要服祀 108 昭應公在外，mā 有財帛星君 kap 福德正神。逐年 ê 舊曆 6 月 15 拜 108 昭應公是規個館上主要 ê 活動。來這間會館拜 ê 主要是海南籍 ê 華人。筆者訪視會館 hit-chūn（2013 年 12 月），拄好 tng tioh chit-tīn 越南 ê 國中查某

---

[33] 阮維效 ê 越南文是 Nguyễn Duy Hiệu。有寡資料寫 tī 阮維效街 157 號。實地訪問 liáu，157 是舊 ê 門牌號碼。

[34] 根據館內「瓊府會館重修碑誌」（中華民國 63 年 chhāi--ê）kap「瓊府會館碑記」（光緒壬寅年仲冬）lóng 寫講會館 tī「光緒初年」創建 ê。因為光緒 "初年" 凡勢是 "元年"（1875）抑是 khah 去 hit 幾年，só-pái 應當 tī 1875 年了後建立 ê。Koh，查看館內 ê 文物 liáu，出現上早 ê 年號是光緒 17 年（1891）ê 一份銅鐘，顛倒無看 tioh 光緒元年 ê 文物。só-pái，筆者 kā ioh 這間會館建館 ê 年閣應當 tī 1875 kap 1891 年 chit-chām。

囡仔來 chia 參觀 kap 拜拜。筆者特別訪問 in 是按怎來這間會館。In 講感覺這間會館真 súi 就入來參觀 sīn-sòa 拜拜。In 拜 ê 是 sím-mih 款 ê 神明就無瞭解 ah。

　　瓊府會館平常時在地 ê 香客無 kài chē，三不五時有遊客來參觀。這間會館 kā 門口大廳 ê 所在稅 hō͘ 1 位越南人 M（男，京族人，量其約 40 歲）leh 賣紀念品。報導人 M 講平常時海南人真 chió 來這間會館，主要 leh 拜昭應公 kap 拜祖先（舊曆正月初 2）hit-chūn chiah 會出現。規个會安量其約 koh 有 300 人 hit kha-tau ê 海南人。報導人 M tī 會館賣紀念品 hia 有賣十二生肖紀念幸運幣。傳統 tek，越南 kap 中國有 1 个生肖 ê 動物無全款，he 就是兔仔 kap 貓仔。Tī 越南，兔仔 hō 貓仔換做十二生肖之一。報導人 M 照越南 ê 世俗 kan-taⁿ 賣貓仔 ê 生肖無兔仔 ê 生肖。仝 hit-chūn，筆者 tī 附近 ê 福建會館 ê 時 soah 看 tiȯh，福建會館 siâng-sî 有賣貓仔 kap 兔仔 ê 幸運幣。這是一个 kài 特殊 ê 現象。凡勢是福建會館是華人管理 koh 台灣 kap 中國 ê 遊客 khah chē，só-pái 館方特別 khǹg 兔仔 kap 貓仔 hō͘ 人去揀。

圖 4. 越南 chiah 有 ê 生肖貓 ê 幸運幣

　　瓊府會館 ê 文物用光緒年號 ê 上 chē，koh 來是中華民國 kap 公元紀年。掠外，tī in 添油香寫名 hia 看 tiȯh 捐錢 ê 單位包含 4 間華人會館、禮義學校、嘉應幫 kap 萃先堂。瓊府會館是筆者看 tiȯh 唯一有明鄉萃先堂捐添油香 ê 華人會館。凡勢萃先堂就 tī 瓊府會館 ê 正隔壁，khiā tī 人情來人情去 soah 寄附 ê。

　　頂懸是用華人 ê 各會館做觀察點所發現 ê。另外，ùi chiȧh-sit 文化mā 會使看 tiȯh 文化接觸 ê 現象。早期 hō 華裔族群 chah 入來會安 ê lim-chiȧh 像講「高樓麵」（Cao lầu） kap「白玫瑰」（bánh bao & bánh vạc）chia--ê lóng 已經 chiâⁿ 做會安在地 ê lim-chiȧh 文化 ê 特產。

　　「高樓麵」是會安 chiah 有生產 ê 地方特色 ê 麵，m̄管是餐廳、路邊攤仔抑是市場 lóng 看會 tiȯh。I 按怎來 ê 一人講一話，照筆者訪問在地 ê，當今越南人 kap 華人多數無掠做高樓麵是 in 本族創作 ê 麵。筆者 kā ioh，高樓麵應該是 ùi 明鄉人 ê chiȧh-sit 來 ê。因為年久月深，眾人 chiah tȧuh-tȧuh bē 記 tit i ê 源頭。筆者 tī 2014 年 4 月訪問 tiȯh tī 會安市場賣高樓麵出名 ê「左婆」（Bà Trái）ê 新婦 N （查某，越南人，量其約 50 歲）。報導人 N tiàm 會安郊區 ê 厝 siâng-sî mā 是做高樓麵 ê

場所。報導人 N 表示，in 先生（姓「謝」）ê 阿祖（阿公 ê 爸爸）bat tī 古城內底替人做工 hit-chūn 學會曉做高樓麵，路尾就一代一代傳落來。報導人 N 講 in 先生 mā 是越南人。M̄-koh 因位 in 先生姓「謝」，這个姓 tī 越南足罕 tit 看，koh「謝」這个姓收錄 tī 萃先堂提供 ê「明鄉諸族」ê 名單內底。Chiàu án-ne kā ioh，in 先生凡勢是明鄉人 ê 後代。因為明鄉人一般 tek 掠做家己是越南人，só-pái in 某 mā 掠做 i 是越南人。報導人 N 講現此時做高樓麵 ê khiò 起 in 兜掠外，koh 有幾若間 mā 有 leh 做。

圖 5. 會安古城 ê 高樓麵

白玫瑰 tī 會安 ê 名聲 kap 普遍度雖罔暫時輸 hō 高樓麵，m̄-koh tòe 後壁直直 kā 逐 ah。會安 chiâⁿ 做國際文化觀光 ê 景點 liáu-āu，因為白玫瑰是會安特別 ê 地方點心，koh 經營這个 chiàh-mih ê 華人家族會曉 hām 旅遊 kap 做伙，就是 án-ne 白玫瑰 mā chiâⁿ 做會安 chiàh-sit 文化 ê 消費特點。按報導人 J（kap 這个家族是姻親關係）表示，頭一个做白玫瑰 ê 是一位華人 ê 婦 jîn-lâng O（80 外歲，越南出世，福建來越

第二代，現此時往生 ah）。婦 jîn-lâng O 早期 tī 會安街仔路賣點心白玫瑰。婦 jîn-lâng O 有生 4 个查埔 3 个查某，這內底 1 个查埔 1 个查某早年 phah-khiap。婦 jîn-lâng O 過身 liáu-āu i 白玫瑰 ê 食品事業 hō 大漢查某囝 kap 3 个後生 tiàm 無仝街仔 sûi 人開店繼承。所以現此時 tī 會安看 tiòh ê 白玫瑰 lóng 是這个家族生產 ê。透過報導人 J ê 安排，筆者 bat去范文同路 ê 白玫瑰專賣店參觀。這間店會使 tiàm 現場 chiàh，koh 有固定時間表演現做 ê 白玫瑰 hō 消費者參觀。當日有 7 个查某 ê 工作人員穿制服 tiàm 現場做。這內底 khiò 起領班是華人掠外，chhun--ê lóng是越南人。咱凡勢會使去 kā 想 chia 做工 ê 越南人路尾有機會家己開店賣白玫瑰。過幾代 liáu 白玫瑰就 kap 高樓麵相仝 tī 華越文化交流 lìnchiaⁿ 做會安 ê 特產。

Khiò 起 khah 普遍 ê 高樓麵 kap 白玫瑰掠外，麻仔糊、福建米粉炒、綠豆砂、豆花、圓仔 kap 甜粿 chia--ê 雖罔 khah 無 hiah 普遍，m̄-koh mā 是會安在地有華人/明鄉人 ê khùi-kháu ê chiàh-mih。

圖 6. 會安古城 ê 白玫瑰

5. 結尾

本論文用會安古城 ê 明鄉萃先堂、福建會館、廣肇會館、潮州會館、海南會館、中華會館 kap 會安傳統市場做主要觀察 ê 所在，探討會安市當今 ê 明鄉人、華人 kap 越南人互動 ê 關係 kap 文化 ê 接觸，來了解明鄉人 kap 華人 tī 越南本土化 ê 過程 ê 精差。

基本 tek，ùi 明國尾期清國初期以來 ùi 中國去越南做生理抑是定居這款 ê 遷徙是一波一波一直 chiap-sòa ê 過程。Tòe 定居時間 ê 長度 giú 長，chia ê 移民自然形成舊客 kap 新客 ê 差別。明人 tú 來越南 hit-chūn 是新客，透過通婚 kap 本土化 ê 過程 táuh-táuh-á 形成舊客明鄉人 ê 認同。Chia 明鄉人因為身分證 lóng 登記做越南京族，tòe 時間一直無 --去，大部分 ê 明鄉人 mā bē 記家己明鄉 ê 特質就掠做家己是京族人。Che mā 是按怎明鄉人 ê 人數 ná 來 ná chió 重要 ê 原因之一。Sòa 明人 跤 āu-tau 陸續來 ê 清人/華人起頭 mā 是新客，kap 舊客--明鄉人有無全款 ê 族群認同。Tòe 通婚 kap 本土化過程 ê 進展，chia ê 清人/華人內底 mā táuh-táuh-á 開始有人 chiân 做舊客 soah 有在地 ê 認同。越南 ê 華人 kap 明鄉人認同 ê 案例內底，通婚、語言 kap 誘因是 3 个真重要 ê 關鍵因素。「華越通婚」kap「越語 kám 已經是母語」是明人/清人/華人轉變做明鄉人 ê 客觀必要條件。誘因是強烈影響新客加入明鄉人 ê 認同真要緊 ê 催化劑。誘因包含經濟 kap 政治這坎。用經濟做例，hia 經濟中中仔抑是 bái ê 新客為 tioh 減少稅 ê 負擔，就選擇加入明鄉 chit-tīn。Koh 因為明鄉人 hông 看做是越南人，有考公職 ê 資格，só͘-pái bē-chió 生活條件 khah 輸 hia ê 好額 ê 生理人 ê 新客當然選擇加入明鄉人來爭取改善家己 ê 社會地位 ê 機會。現此時，iáu tòa tī 會安 ê 華人量其約 lóng 是第三、四代 ah。會安 ê 華人現此時 tng leh 經歷 ùi 新客過渡到舊客、明鄉化 ê 過程 lìn。按現此時華越通婚 kap 越語母語化足普遍 ê 明顯現象 kā 看，會安華人越南化 ê 速度應該會 ná 來 ná kín。華人 tī 越南

化 ê 過程 lìn，當然有寡華人文化 mā 會 hông 留落來 chiâⁿ 做 i 文化接觸 lìn 華越 ê 特色，親像高樓麵 kap 白玫瑰 chiâⁿ 做會安 ê 特產仝款。

【原文發表 tī 2015 年〈越南會安市當代明鄉人、華人及越南人之互動關係與文化接觸〉，《亞太研究論壇》61 期，頁 131-156。台北，中央研究院。本篇論文根據原文增補修訂了後收錄 tī chia。作者寫論文 hit-chūn tng teh 日本東京外国語大學亞非研究所客座研究。感謝三尾裕子所長 kap 相關 ê 同仁 tī hit-chūn 提供真 chē 好 ê 資料 kap 相關 ê 協助。另外，mā 感謝大阪大學 ê 清水政明教授熱心提供相關 ê 文獻 kap 東華大學台越研究中心康培德主任協助田調 ê 代誌。越南田調 hit-chūn mā hō͘ 真 chē 越南 ê 朋友鬥相共，in 是順化大學廖永勇老師、會安文化資產保存中心阮志中主任、自由作家 Trương Duy Hy、越南社科院史學所丁光海教授、會安楊先生 kap 真 chē 無 beh 落名 ê 在地報導人。另外，mā 感謝研究室計畫助理林美雪、潘秀蓮、范玉翠薇、裴光雄、鄭垂莊、Tân kap 小花海倫 in 鬥相共。】

參考冊目

Chen, Ching-ho（陳荊和）. 1960. Mấy điều nhận xét về Minh-hương-xã và các cổ tích tại Hội-an（1/2）[關於會安明鄉社與古蹟的一些看法]. Việt-Nam Khảo- Cổ Tập San（số 1）. 頁 1-33. Sài Gòn: Bộ Quốc-Gia Giáo-Dục.

Chen, Ching-ho（陳荊和）. 1962. Mấy điều nhận xét về Minh-hương-xã và các cổ tích tại Hội-an（2/2）[關於會安明鄉社與古蹟的一些看法]. Việt-Nam Khảo- Cổ Tập San（số 3）. 頁 7-43. Sài Gòn: Bộ Quốc-Gia Giáo-Dục.

Đặng, Thanh Nhàn（ed.）. 2010. *Minh Hương Gia Thạnh Di Tích Lịch Sử - Văn Hóa* [明鄉嘉盛文化歷史遺跡]. BQT Hội Đình Minh Hương Gia Thạnh.

Lý Thành Ý（李誠意）. 1880. *Bảng Phổ Đồ Hương Hiền của Tụy Tiên Đường* [萃先堂前鄉賢譜圖板]. 譯者 Tống Quốc Hưng。

Tổng Cục Thống Kê. 2010. Báo cáo kết quả chính thức tổng điều tra dân số và nhà ở 1/4/2009. [2009 年全國人口及住屋總調查報告] <http://www.gso.gov.vn/default.aspx?tabid=403&idmid=2&ItemID =9782>

Trần, Trọng Kim. 1921. *Việt Nam Sử Lược* [越南史略]. Hà Nội: NXB Văn Hoá Thông Tin.（2002 再印版）。

Trần, Văn An; Nguyễn Chí Trung; Trần Ánh. 2005. *Xã Minh Hương với Thương Cảng Hội An Thế Kỷ XVII-XIX*[17~19 世紀的明鄉社與會安港]. Quảng Nam: Trung Tâm Bảo Tồn Di Sản-Di Tích Quảng Nam.

Trương, Duy Hy. 1999. Sự hình thành và đóng góp của làng Minh Hương cổ trong đô thị cổ Hội An ngày nay[會安古城內明鄉社的形成與貢獻]. Bài báo cáo tại Hội Thảo Khoa Học vè Vài Trò Lịch Sử của Xã Minh Hương. Hội An: Trung Tâm Quản Lý Bảo Tồn Di Tích Hội An.

Trương, Hữu Quỳnh; Đinh Xuân Lâm & Lê Mậu Hãn. 2006. *Đại Cương Lịch Sử Việt Nam ToànTập* [越南歷史大綱全集]. Hà Nội: NXB Giáo Dục.

Wheeler, Charles. 2003. A Maritime Logic to Vietnamese History? Littoral Society in Hoi An's Trading World c.1550-1830. Paper presented at Conference on Seascapes, Littoral Cultures, and Trans-Oceanic Exchanges, Feb 12-15, Library of Congress, Washington D.C.

三尾裕子（Mio, Yuko）. 2008. "Sojouring and Indigenization of Chinese Immigrants: A Case Study from Hoi An, Vietnam." 收於三尾裕子（編）《東南アジアにおける中国系住民の土著化・クレオール化についての人類学的研究》頁 1-17。東京：東京外国語大学。

李庆新 2009。〈越南明香與明香社〉《中國社會歷史評論》10 卷，頁 205-223。

芹澤知広（Serizawa, Satohiro）. 2007. The Fujian Chinese and the Buddhist Temples in Ho Chi Minh City, Vietnam, in Yuko Mio, ed. *Culturl Encunters betweenn People of Chinese Origin and Local People: Case Stduies from the Philippines and Vietnam*, pp.65-75. Tokyo: Tokyo University of Foreign Studies.

許文堂、謝奇懿編 2000。《大南實錄清越關係史料彙編》（根據日本慶應義塾大學版本精選整理）。台北：中央研究院東南亞區域研究計畫。

許文堂 2012。〈華人與中越地區的開發—以會安的歷史變遷為中心〉亞太區域研究成果發表會，12 月 20 日，台北，中央研究院。

郭振鐸、張笑梅 2001。《越南通史》。北京：中國人民大學出版社。

陳荊和 1957。〈17、18 世紀之會安唐人街及其商業〉。《新亞學報》，3（1）：273-332。

陳荊和 1960。〈清初鄭成功殘部之移殖南圻（上）〉《新亞學報》5卷，1 期，頁 433-459。

陳荊和 1964。《承天明鄉社陳氏正譜》。香港：香港中文大學。

陳荊和 1965。〈關於「明鄉」的幾個問題〉《新亞生活雙周刊》8卷，12 期，頁 1-4。

陳荊和 1968。〈清初鄭成功殘部之移殖南圻（下）〉《新亞學報》8卷，2 期，頁 413-485。

華僑志編纂委員會，1958。《越南華僑志》。台北：華僑志編纂委員會。

黃蘭翔 2004。〈華人聚落在越南的深植與變遷：以會安為例〉《亞太研究論壇》26 期，頁 154-191。

葉傳華 1962。〈會安埠今昔〉《遠東日報》。

劉陳石草 2013。《越南會安華人的族群認同—以羅、葉、劉三大家族為例》。碩士論文：國立暨南國際大學。

蔣為文 2013。〈越南的明鄉人與華人移民的族群認同與本土化差異〉，《台灣國際研究季刊》期刊，9（4），頁 63-90。

鄭永常 2013。〈會安興起：廣南日本商埠形成過程〉，論文發表 tī 海
　　洋文化學術研討會，11 月 29 日。台南：國立成功大學

鄭瑞明 1976。《清代越南的華僑》。台北：嘉新水泥公司文化基金
　　會。

藤原利一郎 1949。〈廣南王阮氏と華僑：特に阮氏の對華僑方針につ
　　いて〉《東洋史研究》10 卷 5 期，頁 378-393。

藤原利一郎 1951。〈安南阮朝治下の明鄉の問題：とくに稅例につい
　　て〉《東洋史研究》11 卷 2 期，頁 121-127。

藤原利一郎 1976。〈明鄉の意義及び明鄉社の起源〉《東南アジア史
　　の研究》頁 257-273。東京：法藏館。

譚志詞 2005。〈越南會安唐人街與關公廟〉《八桂僑刊》5 期，頁
　　44-47。

第一章

從漢字文化共同體

到民族國家：

越南和台灣之比較研究

1. 前言

越南與台灣一樣，均曾被中國統治過。

越南曾受中國一千多年的直接統治（公元前 111-公元 939），其後雖然脫離中國的統治而獨立，卻仍與中國維持一定的藩屬關係。這種藩屬關係一直維持到 19 世紀後半期法國的介入後才開始有變化。法國統治了約一百年後，越南民族主義領導者胡志明於 1945 年宣佈越南獨立、建立「越南民主共和國」。

至於越南東北邊的台灣呢？從中國來的鄭氏政權，於 1662 年正式佔領、統治台灣。接著 1683 到 1895 年台灣由清國統治。之後，1945 年到目前（2017），台灣再次被中國來的政權「中華民國」統治。

若由 Benedict Anderson （1991） 的「想像的共同體」（imagined communities）切入，在漢字文化圈裡，19 世紀以前皆有一種以中國為中心、透過漢字所形成的「漢字文化想像共同體」（an imagined Hanji cultural community）。[1] 此種「漢字文化想像共同體」或多或少都影響到這個文化圈成員後來對於近代「民族國家」（nation-state） 的國族想像建構。

在中國，他們利用「漢字文化想像共同體」作為他們近代「中華民族」或「中國國族」的想像基礎。那些跳脫「漢字共同體」的舊成員，例如：越南、韓國[2]、朝鮮[3]和日本，皆重新建構以自我為主體的「民族國家」想像。若談到台灣，它仍處在「漢字共同體」的邊緣徘

---

[1] 所謂的漢字文化圈是指曾用或者仍在使用「漢字」做書寫系統的國家或者地區。例如：台灣、越南、朝鮮、日本、中國、香港、和新加坡（蔣為文 2005）。

[2] 指所謂的南韓。

[3] 指所謂的北韓。

徊，這現象當然就反應在政治上的獨、統紛爭。

　　無論台灣與越南是自願或是被迫，他們皆經過「中國國族想像」的時期。對越南而言，此時他們早已徹底解構「中國國族想像」、脫離「中國想像共同體」，成功地重建「越南想像共同體」。但是對台灣而言，國內各族群對中國仍有程度不一的想像與寄望。[4] 雖然台灣命運共同體的意識隨著 1980 年代以來的政治運動的發展而有日漸抬頭的趨勢，但若要說「台灣國族共同體」已經完成 "想像"，恐怕還要等上一段時間。

　　一個新的共同體何時才會建構完成需看它解構「舊共同體」的速度。

　　本論文的目的在探討台灣與越南之間，對於解構「漢字共同體」與「中國國族想像」的過程當中有何異同之處才造成現在這種不同的政治局勢。

　　以下筆者將針對越南與台灣被納入「中國共同體」、「漢字共同體」的歷史背景做介紹與分析。台灣讀者對台灣的歷史背景比較了解，所以介紹台灣的部分會較簡要，以便多出篇幅來介紹越南。

2. 越南

2.1. 越南的中國共同體時期

　　越南傳說中第一個國家名號稱為「文郎」（Văn Lang），屬於越南的「鴻龐時代」（Hồng Bàng），大約是公元前 2879-前 258 年；接下來公元前 257-前 207 年是由「安陽王」建立「甌貉」國（Âu Lạc）

---

[4] 在此指原住民、客家、台語和所謂 "外省人"（華鄉人）的新住民。暫時不包括近十多年來，來自東南亞、中國或者其他地區的新移民。

（Tran 1921:15）。

「秦始皇」在公元前 221 年併吞六國、統一中原後，又繼續出兵征討「嶺南」，並在公元前 214 年併吞嶺南地區。[5] 秦帝國在公元前 207 年分崩離析後，曾為秦效命的將領「趙佗」（越南話稱做 Triệu Đà）趁機會佔領嶺南，在公元前 204 年[6]建立「南越國」並以「番禺[7]」為首都（張榮芳、黃淼章 1995:56-68、陳國強等 1988:227-239）。公元前 111 年中國漢朝「漢武帝」出兵殲滅「南越國」，並於當地設「交趾部」分為九郡。其中三郡「交趾」、「九真」與「日南」相當於現今越南的北部和中北部地區（Tran 1921:47）。從那時開始越南第一次被中國納入版圖；這段歷史在當今越南主流史觀中稱為第一次「北屬時期」（Tran 2002:47）。[8]

「趙佗」到底算是中國人或是越南人？這個問題在越南也曾爭論過。[9] 在我看來，趙佗在越南歷史中所扮演的角色與地位就如同「鄭成功」之於台灣，都是將台灣/越南與中國連結在一起的第一人。若不是要殲滅「趙佗」的南越國，漢武帝可能不會那麼快就將越南納入中國版圖；若非要殲滅“反清復明”的「鄭成功」，清國也不會那麼快就將台灣當作拓展版圖的目標。

自公元前 111 年中國漢武帝將越南納入中國版圖後，直到公元後 939 年這一千多年當中，除了少數短暫時間（公元 40-43 及 544-603）起義抗暴成功之外，其餘皆為越南被中國直接統治的時期。此時期是

---

5 「嶺南」大概相當現此時中國的廣東、廣西、海南島和越南北部等區域。

6 趙陀建立「南越國」的年代有不同的說法：越南學者陳重金（Tran 1921:39）、Do Duc Hung（2001:13）、《大越史記全書》（1697 版）的記載是公元前 207 年。

7 相當現此時中國廣東省廣州市。

8 因為中國位於越南的北邊，所以越南人也用「北方」來表示中國。

9 作者與越南漢喃研究院阮光紅研究員的個人訪談。

越南被軍事、政治的力量納入中國共同體的階段。這個時期所講的「中國共同體」其實是「五服制」中那種以中國皇帝為中心的收編系統。這與 20 世紀以後具有 nation-state 觀念的共同體概念不盡相同。

在北屬時期，中國將漢字傳入越南。當時的漢字主要是用於行政與官員的文教訓練。當時推行漢字文教最有名的是交趾太守「士燮」（Sĩ Nhiếp）。士燮的祖先是「魯國」人，因為要避「王莽」造反的戰亂才移民到「蒼梧郡」（quận Thương Ngô 目前中國廣西省蒼梧縣）的「廣信」（Quảng Tín）地區。從魯國遷移來「廣信」到士燮那一代已經是第七代。士燮因為"治民有方"所以越南人尊稱他為「士王」（Sĩ Vương）（Tran 1921:53）。

在北屬前期兩百多年，越南人就算認識再多的漢字、再怎麼會讀書，終究無法謀個一官半職、分享統治權力。直到東漢末年「靈帝」在位（公元 168-189）時才有交趾本地人「李進」（Lý Tiến）被提名做交趾刺史。李進和後來的「李琴」（Lý Cầm）都是推行交趾人可以當官的重要人物。交趾人和中國人同時可以當官就是始於他們兩人（Tran 1921:52）。

在中國統治時期，越南也是「三年一小反，五年一大亂」。歷史上記載最早的起義是「徵側」（Trưng Trắc）與「徵貳」（Trưng Nhị）二姊妹，她們推翻漢朝駐「交趾」的太守「蘇定」，得到短暫獨立（公元後 40-43）。另外，尚有許多有名的起義事件，包括來自「九真郡」的女性「趙嫗」（Triệu Âu），於公元 248 年起義抵抗當時中國三國時代的「東吳」國，可惜並未成功。「李賁」（Lý Bôn）在公元 542 年起義，並於 544 年建國號「萬春」、自稱「李南帝」，在位時間公元 544-548。李南帝以後分別由「趙越王」（公元 549-571）和後李南帝（公元 571-602）在位；後來均被被中國的梁朝併吞。中國唐朝時期有名的起義包含「馮興」（Phùng Hưng）領導的抵

抗活動。「馮興」亦稱作「布蓋大王」（Bố Cái Đại Vương），獨立時期為公元 791-802 年。為何稱作「布蓋大王」？這是因為她們使用漢字來記越南音；「布」（Bố）是「父親」、「蓋」（Cái）是「母親」之意。「布蓋大王」的時期是越南「字喃」（Chữ Nôm）開始萌芽發展之際。

2.2. 越南的漢字共同體時期

北屬之局勢一直維持到公元 939 年，越南人「吳權」（Ngô Quyền）才利用唐朝末年大亂的時機脫離中國直接統治而獨立。話說雖然獨立，但越南依然必須定期向中國皇帝朝貢、承認中國的宗主國地位。這種藩屬關係直到 19 世紀後半期才由法國取代中國成為新宗主國（SarDesai 1992:19）。

在越南脫離中國直接統治後的一千多年，越南模仿中國建立自我的封建社會制度與王朝。越南李朝（公元 1010-1225）和陳朝（公元 1225-1400）期間由中國引進各式政治、文物制度，特別是「科舉制度」和「儒家思想」來鞏固越南朝代的封建基礎。換句話說，雖然越南不再受中國直接統治，但是中國對越南仍有一定程度的影響（SarDesai 1992:21）。難怪越南有名的歷史學家陳重金（Tran Trong Kim 1882-1953）感慨道「無論大人或小孩，去學校都沒學到越南史，單只學中國史。詩賦文章也需取材中國、受中國的價值觀左右...」（Tran 1921:8）。

因為引進「科舉制度」與獨尊「儒家」的緣故，越南各朝代繼續沿用漢字甚至將漢字當作唯一的正式文字。換個角度來看，漢字在越南的使用被合法化和正統化；這是造成漢字在越南本土化的重要因素。

越南在借用漢字後發覺它無法完整表達越南的日常用語，所以民

間漸漸發展出具有越南特色的「字喃」。所謂的「字喃」是指南方（相對中國來講）文字的意思；因為欠缺標準化，「𡦂喃」亦可寫作「𡨸喃」或「𡨸字南」等。早期的字喃主要是做為漢字的輔助工具，用來紀錄地名、人名、與地方特產等（Nguyen 1999:2）。在累積幾百年使用的經驗後，於 13 世紀才有字喃的文學作品出現，[10]並於 16 至 18 世紀之間達到高峰。[11] 字喃的使用者主要是打赤腳的平民、落魄文人、僧侶、與少數有強烈民族意識的精英。一般而言，字喃主要使用於紀錄民間口傳文學、創作純越南話文學、翻譯佛經、替漢字作注音、註解（Nguyen 1999）。

雖然在「布蓋大王」時期就出現「字喃」，且自 10 世紀以後，有越來越多「字喃」出現，但是 「字喃」不但沒有受到當權的越南朝廷支持，甚至遭受來自國內與國外（中國） 的打壓。為何會有此 "反本土" 現象呢？可以做以下幾點因素來分析：

第一，受中國漢字文化價值觀的影響。因為漢字在中國是唯一的文字正統，而越南又奉中國做宗主國，以致越南各朝廷不敢侵犯漢字的正統地位。換個角度來看，越南各朝廷用「接受越南被納入漢字文化共同體」做為交換他們政治上獨立的條件。以此時台灣的用語來說就是「政治越南、文化中國」！這種現象在此時台灣的政治界、文化界也是非常普遍，就是所謂的「政治台灣、文化中國」！許多台灣派的政客、文化人雖然平時會使用台灣母語，不過真正到了正式場合、制定文化政策時，卻認為台灣語文無法「登大雅之堂」、將母語棄之如敝屣。

第二，受科舉制度束縛之故。因為越南各朝代都把漢字當做正

---

[10] 根據現存的文學作品年代所論斷。
[11] 與河內大學越南學系主任阮青春博士的個人訪談。

統、也將其列在科舉考試中，所以那些想通過考試以當官的人就不得不學。當這些人考試入取、功成名就後，他們為了維護自己的既得利益，當然就繼續擁護漢字的正統地位。這就和此時台灣人所遭遇的情形相同，那些經由中華民國的中國語文教育出來的上層精英、政治人物、作家、老師都是「中文」的既得利益者。除了少數例外，要叫那些中文既得利益者支持使用台文，恐怕遙遙無期。

第三，字喃先天的文字結構缺陷。字喃主要是按形聲的方式，結合 2 個漢字（1 個表音、1 個表意）成為 1 個新的字喃字。字喃除了繼承漢字本身的缺點，又衍生出層出不窮的問題。例如，台語的「字」在字喃中寫做「𡨸」；「年輕」寫做「𥙩」。「𥙩」在越南話發音/tre/；「𥙩」中的「礼」（漢越音/le/）用來"暗示" 𥙩的發音，「小」用來表示「年輕」的意思。由此可知字喃其實遠比漢字複雜、不好學。一般而言，要讀懂字喃，就要先懂漢字。因為字喃複雜，且無標準化，所以造成它推展上的困難，也讓那些擁護漢字者有藉口不推行字喃。

我們可以說，越南從 10 到 19 世紀當中，雖然在政治上脫離中國統治，不過文化上依然被納入「漢字文化共同體」之中。

2.3. 越南的越南想像

越南人之所以可以跳脫「漢字文化共同體」，這與法國在 19 世紀後半期之後介入越南--中國有關係。

公元 1858 年，法國利用傳教士受迫害做藉口聯合西班牙軍艦向越南中部的峴港（Đà Nẵng）出兵（Tran 1921:516-517）。越南末代朝廷「阮朝」敵不過法軍，為了求和只好於 1862 年簽訂「第一次西貢條約」割讓南部「嘉定」、「邊和」、和「定祥」三省給法國（Tran 1921:523）。當然法國並沒有因此滿足，又繼續侵佔其他各省，最後

於 1885 年完全征服越南。越南遭受法國襲擊時也曾向中國求援，不過當時的中國已經自身難保，無法有效阻擋法軍的侵略（龍章 1996）。最後中法雙方於 1885 年簽定「天津條約」協議停戰。條約當中，中國正式放棄對越南的宗主國地位且承認越南改由法國保護（Tran 1921:577）。

法國殖民者統治越南時，認為中國是法國與越南之間的第三者，對法國統治越南有潛在的威脅。若要將越南和中國永久劃分，就要將銜接兩國文化的臍帶切斷。因為越南長期以來都將中國奉為宗主國也透過漢字學習中國文化與價值觀，假使讓越南人繼續使用漢字就等於是讓越南保持與中國的親密關係。所以法國認定連接越南、中國之間的那條臍帶就是「漢字」。為了讓越南斷絕與中國的關係以便親近法國，非將漢字除掉不可 （DeFrancis 1977:77）。[12] 法國人想出來的策略是用「羅馬字」取代漢字。他們認為若越南人可以接受羅馬字，這樣一來要再進一步讓越南人接受「法文」的可能性就愈高。法國人所推行的羅馬字就是在 17 世紀經由傳教士傳入越南，在越南教會界使用兩百多年的羅馬字（蔣為文 2005a、2005b）。

雖然法國殖民者推行羅馬字的最後目的是推廣法文，不過在無形中卻提供越南羅馬字初期成長的養分。例如，法國殖民者將羅馬字列入學校課程，接下來於 1865 年由官方發行第一份的羅馬字報紙《Gia Định Báo》（嘉定報）；越南羅馬字也由此時開始稱作「Chữ Quốc Ngữ」（國語字）（Vien Van Hoc 1961:22）。「嘉定報」與台灣

---

[12] 譬如 1866 年，1 個法國殖民地行政官員 *Paulin Vial* 在一封信中提到"From the first days it was recognized that the Chinese language was a barrier between us and the natives…; it is the only one which can bring close to us the Annamites of the colony by inculcating in them the principles of European civilization and isolating them from the hostile influence of our neighbors"（quoted in DeFrancis 1977:77）。

1885 年出版的第一份羅馬字報紙《Tâi-oân-hú-siâⁿ Kàu-hoē-pò》（台灣府城教會報）一樣，具有帶頭普及羅馬字的貢獻。另外一個推廣羅馬字的例子是，南部總督在 1882 年簽定一份規定所有越南話的公文要使用羅馬字寫的議定（Vien Van Hoc 1961:22-23）。此外，法國人為了打破「科舉制度」對漢字的保護，於 1915 年與 1919 年分別廢除越南北部和中部的科舉考試（Nguyen 1998:48）。

　　雖然在法國殖民者的推行之下，越南羅馬字在 19 世紀後半期比以前更為普遍，不過就整體而言，推行效果仍舊很有限（DeFrancis 1977:69）。羅馬字的推行要從 20 世紀初後在越南本土民族主義者的鼓吹之下才有明顯的進展（DeFrancis 1977:159）。這原因是在反對法國殖民主義的氛圍之下，凡是用外來的羅馬字就會被當做是倚附外來政權的行為。不過在越南民族主義者感受到羅馬字簡單好用、是教育民眾的好工具後，他們就化解對羅馬字的反感，將羅馬字本土化、做為對抗外來統治的利器。

　　在 1900 年以前，越南的文人、官員以為即使越南在政治上受法國控制，仍然可以維持文化與精神上的獨立。但是新一輩的改革派注意到殖民統治所造成的教育與文化衝擊之危險性；他們對於那些巴結法國人的官員、貴族感到心灰意冷，也擔心成為「亡國奴」。所以這些越南官員大概分作三類：第一是與法國統治者合作；第二是乾脆隱居起來，作消極抵抗；第三是積極反抗法國殖民統治（SarDesai 1992:14）。

　　基本上，越南的民族主義運動於 20 世紀初開始蓬勃發展起來。主要的原因是：第一，法國西式教育的影響。雖然殖民者提供的是一種不完全的殖民教育，不過讓越南人透過這個新式教育可以比傳統教育有更多的機會來接觸「民族主義」、「民族國家」、「民主」與「科學」等新觀念。第二，20 世紀初民族主義潮流的影響。超過 10 萬的

越南人法國兵在第一次世界大戰（1914-1918）替法國做軍伕時，對當時的民族主義熱潮有很深的印象。加上當時美國總統威爾遜（W. Wilson）發表民族自決的聲明，也成為各地民族運動很大的鼓舞動力。

20 世紀初鼓吹羅馬字民族主義運動的頭一個代表性團體算是「東京義塾」。[13]「東京義塾」在越南所扮演的角色就如同 1920 年代的「台灣文化協會」；兩者的差別是台灣文化協會並不注重羅馬字、單只倡導漢字白話文。這個差異剛好造成羅馬字在台灣和越南有不同的發展命運。

「東京義塾」的成員主要是一些留學日本的越南知識份子。他們於 1907 年在首都「河內」（Hà Nội）設立「東京義塾」學校，藉以傳授西方思想與科學新知等。他們認定若要達成啟發民智的目的，非透過羅馬字不行。所以「東京義塾」的第一要務就是要普及羅馬字；他們欲透過羅馬字來教育民眾、讓大眾有知識可以對抗法國殖民統治。「東京義塾」雖然成立不到一年就被法國殖民者強迫關閉，不過他們的主張卻在知識份子之中普遍獲得認同與支持。在他們的影響之下，「推廣羅馬字」成為越南民族主義者的普遍主張與推動要點，也引起一陣興學、辦羅馬字報紙的風潮（Vuong & Vu 1980:20-32）。根據估計，到 1930 年為止，全越南約有 75 種羅馬字報紙（Hannas 1997:86）。

雖然羅馬字在越南民族主義者的推行之下有很大的成就，但這並不代表羅馬字在當時已經完全取代漢字。在 1945 年以前，「越南話」和「越南羅馬字」相對法文與漢文而言仍然被看輕，尤其是被保守派

---

[13] 與越南社科院漢喃所阮光紅教授的個人訪談。有關「東京義塾」，亦可參閱 Marr（1971:156-184）。

的知識份子和官員更加瞧不起。舉例來說，有一個越南的政治人物名叫 Ho Duy Kien ，於 1931 年「交趾支那殖民地會議」討論基本教育時指出，越南話與在法國的 *Gascogne*、*Brittany*、*Normandy* 或者 *Provence* 所發現的"土話"一樣是沒有水準、礙眼的語言，若是要將越南話提昇到像法國話或者中國話的水準，要花 500 年的時間（DeFrancis 1977）。

羅馬字的地位在 1945 年胡志明宣布越南獨立後才進一步提升為國家唯一的正式書寫文字。胡志明於 1945 年 9 月 2 日宣布成立「越南民主共和國」後，新政府在 9 月 8 日又立即宣佈全面推行羅馬字的教育政策。根據估計，1945 年全國識字的人口大約有 20%；在全面推行羅馬字後，於 1953 年已經提升到 70%（DeFrancis 1977:240）。

總而言之，越南可以從漢字、字喃成功轉換為羅馬字的原因不勝枚舉，其中最重要的關鍵是「外在」與「內在」因素：

外在因素是指越南在長期受中國與法國殖民統治之下，打算利用越南羅馬字做為文化獨立的基礎、以便進一步保障民族政治的獨立。在 40 年代，日本軍為了侵略中國而出兵到越南，打算將越南做為攻擊中國西南地區的根據地。對中國來講，派軍隊進入越南以便掃除日軍的根據地是有必要的。不過對當時仍然佔領越南的法國而言，他們擔心中國軍隊若又舉兵進入越南會鳩佔鵲巢、甚至會將越南又奪回中國的手中。對越南的領導人來講，如何利用各國的矛盾好讓越南得以獨立是首要之事。胡志明對中國相當了解，他也擔心中國利用掃除日軍做藉口進而佔領越南。所以他的策略是一方面阻擋中國軍隊進入越南（蔣永敬 1971:107），一方面策動反中國的運動（蔣永敬 1971:228-240）。在此情勢之下，羅馬字無庸置疑的成為確保政治、文化獨立上的最佳選擇。

胡志明曾於 1924 年到中國廣州進行政治活動 （李家忠

2003:93）。胡志明於廣州一方面組織在中國的越南人，一方面又和中國的革命團體（包含中國國民黨及中國共產黨）聯繫。胡志明在中國的活動時間前後大約有 10 年左右。他和中國共產黨越行越近，最後因而得罪中國國民黨。在 1942 年 8 月到 1943 年 9 月期間，胡志明曾被中國國民黨監禁於廣西的監獄。《獄中日記》就是胡志明當時被關在廣西監獄所寫的有名著作。

胡志明的中國經驗對於他後來處理中越關係有著深遠的影響。當 1945 年 8 月 15 號日本天皇正式向聯軍投降之前，胡志明已得知情報日本可能接受美國、英國、蘇聯三國在波次坦宣言裡要求日本無條件投降的主張。胡志明一聽到消息即刻開始準備在越南各地發動起義游擊戰並於 8 月 16 日籌組越南臨時政府，以發揮「先發制人」的功效。就這樣，到該年八月底，短短二個禮拜的時間，胡志明就成功發動了「八月革命」並取得掌控越南大局的優勢（Đinh Xuân Lâm 2001:364-371、廖碧珠 2006:118）。

公元 1945 年 8 月 15 日日本天皇投降後，聯軍統帥麥克阿瑟指派蔣介石代表聯軍到台灣及越南北部（北緯 16 度以上）接受日軍投降，同時期越南南部則由英國代表接受日軍投降（Lê 2001:10; Bộ 2003:69; 陳鴻瑜 2003、康培德 2007、楊碧川 1998:103）。胡志明因為成功發動「八月革命」，一時聲勢大好。他就順此局勢趕在蔣介石軍隊尚未全面進入越南前的 1945 年 9 月 2 號宣布越南獨立並成立「越南民主共和國」。

當時蔣介石派「盧漢」帶領 20 萬大軍進入越南河內。蔣介石的軍隊一進入河內，與那些來台灣的軍隊同一個樣，軍紀極差，例如吃霸王餐、坐霸王車，而且還將傳染病帶入越南。[14]蔣介石佔領越南北部

---

[14] 與越南老兵、名作家「黃進」（Hoàng Tiến）的個人訪談。

時以負擔軍糧為由趁機搜刮越南的糧食。當時越南正處於饑荒時期，
又要應付蔣介石的貪婪掠奪以至於造成數百萬人餓死（Nguyễn
2011:9）。此外，蔣介石還扶持親蔣的「越南國民黨」（Việt Nam
quốc dân đảng） 與 「越南革命同盟會」（Việt Nam cách mạng đồng
minh hội）欲干預越南的政治（Le 2001:10; Bo 2003:76-77）。胡志明
曾旅居中國、也曾被中國國民黨關在監獄達 13 個月，所以他對中國人
的侵略企圖很了解。他曾說：「與其一輩子吃中國人的大便，不如暫
時聞法國人的臭屁算了」（楊碧川 1998:105；Hood 1992:16）。胡志明
見狀，擔心蔣介石在越南的勢力越來越龐大，所以用計讓蔣介石離開
越南。他於 1946 年 3 月初 6 與法國代表 Sainteny 簽訂「六三協定」
（Hiệp định sơ bộ 6-3），內容包含：承認越南民主共和國是「France
聯合」的一部份，享有獨立的政府、國會、軍隊與財政；越南政府同
意法國 1 萬 5 千名軍隊進入北部以便撤換掉中國國民黨的軍隊，而且
這 1 萬 5 千名法國兵需在 5 年內內撤退（Bo 2003:78）。在那時期，
法國也於 1946 年 2 月 28 在重慶和國民政府簽訂「中法關於法國放棄在
華治外法權及其有關特權條約」及「關於中國駐越北軍隊由法國軍隊
接防之換文」等 （陳鴻瑜 2003、2004）。也就是法國用放棄在中國的
治外法權及特權來與中國交換同意由法軍取代中國軍隊。胡志明就是
利用法國與國際局勢逼迫蔣介石退出越南。當蔣介石退出越南時，胡
志明同時又準備與法國的游擊戰。這就是當時赫赫有名的故事，也在
當前越南的高中歷史教科書皆有記載（Bo 2003）。何以同樣是被聯軍
代表接管，最後卻有不同的下場？當時的台灣知識份子就是沒有這種
對中國的戒心才會造成目前的局面。

　　內在因素是指反封建、反知識壟斷的廣大需求。誠如胡志明所
言，如何讓廣大無受教育的群眾有新知識好讓國家富強是首要之事
（Ho 1994:64-65）。在 19 世紀以前的越南封建社會中，他們唯一外

來的主要威脅是中國；在那種情形之下，採用漢字雖然會造成多數的低下階層成為文盲，不過如此一來不但可消除中國的侵略慾還可以滿足越南封建朝廷的既得利益。然而 20 世紀後，越南需要應付的對象不只中國而已，還要應付接踵而來的西歐與日本帝國主義。字喃雖然有越南民族特色，但是過於複雜且難學習。對照之下，簡單、好學的羅馬字就成為啟發民智、對抗外來統治的最佳選擇。雖然胡志明於 1945 年就宣佈越南獨立，不過一開始並沒有任何國家承認，而且引起法國捲土重來的攻擊；最後又有美國介入南北越內戰。可以說自 1945 到 1975 年之間越南都是屬於戰亂的時期。戰亂時期並沒有多餘的資源可以做為識字的教育。在資源有限的狀況之下，羅馬字當然是最好的選擇。越南的民族主義領導者在覺悟到時代的變遷後，當機立斷決定採用羅馬字。在掌握到 "多數民眾是文盲、只有少數既得利益者看懂漢字" 的情形之下，用全國的力量來推行羅馬字，當然就立見效果。[15]

3. 台灣

台灣的「共同體」歷史經驗剛好與越南相反。在 17 世紀後半期台灣從世界的一部份被納入漢字文化圈之中；雖然日本於 1895-1945 這段期間介入統治台灣，不過它對台灣脫離漢字文化共同體的幫助很有限，導致蔣介石軍隊在 1945 年代表聯軍接收台灣時容易用漢字文化圈的特色製造中國共同體的假象。

3.1. 從世界的一部份到漢字文化共同體

1492 年「哥倫布」（Christopher Columbus）代表歐洲人第一次航

---

[15] 一般而言，"要求已經會某種文字的人學習新的文字系統" 比 "給不識字的「文盲」去接受新文字系統" 更困難。例如，Stubbs（1980:72）就指出當初美國的英文拼字改革沒有成功的主要關鍵就是民眾不改變舊習慣。

行到美洲大陸；幾年後，葡萄牙的航海人「達伽碼」（Vasco da Gama）於 1498 年經由「好望角」（The Cape of Good Hope）開啟歐洲到印度的新航線。15 世紀的結束剛好是新航線、大航海時代的開始。在亞洲，隨著新航線時代腳步而來的是西歐的傳教活動、國際貿易和殖民主義。

荷蘭人於 1579 年脫離西班牙的統治、建立荷蘭共和國，之後與英國逐漸形成當時新的海上霸權。荷蘭人於 17 世紀初原本要佔領澎湖以作為和明國買賣的據點，因為明國強烈的反對和抵抗，宣告失敗。後來中國和荷蘭達成停戰協議：荷蘭要退出明國統治之下的澎湖；荷蘭若是要佔領不屬明國的台灣，明國並不會干涉（史明 1980:58）。因此，荷蘭人於 1624 年"轉進"台灣，在沒有中國兵的抵抗之下，輕而易舉就佔領了台灣。

在荷蘭人來到台灣之前，台灣是南島語系民族的天下。因為台灣原住民在當時並沒有形成近代民族國家的政治組織，以致無法有力抵抗荷蘭人的入侵。

荷蘭人在台灣除了經貿考量之外，也從事基督教義的推廣（Campbell 1903:vii）。他們替台灣平埔族設計羅馬字的文字系統、印教義冊、又於 1636 年設立第一間用平埔族「新港語」為教學語言的學校（Campbell 1903:147; Heylen 2001;林玉体 2003:20）。這是台灣有史以來第一次的學校教育系統。雖然此系統稍嫌"不健全"、功能有限，不過它卻提供了當時台灣與世界接軌的重要媒介（蔣為文 2005d）。

Anderson（1991:37-46）分析說「出版」、「宗教改革」和「當地母語的出頭」是近代民族國家意識形成的重要源頭。若照這種觀點來看，當時荷蘭人若沒有於 1662 年將台灣讓給鄭成功，「新港語」的出版與教育有可能越趨重要，甚至「新港語」可能形成台灣平埔族之

間的共通語、扮演以平埔族為主體的台灣民族意識的催化劑。

可惜台灣平埔族透過新港語想像命運共同體的時間不夠長，就因為明國遺將「鄭成功」於 1661 年領軍進攻台灣而中斷。

鄭成功就類似越南歷史中的趙佗，是透過軍事、政治將台灣往漢字文化圈推進的第一人。在鄭氏王朝（公元 1662-1683）統治台灣時期，他們推行漢字、儒學、設立科舉制度（林玉体 2003:37）。台灣因此被歸類於漢字文化圈，一直到 1895 年清國割讓台灣給日本。

在漢字文化圈當中有一個共同的特色，就是官方在文教、行政、正式場合一定是用漢字文言文書寫；不過在民間，他們有可能修改漢字、或者造新文字以便配合他們的口語（蔣為文 2005c）。這在無形中就形成一種「高低文字」（digraphia[16]）的現象。這種現象在早期的越南就是漢字（高階文字）vs.字喃（低階文字）。若談到台灣，早期民間亦有出現類似字喃的文字，在此我們將它統稱為「歌仔冊文字」。

漢字文化圈就是利用漢字文言文做為共同的想像凝聚體。民間發展出來的「字喃」或者「歌仔冊」雖然分別對越南、台灣的個別民族意識（national consciousness）有幫助，不過因為官方的打壓及本身的文字缺陷（難學、難讀）卻無法發揮類似羅馬字在歐洲帶動近代西歐國家國民文學、國民意識形成的貢獻。總而言之，漢字文化圈中有兩種力量：其一是透過漢字文言文建構起來以中國皇帝為中心的中國吸引力；另外一種是透過「字喃」或者「歌仔冊」諸如此類以在地為中

---

[16] Dale （1980: 5）將 digraphia 定義做 "the use of two （or more） writing systems for representing a single language." DeFrancis （1984: 59）定義做 "the use of two or more different systems of writing the same language." Chiung （2003:9）將他們的定義修改做 "the use of more than one writing varieties to serve different communicational tasks within a society."

心的本土化力量。漢字文化圈當中的成員是否有辦法脫離中國以形成近代的民族國家就要視這兩股力量如何角逐。

越南近代因為有外力的介入，協助他們切斷透過漢字文言文連起來的那條越南與中國之間的臍帶。又因為法國推行羅馬字讓越南「誤打誤撞」得到改善越南語書寫效率的工具來提升本土化力量。所以越南有辦法於 20 世紀解構漢字共同體，走向民族國家的建構。

台灣雖然於 19 世紀末也有外力介入，不過因為佔領台灣的「日本」本身也是漢字文化圈的國家，所以對台灣欲跳脫漢字共同體的幫助並不大。若 1884 年當時清國與法國之間為了越南宗主權歸屬問題所發生的「清法戰爭」（中法戰爭）延續下去，且法國同時佔領台灣與越南，如此一來台灣的近代史就要改寫、而且台灣有可能用「白話字」（Pe̍h-ōe-jī; 台語羅馬字[17]）取代漢字。

何以說日本統治對台灣脫離漢字文化圈並沒有多大的幫助？雖然日本自 1868 年「明治維新」以後就非常注重「脫華入歐」而且很重視語文改革和國民教育的重要性（Seeley 1991:136-142）。不過，日本的語文改革只明顯提升假名的使用比例，並沒有完全廢除漢字。為何日本沒有完全廢除漢字呢？因為自 1931 年日本發動「滿州事件」開始全力入侵中國東北以後，日本軍國主義者氣勢如虹。他們為了紀錄所佔領的中國地名與人名上的實質需要，而反對廢除漢字（Gottlieb 1995:75-88; Seeley 1991:147-148）。

日本佔領台灣期間雖然一開始就有打算推行日本話，但他們對漢字的態度仍稱不上是敵視。台灣總督甚至經常舉辦漢詩聯吟大會，招攬台籍文人來官廳吟詩作對以利拉攏台灣人與日本人間的距離（施懿琳 2000:186-187）。日本人就是利用漢字文化圈中漢字的「剩餘價

---

[17] 詳細請參閱蔣為文（2005a）、董芳苑（2004）。

值」來做為軟化台灣人反抗的工具。這與法國人將漢字當作破壞法國、越南關係的第三者有完全相異的觀點。

因為日本政府對漢字並不排斥，[18]再加上當時的台灣知識份子對於使用羅馬字來做台灣話文的書寫工具亦不重視，以至於台灣失去用羅馬字取代漢字來切斷與漢字文化圈關係的機會。譬如說，日本時期最積極推行羅馬字的蔡培火，於 1924 年同化會正如火如荼進行時建議推行羅馬字卻不受重視；蔡於 1931 年對日本官員「伊澤多喜男」遊說使用羅馬字也得不到支持的回應（張漢裕 2000:19-20）。

3.2. 台灣的中國共同體

公元 1945 年日本投降後，蔣介石代表聯軍接收台灣與越南北部。為何當時的台灣人會出現所謂 "歡迎祖國" 的現象？若要說那是歡迎祖國 "中國"，不如說是一種對漢字文化共同體的寄望。

前文曾提到，台灣雖然經過日本統治，不過台灣並未完全脫離漢字文化共同體。雖然台灣仍有漢字文化共同體的特色，不過那又與蔣介石所想像的中華民族或者中國共同體不完全雷同。蔣介石將此差異性怪罪於台灣人受日本的奴化，卻沒有認清「漢字文化共同體」與「中國共同體」原本就是 2 個不完全相同的層次。因為文化的差異，加上經濟的剝削與政治的壟斷，才引起台灣 1947 年的 228 起義。

因為 228 起義的教訓，台灣人才覺醒到台灣與中國是相異的 2 個個體。蔣介石也因此體會到必須徹底對台灣人實行中國化政策才有辦法穩定中華民國在台灣的生存空間。蔣介石就一方面利用台灣原有的漢字文化共同體特色，例如使用漢字、崇拜儒學、過舊曆年、中秋、清明等，將他們轉換做中國共同體的想像基礎；另外一方面就盡力斬

---

[18] 一直到 1937 年台灣總督才禁止使用漢文（葉石濤 1993:59）。

斷台灣本土化的根，譬如禁止講台灣語言、禁止使用羅馬字。透過出版品、媒體宣傳與大中國的教育系統，台灣在短時間內就建立以中華民國為基礎的中國共同體想像。

這個中國共同體雖然於 1980 年代以後遭受嚴重的挑戰，不過至今以台灣為主的想像共同體仍尚未完成。雖然本土政黨「民主進步黨」於 2000 年執政至今已經 6 年，不過台派與中國派選舉對決仍是各持一半，甚至還有人跑到對岸「中華人民共和國」聲稱反對台獨。為何以台灣為主的運命共同體仍無法形成主流？這大概有下面幾點原因：

第一，台灣自古以來仍不曾成功建立自己的國家或者王朝、欠缺一個光榮的歷史記憶。對一個社群來講，曾經有共同的歷史經驗是喚醒成員的集體記憶以進一步一起行動來達成社群的共同目標的重要因素。這也是為何在清國統治台灣的歷史當中，所有的造反或者革命的領導者都要利用「反清復明」等諸如此類的口號來聚集群眾。可惜「反清復明」這種口號對建立新的民族國家的幫助有限。台灣也因為欠缺一個光榮的歷史文化，導致台灣對自己沒有自信，妥協性太強；就算台灣有出頭的機會，也會自動放棄機會。例如，二次大戰戰後蔣介石佔領台灣的這件事，台灣人竟然沒有人有胡志明那樣前瞻性的眼光要求中國撤軍。再者，2000 年以後台灣雖然換民進黨執政，不過對於教育台灣化、本土語言的栽培卻不重視、沒有明確的決策。各大學台灣文學系對台灣母語也不注重（蔣為文 2004）。

第二，台灣於二次大戰戰後有一批新移民加入，這些新移民的歷史記憶剛好和舊移民（台灣人）的記憶出現矛盾的現象。那群新移民歷史記憶中對中國的嚮往與期望剛好是台灣人在砌造民族國家當中想要丟棄的一部分。如何解決這個矛盾現象是台灣邁向正常國家很重要的課題。

第三，台灣人仍有強烈的漢字文化圈特色。許多政治台獨的人士

雖然支持台灣建立主權獨立的國家，但在文化上仍認為自己是華人、祖先來自中國。這種的獨立方式其實是「二個中國」、或者「藩屬國」的獨立模式，與日本接收台灣以前所成立的短命「台灣民主國」一樣不會長久。台灣人應該加強國際化與恢復原住民南島語系文化的特色才有辦法跳脫漢字文化共同體的束縛。

4. 結論

越南與台灣都曾被中國統治過。越南從中國共同體、漢字文化共同體最終轉變到越南民族國家的建立。台灣一開始與中國沒有關係，最後卻被帶進漢字文化圈、甚至是中華民國的國族想像。

台灣有一句俗語說：「三年一小反，五年一大亂」。這句話主要在描寫清國統治台灣期間，台灣人起義造反的次數不勝枚舉。雖然台灣人起義造反的次數很多，為何沒有起義成功甚至進一步建立獨立的王朝？這個原因不只因為清國軍隊比起義的民兵更有組織，也因為當時的人尚未形成整合各族群（ethnic groups）的現代 「台灣人意識」以共同對抗清國或者其他外來統治者。此外，儒家思想與中國式士大夫教育是那時的社會主流，整個台灣或者中國社會不曾接觸當時西歐社會正在流行的民族國家概念，難怪起義的領導者都停留在封建觀念以寄望有一天可以登基作皇帝。譬如，1721 年有名的朱一貴起義。當時朱一貴在初期打贏清國軍隊時，短時間內就自封「中興王」，不過當他和一起打天下的客家籍領導人「杜君英」發生衝突時，沒有多久他就被清國鎮壓下來。

總之，台灣若要成為現代的主權獨立國家就要加強化本土化的教育與創造適合本土文化生存的體制，比如推行台灣母語、廢除漢字、改用台灣羅馬字等。同時亦要注意族群關係的發展，避免因為族群衝突而有少數族群聯合中國來制衡台灣。

【原文以原標題發表於 2006 年台灣的東南亞區域研究年度研討會，4 月
27-28 日，國立成功大學。曾收錄於宋鎮照、 魏玫娟主編《台灣與東南
亞之歷史、社會和文化研究》，頁 283-304，台北，五南。本篇論文根
據原文增補修訂後收錄於此。】

參考書目

Anderson, Benedict. 1991. *Imagined Communities.*（Originally published in 1983）. New York: Verso.

Bộ Giáo Dục và Đào Tạo. 2003. *Lịch Sử 12 Tập hai* [高中歷史高三第二冊]. Hà Nội: NXB Giáo Dục.

Campbell, William. 1903. *Formosa Under the Dutch.* （reprinted in 1992） Taipei: SMC Publishing Inc.

Dale, Ian R.H. 1980. Digraphia. *International Journal of the Sociology of Language* 26, 5-13.

DeFrancis, John. 1977. *Colonialism and Language Policy in Vietnam.* The Hague.

DeFrancis, John. 1984. Digraphia. *Word* 35 （1）, 59-66

Đỗ, Đức Hùng. 2001. *Biên Niên Sử Việt Nam* [越南編年史]. Hà Nội: NXB Thanh Niên.

Gottlieb, Nanette. 1995. *Kanji Politics: Language Policy and Japanese Script.* London: Kegan Paul International.

Hannas, William. 1997. *Asia's Orthographic Dilemma.* Hawaii: University of Hawaii Press.

Heylen, Ann. 2001. Dutch language policy and early Formosan literacy （1624-1662）. In Ku Wei-ying （ed.）. *Missionary Approaches and Linguistics in Mainland China and Taiwan*, 199-251. Leuven: F. Verbiest Foundation and Leuven University Press.

Ho Chi Minh. 1994. *Ho Chi Minh: Selected Writings 1920-1969.* Hanoi: The Gioi.

Hood, Steven J. 1992. *Dragons Entangled: Indochina and the China-Vietnam War*. NY: M.E. Sharpe，Inc.

Lê, Mậu Hãn & Trần Bá Đệ & Nguyễn Văn Thư. 2001. *Đại Cương Lịch Sử Việt Nam* [越南歷史大綱]. Hà Nội: NXB Giáo Dục.

Marr, David G. 1971. *Vietnamese Anticolonialism: 1885-1925*. California: Univ. of California Press.

Nguyễn, Q. Thắng. 1998. *Khoa Cử và Giáo Dục Việt Nam* [越南科舉 kap 教育]. Hà Nội: NXB Văn Hoá.

Nguyễn, Quang Hồng. 1999. Chữ Hán và chữ Nôm với văn hiến cổ điển Việt Nam [漢字、字喃 hām 越南古代文獻]. *Ngôn Ngữ & Đời Sóng* 6（5），2-7.

Nguyễn, Văn Tạo & Furuta Moto. 2011. *Nạn Đói Năm 1945 ở Việt Nam* [一九四五年的越南大飢荒]. Hà Nội: NXB Tri Thức.

SarDesai D. R. 1992. *Vietnam: The Struggle for National Identity*. （2nd ed.）. Colorado: Westview Press, Inc.

Seeley, Christopher. 1991. *A History of Writing in Japan*. Netherlands: E. J. Brill.

Trần, Trọng Kim. 1921. *Việt Nam Sử Lược* [越南史略]. Hà Nội: NXB Văn Hoá Thông Tin. （2002 再印版）。

Viện Văn Học. 1961. *Vấn Đề Cải Tiến Chữ Quốc Ngữ* [改進國語字 ê 問題]. Hà Nội: NXB Văn Hoá.

Vương, Kiêm Toàn & Vũ Lân 1980. *Hội Truyền Bá Quốc Ngữ 1938-1945* [國語推展協會 1938-1945]. Hà Nội: NXB Giáo Dục.

史明 1980《台灣人四百年史》（上冊）San Jose: 蓬島文化。

李家忠編譯 2003《越南國父胡志明》北京：世界知識。

林玉体 2003《台灣教育史》台北：文景書局。

施懿琳 2000《從沈光文到賴和--台灣古典文學的發展與特色》高雄：春暉出版社。

康培德 2007〈一九四六年二月二十八日──越南歷史經驗下的反思〉二二八學術研討會。

張榮芳、黃淼章 1995《南越國史》廣東：廣東人民出版社。

張漢裕 2000《蔡培火全集一：家世生平與交友》台北：台灣史料中心。

陳國強、蔣炳釗、吳錦吉、辛土成 1988《百越民族史》北京：中國社會科學出版社。

陳鴻瑜 2003〈第二次世界大戰後中華民國對越南之政策（1945-1949年）〉行政院國科會補助專題研究計畫成果報告 NSC 91-2414-H-004-057。

陳鴻瑜 2004《中華民國與東南亞各國外交關係史（1912-2000）》臺北：鼎文。

楊碧川 1998《胡志明與越南獨立》台北：一橋出版社。

葉石濤 1993《台灣文學史綱》高雄：文學界雜誌。

董芳苑 2004〈台語羅馬字之歷史定位〉《台灣文獻》》，第 55 卷第 2 期，p.289-324。

廖碧珠 2006《1940 年代中國與越南關係之研究》碩士論文：中國文化大學。

蔣永敬 1971《胡志明在中國》台北。

蔣為文 2004〈收編或被收編？──當前台文系所對母語文學及語言人權態度之初探〉，語言人權與語言復振學術研討會，12 月 18-19 日，台東大學

蔣為文 2005a〈台灣白話字 hām 越南羅馬字 ê 文字方案比較〉《語言認同與去殖民》p.88-116.台南:成功大學。

蔣為文 2005b〈越南去殖民化與去中國化的語言政策〉《語言認同與去殖民》p.188-201.台南:成功大學。

蔣為文 2005c〈漢字文化圈 ê 脫漢運動〉《語言認同與去殖民》p.2-22. 台南:成功大學。

蔣為文 2005d〈羅馬字是台灣新文學 ê 開基祖〉《語言認同與去殖民》p.26-42. 台南:成功大學。

龍章 1996《越南與中法戰爭》台北:台灣商務印書館。

第二章

戰後滯留在越南的農技人員

吳連義案例研究

1. 前言

台灣歷經多次外來殖民統治後，於 1895 年淪為日本的殖民地。由於台灣位處中國華南及南洋各國的交通樞紐位置，使得台灣成為日本南進的重要跳板。

為配合日本國內南進政策的逐漸明朗化，1936 年 9 月上任的台灣總督「小林躋造」開始以「皇民化、工業化、南進基地化」三原則統治台灣（梁華璜 2003:89；史明 1980:386）。皇民化運動目的是將臺灣人同化成為日本人，使台灣人成為日本人南進的得力助手。其具體方法包含獎勵國語（日語）家庭，獎勵廢漢姓改日本姓名，廢止報紙漢文欄等等（諫山春樹 2002:2）。此外，為推行南進政策，同年 11 月並成立半官半民之公司「台灣拓殖株式會社」以促進台灣工業化及經營台灣、中國華南、與南洋的開墾殖民事業。（梁華璜 1979:187; 張靜宜 1998:44）。

隨著 1937 年 7 月 7 日日本發動蘆溝橋事變對中國展開全面侵略行動，台灣開始捲入中日戰爭的戰火當中。由於法屬越南公路和中緬公路都是當時援華的重要國際路線，為切斷中國的補給路線，日本於 1940 年 6 月派軍進佔越南北部，隔年 7 月又進佔南越（服部卓四郎 1978:21-51）。1941 年 12 月日軍偷襲美國珍珠港並對美、英正式開戰，「大東亞戰爭」於是正式展開（劉鳳翰 1997:81）。隨著大東亞戰爭的擴大，台灣人被以軍夫、翻譯、軍屬（軍農夫）、特別志願兵等方式動員到中國或南洋各地參與戰事（劉鳳翰 1997:279-324；周婉窈 2007；蔡慧玉 2007；林繼文 1996；許昭榮 1995）。

台灣拓殖株式會社為開發大東亞共榮圈新佔領區的重要資產，於 1942 年在越南「河內」、「西貢」及「海防」新增事務所以掌管越南

之事業（張靜宜 1998:61-62）。當時畢業於「臺南州立嘉義農林學校[1]」的嘉義竹崎人「吳連義」正任職於台灣拓殖株式會社。他於 1944年被派到越南北部負責指導當地農民種植棉花與黃麻，同時並暗中監控運送軍需米的船隻與擔任線民（朝日新聞 1995:252）。戰爭結速後，駐越日軍被遣送回日本。吳連義及其他少數台灣同胞因已非日本籍及其他種種原因而失去回台灣的機會，因而一直滯留在越南。為求生存，吳連義加入越共部隊協助越南獨立建國的大業。他後來娶了越籍太太 Ninh Thi Be（寧氏細），並躲到鄉下以務農維生。吳連義的住處雖然簡陋，但仍擁有一書架用日文書寫、關於台灣的書籍，譬如《台灣の前途》《台灣の政治》《激動のなかの台灣》《李登輝學校の教え》《台灣がめざす未來》《台灣に革命が起きる日》。從這些藏書可看出吳連義對台灣的思鄉之情。

　　本論文之研究目的在透過吳連義之案例研究來了解當時因戰爭而形成的台越庶民史。2006 年 10 月我在越南社科院史學所「丁光海」教授的協助下，來到位於越南北部寧平省一個農村的吳連義家中。由於吳連義於 2005 年因跌倒以致行動不便而無法言語，因此本研究以其家人之口述歷史及相關史料和新聞報導為根據。

2. 南進、大東亞戰爭和台灣拓殖株式會社

　　自 19 世紀明治維新以來，近代日本的對外擴張分為「北進」與「南進」二個路線（林繼文 1996:31-37）。北進是指以朝鮮及中國東北為主的路線。南進則又分為二條次路線：一為自日本東京南方的小笠原群島經由南洋群島（內南洋[2]）或菲律賓指向大洋洲；二為自日本

---

[1] 於 1997 年改制為國立嘉義技術學院，之後於 2000 年與國立嘉義師範學院合併成為當今的國立嘉義大學。

[2] 內南洋指夏威夷群島之太平洋以西的馬里亞納群島、加洛琳群島及馬紹爾群島

本土經由沖繩（琉球）、台灣、福建，指向「外南洋[3]」的路線（葉碧苓 2007:14）。主張「北進」與主張「南進」的勢力在不同時期各有消長。就軍方來說，主張北進者主要為陸軍，南進者主要為海軍。1936 年 8 月日本於五相會議上決議北進與南進同時進行。由於南進已成為國家政策，台灣總督之職位再度由文官轉為武官，由海軍出身的「小林躋造」於同年 9 月起就任（梁華璜 2004:83-91；葉碧苓 2007:14-15）。

　　由於台灣早於 1895 年即由日本佔領統治，加上其地理位置鄰近中國華南及東南亞各國，因此成為日本欲向東南亞前進的重要基地。在進入大正時代（1912-1926）後，由於內外條件符合，台灣作為南進基地之地位逐漸明顯（中村孝志 2002:2；葉碧苓 2007:22）。日本統治台灣初期以「工業日本、農業台灣」的分工發展為主要政策。及至台灣為南進基地的政策確立，為使台灣成為南進之軍需補給基地，不得不發展台灣之工業化。再此思考點下，臺灣總督府於 1936 年 11 月成立國策會社「台灣拓殖株式會社」（以下簡稱台拓）以期促進台灣工業化及經營海外開墾殖民事業。由於台拓是國策會社，其投資方向必須配合日本中央及軍方所賦予的任務，以加強生產軍需物品為主（張靜宜 1998:100）。台拓在南洋的投資事業，多數是透過在當地成立子會社的方式來進行，譬如「菲律賓產業株式會社」、「印度支那[4]產業株式會社」、「印度支那礦業株式會社」等（張靜宜 1998:100）。台拓在台灣的投資以工業為主，在東南亞則以農業及礦業為主（張靜宜 1998:99）。

等地區。

[3] 外南洋指當今的東南亞地區。

[4]「印度支那」一詞是音譯自法文「Indochine」，指曾經是法國殖民地的越南、柬埔寨（舊稱高棉）及寮國。

日本於 1937 年對日展開攻擊而爆發長達八年的中日戰爭。由於日本無法於短期內攻戰全中國，隧加緊南進與台拓之執行。日軍先於1939 年佔領海南島、南沙群島及馬尼拉以封鎖中國沿海並確保南進之軍事據點（林明德 1996:256）。隔年的 1940 年 7 月成立之第二次「近衛」內閣通過「基本國策綱要」及「應付世界新情勢的時局處理綱要方針」（簡稱「時局處理綱要」）並決定南北並進之策略。「基本國策綱要」中提及「建設以日、滿、華聯合為骨幹的大東亞新秩序」（服部卓四郎 1978:6）。「時局處理綱要」中提到「以斷絕第三國之援華行為，俾得迅謀中國政府之屈服」，「對於法屬越南（包括廣州灣在內），除謀徹底斷絕援華之外，更須使彼迅速承認我軍補給部隊之通過及飛機場之使用，並須力謀獲得日本必須之資源」（服部卓四郎 1978:8）。至此，大東亞戰爭的路線已大致底定（劉鳳翰1997:76）。

由於「時局處理綱要」中已將法屬中南半島5列為武力進佔目標，日軍於 1940 年 6 月先進入法屬越南北部，隔年 7 月 25 日又派遣第二十五軍自海南島出發進駐越南南部。美國為此表達極度不滿，雙方並展開談判（劉鳳翰 1997:78）。由於談判不成，日本決定於 1941 年 12月先發制人，偷襲美國珍珠港，對英美開戰。至此，日本軍事重心從中國移往南太平洋群島，而開展「所謂的大東亞戰爭。日方在規劃南方作戰補給基地時，將兵站基地設於越南南部，台灣為中繼補給基地，廣東、海南島及越南北部則為輔助中繼補給基地，以運送軍需品（劉鳳翰 1997:82）。

日軍進入越南後，一方面進行切斷英美援助中國重慶政府的補給

---

5 「中南半島」通常指曾經是法國殖民地的「法屬印度支那」，包括今日的越南、柬埔寨及寮國三國；廣義的中南半島則指「東南亞大陸」。

路線的任務，一方面積極控制越南經濟，特別是米穀方面。日本採用間接控制的方式，先控制「法屬印度支那總督」，再由「法屬印度支那總督」控制越南米商[6]，因而形成有效率的控制方式。因此，自1941 年起日本已成為越南的最大米糧出口國（陳碧純 2003:4）。此外，台拓為開發越南的農林、礦產，於 1942 年在越南「河內」、「西貢」及「海防」新增事務所以掌管越南之事業（張靜宜 1998:61-62）。

　　日軍進駐越南初期，名義上仍尊重法屬印度支那總督統治越南的正式地位，形成與法國共治越南的曖昧情形。直至大東亞戰爭末期，日軍為避免法屬印度支那總督接應英美盟軍登陸越南，乃於 1945 年 3 月 9 號發動「三九事變」推翻法屬印度支那政權（吳鈞 1992:294-295；Dương 2002:384-385）。日軍宣稱將主權交還越南傳統王朝阮朝的末任皇帝「保大皇帝」，實則欲建立以大東亞共榮圈為名的傀儡政權。保大宣布廢除阮朝與法國簽訂的喪權條約，並舉歷史學家「陳重金」（Trần Trọng Kim）為內閣總理、成立親日的越南新政府。隨即不久，日軍於 8 月投降，在「胡志明」等革命領導者趁勢發動八月起義革命成功後，保大皇帝宣布退位。胡志明於 1945 年 9 月 2 日宣布越南獨立，成立「越南民主共和國」。

3. 越南民主共和國與蔣介石之干涉內政

　　在 1945 年 8 月 15 日，日本天皇正式向聯軍投降之前，越南的領導者胡志明已經聽到風聲表示日本可能接受美國、英國、蘇聯三國在「Postdam 宣言」（the Postdam Proclamation『波次坦宣言』）裡要求日本無條件投降的主張。胡志明一聽到風聲就開始準備要在越南

---

[6] 當時從事越南米商者多數為在越華僑。

各地發動起義游擊戰，更在 8 月 16 日組織越南臨時政府，期待能發揮
「先發制人」的功效。就這樣，到了那年八月底，短短二禮拜的時
間，胡志明便很成功的發動「八月革命」取得掌控越南的優勢（Đinh
Xuân Lâm 2001:364-371、廖碧珠 2006:118）。

　　1945 年 8 月 15 日，日本投降後，聯軍指派蔣介石代表聯軍接收
台灣和越南北部（北緯 16 以上），同一時間越南南部由英國代表接收
（Lê Mậu Hãn 2001:10; Bộ Giáo Dục và Đào Tạo 2003:69;陳鴻瑜 2003、
康培德 2007、楊碧川 1998:103）。胡志明因為成功發動「八月革
命」，一時之間聲勢轉為大好。他便順勢，趕在蔣介石軍隊還沒全面
進入越南之前就隨即在 1945 年 9 月 2 日宣布越南獨立和成立「越南民
主共和國」。

　　那時，蔣介石派雲南軍閥「盧漢」（1896-1974）帶領 20 萬兵進
入越南河內（廖碧珠 2006:117）。蔣介石的軍隊一進入河內，與那些
來自台灣的軍隊一樣，軍紀很差，好比吃東西、坐車不付錢，而且還
將傳染病帶進越南。[7]蔣介石佔領越南北部時，不顧越南當時發生大飢
荒還要求越南要負擔所有軍糧的開銷，導致數百萬人餓死（Nguyễn
2011:9）。此外，他又扶持「越南國民黨」（Việt Nam quốc dân
đảng）及「越南革命同盟會」（Việt Nam cách mạng đồng minh hội）
去介入越南的政治（Lê Mậu Hãn 2001:10; Bộ Giáo Dục và Đào Tạo
2003:76-77）。胡志明曾在中國住過、也曾在中國國民黨的監獄待過
13 個月，所以他對中國人的野心很了解。他曾說過：「若要一輩子吃
中國人的屎，倒不如暫時聞法國人的臭屁」（楊碧川 1998:105、Hood
1992:16）。胡志明查覺局勢不對，怕蔣介石在越南的力量愈來愈大，
所以他用苦肉計使蔣介石離開越南。

---

[7] 與越南老兵、名作家「黃進」（Hoàng Tiến）的個人訪談。

胡志明在 1946 年 3 月 6 日和法國代表 Sainteny 簽訂「六三協定」
（Hiệp định sơ bộ 6-3），內容包含：承認越南民主共和國是「France
聯合」（Liên hiệp Phát）的一部份，享有獨立的政府、國會、軍隊及
財政；越南政府同意法國 1 萬 5 千名軍隊進入北部好換掉中國國民黨
的軍隊，而且這 1 萬 5 千名法國兵要在 5 年內撤退（Bo 2003:78）。
同時期，法國在 1946 年 2 月 28 日在重慶和國民政府簽訂「中法關於
法國放棄在華治外法權及其有關特權條約」及「關於中國駐越北軍隊
由法國軍隊接防之換文」等條約與換文（陳鴻瑜 2003、2004）。也就
是法國用放棄在中國的治外法權及特權來和中國交換同意由法軍取代
中國軍隊。胡志明就是利用法國及國際局勢逼蔣介石退出越南。當蔣
介石退出越南時，胡志明同時還準備與法國的游擊戰。這是在當時很
有名的故事，在越南的高中歷史教科書都有記載（Bộ Giáo Dục và Đào
Tạo 2003）。

4. 吳連義及其同伴滯越經過

「吳連義」是嘉義竹崎人，1923 年 5 月 5 日出生，父親為「吳
張」、母親「吳簿」、姐姐「吳彩鳳」、弟弟「吳昶廣[8]」（吳武
雄）。他為 1943 年臺南州立嘉義農林學校第二十屆畢業生。畢業後他
隨即考上台灣拓殖株式會社，並於 1944 年被派往越南河內以日本名
「新井良雄」從事農業技術改良之業務（瑞峰[9] 2000:26；朝日新聞
1995:252）。

---

[8] 根據張岳楊的講法：吳昶廣原為吳彩鳳的兒子。吳連義滯留越南多年後因無任
　　何音訊，其在台家屬以為吳連義已死亡。為延續香火，吳連義之父母乃認養吳
　　昶廣為養子（台語俗稱 thñg=ê），因此吳昶廣變成吳連義的弟弟（與張岳楊的
　　個人訪談，2009.4.22，地點：嘉義彌陀路的家裡）。

[9] 本名「張岳楊」，為嘉農 17 期校友，他於 1945 年初被工商株氏會社派駐南
　　越，隔年才回到台灣。

根據吳連義於 2005 年 9 月接受越南《安寧報》記者訪問的內容，他於 1944 年在不知目的地的情形下被派到海外執行任務。《安寧報》如此報導：

> 1944 年 5 月 5 日，公司主管把一批剛畢業的年輕技師安排到 500 噸的船隻上以進行秘密任務。年輕技師吳連義並不知道自己要去哪裏、要做什麼事。直到船已經抵達外海，阿義才知道自己要去越南，目的地是海防港。當他們的船經過菲律賓外海時，突然被美國的潛水艇襲擊，因此無法直接抵達。載運工人、技師、戰士的船要繞新加坡海灣，過馬來西亞半島到泰國，然後再步行到柬埔寨。而那批技師就從柬埔寨走到西貢，然後坐火車到北部（Phạm 2005:4）。

到越南北部後，這批技師被分成很多小隊，執行不一樣的任務。吳連義所屬的小隊負責在「清化省」（Thanh Hóa）種棉花、麥子、黃麻、甘薯和其它農作物（Phạm 2005:4）。日軍於 1945 年 3 月發動三九事變後，以昭和通商的名義，進行特務動員，吳連義因此被分派監視著從越南南部出發運輸軍需米的船隻（昭日新聞 1994）。在此前一年，由於天災、氣候異常，造成稻米無法收成。由於北越原本就糧食不足，再加上農田被迫轉種軍需作物及運送南部稻米北上的鐵路因戰爭中斷，因而造成 1944-1945 年的北部大飢荒，約二百萬越南人民餓死於此天災人禍（陳碧純 2003:119；吳鈞 1992:295；Văn Tạo & Furuta Motoo 2005:5）

任務執行沒幾個月，日本天皇於 1945 年 8 月 15 日正式投降。蔣介石的盧漢軍隊也依照盟軍的指示進入北越對日軍進行繳械動作。

根據朝日新聞（1995:246）引用日本外務省的資料，1945 年 10 月在越南聚集預計回國的 4029 人當中，1400 人是台灣人及朝鮮人。由於日本戰敗而無法被依照日本人辦理，這些人都被從回國的名單剔除。有些人嘗試自己回國，有些散落各地，也有很多人行蹤不明。若依朝日新聞（1995:246）在當年由「林廷發」擔任會長的台灣同鄉會會員名冊找的到一些線索，1946 年在河內的台灣人，包括吳連義在內，20 幾歲的年輕人約 300 多個。

根據吳連義於 2005 年 9 月對越南《安寧報》陳述當時戰後北越之日本兵遣返的情形：

> 最後的艦船漸漸離開越南，卻留下像吳連義一樣的 700 個人。他們當中有上百個人冒險買船、搶船，想要渡海回國，卻都在半途餓死或成為東海鯊魚的食物（Phạm 2005:4）。

根據另外一位於 1945 年 4 月被派往越南南部「芽莊」的台籍日本兵「張聯欣」的口述歷史：

> 聽說北緯 17 度以北的地區由中國軍來接收，所以部隊便急速往南集中在西貢，讓英印軍接收，等候復員。因為部隊保有糧食及物資，且英印軍也沒有干涉，所以過著相當自由的生活，沒有像滿州或海南島那種悲慘的情形。期間有二、三位日本人逃亡去投靠越共，但其他的人大都在等待復原。第二年五月，我就和其他部隊的台灣人，約百餘人，搭乘日本軍艦回來台灣（周婉窈 1997:20）。

為何吳連義在戰後沒有立即隨者日本兵的遣返而回到台灣？在吳

連義的相關媒體報導及其自傳裡並沒有清楚交代[10]。但根據吳連義的嘉農學長張岳楊表示，日本投降後在北部也有立即進行包含台籍日本兵在內的遣返工作。吳連義在當時因為有越南籍女朋友因此沒有選擇立即搭船返國，因而錯失了回國的機會[11]。

蔣介石的軍隊進駐越南北部後，由中國國民黨接收日本軍的野戰醫院。比吳連義早二年先到越南的「林廷發」被提名擔任醫院的介紹及翻譯工作。由於曾目睹台籍日本兵被中國軍隊判刑，而林廷發又曾當過日本憲兵隊的翻譯，因此剛開始有些害怕。但是，因為中國國民黨的士官計畫將野戰醫院的藥品非法變賣，但礙於語言障礙及苦無管道。這時，通曉中文、越語及日語且有藥學知識的林廷發成為最佳利用對象。由於林廷發協助中國士官販賣藥品，因而生活不至於困苦。林廷發在當時成立了台灣同鄉會，在河內生活困苦的台灣人經常在他家一樓聚會（朝日新聞 1995:254）。

吳連義的情形與林廷發截然不同，他因害怕中國國民黨的追殺而逃亡。在日本戰敗後，吳連義從原本工作的台拓工廠，帶走一些鑽石等值錢的物品，先交給他的越南女朋友保管。沒想到，女朋友將全部東西變賣後，又另結新歡愛上一個中國國民黨的士官。吳連義原本想去警察局控告他的女朋友，沒想到卻碰那個士官。他覺得自己的生命會不保，便從警察局的二樓跳下來逃跑（朝日新聞 1995:255）。

根據 2005 年 9 月越南《安寧報》訪問吳連義的內容，為逃避蔣軍的追殺，吳連義跑到青化省。他在那裡遇到原籍「寧平省」金山人，但在青化省工作的越南共產黨員「范尹應」（Phạm Doãn Ứng）。兩

---

[10] 吳連義過逝前幾年曾用日文撰寫自傳，並將原稿寄給嘉義農校的楊初雄老師。吳連義曾尋求協助出版，但因種種因素暫未出版。目前原稿仍留在嘉義農校（今嘉義大學）校友會。
[11] 與張岳楊的個人訪談，2009.4.22，地點：嘉義彌陀路的家裡。

個人很快就變成知己朋友,並結拜為兄弟。范尹應給吳連義取一個新的越南名字,叫做「范尹俅」(Phạm Doãn Cầu),並教他越南語、種田和共產主義革命思想。後來吳連義跟著范尹應回到寧平省。吳連義把當時自己唯一剩餘的財產,一輛 Perge 402 汽車送給寧平省政府,因而獲得當局的信任,而留在寧平省政府工作。吳連義受過軍事訓練,教育程度又高,所以被指派負責擔任民兵遊擊隊的軍事教練(Phạm 2005:4)。這段期間,因為中國國民黨士官的誣陷,曾被以日本特務的罪名關過二次[12]。

1948 年,吳連義被調到寧平省政府的經濟局負責提高人民的生活水平的工作任務。他在經濟局工作三年多之後突然得了瘧疾,臉龐憔悴、皮膚變黃、肚子像孕婦一樣大,於是他就把工作辭掉了。那時義兄范尹應帶他回寧平省金山治病,並替他找一個鄉村女孩當妻子。因為沒有任何財產和房子,吳連義必須住在第一任妻子家裡。後來他妻子不能忍受一個瘦弱病患的丈夫,便把他趕走。那時的吳連義只好四處流浪。為了生存,他就當赤腳醫生,用他所具有的西醫知識幫人治病。由於他來歷不明,又是到處流浪的外國人,所以最初被當局管很嚴,禁止他工作。然而,由於他確實醫好不少病患,因此仍獲得不少人的肯定與尊重(Phạm 2005:4)。

就在越南贏得「滇邊府戰役」前一年的 1953 年,吳連義與他的現任妻子「寧氏細」(Ninh Thị Bé)相識。當時吳連義手裡拿著藥包,正走在「儒管縣」的一個稻田裡。當時突然下起大雨,他趕緊跑到稻田裏一間荒廢農舍躲雨。比吳連義小 10 歲的寧氏細,也躲在農舍裡,因寒冷而顫抖著。寧氏細 3 歲時母親去世,12 歲時父親也相繼病逝。由於父母早逝,家裡貧窮,而寧氏細又長得漂亮,於是她哥哥於她 15

---

[12] 與張岳楊的個人訪談,2009.4.22,地點:嘉義彌陀路的家裡。

歲的時候把她嫁給村裡的富豪。因為沒有愛情，她時常反抗，婆家也因為這個理由而討厭她，常常打她，並把她當作僕人一般地對待。19歲那年，因為不能再忍受僕人般的生活，她決定離開婆家，到處幹活。後來，她常在儒管縣幫人家種米（Phạm 2005:4-5）。

由於同是天涯淪落人，兩個人都覺得彼此的心靈很接近，因而譜出愛情並決定結婚。婚後吳連義繼續替人看病，寧氏細則在廣樂教堂替人種田幹活。一年後，兩人存了一筆小錢，就到「永姜」（Vĩnh Khương）一帶（現今的「菊芳林」（rừng Cúc Phương））蓋一間小屋，並從事務農工作。然而好景不常，當時仍是越南游擊隊與法軍對抗的時代。有一天法軍攻擊村落，殺人搶劫。他們的房子被燒掉，為了保命，他們往森林裡逃。房子沒了，他們只好又走回家鄉「燕模」（Yên Mỗ）生活，並在到「燕慶」（Yên Khánh）工作。最後在「嘉慶縣」（Gia Khánh）「寧一村」（Ninh Nhất）的鄉下蓋房子定居直到現在（Phạm 2005:5）。

1954 年越南贏得「滇邊府戰役」，法國殖民政權正式退出越南。為了能讓殘留在越盟的支配地區的日本人回國，越日兩國的民間團體互相協調而得以有歸國的機會。在越南寧平省生活的吳連義，接到公所通知他可以回國的機會。越南政府安排了回國前的「政治學習」課程，集合場所為接近中國國境的森林當中。參加學習的學員有 90 多人，其中有 5 個是台灣人。學習課程持續了半年之久，11 月終於到了要歸國的時候。然而要出發的時候，他們才被發現台灣人的身分而被拒絕上船（朝日新聞 1995:258）。

到了 1958 年還有一次遣返日僑的作業，吳連義仍然因為台灣籍的身分而被拒絕受理。根據越南「國家第三檔案留置中心」留存的資料，最後一批留在越南的日本兵共計 37 人，其中 33 位是日本籍，3位台灣人，1 位朝鮮人（Đinh 2006:62）。

5. 媒體報導與回台之經過

連續錯過幾次回國機會，吳連義原本以為他這一生當中不可能再回到台灣了。一直到 1991 年 6 月日本媒體為找尋流落海外的日本兵而登門找上他，才有了一線契機。

那天吳連義一如往常地結束農產品搬運工作從外面回到家裡。由於日本電視台沒有事先聯繫，吳連義被這突如其來的造訪，感動到流淚並重新燃起他內心的思鄉之情（朝日新聞 1995:262）。透過日本 TBS 電視畫面的轉播，許多關心海外日本兵的日本觀眾紛紛提議解囊相助。吳連義仍健在的消息也因此從日本傳回台灣（瑞峰 2000:28）。在日本電視台的熱心協助下，當年 7 月份找尋到住在嘉義的姐姐「吳彩鳳」。電視台稍後並安排吳彩鳳至越南與吳連義會面（余雪蘭 1993）。

與台灣的親屬聯繫上後，吳連義嘗試著到駐越南的日本大使館要求協助返台，然而無功而返。後來於 1993 年吳連義得知台灣與越南已建立外交關係，並於 1992 年已在河內設立「台北經濟文化代表處[13]」，乃向代表處聯繫、請求協助回台（朝日新聞 1995:262）。

台北經濟文化代表處確認他的身分後，核發給吳連義新的台灣護照。在從事日越友好交流的日本人「秋葉由紀彥」、昭日新聞註河內支局長「水野孝昭」及台灣校友的資助下[14]，吳連義終於如願以償於 1994 年 5 月 7 日回到闊別已久的台灣。吳連義抵達台灣當天，姐姐、弟弟及親友十餘人親臨桃園機場接機，雙方喜極而泣（陳世昌 1994；龔芳代、林文徒 1994；民眾日報 1994；江永耀 1994）。

---

[13] 台灣於 1975 年 4 月 30 日關閉原駐西貢大使館。1991 年 3 月台灣的外貿協會在越南胡志明市及河內市設立辦事處，1992 年 11 月駐越南代表處（位於河內）及駐胡志明市辦事處分別成立。

[14] 與張岳楊的個人訪談，2009.4.22，地點：嘉義彌陀路的家裡。

　　吳連義在台灣停留了約三個月。這段期間他前去祭拜父母、探視
親友，並重新辦理了台灣身分証且獲得嘉義農校補發畢業證書給他。
由於他離開台灣已逾 50 年，已不諳台語，更不用論及戰後才推行的華
語，他只能透過日語與親友溝通（江永耀 1994 ；朝日新聞
1995:258）。

　　雖然吳連義很想住在懷念的故鄉台灣，然而考慮到妻子、兒女、
孫子均在越南，且考慮到語言障礙跟年紀已大，只好「他鄉亦故鄉」
選擇於 7 月回到越南寧平省家中（朝日新聞 1995:270 ； Phạm
2005:5）。根據張岳楊的講法，由於吳連義的父母生前已認養吳昶廣
為養子並將財產過繼給吳昶廣，「財產繼承無望」是促使他回越南的
更現實的考量。

　　2002 年 6 月 28 日嘉農校友會包含蔡武璋等一行 35 人前往越南旅
遊並探視吳連義。2006 年 12 月 14 日，滯越台籍日本兵最後生存者吳
連義病逝於家中。該項消息經由台灣兵戰後史工作者「許昭榮」引述
日本共同通訊社的報導並刊登於《自由時報》「自由廣場」後才又喚
起台灣社會大眾的記憶（許昭榮 2007 ；余雪蘭 2007 ；蔣為文
2007）。

6. 結語

　　吳連義，和其他台籍老兵一樣，都是近代台灣人苦難的一個縮
影。日本統治台灣時期，台灣人被迫加入日本籍。隨著大東亞戰爭的
爆發，不論是自願或非自願，數萬台灣人成為日本兵被分派到中國及
東南亞從事作戰相關之任務。戰後這些台籍日本兵，或殘留在海外，
或被中國國民黨收編，或被中國共產黨收編，或死於二二八人民起義
槍聲中（周婉窈 2007 ；蔡慧玉 2007 ；許昭榮 1995）。由於他們身分
特殊，卻得不到任何一方政府的重視與補償。當日本人需要他們參與

大東亞戰爭的時候，他們被視為日本兵；當戰爭結束，他們隨即變成棄民。當中國國民黨需要利用他們協助剿共的時候，他們被視為國民黨軍；當中國國民黨被趕來台灣，不再有利用價值，則對他們不聞不問，甚至鄙視他們為日本奴化的台灣人。

吳連義，一個出身並成長於台灣的台灣人，雖然他最後選擇在越南落地生根，他仍然是台灣人的最佳典範！他一方面不忘對台灣的情感，一方面也不辜負撫養他超過半世紀的越南土地。在台越婚姻文化交流日益頻繁的今天，他的典範直得許多台越聯婚家庭的參考，更值得那些戰後從中國移民來台灣的新住民深思！

【原文以台文發表於 2010 年《台灣風物》期刊，60(2)，頁 63-86。本篇論文根據原文翻譯成中文並增補修訂。感謝越南社科院提供相關史料並協助前往訪問吳連義及其家屬；同時感謝「余雪蘭」、「蔡武璋」、「張岳楊」、「楊初雄」等人接受訪問與提供相關史料或資訊。同時感謝越南籍助理「Mai」、「阮氏秋芳」、「陳氏芳蓮」及台灣籍助理「陳怡君」、「張詩瑄」、「曾學佑」、及「蔡承翰」等協助本研究之相關資料整理工作。】

參考冊目

Bộ Giáo Dục và Đào Tạo. 2003. *Lịch Sử 12 Tập hai* [高中歷史高三第二冊]. Hà Nội: NXB Giáo Dục.

Dương, Trung Quốc. 2002. *Việt Nam Những Sự Kiện Lịch Sử（1919-1945）* [越南歷史事件 1919-1945]. Hà Nội: NXB Giáo Dục.

Đinh, Quang Hải. 2006. Tư liệu về 37 Nhật kiều cuối cùng ở miền Bắc Việt Nam hồi hương về Nhật Bản [關於最後一批滯留北越 37 位日僑回日本之史料]. *Nghiên Cứu Lịch Sử* [歷史研究]. Số 3（359）, pp.61-67.

Đinh, Xuân Lâm 2001. *Đại Cương Lịch Sử Việt Nam Tập II* [越南歷史大綱 II]. Hà Nội: NXB Giáo Dục.

Lê, Mậu Hãn. 2001. *Đại Cương Lịch Sử Việt Nam Tập III* [越南歷史大綱 III]. Hà Nội: NXB Giáo Dục.

Nguyễn, Văn Tạo & Furuta Moto. 2011. *Nạn Đói Năm 1945 ở Việt Nam* [一九四五年的越南大飢荒]. Hà Nội: NXB Tri Thức.

Phạm, Ngọc Dương. 2005. Chuyện về một mối tình không biên giới [無邊界 ê 愛情故事. *Báo An ninh* [安寧報]，第 486 期，頁 4-5，9 月 14 號。

Văn Tạo & Furuta Motoo 2005. *Nạn Đói Năm 1945 ở Việt Nam* [越南 1945 年大飢荒]. Hà Nội: NXB Khoa Học Xã Hội.

中村孝志 著 卞鳳奎 譯 2002《中村孝志教授論文集—日本南進政策與臺灣》台北：稻鄉。

史明 1980《台灣人四百年史》（漢文版）San Jose：逢島文化公司。

民眾日報 1994〈吳連義滯越半世紀 返台〉《民眾日報》5 月 8 日。

江永耀 1994〈吳連義返鄉 含淚祭拜天地祖先〉《民眾日報》5 月 9 日。

余雪蘭 1993〈戰伕離家近半世紀 返鄉無門〉《自由時報》11 月 4 日。

余雪蘭 2007〈客死異域 棄民魂歸鄉愁〉《自由時報》B5 版，1 月 18 日。

吳鈞 1992《越南歷史》台北：自由僑聲雜誌社。

周婉窈編 1997《台籍日本兵座談會紀錄并相關資料》台北：中研院台史所籌備處。

服部卓四郎 1978《大東亞戰爭全史（I）》（中譯本）台北：軍事譯粹社。

林明德 1996《日本近代史》台北：三民。

林繼文 1996《日本據台末期（1930-1945）戰爭動員體系之研究》台北：稻鄉。

昭日新聞 1994〈半世紀ぶり台湾へ歸鄉〉《昭日新聞》第 3 版。

康培德 2007〈一九四六年二月二十八日──越南歷史經驗下的反思〉二二八學術研討會。

張靜宜 1998〈台灣拓殖株式會社在南洋貸款投資事業之初探〉《東南亞季刊》3 卷 3 期，頁 83-101。

張靜宜 1998〈台灣拓殖株式會社組織推移之探討〉《台灣風物》48 卷 2 期，頁 43-83。

梁華璜 1979〈台灣拓殖株式會社之成立經過〉《成功大學歷史學報》第 6 號，頁 187-222。

梁華璜 2003《台灣總督府南進政策導論》台北：稻香。

許昭榮 1995《台籍老兵的血淚恨》台北：前衛。

許昭榮 2007〈越南最後一個台灣兵〉《自由時報》A15 版，1 月 6 日。

陳世昌 1994〈吳連義 50 年後踏上歸鄉路〉《聯合報》4 月 22 日。

陳碧純 2003《日本對越南米穀控制之研究（1940-1945）》，碩士論文：暨南國際大學。

陳鴻瑜 2003〈第二次世界大戰後中華民國對越南之政策（1945-1949年）〉行政院國科會補助專題研究計畫成果報告 NSC 91-2414-H-004-057。

陳鴻瑜 2004《中華民國與東南亞各國外交關係史（1912-2000）》臺北：鼎文。

朝日新聞 1995《みんな生きてきた》東京都：朝日新聞社。

楊碧川 1998《胡志明與越南獨立》台北：一橋出版社。

瑞峰 2000〈在大時代中掙扎的不平凡小人物—校友吳連義的故事〉《嘉農人》第 4 期，頁 26-30。

葉碧苓 2007《臺北帝國大學與日本南進政策之研究》博士論文：中國文化大學。

廖碧珠 2006《1940 年代中國與越南關係之研究》碩士論文：中國文化大學。

劉鳳翰 1997《日軍在台灣（上）一八九五年至一九四五年的軍事措施與主要活動》台北：國史館。

蔣為文 2007〈吳連義的鄉愁〉《自由時報》A15 版，1 月 12 日。

蔡慧玉編 吳玲青整理 1997《走過兩個時代的人--台籍日本兵》台北：中研院台史所籌備處。

諫山春樹 2002《祕話‧台灣軍與大東亞戰爭》台北：文英堂。

龔芳代、林文徒 1994〈吳連義回嘉義祭祖〉《台灣時報》5 月 8 日。

第三章

一九七九年中越邊界戰爭

對台灣的啟示

1. 前言

中華人民共和國在 1949 年建國以來,短短三十年內已經與鄰近國家發生過多次的軍事衝突。這包括了對台灣的軍事威脅、1950 年所謂的「抗美援朝」介入朝鮮與韓國之間的戰爭、1962 年「中印邊界衝突」、1969 年「中蘇邊界衝突」與 1979 年入侵越南的「中越邊界戰爭」。其中,中越戰爭是最能讓台灣當作警惕的歷史教材,因為台灣和越南長期以來受中國威脅的歷史背景最相似。

越南不僅與台灣同樣受中國威脅,而且有更長久抵抗中國侵略的歷史經驗。越南自公元前 111 年受中國漢朝漢武帝吞併以來到公元 938 年期間,大約有一千年受中國的直接統治。在中國統治時期,越南就好比台灣被清國統治時期的情形,「三年一小反、五年一大亂」人民起義事件不斷。在 939 越南人「吳權」建立越南封建王朝以來到至 19 世紀法國介入中越關係之前的這一千年,越南和中國維持著某種程度的宗藩關係。這段期間,中國和越南就好像夫妻間「床頭打,床尾和」,關係有時緊張、有時甜蜜。

在法國統治越南期間,越南的抗法份子與中國的反清、革命份子時常有往來。1945 年「胡志明」(1890-1969)宣佈「越南民主共和國」成立。在一開始時,並無任何國家承認越南民主共和國,一直到了 1950 年中華人民共和國才成為第一個承認越南的國家。不過,中越甜蜜的時期沒多久就過去了。衝突甚至愈來愈大,最後在 1979 年變成雙方軍事衝突,中國派數十萬軍隊從邊界入侵越南。經過一個月的激戰,雙方分別死傷數萬人。雙方都指控對方是入侵的行為,中越雙方 20 世紀 ê 衝突在這個時期達到高峰。

這一次不僅是軍事衝突，更在政治上公開對嗆，好比越南在 1980 年與這件衝突寫入了憲法更是定位「中國霸權」入侵越南。憲法上載明著：「在經過 30 年的解放戰爭，全國同胞都非常冀望可以得到和平好砌造祖國，不過我們馬上又遭到中國霸權及其手下 Combodia（『柬埔寨』）的侵略。在發揮我們民族光榮的歷史傳統之下，我們的軍民總算在對抗西南邊界 Combodia 及北方邊界中國霸權的祖國保衛戰得到勝利，得以維護我們的獨立、主權、統一與領土的完整」。[1]

為什麼中越邊界戰爭會發生呢？雙方是如何看待？這又對雙方有什麼樣的影響？本論文的目的就是要探討 1979 年中越戰爭的前因後果及對台灣的啟示。

2. 中越歷史背景（204BC-1885AD）

秦始皇在公元前 221 年吞食六國、統一了中原，他更繼續出兵征討「嶺南[2]」，而且在公元前 214 年吞併嶺南地區。秦帝國在公元前 207 年崩盤了，秦王之前的將領「趙佗」（越南話就做 Triệu Đà）趁機會佔領嶺南，在公元前 204 年[3]建立「南越國」、用「番禺[4]」做首都

---

[1] 憲法原文：Vừa trải qua ba mươi năm chiến tranh giải phóng，đồng bào ta thiết tha mong muốn có hoà bình để xây dựng Tổ quốc，nhưng lại phải đương đầu với bọn bá quyền Trung Quốc xâm lược cùng bè lũ tay sai của chúng ở Cam-pu-chia. Phát huy truyền thống vẻ vang của dân tộc，quân và dân ta đã giành được thắng lợi oanh liệt trong hai cuộc chiến tranh bảo vệ Tổ quốc chống bọn phản động Cam-pu-chia ở biên giới Tây Nam và chống bọn bá quyền Trung Quốc ở biên giới phía Bắc，bảo vệ độc lập，chủ quyền，thống nhất và toàn vẹn lãnh thổ của mình. 全文可於越南官方網站下載。

[2] 大概相當現此時中國的廣東、廣西、海南島和越南北部等區域。

[3] 趙佗建立「南越國」的年代有不同的講法：越南學者陳重金（Trần 1921:39）、Đỗ Đức Hùng（2001:13）、《大越史記全書》（1697 版）的記載是公元前 207 年。

[4] 相當於當代中國廣東省廣州市。

(張榮芳、黃淼章 1995:56-68、陳國強等 1988:227-239)。趙佗在越南歷史裡所扮演的角色就好像台灣歷史當中的鄭成功。若不是趙佗,漢武帝可能無法如此快速的吞併越南。公元前 111 年中國漢朝的漢武帝出兵消滅「南越國」,還在當地設「交趾部」分做 9 郡。其中 3 郡「交趾」、「九真」及「日南」相當於現今的越南北部和中北部地區(Trần 1921:47)。從那時期開始越南第一次被中國納入版圖;這在現在被稱作越南主流史觀裡第一次的「北屬時期」(Trần 1921:47)。[5]

自公元前 111 年中國漢武帝即將越南納入中國版圖,一直到了公元後 939 年這 1000 多年當中,除了少數短暫時間(公元 40-43、544-603)起義抗暴成功之外,其餘的時期都是越南被中國直接統治。

北屬的這種局勢一直維持到公元 939 年,越南人「吳權」(Ngô Quyền)才利用唐朝末年大亂的時機脫離中國的直接統治獨立。雖然說是獨立,不過越南還是需要不定期向中國皇帝朝貢、承認中國的宗主國地位。中國各朝代若較強勢的時候就會找機會出兵越南,其中元朝、明朝及清朝曾大規模出兵侵略越南。中越這種宗藩關係一直到 19 世紀後半期才由法國取代中國成為新宗主國(SarDesai 1992:19)。

公元 1858 年,法國利用傳教士受迫害做藉口聯合西班牙軍艦向越南中部的峴港(Đà Nẵng)出兵(Trần 1921:516-517)。越南末代朝廷「阮朝」不敵法軍,為了求和只好在 1862 年簽訂「第一次西貢條約」割讓南部「嘉定」、「邊和」、及「定祥」三省給法國(Trần 1921:523)。當然法國並沒有因為如此就感到滿足,依然繼續侵佔其他各省。越南無法承受法國的軍事壓力,接續又在 1883 年和 1884 年分別簽訂「第一次順化條約」(Hiệp ước Harmand) 與「第二次順化條約」(Hiệp ước Patenôtre),承認法國是越南的宗主國。越南遭受

---

[5] 因為中國位於越南的北方,所以早期越南人經常用「北方」來表示中國。

條約」（Hiệp ước Patenôtre），承認法國是越南的宗主國。越南遭受
法國襲擊的時也不曾向中國求援，不過當時的中國已經自身難保，無
法有效阻擋法軍的侵略（龍章 1996）。最後，中法雙方在 1885 年簽
定協議停戰的「天津條約」。在條約裡面，中國正式放棄對越南的宗
主國地位並承認越南改由法國保護（Trần 1921:577、許文堂
2001:83）。自此，越南受法國的直接統治，一直到 1945 年「胡志
明」利用二次大戰剛結束的國際局勢宣布越南獨立後，情勢才開始改
變。

3. 越南革命和近代中國（1885-1949）

　　法國統治越南時期，中國因為地緣與歷史的關係，成為越南抗法
運動者的活動場所之一（Hood 1992:14）。較有名的早期抗法運動者
像是「潘周楨」（Phan Chu Trinh 1872-1926）、「潘佩珠」（Phan
Bôi Châu 1867-1940）、「阮海臣」（Nguyễn Hải Thần 1878?-1954?）
都與中國有接洽。其中阮海臣出身黃埔軍校，與中國國民黨關係很
好。阮海臣長期住在中國，他在 1945 年跟著中國「盧漢」軍隊進入越
南，更在中國國民黨的支持之下擔任越南聯合政府的副主席，最後流
亡中國（Nguyễn & Nguyễn 1997:953-954）。

　　反觀較後輩、後來對越南有極大影響力的胡志明，他與中國的關
係一直到 1924 年他去中國廣州進行政治活動才開始（李家忠
2003:93）。胡志明在廣州一方面組織在中國的越南人，一方面又和中
國的革命團體（包含中國國民黨及中國共產黨）聯繫。胡志明在中國
活動的時間前後大約有 10 年左右。他與中國共產黨愈走愈近，最後得
罪了中國國民黨。在 1942 年 8 月到 1943 年 9 月，胡志明被中國國民
黨監禁在廣西。關在監獄的時候，胡志明用漢文寫出有名的《獄中日
記》。日記裡記錄著：

走遍高山與峻岩，那知平路更難堪，高山遇虎終無恙，平
路逢人卻被監。余原代表越南民，擬到中華見要人，無奈
風波平地起，送余入獄作嘉賓。忠誠我本無心疚，卻被嫌
疑做漢奸，處世原來非易易，而今處世更難難‧‧‧桂林
無桂亦無林，只見山高與水深，榕蔭監房真可怕，白天黑
黑夜沉沉‧‧‧解過廣西十三縣，住了十八個監房，試問
余所犯何罪，罪在為民族盡忠‧‧‧‧。（Hồ Chí Minh
2003）

　　胡志明的中國經驗對他後來處理中越關係有很深的影響。在 1945
年 8 月 15 日，日本天皇正式向聯軍投降之前，越南的領導者胡志明已
經聽到風聲表示日本可能接受美國、英國、蘇聯三國在「Postdam 宣
言」（the Postdam Proclamation『波次坦宣言』） 裡要求日本無條件
投降的主張。胡志明一聽到風聲就開始準備要在越南各地發動起義游
擊戰，更在 8 月 16 日組織越南臨時政府，期待能發揮「先發制人」的
功效。就這樣，到了那年八月底，短短二禮拜的時間，胡志明便很成
功的發動「八月革命」取得掌控越南的優勢（Đinh Xuân Lâm
2001:364-371、廖碧珠 2006:118）。

　　1945 年 8 月 15 日，日本投降了，聯軍指派蔣介石代表聯軍接收
台灣和越南北部（北緯 16 以上），同一時間越南南部由英國代表接收
（Lê Mậu Hãn 2001:10; Bộ Giáo Dục và Đào Tạo 2003:69;陳鴻瑜 2003、
康培德 2007、楊碧川 1998:103）。胡志明因為成功發動「八月革
命」，一時之間聲勢轉為大好。他便順勢，趕在蔣介石軍隊還沒全面
進入越南之前就隨即在 1945 年 9 月 2 日宣布越南獨立和成立「越南民
主共和國」。

　　那時，蔣介石派雲南軍閥「盧漢」（1896-1974）帶領 20 萬兵進

入越南河內（廖碧珠 2006:117）。蔣介石的軍隊一進入河內，與那些來自台灣的軍隊一樣，軍紀很差，譬如吃東西、坐車不付錢，而且還將傳染病帶進越南。[6]蔣介石佔領越南北部時以負擔軍糧為由趁機搜刮越南的糧食。當時越南正處於饑荒時期，又要應付蔣介石的貪婪掠奪以至於造成數百萬人餓死（Nguyễn 2011:9）。此外，蔣介石還扶持親蔣的「越南國民黨」（Việt Nam quốc dân đảng）及「越南革命同盟會」（Việt Nam cách mạng đồng minh hội）以介入越南的政治（Lê Mậu Hãn 2001:10; Bộ Giáo Dục và Đào Tạo 2003:76-77）。胡志明曾在中國住過、也曾在中國國民黨的監獄待過 13 個月，所以他對中國人的野心很了解。他曾說過：「若要一輩子吃中國人的屎，倒不如暫時聞法國人的臭屁」（楊碧川 1998:105、Hood 1992:16）。胡志明查覺局勢不對，怕蔣介石在越南的力量愈來愈大，所以他用苦肉計使蔣介石離開越南。

　　胡志明在 1946 年 3 月 6 日和法國代表 Sainteny 簽訂「六三協定」（Hiệp định sơ bộ 6-3），內容包含：承認越南民主共和國是「France 聯合」（Liên hiệp Phát）的一部份，享有獨立的政府、國會、軍隊及財政；越南政府同意法國 1 萬 5 千名軍隊進入北部好換掉中國國民黨的軍隊，而且這 1 萬 5 千名法國兵要在 5 年內撤退（Bo 2003:78）。同時期，法國在 1946 年 2 月 28 日在重慶和國民政府簽訂「中法關於法國放棄在華治外法權及其有關特權條約」及「關於中國駐越北軍隊由法國軍隊接防之換文」等條約與換文（陳鴻瑜 2003、2004）。也就是法國用放棄在中國的治外法權及特權來和中國交換同意由法軍取代中國軍隊。胡志明就是利用法國及國際局勢逼蔣介石退出越南。當蔣介石退出越南時，胡志明同時還準備與法國的游擊戰。這是在當時很

---

[6] 與越南老兵、名作家「黃進」（Hoàng Tiến）的個人訪談。

有名的故事，在越南的高中歷史教科書都有記載（Bộ Giáo Dục và Đào Tạo 2003）。

雖然胡志明在 1945 年 9 月 2 日宣布越南獨立，不過法國及各國政府並無馬上承認越南民主共和國的合法性，法國甚至後來還起兵鎮壓獨立運動者。為了獨立建國，越南人民也進行十年的抗法獨立戰爭，一直到了 1954 年「奠邊府戰役」大贏法國軍隊，逼使法越雙方簽定「Geneva 協議」（Geneva Accords）後才確立越南獨立的合法性。不過在歐美、蘇聯及中國的介入下，越南卻被分割成二邊，也就是我們所知道的「南越」和「北越」。南北分裂的局面持續到 1975 年，才由北越一統南北。南北越在 1976 年正式合併，更改國號為「越南社會主義共和國」，定「河內」為首都；這個統一局勢一直維持到現在。

4. 中華人民共和國與越南（1949-1979）的恩怨

胡志明將蔣介石的勢力趕出越南後，他與中國國民黨的關係愈來愈糟。相對之下，在對抗法國的期間胡志明與中國共產黨漸行漸近，特別是中華人民共和國成立以後直到 1970 年代以前。這段期間，中國與蘇聯提供大量的武器及物資給胡志明領導的「越盟」（越南獨立同盟會 Việt Nam Độc Lập Đồng Minh Hội），甚至還在 1950 年首先承認胡志明領導的越南民主共和國。為什麼越南最後會與中華人民共和國失和、甚至在 1979 年發生大規模的軍事衝突呢？

其實，中越雙方在 1954 Geneva 協議之前就種下衝突的遠因。在越南抗法戰爭後期，中國一直對越盟施加「接受南北越分裂」停戰和談的壓力（Hood 1992:17-19）。當時越盟因為有中國和蘇聯的武器援助，所以對法抗戰的局勢漸入佳境。當時越南打算戰勝法國軍隊後，要利用聲勢再次收復南越並佔領鄰近的 Lao（寮國）跟 Combodia（柬埔寨），方能建立以越南為主的「印度支那聯邦」。但是中國考

慮到本身的利益,故不支持越盟:1)分裂的越南對中國欲控制越南有利,2)中國不期望越南吞併 Lao 與 Combodia 之後變成大國產生反抗意識,3)中國想改善與西方國家的關係(Duiker 1986:23)。

雖然越盟勉強接受了中國的建議,在 1954 年與法國、英國、中國、蘇聯、南越、Lao 及 Combodia 議決南北越以北緯 17 度為分界線、和平分治的協議。越盟對於中國那以自我民族利益盤算為優先考量的反應已經謹記在心、對中國保持戒心。不過後來因為美國強力介入越南問題,越盟仍需爭取中國的支持才能對付美軍,越南不得已只能先按下對中國的不滿。這份不滿的情緒一直到 1979 年,南北越已經由越南共產黨統一之後,才火山式的爆發。在越南正式公開與中國對嗆,之前有一些事因亦是造成日後的中越武裝衝突。其中包含:

第一,北越自從 1968 年以後明顯由中國路線走向蘇聯路線(Hood 1972:22)。中華人民共和國建國以後漸漸想要取代蘇聯成為社會主義國家的新龍頭。蘇聯為防止中國的勢力在東南亞坐大,就積極地拉攏越南做為蘇聯在東南亞的代言人,例如,越南在 1978 年加入蘇聯領導的「經濟互助委員會」又簽訂了《蘇越友好合作條約》。在這之前,中國於 1969 年方與蘇聯發生「烏蘇里江」(Amur River)邊界武裝衝突。看在中國眼中,當然對越南走蘇聯路線非常不滿(Tarling 1999:304)。

第二,越南在 1978 年出兵 Cambodia 攻打中國扶持的 Pol Pot 政權(i.t.s. Khmer Rouge、『紅色高棉』、『赤柬』)。Cambodia 於 1970 年代屬政治紛亂時期。由中國共產黨支持的 Pol Pot (1925-1998) 最後於 1975 年政變成功、建立親中國政權。Pol Pot 掌權之後,進行全國大清算、施行恐怖政治,大約有將近 200 萬 Cambodia 人被殺身亡。越南在利用 Pol Pot 政權不得 Cambodia 民心的情形下,於 1978 年 12 月出兵攻打,不出幾天就在隔年 1 月 7 日佔領 Cambodia 首都「金

邊」（Phnom Penh）。中國為了避免 Cambodia 落入越南手中，不得
不緊急出兵、利用邊界戰爭來逼使越南將主力部隊調離 Cambodia
（Hood 1972:59）。

第三，中越雙方對領土主權有爭議。中越雙方對陸地邊界界線、
北部灣劃界與西沙群島（Hoàng sa）、南沙群島（Trường sa）的主權
歸屬有爭議（賴岳燦 1999）。領土爭議當中，因為在西沙、南沙群島
海域有豐富的天然資源及戰略地位，他們的主權爭議最大。1975 年南
北越統一之前，南越政權佔有西沙與南沙部分島嶼。當時的北越為避
免與中國正面引起主權衝突，就承認這 2 個群島屬於中國。不過當越
南統一之後，越南宣稱繼承南越對該 2 個群島的主權。致使雙方至今
對這 2 個群島的主權問題尚未解決。

第四，越南採取排華政策。越南在抗法勝利以後，無論南越或者
北越政權，對於在越華人皆採取同化政策。直到 1975 南北越統一，越
南社會主義共和國就進一步採取積極排華政策，包含強制同化、驅逐
出境、將私人企業國有化等策略（黃宗鼎 2006）。在那段時間到 1979
年為止，估計大約有 40 萬華僑離開越南（陳鴻瑜 1992:247）。[7]

中華人民共和國自 1949 年建國以來的前 30 年一直得不到美國的
外交承認。在中蘇關係交惡的 1970 年代，中華人民共和國積極改善其
與美國的關係，最後於 1971 年取代中華民國成為聯合國安理會的常任
理事，又於 1979 年 1 月與美國正式建交。當中華人民共和國被聯合國
與美國承認為中國唯一合法政府之後，越南選擇在中美關係大為改善
的這個時機入侵 Cambodia，當然會逼中國出手修理越南。中國一方面
要修理蘇聯的跟班給美國與蘇聯看，一方面要報復越南排華及侵犯領

---

[7] 根據 Ramses Amer，1976 年全越南 ê 華人人口有 1,236,000 人; 1979 年有 935,074
人（引自黃宗鼎 2006:209-210）。

土主權的行為，更加重要的是要趕快那時阻止越南在 Cambodia 的勢力增加。

5. 中越邊界戰爭的經過與影響

中國為了修理越南，藉口越南部隊超越過邊界騷擾中國居民，中國為了保護居民只好進行反擊自衛戰（Hood 1992:51）。中國在 1979 年 2 月 17 開始出動 10 萬軍隊分別由雲南省及廣西壯族自治區向越南的諒山、高平、下江、老街、萊州出兵，到了 3 月 5 日中國宣佈已經達到「懲罰越南」的目的所以停戰，最後，中國軍隊在 3 月 17 日完全撤退（Chen 1987:105）。在短短 1 個月內，中越雙方死傷各有 6 萬多人，其中死、傷比例大約 1:1（Chen 1989:114）。戰爭結束雙方都臭屁說自己取得自衛戰的勝利。[8]

中國雖然宣稱得到自衛戰的勝利，不過事實上戰爭結果並無完全達到他的預期效果（Hood 1992:59）。中國一開始評估認為可在很快的時間裡就攻下越南重要邊界城市並逼越南認輸，想不到越南軍隊因為有長期抗戰的經驗、反倒是中國軍隊因經驗不足而無法短時間打贏越南。雖然中國最後有攻下諒山等重要邊界城市，還逼越南將安置在 Cambodia 的主力軍隊調回北越應戰，中國還是付出慘重的代價。正當越南在 3 月 5 日宣佈準備動員全國對抗中國入侵時，中國突然宣佈已經達成教訓越南的目的、從 5 日開始全面撤軍（Chen 1987:111）。在 2 月 5 日到 17 日撤軍當中，中國軍隊沿路破壞城市及基礎建設（Hood 1992:55）。

中國為了自身的利益與轉移國內政治鬥爭[9]的焦點才發動所謂的

---

8 雖然雙方於 1979 年 3 月停止大規模軍事衝突，但是後來的十年仍有小規模的武裝衝突。

9 鄧小平自 1978 年 3 月擔任中國人民政治協商會議全國委員會主席以來逐漸進入

「懲越戰爭」。中越戰爭的結果雖然沒有完全照中國的意思，不過中國也得到一些教訓和成果。戰爭過程讓中國覺醒中國軍隊指揮體系混亂、補給運輸能力差等問題，致使開始進行軍隊改革。中越戰爭以後「鄧小平」偷偷地出頭，更在 1981 年成為中國實際最高領導人，開始專注經濟建設。也因為中國透過中越戰爭和蘇聯劃清界線，中國與美國的關係進入甜蜜期。

越南在中越戰爭以後，雖然沒有達成「印度支那聯邦」的古早目標，不過還是成功在 Cambodia 及 Lao 建立親越政權。另外，成功抵抗中國軍隊的入侵也讓越南信心大增，增加越南扮演東南亞區域軍事強國的份量。中越戰爭以後，越南對中國的敵意增加。好比越南在 1980 年修改憲法，將「中國霸權」對越南的侵略寫入憲法前言裡。不過，越南人因為擔心住在越南的華僑會成為中越衝突時的「越奸」、做間諜出賣越南，所以想盡辦法逼迫華僑離開越南（黃宗鼎 2006:154）。中共和越共這種緊張關係到了 1990 年代才開始轉變（郭冠廷 2001:129）。越南為了和中國進行外交「正常化」，在 1992 年修改憲法，將「中國霸權」除掉。

越南社會主義共和國在 1976 年成立以來，除了要面對長期戰亂的問題還要應付龐大軍隊駐 Cambodia 的經費開銷、中國的壓力及國內經濟政策的錯誤，致使經濟狀況非常差、糧食不足。最後，在 1986 年越南進行革新開放以後，經濟發展才在 1990 年代開始有改善（白石昌也 1994）。

權力核心。為了展示他的實力與減少政敵的威脅，可能也是促使鄧小平對越南採取強硬軍事手段的原因之一。

6. 結論

　　回頭看中國及越南這 2 個共產國家的中越邊界戰爭，雖說表面上中國是定位在邊界的自衛戰，事實上中國有其策略上的考慮：第一，修理蘇聯陣營的越南給美國看。第二，阻止越南在 Cambodia 及 Lao 的勢力增加。第三，展現自己要取代蘇聯做社會主義國家的老大心態。第四，向越南宣示中國維護領土主權的決心。第五，報復越南的排華政策。第六，轉移國內政治局勢混亂的焦點。

　　雖說中國宣稱出兵越南是要向越南教訓、上課，而我們台灣能否從 "旁聽" 得到什麼？我想，至少有下面這些啟示：

　　第一，台灣人應該要有堅強的敵我意識。越南人可以抵抗中國的入侵，其中有一項要緊的因素就是「越南人」的國家認同。台灣人若無認同台灣是國家，就算有再好的武器也沒辦法面對中國的文攻武嚇。

　　第二，台灣人要隨時注意國際局勢的變化，在適當時機下有利於台灣人的決定。胡志明在 1945 年因為掌握國際局勢及對中國國民黨保持戒心，成功避免越南淪落中國國民黨的控制，才促使日後越南獨立的可能。可惜台灣人在 1945 年那時沒抓緊機會而危害後代子孫。越南在 1978 也錯估局勢，以為沒人會干涉其出兵 Cambodia，結局反引起中國的出兵。

　　第三，台灣應該要好好的處理南沙群島主權問題。台灣應該以共存共利的態度與方式來和越南以及其他週邊國家共同享用「東南亞海」資源。面對中國的威脅，台灣要聯合東南亞國家，以合作取代競爭，這才是對台灣有利的做法。

　　第四，台灣應該思考未來要如何處理在台華僑的問題。面對那些不肯認同做台灣人又不願離開台灣的人，他們的身分、地位及財產等要如何處理？這個問題很大，要如何兼顧人權及台灣國家安全是最大

的考慮。至少，可以將身分證上面的「台灣省」拿掉、直接用各縣市做出生地。再廢除福建省，與金門、連江改做特別行政區。

【原文以台文發表於 2009 年〈1979 年中越邊界戰爭對台灣 ê 啟示〉，
《大國霸權 or 小國人權》二二八事件 61 週年國際學術研討會會後論文
集，頁 736-751，台北，二二八基金會。本篇論文根據原文翻譯成中文
並增補修訂。】

參考冊目

Bộ Giáo Dục và Đào Tạo. 2003. *Lịch Sử 12 Tập hai* [高中歷史高三第二冊]. Hà Nội: NXB Giáo Dục.

Chen, King C. 1987. *China's War with Vietnam, 1979*. Stanford: Hoover Institution Press.

Duiker, William. 1986. *China and Vietnam: the Roots of Conflict*. Berkeley: University of California, Berkeley.

Đinh, Xuân Lâm 2001. *Đại Cương Lịch Sử Việt Nam Tập II* [越南歷史大綱 II]. Hà Nội: NXB Giáo Dục.

Hồ, Chí Minh. 2003. *Nhật ký trong tù* [獄中日記]. Hà Nội: NXB Chính Trị Quốc Gia.

Hood, Steven J. 1992. *Dragons Entangled: Indochina and the China-Vietnam War*. NY: M.E. Sharpe，Inc.

Lê, Mậu Hãn. 2001. *Đại Cương Lịch Sử Việt Nam Tập III* [越南歷史大綱 III]. Hà Nội: NXB Giáo Dục.

Nguyễn, Q. Thắng & Nguyễn Bá Thế. 1997. *Từ Điển Nhân Vật Lịch Sử Việt Nam* [越南歷史人物辭典]. Hà Nội: NXB Văn Hóa.

Nguyễn, Văn Tạo & Furuta Moto. 2011. *Nạn Đói Năm 1945 ở Việt Nam* [一九四五年的越南大飢荒]. Hà Nội: NXB Tri Thức.

SarDesai, D. R. 1992. *Vietnam: The Struggle for National Identity.* （2nd ed.）. Colorado: Westview Press，Inc.

Tarling, Nicholas. （ed）. 1999. *The Cambridge History of Southeast Asia*. Vol. 4. Cambridge: Cambridge University Press.

Trần, Trọng Kim. 1921. *Việt Nam Sử Lược* [越南史略]. Hà Nội: NXB Văn Hoá Thông Tin. （2002 再印版）。

李家忠編譯 2003《越南國父胡志明》北京：世界知識。

康培德 2007〈一九四六年二月二十八日──越南歷史經驗下的反思〉二二八學術研討會。

張榮芳、黃淼章 1995《南越國史》廣東：廣東人民出版社。

許文堂 2001〈十九世紀清越外交關係之演變〉《越南、中國與台灣關係的轉變》頁 77-127。台北：中央研究院。

郭冠廷 2001〈1990 年代越南與中國大陸的經貿關係〉《越南、中國與台灣關係的轉變》頁 129-145。台北：中央研究院。

陳鴻瑜 1992《東南亞各國的政治與外交政策》臺北：渤海堂。

陳鴻瑜 2003〈第二次世界大戰後中華民國對越南之政策（1945-1949年）〉行政院國科會補助專題研究計畫成果報告 NSC 91-2414-H-004-057。

陳鴻瑜 2004《中華民國與東南亞各國外交關係史（1912-2000）》臺北：鼎文。

黃宗鼎 2006《第二次世界大戰後越南之華人政策（1945-2003）》碩士論文：政治大學。

楊碧川 1998《胡志明與越南獨立》台北：一橋出版社。

廖碧珠 2006《1940 年代中國與越南關係之研究》碩士論文：中國文化大學。

鄭曉昀 2001《寮國親越政權之研究，1975-88》碩士論文：暨南國際大學。

賴岳燦 1999《中共與越南領土爭議問題之研究》碩士論文：淡江大學。

龍章 1996《越南與中法戰爭》台北：台灣商務印書館。

第四章

越南文學發展史

及其對台灣文學的啟示

1. 前言

　　大多數台灣人對越南的印象可能是「越南新娘」、「女傭」、「越勞」或者一些形象較為負面的非法來台賣淫女子。一般對於越南不了解的人可能對他們充滿負面印象，不過我們從未認知到越南早在 20 世紀為了獨立，是唯一戰勝法國、美國和中國的新興民族國家。反之，台灣人卻從未有為了民族獨立而戰的決心。先暫且不論將會造成死亡、流血的獨立戰爭，而單就文學發展來討論，我們台灣人是否有勇氣用自己的母語取代殖民者的語言來建立民族文學的特色呢？

　　俗話說：「lám-lám 馬 mā 有一步 that」（中譯:再差的馬也會踢）。另外也有勸人「m̄-thang 看貓無點」（中譯:勿看輕貓）的說法。越南雖在經濟發展上不如台灣，但他們在民族自信上卻高於我們太多了。以文學來說，他們有辦法擺脫兩千年來漢字的束縛，以及近百年來法國殖民帶來的壓力，最後確立了以越南語文為基礎的越南新文學。單就這一點來看，我們是應對他們給予讚許與佩服。

　　越南和台灣都曾受中國統治，文學發展也都受到中國不少的影響。越南的文學的發展若用文字來分類，可以追溯到古早的漢字文學、字喃文學以及到現今的羅馬字文學。不同的時期，其文學特色也有所不同。漢字文學時期，中國封建色彩相當濃厚，且主要做為官方行政的文史紀錄。字喃文學時期，開始凸顯了越南在地的人事物以及越南母語之重要性。羅馬字文學時期則發展出完全以越南語為主體全方位的文學主體性。相對於越南，台灣也有漢字、歌仔冊（類似字喃）以及羅馬字文學的類別。不過一直到現在，羅馬字文學的發展仍相當有限。究竟是何種原因導致台灣和越南有了不同的文學發展？未來又將會有怎樣的演變？越南是怎樣看待他們早期使用漢字、字喃所創作的作品？越南文學發展歷史對台灣文學的發展有何啟示？這將是

本文所要研究的問題與目的。

2. 歷史背景

越南傳說中第一個國家名號為「文郎」（Văn Lang），這是屬於「雄王」（Hùng Vương）統治的「鴻龐時代」（Hồng Bàng），約於公元前 2879-前 258 年。後來「安陽王」（An Dương Vương）打敗 18 世「雄王」，並在公元前 257 到前 207 年之間建立「甌駱¹」國（Âu Lạc），建都「古螺城²」。（Trần 1921: 15）

大約在同時期的北方，秦始皇在公元前 221 年吞食六國、一統中原，並且先後派遣「屠睢」、「任囂」與「趙佗」（越南話稱為 Triệu Đà）帶兵征討「嶺南3」，而且在公元前 214 年吞併嶺南地區，在那設立了「南海郡4」、「桂林郡5」及「象郡6」（張榮芳、黃淼章 1995: 32-35）。後來，秦帝國在公元前 207 年崩盤，遺留下來的將領「趙佗」便趁機攻打甌駱國、佔領三郡，建立「南越國7」，用「番禺8」做首都。（張榮芳、黃淼章 1995: 56-68；陳國強等 1988: 227-

---

1 另有文獻記載為「甌雒」及「甌貉」。
2 古螺城（Thành Cổ Loa）目前的所在地是距離河內市中心大約 18 公里的「東安」縣（Huyện Đông Anh）古螺村。
3 大概相當於現今中國的廣東、廣西、海南島及越南北部等區域。
4 大概相當於現今中國的廣東省。
5 大概相當於現今中國廣西省壯族自治區之大部分。
6 大概相當於現今越南中、北部。
7 趙佗建立「南越國」有年代有幾個不同的說法：越南學者陳重金（Trần 1921: 39）、Đỗ Đức Hùng（2001: 13）、《大越史記全書》（1697 版）與中國學者郭振鐸、張笑梅（2001: 139）的記載是公元前 207 年。中國學者張榮芳、黃淼章（1995:64）認為是公元前 204 年。公元 1983 年於中國廣東省廣州市發現南越國第二代國王趙眜（趙文王）之墓。墓的所在地後來成為「西漢南越王墓博物館」並開放參觀：< http://www.gznywmuseum.org/ >。
8 相當於現今中國廣東省廣州市。

239）

　　越南有很多關於趙佗出兵攻打安陽王的歷史傳說。根據陳重金（Trần 1921: 18-19）之記載，相傳趙佗多次出兵攻打安陽王，卻都出師未捷。原來，安陽王曾得到一隻金色神龜的幫助，神龜送給安陽王一支能做成厲害弓箭的龜爪。相傳就算是面對千軍萬馬，此箭一旦射出敵軍也將會全部被殲滅。趙佗為了打聽這個祕密，便派自己的兒子「仲始」（Trọng Thủy）假借和親之名去和安陽王之女「媚珠」（Mị Châu）求婚。媚珠不知這是個陷阱而應允嫁給了仲始。兩人結婚之後，仲始想盡辦法套了媚珠的話。最後，仲始成功發現秘密並將這支神箭掉包拿回趙佗的陣營。趙佗得此秘密武器之後便興高采烈的發動大軍再次包圍古螺城。這次少了神箭的幫助，古螺城也就這樣讓趙佗攻破了。安陽王與媚珠不得以騎著同一匹馬逃亡，兩人向南逃到義安省東城縣的暮夜山海邊。此時追兵也沿路跟著媚珠所丟下來的鵝毛很快地趕上。安陽王眼見情勢不對，便向神龜呼救。神龜一出現就告訴安陽王其實是他身後的媚珠背叛了他。安陽王得知了事情的經過，非常生氣，當下就用劍砍了他女兒的頭然後跳海自盡。

　　仲始帶著軍隊追到了暮夜山之後，發見媚珠已經過世了，便將她帶回安葬。緊接著自己也跳進了古螺城的古井之中自盡身亡。現今，古螺村的安陽王廟前的一口古井，相傳就是當初仲始跳入的那口井。越南民間也傳說著，媚珠是為了愛情含冤而死，她的血流至大海讓蛤蠣吃了，之後變成美麗的珍珠。若將這珍珠用仲始自盡的井水洗過後會更加光滑。

　　趙佗消滅甌駱國了建立南越國之後，自稱為武王。趙佗任內將南越國經營的很好，卻也對北方的政權漢朝造成了莫大的威脅。可惜的是，趙佗過世之後，南越國的國勢便開始走下坡。公元前 111 年時，漢朝漢武帝出兵消滅了南越國，並在當地設置了「交趾部」分做 9

郡。其中 3 郡「交趾」、「九真」與「日南」相當於現在越南的北部與中北部地區（Trần 1921: 47）。從那時開始，越南開始被中國納入版圖；這在當今越南主流史觀裡被稱作「北屬時期」（Trần 1921: 47）。因為中國位於越南北邊，所以越南人也常用「北方」來表示中國。

至於「趙佗」究竟是中國人或是越南人？這在越南也曾爭論過[9]。在我來看，趙佗在越南歷史裡所扮演的角色與地位就親像「鄭成功」對台灣一樣，都是將台灣／越南與中國做連結的第一人。若不是要消滅「趙佗」的南越國，漢武帝可能不會那麼快將越南納入中國版圖；若不是為了要消滅 "反清復明" 的「鄭成功」，清朝也不會那麼快就將台灣當作拓展版圖的目標。

自公元前 111 年中國漢武帝將越南納入中國版圖之後，一直到公元後 939 年的 1,000 多年當中，除了少數短暫時間（公元 40-43、544-603）的起義抗暴成功之外，多數是越南受中國直接統治的時期。在中國統治的時期，越南亦是「三年一小反，五年一大亂」。歷史上有記載最早起義的是「徵側」（Trưng Trắc）、「徵貳」（Trưng Nhị）這對姊妹。兩人推翻了漢朝駐「交趾」的太守「蘇定」，因此得到短暫的獨立（公元後 40-43）。此外，另一起也相當有名的起義事件包含來自「九真郡」的女性「趙嫗」（Triệu Âu），在公元 248 年起義抵抗的當時對抗的是三國時代的「東吳」國，可惜並沒有成功。「李賁」（Lý Bôn）於公元 542 年起義，並於 544 年建國號做「萬春」、自號「李南帝」，在位時間公元 544-548。李南帝以後分別由「趙越王」（公元 549-571）與後李南帝（公元 571-602）即位；最後，卻都被中國梁朝所滅。 中國唐朝時期也有許多有名的起義事件，包含「馮

---

[9] 作者與越南漢喃研究院阮光紅研究員之個人訪談。

興」（Phùng Hưng）領導的抵抗活動。「馮興」又名「布蓋大王」
（Bố Cái Đại Vương），獨立時期為公元 791-802 年。之所以稱作「布
蓋大王」的原因是因為他們用漢字來記越南音，「布」（越南音 Bố）
是「父親」、「蓋」（Cái）則是「母親」的意思。而「布蓋大王」的
時代正是越南「字喃」（Chữ Nôm）開始萌芽成長的時期。

　　北屬的局勢一直維持到公元 939 年，越南人「吳權」（Ngô
Quyền）才利用唐朝末年大亂之時機脫離中國統治而獨立。雖說是獨
立，但越南依然要定期向中國進行朝貢，承認中國的宗主國地位。這
種宗藩關係一直到 19 世紀後半期才由法國取代成為新的宗主國。
（SarDesai 1992: 19）

　　公元 1858 年，法國利用傳教士受迫害做為藉口，聯合西班牙軍艦
向越南中部的峴港（Đà Nẵng）出兵（Trần 1921: 516-517）。越南末
代朝廷「阮朝」無法抵禦法軍，為了求和只好在 1862 年簽訂了「第一
次西貢條約」割讓南部「嘉定」、「邊和」與「定祥」三省給法國
（Trần 1921: 523）。然而法國並不以此滿足，仍繼續侵占其他各省。
越南無法承受法國帶來的軍事壓力，最後在 1883 年與 1884 年分別簽
訂「第一次順化條約」（Hiệp ước Harmand）及「第二次順化條約」
（Hiệp ước Patenôtre），承認法國為越南的宗主國。越南雖在遭逢法
國襲擊時也曾向中國求援，但當時的中國早已自身難保，無法有效抵
擋法軍的侵略（龍章 1996）。最後中法雙方於 1885 年簽定「天津條
約」協議停戰。條約中，中國宣布正式放棄對越南的宗主國地位並承
認越南改由法國保護（Trần 1921: 577）。自此，越南開始受法國的直
接統治，一直到 1945 年「胡志明」利用二次大戰剛結束的國際局勢宣
布越南獨立，情勢才開始改變。

　　在 1945 年 8 月 15 號日本天皇正式向聯軍投降之前，越南領導者
胡志明已經得到關於日本可能接受美國、英國、蘇聯三國在

「Postdam 宣言」（the Postdam Proclamation「波次坦宣言」）中要求
日本無條件投降的情報。當胡志明得到情報的當下就開始準備要在越
南各地發動起義游擊戰以發揮「先發制人」的效果。就這樣，到了同
年八月底，短短兩週內，胡志明就成功地發動「八月革命」取得掌控
越南的優勢。（Đinh Xuân Lâm 2001: 364-371；廖碧珠 2006: 118）

　　公元 1945 年 8 月 15 號日本投降，聯軍指派蔣介石代表聯軍接收
台灣及越南北部（北緯 16 度以上），同時越南南部由英國代表接收
（Lê Mậu Hãn 2001: 10；Bộ Giáo Dục và Đào Tạo 2003: 69；楊碧川
1998: 103）。而胡志明因為成功發動「八月革命」，便順勢趕在蔣介
石軍隊尚未全面進入越南之前，迅速於 1945 年 9 月 2 日宣布越南獨立
並成立「越南民主共和國」。

　　當時蔣介石派雲南軍閥「盧漢」（1896-1974）帶領 20 萬大軍進
入越南河內（廖碧珠 2006: 117）。蔣介石的軍隊一進入河內，軍紀、
素質和進入台灣的軍隊一樣差勁，譬如吃東西或坐車都不付錢，更將
傳染病帶進越南[10]。蔣介石佔領越南北部時以負擔軍糧為由趁機搜刮
越南的糧食。當時越南正處於饑荒時期，又要應付蔣介石的貪婪掠奪
以至於造成數百萬人餓死（Nguyễn 2011:9）。此外，蔣介石還扶持親
蔣的「越南國民黨」（Việt Nam quốc dân đảng）與「越南革命同盟
會」（Việt Nam cách mạng đồng minh hội）企圖介入越南的政治（Lê
Mậu Hãn 2001: 10；Bộ Giáo Dục và Đào Tạo 2003: 76-77）。由於胡志
明曾於中國居住過，甚至坐過中國國民黨 13 個月的牢，所以對於中
國人的野心相當了解。他還說過：「若想要一輩子吃中國人的屎，還
不如暫時聞著法國人的臭屁」（楊碧川 1998: 105）。胡志明眼見情勢
不利，害怕蔣介石的力量在越南擴大，所以他設法讓蔣介石離開越

---

[10] 與越南老兵、名作家「黃進」（Hoàng Tiến）之個人訪談。

南。於是他在 1946 年 3 月 6 日與法國代表 Sainteny 簽訂「六三協定」
（Hiệp định sơ bộ 6-3），內容包含：承認越南民主共和國是「France
聯協」（Liên hiệp Pháp）的一部分，享有獨立的政府、國會、軍隊及
財政；越南政府同意法國 1 萬 5 千名軍隊進入北部來汰換掉中國國民
黨的軍隊，而這 1 萬 5 千名法國兵也必須在五年之內撤退（Bo 2003:
78）。胡志明就是利用法國以及國際局勢來逼蔣介石退出越南。當蔣
介石退出越南的同時，胡志明另一方面也開始準備與法國進行游擊
戰。這些都是當時有名的故事，越南高中歷史教科書裡也都有記載。
（Bộ Giáo Dục và Đào Tạo 2003）

　　雖然胡志明在 1945 年 9 月 2 日宣布越南獨立，不過法國與各國政
府並未隨即承認越南民主共和國的合法性，法國甚至還起兵鎮壓獨立
運動者。為了獨立建國，越南人民進行了十年的抗法獨立戰爭，一直
到 1954 年「奠邊府戰役」大贏法國軍隊之後，雙方簽定「Geneva 協
議」（Geneva Accords）之後才確立了越南獨立的合法性。然而在歐
美、蘇聯及中國的介入下，越南卻被分做兩部分，也就是我們所認知
的「南越」和「北越」。南北分裂的局面一直持續到了 1975 年，才由
越南共產黨一統南北。南北越於 1976 年正式合併，改國號為「越南社
會主義共和國」，以「河內」為首都；這個統一的局勢也一直維持至
今。

3. 漢字文學

　　在北屬時期，中國將漢字傳入越南。當時的漢字主要是用於行政
與官員的文教訓練。而當時推行漢字文教上有名的、類似台灣文學史
上「沈光文」或者「陳永華」這樣的角色的人，是交趾太守「士燮」
（Sĩ Nhiếp）。士燮的祖先是魯國人，因為當年為了躲避「王莽」造
反的戰亂而逃到「蒼梧郡」（quận Thương Ngô 目前中國廣西省蒼梧

縣）的「廣信」（Quảng Tín）附近。從魯國搬遷到「廣信」到士燮這一代已經是第七代。而士燮因為"治民有方" 所以越南人尊稱他為「士王」（Sĩ Vương）。（Trần 1921: 53）

在北屬時期的起初兩百年，越南人就算較懂漢字、較會讀書的人也無法當官、分享政治權力。一直到東漢末年「靈帝」在位（公元168-189）之時才有交趾本地人「李進」（Lý Tiến）被提名做交趾刺史。李進以及後來的「李琴」（Lý Cầm）都是推動交趾人能夠當官的重要人物。交趾人與中國人享有從事官職的權利便是從這兩人開始的。（Trần 1921: 52）

公元 939 年越南脫離中國直接統治的一千多年以來，越南模仿中國建立自己的封建社會制度與王朝。越南李朝（公元 1010-1225）和陳朝（公元 1225-1400）期間從中國引進各式政治、文物制度，特別是「科舉制度」以及「儒家思想」，這些都是穩定越南朝代的封建基礎。換句話說，雖然越南不再受中國直接統治，但是越南受中國的影響依舊很大（SarDesai 1992: 21）。這也難怪越南有名的歷史學家陳重金（Trần Trọng Kim 1882-1953）感慨的說：「不管大人、小孩，去到學校學的都非越南史，只學中國史。詩賦文章也都取材字中國、一切都參照中國價值觀…」。（Trần 1921: 8）

因為引進「科舉制度」以及獨尊「儒家」的關係，越南各朝代繼續沿用漢字甚至將漢字當作唯一的正式文字。換個角度來看，漢字在越南的使用受到合法化及正統化；這是造成漢字在越南本土化的重要因素。

一般來說，漢字用於行政、教育（科舉）、學術著作以及古典文學創作（Nguyễn 1999: 3-4）。古代越南人使用漢字寫作的時候，書面

是用文言文的方式書寫，口語則用越南話中的「漢越音[11]」發音。這種情形類似早期台灣人到私塾學四書五經時用台語文言音來讀文言文教材。下文以李白的《靜夜思》（Tĩnh Dạ Tứ）為例，來說明越南人是如何用漢越音來讀唐詩：

> 床前明月光
> Sàng tiền minh nguyệt quang
> 疑是地上霜
> Nghi thị địa thượng sương
> 舉頭望明月
> Cử đầu vọng minh nguyệt
> 低頭思故鄉
> Đê đầu tư cố hương

許多人誤認以台語來讀唐詩相當順口且最具有台灣味。用上文舉例可以看出越南話也能夠讓唐詩唸起來相當順暢更充滿韻味。但事實上，用文言音來讀漢詩、漢文是漢字文化圈中的共同特色，甚至可以說是封建時期受支那文化殖民的語言烙印，並無法度突顯台灣特色。（蔣為文 2007a）

越南人使用漢字的時間若從第一次北屬時期算起至公元 1915、1919 年法國殖民者分別廢除越南北部與中部的科舉考試，大約有 2,000 年的時間（Nguyễn 1998: 48）。漢字在越南紮根的程度可以從下文的例子中看出：許多 20 世紀初期的越南獨立運動者，如「潘佩珠」、「潘周楨」、「胡志明」等人，漢文基礎都很好，甚至他們就

---

[11] 台語當中有所謂的文言音與白話音的差別，例如「三」的文言音是/sam/、白話音是/saⁿ/。越南中裡也有類似文、白音的差別，例如「三」的文言音是/tam/、白話音則是/ba/。越南話的文言音俗稱「漢越音」（âm Hán Việt）。

是用漢文與當時的中國領導者溝通。以下舉胡志明遭中國國民黨囚禁於廣西之時用漢字所寫的《獄中日記》之片段為例：

> 身體在獄中，精神在獄外，欲成大事業，精神更要大…老夫原不愛吟詩，因為囚中無所為，聊借吟詩消永日，且吟且待自由時…走遍高山與峻岩，那知平路更難堪，高山遇虎終無恙，平路逢人卻被監…余原代表越南民，擬到中華見要人，無奈風波平地起，送余入獄作嘉賓…忠誠我本無心疚，卻被嫌疑做漢奸，處世原來非易易，而今處世更難難…桂林無桂亦無林，只見山高與水深，榕蔭監房真可怕，白天黑黑夜沉沉…解過廣西十三縣，住了十八個監房，試問余所犯何罪，罪在為民族盡忠…。（胡志明1998）

在這長久的時間當中，漢字作品的作者與讀者主要為皇帝、官員、士大夫等上層階級。這些作品的創作風格上有統一的模式；題材經常是梅、蘭、竹、菊，漁、樵、耕、牧，或者望潮、閨怨、征婦、旅懷等；類型常以自述、言志、感懷、記事、偶興等形式；體裁主要是樂府、五言、七律等。（梁立基、李謀 2000: 72）

若從發展民族文學特色、突顯越南民族意識的角度來看，越南的漢字作品人概分做二種：第一種是中國漢字作品之延伸，並無法突顯越南民族精神特色，像講「姜公輔」的白雲照春海賦》等。

另外一種是強烈突顯越南民族意識或者特色的作品，像「李常傑」（Lý Thường Kiệt 1019-1105）的《南國山河》，「黎文休」（Lê Văn Hưu 1230 - 1322）的《大越史記》，「張漢超」（Trương Hán Siêu ?-1354）的《白滕江賦》，「阮廌」（Nguyễn Trãi 1380-1442）的《平吳大誥》、《抑齋詩集》，「阮秉謙」（Nguyễn Bỉnh Khiêm

1491-1585）的《白雲音詩集》，「阮嶼」（Nguyễn Dữ 16 世紀）的《傳奇漫錄》，「阮攸」（Nguyễn Du 1765-1820）的《十類眾生祭文》、《清軒詩集》等。這些作者的共同特色就是他們同時擁有用漢字或字喃字寫作的能力，以阮秉謙為例，他除了有上文所提及的漢字詩集，也有字喃字詩集《白雲國語詩》；另外，阮攸的著作當中最有名的則是字喃故事詩《翹傳》。

越南人擁有長久以來使用漢字的歷史，但他們是如何看待漢字及漢字文學作品的呢？他們是否有將這些作品看做越南文學的一部分呢？

若以漢字來說，越南人認定漢字是中國文字（Lê Văn Siêu 2006: 66；Nguyễn, Khắc Viện & Hữu Ngọc 1975: 44；Lại Nguyễn Ân et al. 2005: 70；Bùi Đức Tịnh 2005: 11）這個部分是無爭議的。他們認為字喃字（chữ Nôm）與現今使用的越南羅馬字（chữ Quốc ngữ）才是真正的越南文字。（Lại Nguyễn Ân et al. 2005: 70-75）

若以漢字文學作品來說，越南學者也曾有過爭論（Bùi Đức Tịnh 2005: 10-14；Phạm Thế Ngữ 1997: 58）。過去有人主張因為漢字是外國文字，所以用漢字寫的作品不能算是越南文學。但也有人認為，雖然漢字是外國文字，不過只要作品是「越南人用越南話寫的」就算是越南文學。若以此觀點來看，目前主流的看法是如何呢？一般來說，抱持第二種看法的人較多，也就是說，越南人一方面認為漢字是外國文字，不過他們也認為用漢字寫的作品有條件能夠作為當作越南文學的一部分。這看來似乎充滿矛盾，其實不然。因為越南人認為他們是在不得不的狀況之下才使用外國文字；雖然用漢字，不過卻還是堅持作者一定要是越南人而且作品本身需用越南話來發音。所以像「四書五經」這種中國人寫的漢文書雖然對越南文學具有影響力，但越南人也未曾將這些列入越南文學當中（Dương Quảng Hàm 2005: 56）。越

南人不只以「越南人用越南話書寫」這種標準來認定越南文學，還有一個有趣現象：大多數較有權威的越南文學史編寫者在書寫越南書面語文學的同時都從越南建立獨立王朝的 10 世紀以後開始寫起，例如：Nguyễn Đăng Na（2004）、Bùi Đức Tịnh（2005）、Nguyễn Khắc Viện & Hữu Ngọc（1975）、Dương Quảng Hàm（2005）、Lê Văn Siêu（2006）、Phạm Thế Ngữ（1997a）。那麼越南人是如何看待北屬時期的漢字作品呢？基本上他們是將其視作是殖民時期的歷史文獻來看待與處理。

越南人處理漢字以及漢字作品的做法給了我們何種啟示？

第一，台灣人應該在精神上將漢字當做外國文字，雖然在實質上、過渡時期可容許使用漢字。這就如同胡志明在從事獨立運動時期，他在不同時期、場合分別使用漢字、法文及越南羅馬字來寫作來宣傳革命思想；直到他在 1945 年得到政權、宣布獨立之後便廢除漢字、法文，改用越南羅馬字做正式文字那樣。台灣人使用漢字正是過渡時期不得以之選擇，當台灣人正名成功、建立正常國家之後應該改用能夠與中國做區隔的文字才能確保台灣文化的獨立性。[12]

第二，台灣文學必須建立在「台灣人用台灣語言書寫」的基礎上。如本文所談到的，台灣語言包含「台語」、「客語」以及「原住民語」，不包含「華語」[13]。鄭氏王朝以及清國時期那些統治台灣的封建官僚用漢字所寫的作品，無論他們的作品內容與台灣是否有關，因為他們是外來統治者為了統治上的需要才出版，所以不能算是「台灣文學」，僅能算是外國文學中主題與台灣有相關的作品。因此，那些中國人寫的四書五經，或者「沈光文」、「郁永河」、「藍廷

---

[12] 有關語言、文字與台灣國家建構的關係，請參閱蔣為文（2007b）的詳細討論。
[13] 有關台灣語言的定義，詳細請參閱蔣為文（2006a）的討論。

珍」、「藍鼎元」等,中國人所寫的都應該列做外國作品[14]。若是移民來台有段時間並且已「土著化[15]」、認同台灣的文人用漢字所創作的作品,才能勉強算是台灣人找到具有台灣民族特色的文字工具之前暫時的書寫工具。

4. 字喃文學

越南人借用漢字之後,他們發覺漢字並沒有辦法完整表達越南的日常用語,所以民間慢慢發展出具有越南特色的「字喃」。所謂的「字喃」是指南方(相對中國來講)的文字之意;越南人也將字喃字稱做「越南字」(chữ Việt)。因為欠缺標準化,「字喃」也能夠寫作「𡨸喃」或「𡨸喃」等不同寫法。早期的字喃主要是做漢字的輔助工具,用來紀錄地名、人名以及地方特產等(Nguyễn Quang Hồng 1999: 2)。

累積幾百年使用的經驗之後,到了 13 世紀才有字喃的文學作品出現[16],並於 16 至 18 世紀之間達到高潮[17]。字喃的使用者主要是打著赤腳的平民、落魄文人、僧侶、以及少數有強烈民族意識之菁英。一般來說,字喃主要用於紀錄民間口傳文學、創作純越南話文學、翻譯佛經、或者替漢字作注音、註解。(Nguyễn Quang Hồng 1999)

字喃是從何時開始萌芽發展呢?相傳是從公元 8 世紀末「馮興」

---

[14] 有關明、清時期遊宦文學的發展,請參閱施懿琳(2000)。

[15] 「土著化」(indigenization)是指從移民社會(immigrant society)變成「土著社會」(native society)之轉變過程。陳其南(1994: 92)指出從 1683 年到 1895 年的 200 多年間,台灣的漢人移民社會漸漸變成土著社會。施懿琳(2000: 4)指出清國中期(大約道光、咸豐)以後台灣本土的漢字文人才開始有較顯著的社會地位。

[16] 根據現存的文學作品年代所論斷。

[17] 與河內大學越南學系主任 Nguyễn Thanh Xuân 之個人訪談。

（布蓋大王 Bố Cái Đại Vương）開始用漢字來紀錄個別越南話詞語，他用漢字「布」（Bố）表記越南話「父親」、用「蓋」（Cái）表示「母親」（Dương Quảng Hàm 2005: 154）。根據《大越史記全書》之記載，阮詮（Nguyễn Thuyên 13 世紀）是第一個用字喃寫作文章的文人。他在陳朝仁宗時期（1279-1293）擔任刑部尚書。公元 1282 年，富良江有鱷魚出沒。阮詮受朝廷命令準備祭桌、舉辦祭祀典禮，他用喃字寫祭文丟入江中，鱷魚就這樣被趕走了。陳仁宗認這件事就像中國人「韓愈」一樣，所以賜阮詮改姓韓（Nguyễn Quang Hồng 2006；Nguyễn Q. Thắng et al. 1997）。阮詮是第一個用字喃記錄阮氏家族祖譜、寫國史、創作國音詩賦的人。代表作品有《扉沙集》（Phi sa tập），當中有漢字與字喃詩賦，可惜都已失傳。韓詮的字喃詩是第一個結合越南民間詩歌與中國唐詩類型（字數及格律有改變）所創造的新類型，後代將這種詩稱做「韓律詩」（thể thơ Hàn luật）。（Dương Quảng Hàm 2005: 160-163）

越南從 13 世紀開始慢慢出現字喃文學作品，直到 16 至 18 世紀之間達到高潮。其中最有名的包含「阮攸」（Nguyễn Du 1765-1820）和女詩人「胡春香」（18 世紀尾-19 世紀頭）。這些文人都有漢字及字喃字的作品，但是在民間流傳最受文學研究者重視的都是他們的字喃作品。

阮攸出身於名家望族（父親做過宰相），越南人稱呼他為民族大詩人[18]，他也被聯合國列做世界文化名人之一。阮攸曾做過官也落魄過。他最有名的字喃作品是《翹傳》（Truyện Kiều）。（Nguyễn Quang Hồng 2006；Lại Nguyễn Ân et al. 2005: 297-302；羅長山 2004: 264-273）

---

[18] Nhà đại thi hào dân tộc Việt Nam（Nguyễn Quang Hồng 2006）

書名《翹傳》是後人的簡稱，原名為《斷腸新聲》，是一部用越南式「六八体」（thể lục bát）所書寫、總共有 3,254 行的詩句。故事情節模仿中國「青心才人」的章回小說《金雲翹傳》。青心才人的小說在中國並未引起讀者的注意；然而，阮攸的《斷腸新聲》在越南出現（約於 1804-1809 年間）至今仍受越南大眾的喜愛，目前也被翻譯做多種外語。（Nguyễn Quang Hồng 2006）

《翹傳》講的是一個美麗又有才華的女主角「翠翹」流落民間十五年的故事。翠翹與男主角「金重」書生自由戀愛。卻因為封建制度的腐敗，因此被迫開始了歌伎及奴才的生活。下文是 1871 年刻印的《翹傳》前 4 句摘要，在此讓讀者試讀：

橆薛齠墢趴些

Trăm năm, trong cõi người ta,

竚才竚命窖罪恬饒

Chữ tài, chữ mệnh, khéo là ghét nhau.

疲戈沒局㴜椥

Trải qua một cuộc bể dâu,

仍調籠覽匜疠疽悉

Những điều trông thấy mà đau đớn lòng.

胡春香是與阮攸同時期的重要女詩人，被人稱作「字喃詩女王」（bà chúa thơ Nôm）。她正確的生卒年份不詳。其詩作主要描寫女性在封建社會當中所遭受得不公平的待遇。透過通俗、雙關語及諷斥的寫作風格來創作並鼓舞女性一起勇於反抗封建社會。胡春香可說是越南女性主義者的先鋒。（Lại Nguyễn Ân et al. 2005: 164-167）

雖然字喃在越南很早就出現了，也有不少的文學作品，而且更是越南人所自創，然而卻無法取得正統的地位或者取代漢字。主要原因

有：第一，受中國「漢字正統」的價值觀影響。第二，受科舉制度束縛而無法與漢字既得利益者抗衡。第三，字喃有先天難學、難寫的文字結構缺陷以及難以標準化的社會因素。（蔣為文 2005b: 90）

字喃在長期的發展中，除了少數當權者例如「胡季犛」、「阮惠」在位時期，幾乎無法得到越南朝廷在體制上的支持。這種情形就像台語文學在台灣的發展一樣，無法受到「華語既得利益者」的執政者之重視。

胡季犛（Hồ Quý Ly 1336-1407）是胡朝第一個皇帝，在位時間於公元 1400-1406 年。公元 1406 年中國明朝軍隊入侵越南，胡季犛父子被捉回中國監禁，最後死於中國。胡季犛在位期間從事軍事、經濟與思想文化等領域的改革，卻遭受保守派的阻饒而失敗。胡季犛是第一個勇於主張用字喃取代漢字並用於公文、詔書等文件的皇帝，並有自己用字喃所寫之創作。他亦曾下令將漢文經冊翻譯成字喃。可惜在位時間過短，無法發揮有力的改革效果。（Nguyễn Quang Hồng 2006；Trần Trọng Kim 1921: 191-199；Nguyễn Q. Thắng & Nguyễn Bá Thế 1997: 279-282）

阮惠（Nguyễn Huệ 1753-1792）又稱作「光中皇帝」，他在 1788 年登基建立「西山王朝」，帶領越南人打敗入侵越南的二十萬清國兵。在位期間推動字喃，要求官員使用字喃書寫公文並將字喃列入科舉考試。可惜在位沒多久即去世。（Trần Trọng Kim 1921: 393-411；Nguyễn Q. Thắng & Nguyễn Bá Thế 1997: 541-544）

雖然字喃並未成功取代漢字，但目前的越南人又是如何看待字喃以及字喃文學作品的呢？台灣俗語講「三年一閏，好 bái 照輪」（三年一閏，好壞照輪）。過去被當作漢字附屬品的字喃，目前被越南人當做比外國漢字更加重要的民族文化資產來看待。海外越南人甚至組

織了「字喃遺產保存協會[19]」來保存及發展字喃。他們整理、出版字喃字典更開發了字喃軟體，像講本論文《翹傳》例句的字喃就是利用他們所開發的字型來顯示。

若談及字喃文學作品，目前越南文學史的論著大多都將字喃文學當作越南古典文學的代表性作品（Bùi Đức Tịnh 2005: 75）。一般越南大眾有辦法順口唸出的古詩差不多都是字喃作品。事實上，雖然過去字喃被當作非正式的文字，不過早期的字喃使用者普遍將字喃字稱作「國字」、字喃字所表記的越南音稱作「國音」。譬如阮廌的字喃作品《國音詩集》，黎聖宗（1442-1497）與一些人的字喃合集《洪德國音詩集》，阮秉謙的《白雲國語詩》等。

字喃文學的發展對咱台灣人有何種啟示呢？

第一，用漢字式的文字（無論是借音、借意、造新字、找本字）都容易受到漢字的束縛。如古代越南人，若要讀懂字喃字就要先讀懂漢字，無形中限制了字喃使用人口的增長，也使字喃文學不斷受漢字文學的影響。台灣過去的漢字式文字（統稱「歌仔冊」文字）因為依靠著漢字所以發展受阻礙。台語文學的發展也應該跳脫漢字迷思才有可能出頭天。（蔣為文 2007）

第二，台灣漢字式古典文學必須回歸用歌仔冊文字（包含台語和客語）所寫的作品才有台灣民族特色。目前台灣學術界若提到台灣古典文學，絕大多數都以漢字作品為主、很少提到歌仔冊文學。這種現象在台灣成為正常國家之後應該要有所改善。

第三，雖然外來政權絕對不會支持台灣建立有特色的台灣民族文學，不過本土政權也不一定會全力支持。字喃在越南將近 1,000 年的發展當中，多數歷代越南朝廷可說是從未支持過。字喃都是靠民間草

---

[19]字喃原文「會保存遺產喃」Hội Bảo tồn Di sản Nôm, <http://nomfoundation.org>。

根力量才漸漸地流傳發展。台灣亦是如此。譬如,台灣在民進黨執政期間,因為「中華民國」政權的包袱與那些沒有台灣母語書寫意識的政客,而造成台灣母語文學(包含台語、客語、原住民語)沒有辦法得到體制內的認同及有力的支持。

5. 羅馬字文學(國語文學)

羅馬字約在 16 世紀末、17 世紀初透過傳教士傳入越南(Đỗ Quang Chính 1972)。經過不少傳教士的努力,法國籍傳教士「得路」(Đắc Lộ20)在 1651 年出版了第一本越南羅馬字辭典「越南、葡萄牙、拉丁語 3 語對照辭典21」。得路的「越、葡、拉」辭典對越南羅馬字的貢獻就像「麥都思」(Medherst [22]) 和他在 1837 年出版的「福建方言字典」對台灣教會白話字的貢獻一樣;他們都是集眾人的經驗,將羅馬字書寫系統化進而出版的第一人。得路的羅馬字方案在經過不同時期的一些修改後,成為了現今越南普遍使用的正式文字。

羅馬字在越南的普遍化是先從南部開始沿著中部向北部發展。羅馬字在越南的發展可分做 4 個階段:第一,17 世紀初到 19 世紀中期的教會使用期;第二,19 世紀後半期的法國殖民者推廣使用期;第三,20 世紀前半期的越南民族主義者推動使用期;及第四,1945 年以後之正統地位時期。(蔣為文 2005h: 91-96)

羅馬字傳入越南的前半期主要只在教會中流傳。羅馬字能夠在教會外受普遍使用,這與法國統治越南有關係。法國殖民者統治越南時期,他們認為中國是法國與越南之間的第三者,對法國統治越南有潛

---

[20] Đắc Lộ 是越南名,法文名是 Alexandre de Rhodes,漢字名是「得路」。

[21] 原文 Dictionarium Annamaticum, Lusitanum et Latinum。越南話俗稱「Việt Bồ La」(越葡拉)。

[22] Walter Henry Medherst, 1796-1857。其漢字俗名是「麥都思」。

在威脅。若要將越南與中國永久切割，就必須切斷兩國之間的連結。因為越南長期以來都將中國奉為宗主國、更透過漢字學習中國文化及價值觀，假使讓越南人繼續使用漢字就等於是讓越南保持與中國的親密關係。所以法國認定越南、中國之間的連結就是透過「漢字」達成。為了讓越南斷絕與中國的關係、並使之親近法國，不將漢字去除是沒有辦法達成的（DeFrancis 1977: 77）。法國人想出來的策略就是用「羅馬字」取代漢字。他們認為越南人若能夠接受羅馬字，這樣未來要再進一步接受「法文」的可能性就越高。

雖然法國殖民者推動羅馬字的最終目的是推廣法文，卻也無形中提供越南羅馬字初期成長的奶水。例如，法國殖民者將羅馬字列入學校課程，接著於 1865 年由官方發行第一份羅馬字報紙《嘉定報》（Gia Định Báo 1865-1910）（Đỗ Quang Hưng 2000: 27-29）；越南羅馬字也在那時開始被稱作「Chữ Quốc Ngữ」（國語字）（Viện Văn Học 1961: 22）。「嘉定報」就如同台灣 1885 年出版的第一份羅馬字報紙《Tâi-oân-hú-siâⁿ Kàu-hōe-pò》（台灣府城教會報）一樣，有帶頭普及羅馬字之貢獻。另外一個推廣羅馬字的例子是，南部總督於 1882 年簽署了一份規定所有越南公文都要使用羅馬字的議定。（Viện Văn Học 1961: 22-23）

在法國人佔領越南的前半期，19 世紀末推動羅馬字最不遺餘力且最有貢獻的越南人是「張永記」（Trương Vĩnh Ký 1837-1898）（Hoàng Tiến 1994: 56）。張永記出生於越南南部「永隆省」（tỉnh Vĩnh Long）的一個天主教家庭。他有相當高的語言天份，不只會越南羅馬字和法文，也通曉漢文、字喃、拉丁文、希臘文、英文、日文和印度文等二十七種語文。張永記曾做過《嘉定報》主編，並出版過一百多本書。他主要的貢獻包含 1）將西方與越南經典翻譯做越南羅馬字，如《翹傳》、《大南國史演歌》等譯作羅馬字。2）從事越南羅馬

字與法文推廣教材的研發出版。3）從事越南羅馬字之研究和創作。
（Hoàng Tiến 1994: 56-60；Lại, Nguyễn Ân et al.2005: 558-562；Phạm
Thế Ngữ 1997c: 72-92）

　　雖然在法國殖民者的推動之下，越南羅馬字在 19 世紀後半期較先
前更為普遍，但整體來講，推行效果依然有限（DeFrancis 1977:
69）。羅馬字的推行要在 20 世紀初以後越南本土的民族主義者鼓吹之
下才有明顯的進展（DeFrancis 1977: 159）。這是因為在反對法國殖民
主義的氣氛之下，使用外來的羅馬字就會被當做是倚附外來政權的行
為，例如張永記當時也曾被當做通敵的越奸看待。不過在越南民族主
義者感受到羅馬字簡單、好用、是教育民眾的好工具之後，就化解了
他們對羅馬字的反感，並開始將羅馬字本土化、將之作為對抗外來統
治的利器。

　　為什麼越南的民族主義運動與羅馬字是從 20 世紀初開始興盛起來
的呢？主要的原因是：第一，法國西式教育的影響。若從法國統治全
越南的 1885 年算起，到 20 世紀初已經有 20 多年的時間。雖然殖民者
提供的是一種跛腳的殖民教育，卻讓越南人透過這種新式教育能夠比
傳統教育有更多機會來接觸「民族主義」、「民族國家」、「民主」
及「科學」等新觀念。這些接受羅馬字和新式教育的新生代到此時正
好有出頭的機會。第二，日本明治維新後國力增強甚至在 1905 年打贏
前蘇聯，這件事讓越南人認為亞洲人只要努力打拼就有可能建立強
國。第三，20 世紀初民族主義潮流的影響。超過 10 萬的越南人法國
兵在第一次世界大戰（1914-1918）替法國做軍伕的時候，對當時的民
族主義熱潮有很深的印象。加上當時美國總統威爾森（W. Wilson）發
表民族自決的聲明，更讓各地的民族運動大受鼓舞。

　　20 世紀初鼓吹羅馬字的民族主義運動的首要代表性團體是「東京
義塾」（Phạm Thế Ngữ 1997c: 101）。「東京義塾」在越南所扮演的

角色就像 1920 年代的台灣文化協會；兩者間的差別是「文化協會」不太注重羅馬字、只倡導漢字白話文。這樣的差別也就注定了羅馬字在台灣與在越南的不同發展命運。

「東京義塾」的成員主要是一些留學日本的越南知識份子他們在 1907 年 3 月於首都「河內」設立「東京義塾」學校，來傳授西方思想以及科學新知等。他們認定若要達成啟發民智的目的，就須從教導羅馬字開始。所以「東京義塾」的第一要務就是普及羅馬字；他們要透過羅馬字來教育民眾、讓大眾有知識能對抗法國殖民統治。「東京義塾」雖然成立不到一年就被法國殖民者強迫關門，但他們的主張卻在知識份子之中普遍得到認同及支持。除了有「東京義塾」，當時還有「智知會」（Hội Trí Tri 1907 年 4 月成立）、「翻譯會」（Hội dịch sách 1907 年 4 月成立）等團體。在他們的影響之下，「推廣羅馬字」也就成為了越南民族主義者的普遍主張以及推動要點，更引起一陣學習及發行羅馬字報紙的風潮（Vương Kiêm Toàn & Vũ Lân 1980: 20-32；Đinh Xuân Lâm 2001: 159-170）。根據估計，一直到 1930 年為止，全越南已約有 75 種羅馬字報紙。（Hannas 1997: 86）

於 20 世紀初推動羅馬字運動有功的名人包含有「阮文永」（Nguyễn Văn Vĩnh 1882-1936）和「范瓊」（Phạm Quỳnh 1892-1945）等。

阮文永是河內南邊的「河東」人。他精通法文、越南羅馬字、漢字、字喃字。阮文永是東京義塾的重要創辦人之一，他在義塾負責越南羅馬字與法文的推廣和教學（Hoàng Tiến. 1994: 94；Đinh Xuân Lâm 2001: 160）。他又和「梁文干」（Lương Văn Can）組織「翻譯會」把重要的法文、漢文、字喃文翻做羅馬字（Phạm Thế Ngữ 1997c: 121）。他與法國人一起經營印刷廠（nhà in），並擔任過許多報紙雜誌的主筆或者主編，例如：《大南同文日報》（Đại Nam đồng văn nhật báo）、《登鼓叢報》（Đăng cổ tùng báo）、《Notre Journal》、《東洋雜志》（Đông Dương Tập Chí 1913-1919）以及《中北新文》（Trung Bắc Tân Văn）等。其中最重要的是擔任《東洋雜志》主筆。

法國殖民者為了化解民怨、減少武裝起義事件，他們在 1913 年主動發行《東洋雜志》來作為法國殖民政策的宣傳報。這份報紙有法文和越南羅馬字版。雖說其發行目的是為了宣傳政策，卻也因為將許多法文文學作品翻譯做越南义，所以這份報紙對 20 世紀初越南新文學的出現有很重要的影響與貢獻（Đỗ Quang Hưng 2000: 48；Phạm Thế Ngữ 1997c: 117）。政治上，阮文永主張「歐化維新」，並以建立越南共和國為最終目的。他認為法國雖是殖民者，卻也有值得越南人學習的進步文明。所以阮文永拼命翻譯書籍以便將文明介紹給越南人來提升越南文化，以作為成立獨立國家的基礎（Phạm Thế Ngữ 1997c: 132；Đỗ Đức Hiểu 2004: 1226）。為了募集更多的資金來印刷出版以及舉辦宣傳活動，他到了寮國尋找黃金，最後卻不幸染病，於 1936 年5 月病逝寮國。（Nguyễn Q. Thắng & Nguyễn Bá Thế 1997: 712）

范瓊出世於河內，父母原是河內東邊「海洋省」人。他也精通法文、越南羅馬字、漢字、字喃字。他在 1917 年受法國殖民者 Louis Marty 委託擔任《南風雜志》（Nam Phong Tạp Chí）法文版以及越南羅馬字的主筆（Phạm Thế Ngữ 1997c: 137-148；Đỗ Quang Hưng 2000: 55）[23]。除了擔任主筆，他也從事翻譯、研究及創作的工作，主要從事法文與越南文的溝通媒介。他也用越南羅馬字介紹法國文史給越南人、用法文介紹越南文史給法國人。政治上，范瓊主張「非武力抗爭」、「君主立憲」，又曾在法國殖民政府和阮朝的末任皇帝「保

---

[23] 當時的《南風雜志》發行時間為 1917 至 1934 年，有法文、漢文及越南羅馬字版。

大」之下做過官。因為政治主張不同，范瓊也因此在 1945 年遭受革命派人士殺害（Nguyễn Q. Thắng & Nguyễn Bá Thế 1997: 759；Phạm Thị Hoàn 1992: 13-15）。雖然范瓊的政治立場遭受部分越南人的質疑，但就建立越南羅馬字國民文學的角度來看，他的主張在當時是非常先進且有力（Phạm Thị Hoàn 1992: 13-15）。譬如，以下為他在 1931 年《南風雜志》第 164 期所發表文章的摘要：

Những cái nghiệp mượn tiếng ngoại để thay vào tiếng mình bao giờ nó cũng thế: mượn tiếng người thì mượn cả tư-tưởng của người, mượn cả học-thuật của người, rồi đến mượn cả tính-tình phong-tục của người nữa...Bao nhiêu kẻ khôn-ngoan đi theo ngoài mất cả, còn ai là làm hướng đạo cho quốc dân? Thành ra dân không có đầu, dân đến lụi bại；nước không có óc, nước sống sao được!

用外國語來替換本國語經常會有這樣的情形：借用別人的語言就會為別人思想所影響，借用別人的文學就會受人別人的風俗習慣所影響…。那些聰明的人若都去學外國語、跟著外國人走，那還有誰能來領導我們的國民呢？群眾無領導者就像人沒有了頭腦，那麼國家又怎能長久。（Phạm Thị Hoàn 1992: 54）

Nói tóm lại thi quốc-học không thể dời quốc-văn được. Không co quốc-văn không thể sao có quốc-học. Nước Nam ta đời trước không thể có quốc-học bằng chữ Hán được；nước Nam ta đời sau này cũng không thể có quốc-học bằng chữ Pháp được. Muốn cho nước Nam có quốc-học thì phải có quốc-văn bằng tiếng Nam.

總結來講，「國學」不能脫離「國文」。若無國文也無法

度成立國學。我們越南國過去實在不應該用漢字建立國學，未來也一樣不能用法文建立國學。我們越南國想建立國學就必須用越南話文才行。（Phạm Thị Hoàn 1992: 56）

越南在 19 世紀末、20 世紀初期的文學語言爭論，若就語言來分，大概可以分成 2 派，也就是法文和越南文。越南文這派可分成漢喃（包含漢字、字喃）或羅馬字派。主張法文者多數是法國殖民者；主張越南文者通常依照其教育背景分做漢喃或者羅馬字派。受傳統漢字教育的人例如：阮庭照（Nguyễn Đình Chiểu 1822-1888）主張要保留漢字字喃。在法國新式教育下的新生代如「阮文永」、「范瓊」等通常主張使用越南羅馬字。這些新生代雖然同時精通法文及越南文，也認為法國文明是值得越南人學習的對象，卻也不因此而輕視自己的越南語文。他們認為法文僅是越南人進行現代化、文明化的工具之一，但越南文化勢必依舊要建立在越南語文之上。這樣的情形正好與日本時代或者中華民國時代主張用殖民者語言（分別是日語、華語）的台灣人不同：越南人將殖民者語言當作暫時的、過渡的工具，然而台灣人卻將其視作將要長久使用、並取代本土語言的目標。

越南羅馬字文學的發展對我們台灣人有何啟示呢？

第一，台灣人應該要接受羅馬字來作為台灣語文的文字。雖然羅馬字和漢字一樣都是從外國傳入台灣，但是羅馬字相對漢字來講是更中性的工具。漢字不只難學、難寫，更帶有殖民者與侵略者的色彩。精神上台灣人不應該將其當作本國文字使用。

第二，台灣人應該要更加有骨氣、對自己的語言、文學、文化要有信心。台灣文學應該建立在台灣語文（包含台語、客語、和原住民語）之上才有辦法發展出具有特色的民族文學。民族文學若要突顯母語特色，就必須用羅馬字來寫才能避免受使用漢字的中國話文影響。

第三，台灣人必須加強進行台灣語文的現代化、標準化以及普遍化。翻譯、創作和研究是達成上述 目標的方法之一。傳播媒體除了過去傳統紙本印刷之外，也必須更加強網路及多媒體等宣傳方式。

6. 結論

當今越南人是如何看待越南文學史上所出現過的漢字、字喃、羅馬字以及法文呢？基本上他們將漢字及法文當作外國語文、並視之為殖民統治下不得不使用的工具手段。若提及正統的越南文學，古典文學的部分則以字喃文學為主；若談論新文學，就會以羅馬字文學為主。對照之下，台灣文學界卻多數肯定殖民者語文，不僅將其合法化更「乞食趕廟公」（中譯：鳩佔鵲巢）將它作為台灣文學的主流（蔣為文 2005a）。究竟台灣和越南為何會有這樣大的差別？以下是幾個可能的原因：

第一，國家認同模糊造成台灣人對台灣文學的內涵有所誤解。越南人相當清楚自己是越南人，而非中國人、更不是法國人。但是住在台灣的人們究竟其國家認同是怎樣的呢？台灣人因為混亂、分歧的國家認同，所以對於台灣文學的定義也有所不同。認同中國的人將台灣文學當作中國文學下的支流與地方文學，所以不將中國作家排除於台灣文學之外。但認同台灣國的人，若用台灣民族文學的角度來看，那些不認同台灣的中國作家例如「白先勇」、「余光中」等所寫的作品實在不應該被分類為台灣文學！這些頂多也只能算是流亡台灣的中國僑民的海外流亡文學而已！

第二，台灣人對自己的文化自信及感情不夠強烈。為何獨派台灣文學研究者當中也有人反對母語文學、堅持要將殖民者語文合法化來做為台灣文學語言？一方面是因為他們讀了太多中國的書籍而對於自身的本土語言缺乏情感更缺少自信，就好比古代越南人亦曾輕視過字

喃作品一般；另一方面則是台灣並未成功建立過值得光榮的歷史王朝，導致人民們對整個民族毫無自信。

第三，華語體制對台灣語文的打壓。自從 1945 年蔣介石派軍隊佔領台灣以來，中華民國政權透過教育、媒體與公務人員系統進行獨尊華語、排斥台灣語文的華語體制建構。這樣的體制就如同過去科舉制度獨尊漢字、排斥字喃字一樣。那些華語體制裡的中文既得利益者，無論是中國人或是台灣人，為了確保其自身利益，於是出賣了民族的長遠發展。

第四，台灣錯失了台灣語文現代化、標準化及普遍化的良機。公元 19 世紀末到 20 世紀初是漢字文化圈各地區進行語文改革、現代化、標準化與普遍化的重要時機。可惜當時的台灣欠缺本土政權，因此沒有辦法透過政府體制來進行台灣語文現代化、標準化與普遍化，僅能透過民間和教會力量推動。二次大戰後更因為新來的中國政權拒絕支持台灣語文，致使一百多年來台灣語文持續在體制外流浪。

第五，台灣人仍有一定程度的漢人意識。越南近代因為有外力介入，幫助他們切斷透過漢字文言文所連結的越南與中國。又因為法國推行羅馬字使得越南「青瞑雞啄 tióh 米」（中譯：誤打誤撞）得到改善越南語書寫效率的工具，因此提升了本土化力量。所以越南得以在 20 世紀解構漢字共同體，開始進行民族國家的建構。台灣雖然早在 19 世紀末便有外力介入，卻因為佔領台灣的「日本」本身也是漢字文化圈的國家，所以對於台灣跳脫漢字共同體的幫助並不大（蔣為文 2006b）。台灣人若仍有漢人意識，自然會想使用漢字書寫。但若用漢字書寫，就會像早期越南人用字喃書寫那樣，依舊容易受中國語文影響。

【原文發表於 2007 年《台灣文學評論》7 卷 4 期，頁 132-154。這篇論文根據原文增補修訂。】

參考冊目

Bộ Giáo Dục và Đào Tạo. 2003. *Lịch Sử 12* Tập hai [高中歷史高三第二冊]Hà Nội: NXB Giáo Dục.

Bùi, Đức Tịnh. 2005. *Lược Khảo Lịch Sử Văn Học Việt Nam* [越南文學歷史略考]. TPHCM: NXB Văn Nghệ.

DeFrancis, John. 1977. *Colonialism and Language Policy in Vietnam*. The Hague.

Dương, Quảng Hàm. 2005. *Việt Nam Văn Học Sử Yếu* [越南文學史要]. Hà Nội: NXB Trẻ.

Đinh, Xuân Lâm 2001. *Đại Cương Lịch Sử Việt Nam Tập II* [越南歷史大綱 II]. Hà Nội: NXB Giáo Dục.

Đỗ, Đức Hiểu. et al.（eds.）2004. *Từ Điển Văn Học* [文學辭典]. Hà Nội: NXB Thế Giới.

Đỗ, Đức Hùng. 2001. *Biên Niên Sử Việt Nam* [越南編年史]. Hà Nội: NXB Thanh Niên.

Đỗ, Quang Chính. 1972. *Lịch Sử Chữ Quốc Ngữ 1620-1659* [國語字歷史 1620-1659]. TPHCM: Tủ Sách Ra Khơi.

Đỗ, Quang Hưng. 2000. *Lịch Sử Báo Chí Việt Nam 1865-1945* [越南報紙歷史]. Hà Nội: NXB Đại Học Quốc Gia Hà Nội.

Hannas, William. 1997. *Asia's Orthographic Dilemma*. Hawaii: University of Hawaii Press.

Hoàng, Tiến. 1994. *Chữ Quốc Ngữ và cuộc Cách Mạng Chữ Viết Đầu Thế Kỷ 20* [20 世紀初 ê國語字 kap 文字改革]. Hà Nội : NXB Lao Động.

Lại, Nguyễn Ân & Bùi Văn Trọng Cường. 2005. *Từ Điển Văn Học Việt Nam* [越南文學詞典]. Hà Nội: NXB Đại Học Quốc Gia Hà Nội.

Lê, Mậu Hãn. 2001. *Đại Cương Lịch Sử Việt Nam Tập III* [越南歷史大綱 III]. Hà Nội: NXB Giáo Dục.

Lê, Văn Siêu. 2006. *Văn Học Sử Việt Nam* [越南文學史]. Hà Nội: NXB Văn Học.

Nguyễn Đăng Na. 2005. *Tinh Tuyển Văn Học Việt Nam Tập 3: Văn Học thế kỷ X-XIV* [越南文學精選：10-14 世紀文學]. Hà Nội: NXB Khoa Học Xã Hội.

Nguyễn Q. Thắng & Nguyễn Bá Thế. 1997. *Từ Điển Nhân Vật Lịch Sử* [歷史人物辭典]. Hà Nội: NXB Văn Hóa.

Nguyễn, Khắc Viện & Hữu Ngọc. 1975? *Vietnamese Literature*. Hanoi: Red River.

Nguyễn, Q. Thắng. 1998. *Khoa Cử và Giáo Dục Việt Nam* [越南科舉 kap 教育]. Hà Nội: NXB Văn Hoá.

Nguyễn, Quang Hồng. 1999. Chữ Hán và chữ Nôm với văn hiến cổ điển Việt Nam [漢字、字喃 hām 越南古代文獻]. *Ngôn Ngữ & Đời Sống* 6（5）, 2-7.

Nguyễn, Quang Hồng. 2006. Khái lược về văn học chữ Nôm ở Việt Nam [越南字喃文學概略]. 《台語文學學術研討會論文集》台南：成功大學。

Nguyễn, Văn Tạo & Furuta Moto. 2011. *Nạn Đói Năm 1945 ở Việt Nam* [1945 年的越南大飢荒]. Hà Nội: NXB Tri Thức.

Phạm, Thế Ngữ. 1997a. *Việt Nam Văn Học Sử Giản Ước Tân Biên* [越南文學史簡約新編第一集]. （Tập I）Đồng Tháp: NXB Đồng Tháp.

Phạm, Thế Ngữ. 1997b. *Việt Nam Văn Học Sử Giản Ước Tân Biên* [越南文學史簡約新編第二集]. （Tập II）Đồng Tháp: NXB Đồng Tháp.

Phạm, Thế Ngữ. 1997c. *Việt Nam Văn Học Sử Giản Ước Tân Biên* [越南文學史簡約新編第三集]. （Tập III）Đồng Tháp: NXB Đồng Tháp.

Phạm, Thị Hoàn. 1992. *Phạm-Quỳnh 1892-1992: Tuyển Tập và Di Cảo* [范瓊 1892-1992：選集 kap 遺稿]. Paris: An Tiêm.

SarDesai D. R. 1992. *Vietnam: The Struggle for National Identity.* （2nd ed.）. Colorado: Westview Press, Inc.

Trần, Trọng Kim. 1921. *Việt Nam Sử Lược* [越南史略] （2002 再印版）. Hà Nội: NXB Văn Hoá Thông Tin.

Viện Văn Học. 1961. *Vấn Đề Cải Tiến Chữ Quốc Ngữ* [改進國語字 ê 問題]. Hà Nội: NXB Văn Hoá.

Vương, Kiêm Toàn & Vũ Lân 1980. *Hội Truyền Bá Quốc Ngữ 1938-1945* [國語推展協會 1938-1945]. Hà Nội: NXB Giáo Dục.

廖碧珠 2006《1940 年代中國與越南關係之研究》。碩士論文：中國文化大學。

張榮芳、黃淼章 1995《南越國史》。廣東：廣東人民出版社。

施懿琳 2000《從沈光文到賴和—台灣古典文學的發展與特色》。高雄：春暉出版社。

梁立基、李謀 2000《世界四大文化與東南亞文學》。北京：經濟日報出版社。

楊碧川 1998《胡志明與越南獨立》。台北：一橋出版社。

胡志明 1998《獄中日記》。河內：世界出版社。

蔣為文 2005a〈收編或被收編？—當前台文系所對母語文學及語言人權態度之初探〉，《海翁台語文學》39 期，頁 4-25。

蔣為文 2005b《語言、認同與去殖民》。台南：成功大學。

蔣為文 2006a〈「台灣話」意識 ê 形成 kap 伊正當性 ê 辯證〉，發表 tī 台灣主體性與學術研究研討會，台灣歷史學會，7 月 1 日，台北，台灣會館。

蔣為文 2006b「漢字文化共同體 ê 解構：台灣 hām 越南 ê 比較」，《台灣史學雜誌》2 期，頁 35-55。

蔣為文 2007a〈漢字迷思 ê 形成 kap 對台灣文學、文化發展 ê 影響〉，收錄 tī《第一屆台灣語文暨文化研討會會後論文集》，頁 180-197，中山醫學大學。

蔣為文 2007b《語言、文學 kap 台灣國家再想像》。台南：成功大學。

郭振鐸、張笑梅 2001《越南通史》。北京：中國人民大學出版社。

陳其南 1994《台灣的傳統中國社會》（第 2 版）。台北：允晨出版社。

陳國強、蔣炳釗、吳錦吉、辛土成 1988《百越民族史》。北京：中國社會科學出版社。

龍章 1996《越南與中法戰爭》。台北：台灣商務印書館。

第五章

越南的

去殖民化與去中國化

的語言政策

1. 前言

越南曾受中國的直接統治達千年之久（公元前 111-公元 939），稍後雖脫離中國的直接統治而獨立建國，卻仍與中國維持一定的藩屬關係，直到 1945 年胡志明宣布越南獨立後，才正式劃清與中國的關係。

在中國統治的期間，漢字被採用為正式的官方文字。稍後的藩屬國期間民間發展出民族文字「字喃」；16 世紀末也經由西歐傳教士傳入羅馬字來書寫越南語。雖然這二種文字很早就出現，漢字在當時仍被越南官方視為唯一正統的書面語。19 世紀後半期至 20 世紀上半段，越南淪為法國的殖民地。在法國殖民統治時期，法語取代漢文、越南語而成為越南的官方語言。1945 年胡志明宣布越南獨立並成立「越南民主共和國」後，他並隨即宣布採用越南語和越南羅馬字為官方語言的政策。自此，越南語和越南羅馬字取代法語、漢字而成為當今越南唯一的口語和書寫語標準。

雖然台灣也在 17 世紀初經由荷蘭傳教士傳入羅馬字，[1]使得羅馬字成為台灣歷史上第一個完整又有系統的書寫文字，然而隨漢移民遷入台灣的漢字卻後來居上，成為當今台灣社會的書寫文字之主流。

本論文以越南語言文字演變之例來探討語言使用、階級、與民族主義之間的關係，並分析何以越南能成功地從漢字轉變為羅馬字。越南之所以能恢復使用越南語、拋棄漢字並採用羅馬字，並非只是胡志明個人獨裁、強制推行越語政策此一因素，而是有其主、客觀的條件才能達成。本文指出越南羅馬字化成功有內在和外在二大因素：內在因素包含「具讀寫能力」和「反封建社會」的需求；外在因素包括

---

[1] 有關羅馬字在台灣的發展，請參閱 Chiung（2001c）

「去中國化」及「反帝國主義」的國際潮流。

2. 漢字文化圈之歷史背景

所謂的「漢字文化圈」，[2]是指曾經或還在使用漢字的國家，諸如越南、韓國、日本、台灣和中國等。在這區域內，中國曾扮演主宰的角色，在政治、文化上對其他國家具支配的影響。

公元前 111 年，中國將越南納入直接統治，直到 10 世紀越南才脫離中國而獨立。公元前 108 年中國征服古朝鮮，設立「樂浪」、「真番」、「臨屯」和「玄菟」四郡；直到 4 世紀，「高句麗」人攻佔「樂浪」郡，朝鮮才脫離中國的統治。日本從先秦時代即有和中國接觸的紀錄，漢武帝更曾賜日本「漢委奴國王」金印；雖然日本未受中國直接統治，但是在漢朝和唐朝盛世的影響力下，中國也變成日本學習模仿的對象。

漢字文化圈的國家除了政治上受中國支配外，另一個共同特色就是借用「漢字」、引進「儒家思想」和「科舉制度」。他們在借用漢字後，均發覺漢字無法完整表達他們的語言；於是利用漢字做「訓讀」、「音讀」或造新漢字來應付這個問題，甚至後來更慢慢發展出新的文字系統，譬如越南的「字喃」（Chu Nom）、韓國的「諺文」（Hangul）、和日本的「假名」（Kana）。雖然他們的人民有發展出自己的文字系統，然而這些新文字在國內（本土封建朝廷）和國外（中國皇帝）之雙重壓迫下，均無法和正統的漢字相對抗。原因是在大中國的政治文化架構下，各國的封建王朝不得不接受漢字和其四書、五經等古典並將之列入科舉制度。久而久之，那些精通漢字、科舉出身的封建官僚為維持本身的既得利益，也就附和漢字的正統地

---

2 詳細請參閱蔣為文（1997）。

位，並利用封建朝廷的力量來壓制國內的非漢字發展。譬如，韓國「李朝」的集賢殿副提學「崔萬里」（Choe Mal-li）於 1444 年上疏李朝「世宗」，反對推行諺文。他說：

> 我朝自祖宗以來　至誠事大　一遵華制　今當同文同軌之時　創作諺文　有該觀聽　儻曰諺文　皆本古字非新字也　則字形雖倣古之篆文　用音合字盡反於古　實無所據　若流中國　或有非議者　豈不有愧於事大慕華…自古九州之內　風土雖異　未有因方言而別為文字者　雖蒙古西夏女真日本西蕃之類　各有其字　是皆夷狄事耳無足道者　傳曰用憂變夷　未聞變於夷者也　歷代中國皆以我國箕子遺風　文物禮樂　比擬中華　今別作諺文　捨中國自同於夷狄　是所謂棄蘇合之香而取蟷螂之丸也　豈非文明之大累哉…（Lee, 1957:4）

　　就語言文字學習效率的角度來說，漢字不但複雜、難學，[3] 而且那些用「文言文」書寫的古典經書更是難懂；於是造成古典經書的「解釋權」掌握在精通漢字的文人手裡。相形之下，打赤腳的工農階級平常忙於耕作、勞動的時間都不夠了，哪有時間「十年寒窗」苦讀漢字和經典。於是漢字文化圈在長期使用漢字的情況下，逐漸形成「掌握漢字的文人統治階級」和「不懂漢字的被統治階級」的對立。這種階級對立的情形，一直到 19 世紀末反殖民、反帝國主義的民族主義逐漸興起後才開始有轉變。

　　那些廣大的勞動階級為紀錄自己的日常生活語言，而發展出「𡨸喃」、「諺文」和「假名」，並在民間流傳使用。這些文字雖在大中

---

[3] 有關漢字的問題，可參閱 DeFrancis（1990; 1996）或蔣為文（2001）。

國的政治、文化架構下不受重視，然而在 20 世紀政治、文化、價值觀改變後，用這些文字寫的作品卻得到後人肯定。譬如，苧喃的《金云翹傳》、諺文的《沈清傳》及假名的《源氏物語》等。

3. 越南之外來統治與民族獨立運動

在秦始皇吞併六國、統一中原之後，他又繼續出兵征伐「嶺南」，[4]並於公元前 214 年兼併嶺南地區。秦帝國於公元前 207 年崩潰後，前秦將領「趙佗」趁機佔領嶺南，於公元前 204 年建立「南越國」並定都於「番禺」[5]（張榮芳、黃淼章，1995:56-68）。公元前 111 年中國漢朝的漢武帝出兵殲滅「南越國」，並在其地設「交趾部」，分為九郡。其中三郡「交趾」、「九真」和「日南」相當於現今「越南」之北部和中北部地區。從那時起，越南第一次正式被納入中國的版圖；而在越南也將此歷史稱為第一次北屬時期（陳重金，1992:28）。[6]

公元 939 年，越南利用唐朝末年大亂之時脫離中國的直接統治而獨立；雖然是獨立，但是越南仍必須定期向中國朝貢並承認中國的「宗主國」地位；這藩屬關係一直到 19 世紀後半段法國侵略越南，才由法國取代中國的宗主國地位。（SarDesai, 1992:19）

在越南獨立，但稱臣於中國的期間，越南也和中國一樣建立起封建的社會制度。特別在李朝（公元 1010-1225）和陳朝（1225-1428）時期，越南從中國引進各式政治、文物制度，特別是「科舉制度」和「儒家思想」來穩定朝代的封建基礎。換一句話說，雖然越南不再受中國的直接統治，但是中國對越南仍有極大的影響。（SarDesai,

---

4 大致相當於當今中國的廣東、廣西、海南島、和越南北部等區域。
5 今日中國之廣東省廣州市。
6 「北」指相對越南，位於北方的中國。

1992:21）這也是為什麼越南已故近代的歷史學者陳重金（Tran Trong Kim, 1882-1953）在他的名著《越南通史》[7]裡感嘆地說：

> …不管大人小孩，誰去上學都只學中國歷史，而不學本國史。詩賦文章也要取典于中國，對本國之事則是隻字不提。國人把本國歷史看成微不足道，論為知之無用。這也是由于自古以來自己沒有國文，終生只借助于他人的語言、他人的文字而學，什麼事情都受人家感化，而自身無任何特色，形成像俗語所說「嫌裡媚外」的那種狀況…（陳重金，1992:1-2）

公元 1858 年，法國利用傳教士受迫害做藉口而向越南出兵。越南末代朝廷「阮朝」不敵法軍，而於 1862 年割讓南部「嘉定」、「邊和」、和「定祥」三省給法國以求和。當然法國並不以此為滿足，稍後並陸續侵佔其他各省，終於在 1885 年完全征服越南。越南遭受法國襲擊之時亦曾向中國求援，然當時之中國已病入膏肓，所派遣前來應戰之軍隊並無法有力遏止法軍之侵略。最後中法雙方於 1885 年簽定協議停戰的「天津條約」。在條約中，中國正式放棄對越南之宗主國地位，並承認越南改由法國保護（陳重金，1992:406）。從此越南受法國的直接統治，直到 1945 年胡志明利用二次大戰剛結束之國際局勢宣布越南獨立，並成立「越南民主共和國」之後，情勢才開始改變。

在胡志明宣布越南獨立之後，法國及各國政府並未馬上承認越南民主共和國之合法性，法國甚至起兵鎮壓獨立運動者。為求建國，越南人民也興起 10 年的抗法獨立戰爭，直到 1954 年的日內瓦協議（Geneva Accords）才確立越南獨立的合法性；然而在歐、美、蘇聯

---

[7] 原文書名為 *Việt Nam Sử Lược*（越南史略），中文版名稱為《越南通史》。

及中國的介入下，越南隨即被一分為二，也就是我們所認知的「南越」和「北越」。南北分裂之局面持續到 1975 年，當美軍從越南撤退且南越首都「西貢」淪陷於越共手裡，才由越南共產黨一統南北。南北越於 1976 年正式合併，改國號為「越南社會主義共和國」，定都於「河內」；此統一局面一直維持到現今仍不變。

4. 越南之文字傳統與變革

越南為一多族群、多語言的國家。越南在 2009 年的人口總數為 8,584 萬人。（Tổng Cục Thống Kê. 2010）根據越南官方正式統計與認可，越南共有 54 個民族，其中的「京族」約佔 85.7% 的越南人口。京族所使用的語言就是我們一般所講的越南語。越南境內的語言種類與數量，則因學者之分類而異；根據 Ethnologue （Lewis 2009:537）的紀錄，若不包含手語，越南境內共有 105 種語言。

越南的傳統書寫系統是以漢字書寫的文言文為正統地位。之後民間雖有「𡨸喃」（Chu Nom）出現，但均未能成功挑戰並取代漢字的地位。

漢字在越南的使用大約開始於趙佗的「南越國」時期（Nguyen, 1999:2）。在中國直接統治的時期也一直延用漢字為書寫系統。即使在 10 世紀越南獨立後，由於越南封建朝廷大力推廣「儒學」[8]（Nho hoc）與建立「科舉制度」，[9]使得漢字的正統地位在 20 世紀前牢不可破。漢字在越南也叫做「字儒」（Chu Nho），[10]意思是儒家所用的文

---

[8] 譬如，越南李朝於 1075 年興建「文廟」（Van Mieu）做為培養儒學人才之官方機構。文廟位於目前河內市「國子監」路（Quoc Tu Giam）。

[9] 越南的科舉制度一直延續到 1918 年才完全廢止。

[10] 越南語的構詞法與漢語顛倒，所以「儒字」在越南語裡寫成「字儒」。本文採越語習慣引用越南專有名詞。

字。一般來說，漢字用於行政、教育（科舉）、學術著述、和古典文學之創作。（Nguyen, 1999:3-4）

越南在借用漢字後，發覺漢字無法完整表達越南的日常用語，於是民間慢慢發展出具越南特色的𡨸喃。所謂的「𡨸喃」是指南方（相對於中國）的文字的意思；因為缺乏標準化，它也可以寫作「𡨸喃」或「𡨸𡨸」等。據推測，𡨸喃大概是從 10 世紀越南脫離中國的直接統治後，才開始發展出來。（DeFrancis, 1977:21）早期的𡨸喃主要作為漢字的輔助工具，用在記錄地名、人名及地方特產等。（Nguyen, 1999:2）在累積數百年使用的經驗後，在 13 世紀才有一些𡨸喃的文學作品出現，[11]而於 16 至 18 世紀達到高潮。[12] 𡨸喃的使用者大致為平民、落魄文人、僧侶、及少數具強烈民族意識的精英。概括來說，𡨸喃主要用在紀錄民間口傳文學、創作純越語文學、翻譯佛經、及替漢字作註解。（Nguyen, 1999）

𡨸喃的發展就如同台灣「歌仔冊」裡頭台語漢字的發展是一樣的，都是建立在既有的漢字基礎上作調整。基本上，𡨸喃的發展在早期是以漢字借音為主，後期則模仿漢字的「形聲」造字原則來造𡨸喃。[13]譬如漢語裡頭的「孩子」在越語裡講做/kon/；/kon/在早期的𡨸喃（譬如在「黎朝」時期）寫做「昆」（「漢越音」讀作/kon/），後來（「阮朝」時期）又寫做「子昆」，由「子」（表示孩子）及「昆」（表音）來構成。由於𡨸喃沒有得到當權的漢字既得利益者的支持，也沒有經由完整規劃、而是隨個人所好而恣意創造出來的，再加上漢字本身作為文字基礎的缺點，[14]致使它呈現相當混亂的文字使用現

---

[11] 根據現存的文學作品年代所論斷。

[12] 與 Nguyen Thanh Xuan（阮青春）之個人訪談。

[13] 與 Nguyễn Quang Hồng（阮光紅）之個人訪談。

[14] 有關漢字的缺點，請參閱蔣為文（2001）或 DeFrancis（1990）。

象。這現象就如同當前台灣的台語文書寫一樣，文字的使用並未達成相當的標準化。

雖然𡨸喃在越南很早就出現了、而且又是越南人自造的「土產」，然而它卻沒有辦法取代漢字或與漢字並駕齊驅，這主要的原因為：

第一，受中國價值觀之影響。因為漢字在中國被視為唯一的正統文字，而越南又把中國奉為宗主國，致使越南各朝代均把漢字奉為圭臬、不敢對之不敬。唯一少數欲推行𡨸喃的例子為 Hồ Quý Ly （胡季犛，1400-1407）及 Quang Trung（光中，1788-1792）等，然而他們在位期間甚短，致使對𡨸喃的發展影響有限。其中 Hồ Quý Ly 因大力推行𡨸喃，因而在中國明朝入侵越南時被押回囚禁在北京。

第二，受科舉制度之束縛。由於各朝代均將漢字列為正統、並列在科舉考試之內，致使想當官的文人不得不學漢字、背誦四書五經等。一但這些人考試入取、功成名就後，當然就繼續擁護漢字的正統地位，因為這樣才能維護他們的既得利益。相形之下，那些沒錄取、略懂漢字的文人因生活周遭與勞苦大眾接觸，為了反應實際需要，就傾向於使用𡨸喃。

第三，𡨸喃受先天文字限制。𡨸喃主要是按形聲方式，結合二個漢字（一個表音、一個表意）來造成一個新字。由於漢字本身有很多缺點，𡨸喃當然也一一繼承了，甚至衍生出比漢字更多的問題。譬如，漢語的「字」在𡨸喃裡寫做「𡨸」，「年輕」寫成「𥙩」。「𥙩」一字在越語裡發音/tre/；「𥙩」裡頭的「礼」（漢越音/le/）用來「暗示」𥙩的發音，「小」用來隱喻年輕的意思。由此可知𡨸喃其實是比漢字更複雜、難學的。一般來說，要懂𡨸喃，必須要先會讀漢字才行。由於𡨸喃的複雜及未標準化，使得𡨸喃在推行上困難重重。

5. 越南羅馬字之興起

越南的書寫文字一直到 17 世紀，紀錄「音素」（phoneme）的羅馬字的出現才有重大的轉折。雖然羅馬字在那時已出現，卻要等到 20 世紀才有力量完全取代漢字的地位。羅馬字在越南的發展可以分做四個階段：第一，17 世紀初到 19 世紀中期的教會使用期；第二，19 世紀後半期的法國殖民者推廣使用期；第三，20 世紀前半期的越南民族主義者推動使用期；和第四，1945 年以後的正統地位時期。

16 世紀末、17 世紀初的時候，歐洲傳教士逐漸到越南來傳教。傳教士們為了容易學好越語並與當地越南人溝通，於是利用歐洲人熟悉的羅馬字，來替越南語設計一套新的書寫系統。[15]和多數的文字發展歷史一樣，[16]越南羅馬字的發展並不是由一人於一天之內發明出來的，而是在一段不短的時間內、由一群人共同累積經驗而「約定俗成」起來的。[17]在經歷各傳教士的努力下，第一本越南羅馬字的詞典《越南、葡萄牙、拉丁語三語對照詞典》[18]於 1651 年由法籍傳教士「得路」[19]出版。（Do, 1972）「得路」和其「越葡拉」辭典對越南羅馬字的貢獻，就如同「麥都思」[20]和他於 1837 年所出版之《福建方言字典》[21]對台灣教會「白話字」[22]的奠基性貢獻是一樣的。他們都是扮演集大成、並將付諸出版的第一人。「得路」的羅馬字拼字系統在歷

---

[15] 有關越南羅馬字的早期發展，可參閱 Do Quang Chinh（1972）。

[16] 譬如台灣教會羅馬字「白話字」的發展也是如此。

[17] Thompson（1987:54-55）and Ly（1996:5）。

[18] 原文 Dictionarium Annamaticum, Lusitanum et Latinum。在越語裡俗稱「Việt Bồ La」（越葡拉）。

[19] 「得路」的法文名字為 Alexandre de Rhodes，越南名字為 Đắc Lộ；「得路」為其漢字名。

[20] Walter Henry Medherst，1796-1857。

[21] 原文 A Dictionary of the Hok-keen Dialect of the Chinese Language。

[22] 有關白話字歷史，可參閱賴永祥（1990）或蔣為文（2001）。

經不同時期的稍微修改後，成為當今越南人普遍使用的「國語字」。

在 19 世紀後半段之前，越南羅馬字主要只在教會之中流傳。隨著法國殖民者的到來，羅馬字才逐漸提升地位與普遍被使用。（Vien Van Hoc, 1961:21-22）譬如，法國殖民者將羅馬字列入學校課程，[23]而且於 1865 年在越南南部由當時的官方發行第一份羅馬字報紙 "Gia Định Báo"（嘉定報）；越南羅馬字也從這時起叫做 "chữ Quốc ngữ"（國語字）。（Vien Van Hoc, 1961:22）「嘉定報」就如同台灣 1885 年出版的第一份羅馬字報紙 "Tâi-oân-hú-siâⁿ Kàu-hōe-pò"[24]一樣，具帶頭普遍羅馬字之貢獻。另一個例子是，南部總督於 1882 年簽定一份規定所有越南語的公文必須用羅馬字的議定。（Vien Van Hoc, 1961:22-23）

法國之所以推動越南羅馬字，主要有以下之原因：

第一，法國殖民者認定漢字是法國人與越南人之間的障礙。由於越南長期奉中國為宗主國、並透過漢字學習中國文化與價值觀，如果讓越南人繼續使用漢字，無疑是讓越南保持與中國的親密關係。為讓越南斷絕與中國的關係、並改為親近法國，勢必要用羅馬字取代漢字。[25]

第二，羅馬字是讓越南人從越語過渡到法語的重要媒介。法國殖民者認為當越南人掌握著越南羅馬字後就容易進一步學習法語，最後

---

[23] 在法國統治時期，雖然在學校有教越南羅馬字，但是它是列在「外文」課程裡教授、且授課時數逐年減少，最後完全用法語上課。（與 Đoàn Thiện Thuật 之訪談）

[24] 台灣府城教會報。

[25] 譬如 1866 年，一位法國殖民地行政官員 Paulin Vial 在一封信裡提及 "From the first days it was recognized that the Chinese language was a barrier between us and the natives…; it is the only one which can bring close to us the Annamites of the colony by inculcating in them the principles of European civilization and isolating them from the hostile influence of our neighbors"（quoted in DeFrancis, 1977:77）.

並完全轉換到使用法語。所以推行羅馬字是推行法語的重要手段之
一。(DeFrancis, 1977:131-134)

　　總之,法國殖民者在越南羅馬字成功取代漢字這一事件上,扮演
著「催化」的角色。雖然殖民者的初衷是要利用羅馬字來推行法語,
卻無形中營造越南羅馬字初期成長的空間。

　　雖然在法國殖民者的推動下,越南羅馬字在 19 世紀後期比以前較
普遍,然而它的推行成效仍然相當有限。(DeFrancis, 1977:69)羅馬
字的推行要在 20 世紀初,透過越南本土的民族主義者的鼓吹後才有顯
著的進展。(DeFrancis, 1977:159)原因是:在反對法國殖民主義的氣
氛下,使用外來的羅馬字被視為是趨附外來殖民政權的行為。然而當
越南民族主義者感受到羅馬字簡單、好學,是教育民眾的好工具時,
他們已把羅馬字本土化當成對抗外來統治的利器。

　　鼓吹羅馬字的民族主義運動的代表性團體首推「東京義塾」的成
員。[26]「東京義塾」在越南所扮演的角色就如同 20 年代台灣的「文化
協會」一樣;兩者的差別在「文化協會」並不注重羅馬字、只倡導漢
字白話文。這差別也注定了羅馬字在台灣和越南有截然不同的發展命
運。

　　「東京義塾」的成員主要是一些留學日本的越南知識份子。他們
於 1907 年在「河內」設立「東京義塾」學校,用來傳授西方思想與科
學新知等。他們認為要達成啟發民智的目的,非得透過越南羅馬字不
可。所以他們的第一要務就是要普及羅馬字;透過羅馬字來教育民
眾、讓大眾有知識,以對抗法國殖民統治。「東京義塾」雖然成立只
有短短一年,旋即被法國殖民者強制關閉,然而他們的主張在知識份

---

[26] 與 Nguyễn Quang Hồng 之個人訪談。有關「東京義塾」,也可參閱 Marr
　　(1971:156-184)。

子中卻廣受認同與支持。之後,「推廣羅馬字」逐漸成為越南民族主義者中的普遍主張與推動要點,並興起一股興學、辦羅馬字報的風潮。(Vuong & Vu, 1980:20-32)據估計,至 1930 年,全越南共有 75 種羅馬字報紙。(Hannas, 1997:86)

　　雖然羅馬字在民族主義者的推行下有顯著的成就,然而並不代表羅馬字已完全取代漢字和法文。羅馬字的地位在 1945 年胡志明宣布越南獨立後,才進一步提升為國家唯一正式書寫文字的地位。胡志明於 1945 年 9 月 2 日宣布越南獨立並成立「越南民主共和國」後,於 9 月 8 日又隨即公佈政府全面推行羅馬字教育。他於該年 10 月份又發表一份呼籲全國同胞共同掃除文盲的公開信,在信中他說:

> 咱越南的頭家啊!
> 以前法國外來統治者統治我們的時候,他們實行愚民政策、限制我們辦學校、不讓我們識字,以剝削我們。
> 我們不識字的人口佔全國 95%,可以說差不多全國都是青瞑牛(文盲),我們如何能進步呢?
> 咱現在已獲得獨立的勝利。提高人民的文化水準是咱目前要緊的工作之一。咱政府已經頒布全國人民要在一年內學會國語字(羅馬字)的政策。咱已經成立平民教育署,協助人民學習。
> 咱越南的頭家啊!
> 我們要把獨立的根基立穩。咱要追求國富民強。我們必須讓每一個越南頭家知道自己的權利和義務,有新的知識才有辦法參與建設祖國的事業,而這也是為什麼要先學會國語字的原因…(Ho, 1994:64-65)

　　據估計,1945 年全國識字人數大約為 20%;在全面推行羅馬字

後,在 1953 年已提升到 70%。(DeFrancis, 1977:240)綜觀越南從漢字與𡨸喃成功轉換成羅馬字,可以歸因於「外在」與「內在」二大因素:

外在因素是指越南在長期受中國及法國殖民統治之下,試圖利用越南羅馬字作為文化獨立的基礎,以進一步保障民族政治之獨立。在二次大戰當中,越南面對法國、日本、英國、美國及中國等之既鬥爭又聯合的局勢,[27]不得不思考為民族獨立鋪路之方法。在四十年代,日軍為侵略中國而進軍越南,打算以越南作為攻擊中國西南地區的根據地。對中國來說,遣軍進入越南以掃除日軍根據地是有需要的。然而當時仍控制越南的法國當局卻對中國懷有疑慮,深怕中國軍隊一進入越南將使越南重回中國之手裡。對越南的領導人來說,如何利用各國的矛盾讓越南獲得獨立乃是當務之急。胡志明對中國當然相當了解,他也怕中國利用掃蕩日軍做藉口而佔領越南。於是他的策略是力阻中國軍隊進入越南,(蔣永敬,1971:107)並策動反中國之運動。(蔣永敬,1971:228-240)「羅馬字」在這時也成為確保政治、文化獨立之最好選擇。

內在因素是指反封建、反知識壟斷的廣大需求。就如同胡志明在掃除文盲的公開信中所提及的,如何讓那廣大的未受教育的群眾擁有新知識以求國富民強是當務之急。在 19 世紀以前的越南封建社會中,唯一外來的主要威脅為中國;在那情形之下,採用漢字雖然會造成多數的勞苦階級成為文盲,卻可以消除中國的侵略慾並滿足越南封建朝廷的既得利益。然而,到 20 世紀後,越南所要面對的不只是中國,而是接連而來的西歐及日本帝國主義。𡨸喃雖然具越南民族特色,可是卻複雜難學。相形之下,簡單、易學的羅馬字也就成了啟發民智、對

---

[27] Hodgkin(1981:288)。

抗外來統治的最好選擇。越南民族主義領導者在體悟到時代的變遷後，毅然決定採用羅馬字。在掌握到「大多數民眾為文盲、僅相對少數既得利益者識漢字」的情況下，傾全國之力去推行羅馬字，當然很快就收到成效。[28]

6. 結論

從越南這個例子可以印證 Gelb（1952:196）所說的「只有在傳統文字發源地以外之邊外人才敢於做革命性的文字改革，並獲得極大成就」。當台灣人還徬徨在中國人與台灣人的抉擇當中，我們可以預期台灣人對維護自己的語言並不會太堅持。越南的民族主義領導者因為有強烈的越南民族國家意識，加上反封建、反知識壟斷的潮流鼓動下，因而能破釜沉舟的對漢字進行改革，最後並用羅馬字將之取代。相形之下，台灣人能嗎？台獨運動者有這種覺悟嗎？多數台獨運動者總是認為台灣人的獨立意識不夠強，然而卻很少領導者願重視文化上「去中國化」的重要性；甚至隨那些統派人士起舞，認為推行台灣語文有礙台灣的族群和諧。事實上，台灣人的國家認同的模糊，剛好反映在他們對台灣語文的曖昧態度上；他們對使用台灣語文的不確定性，也顯示在台灣人對台灣前途定位的畏懼。

有人說：語言和獨立建國沒有必然的關係。當然，他們沒有絕對的關係；但是他們有相對的關係。如果台灣人天生就講北京話，台灣人當然還有權利主張台灣獨立；然而台灣人天生是講台灣話的，他們是因為受政治壓迫才講北京話的，恢復講台灣話對台灣認同是有幫助的。Ross（1979:4）指出，語言和認同是否有關聯，必須從不同情境

---

[28] 一般來講，「要求已經會某種文字的人轉換到新文字系統」比「讓『文盲』去接受新文字系統」來得困難。譬如，Stubbs（1980:72）就指出當初美國的英文拼字改革沒有成功的主要關鍵就在民眾的習於陋習而不改變。

當中來判斷。就台灣的例子來說，長期以來，所謂的「國語」（台北華語）、「國字」（繁體漢字）均被統派用來作為建構台灣人的中華民族想像的基本要素。在此情形下，語言和認同的強烈關係已先被統派連結住了；欲拆除中華民族的神話，當然也就不得不從語言、文字下手。針對台灣大學生所做的調查結果也顯示：第一，個人的族群認同未必需要具備族語的能力；然而，具備族語能力卻可以強化個人的族群認同。（Chiung, 2001a）第二，「台語文」和「台灣的國家認同」有正相關、加分的效果。（Chiung, 2001b）以上正說明：推行台灣語文對建構台灣人意識是有正面的幫助。

基本上，政治和文化是「共生」的關係。政治可以影響文化，文化也可以決定政治。以越南為例，越南在受中國的政治、文化二千年的影響後，能獨立成功成為一現代的民族國家（nation-state）並不是從天上掉下來的。越南傳統的政治、文化架構在 19 世紀法國勢力進入後才逐漸動搖。法國以武力建立殖民的政治架構後，又廢除越南的科舉制度、進行文化的解構和再建構，以增加殖民體制的穩定度。對越南人來講，若要建立獨立的民族國家，就得拋棄傳統的中國式架構、並擺脫新來的法國殖民體制；法國的介入剛好協助越南拆掉中國架構，接下來該做的就是如何建立越南自己的政治、文化架構。20 世紀初，越南人既然在軍事、政治上暫時無法得到勝利，就應從文化方面下手，透過文化和政治是共生的關係來累積力量。越南的改革派知識份子透過推動越南語文和羅馬字，來普及知識、加強民族意識、累積政治反抗的資源；當 1945 年宣布獨立、建立本土政治架構後，馬上宣布越南語文和羅馬字的國家地位，用政治力來做文化獨立的後盾；透過建造和中國、法國不同的文化架構來確保政治體制的穩定，達成政治、文化的完全獨立。

【原文發表於 2002 年「各國語言政策學術研討會」，台北，淡江大學，9 月 26-27 日。曾收錄於 2002 年施正鋒編《各國語言政策》649-677 頁，台北前衛出版社。本篇論文根據原文增補修訂。】

參考書目

Chiung, Wi-vun Taiffalo. 2001a. Language and ethnic identity in Taiwan. Paper presented at the 7th Annual North American Taiwan Studies Conference, June 23-25, University of Washington, Seattle.

Chiung, Wi-vun Taiffalo. 2001b. Language attitudes towards written Taiwanese. *Journal of Multilingual & Multicultural Development* 22 (6), 502-523.

Chiung, Wi-vun Taiffalo. 2001c. Romanization and language planning in Taiwan, *The Linguistic Association of Korea Journal* 9 (1), 15-43.

DeFrancis, John. 1977. *Colonialism and Language Policy in Viet Nam*. The Hague.

DeFrancis, John. 1990. *The Chinese Language: Fact and Fantasy*. Honolulu: University of Hawaii Press.

DeFrancis, John. 1996. How efficient is the Chinese writing system? *Visible Language* 30 (1), 6-44.

Do, Quang Chinh. 1972. *Lich Su Chu Quoc Ngu: 1620-1659* [*History of the Quoc Ngu Script: 1620-1659*]. Sai Gon: Tu Sach Ra Khoi.

Gelb, I. J. 1952. *A Study of Writing*. London: Routledge and Kegan Paul.

Hannas, William C. 1997. *Asia's Orthographic Dilemma*. Honolulu: University of Hawaii Press.

Ho, Chi Minh. 1994. *Ho Chi Minh: Selected Writings 1920-1969*. Ha Noi: The Gioi.

Hodgin, Thomas. 1981. *Vietnam: the Revolutionary Path*. London: The Macmillan Press.

Lee, Sang-Baek. 1957. *Hangul: the Origin of Korean Alphabet*. Seoul: Tong-Mun Kwan.

Lewis, M. Paul.（ed）. 2009. *Ethnologue*. Dallas: SIL International.

Ly, Toan Thang. 1996. Ve vai tro cua Alexandre de Rhodes doi voi su che tac va hoan chinh Chu Quoc Ngu [Alexandre de Rhodes and the historical background of Vietnamese romanization], *Ngon Ngu* 27（1）, 1-7.

Marr, David G. 1981. *Vietnamese Tradition on Trial: 1920-1945*. California: University of California Press.

Nguyen Quang Hong. 1999. Chu Han va chu Nom voi van hien co dien Viet Nam [Han characters, Nom characters, and Vietnam's historical references], *Ngon Ngu & Doi Song* 6（5）, 2-7.

Ross, Jeffrey A. 1979. Language and the mobilization of ethnic identity. In Giles, Howard. and Bernard Saint-Jacques.（eds.）. *Language and Ethnic Relations*. NY: Pergamon Press.

SarDesai, D. R. 1992. *Vietnam: The Struggle for National Identity*.（2nd ed.）Colorado: Westview Press.

Stubbs, Michael. 1980. *Language and Literacy: the Sociolinguistics of Reading and Writing*. Boston: Routledge & Kegan Paul plc.

Thompson, Laurence C. 1987. *A Vietnamese Reference Grammar*. Honolulu: University of Hawaii Press.

Tổng Cục Thống Kê. 2010. Báo cáo kết quả chính thức tổng điều tra dân số và nhà ở 1/4/2009. [2009 年全國人口及住屋總調查報告]

<http://www.gso.gov.vn/default.aspx?tabid=403&idmid=2&ItemID
=9782>

Tran, Mong Lang. 2002. *Hien Phap Viet Nam: Tu Nam 1946 Den Nam 2001* [*Vietnamese Constitution: from 1946 to 2001*]. Saigon: NXB TPHCM.

Vien Ngon Ngu Hoc. 2002. *Canh Huong va Chinh Sach Ngon Ngu o Viet Nam* [*Language Situation and Policy in Vietnam*]. Hanoi: NXB Khoa Hoc Xa Hoi.

Vien Van Hoc. 1961. *Van De Cai Tien Chu Quoc Ngu* [*Aspects of Reforming Chu Quoc Ngu*]. Ha Noi: Nha Xuat Ban Van Hoa.

Vuong, Kiem Toan, & Vu, Lan. 1980. *Hoi Truyen Ba Quoc Ngu: 1938-1945* [*The Association for Promoting National Language: 1938-1945*]. Ha Noi: Nha Xuat Ban Giao Duc.

張榮芳、黃淼章 1995《南越國史》，廣東：廣東人民出版社。

陳重金（戴可來譯）1992《越南通史》，北京：商務印書館。

蔣永敬 1971《胡志明在中國》，台北。

蔣為文 1997〈漢字文化圈的脫漢運動〉，第三屆北美洲台灣論文研討會，加州大學柏克萊校區。

蔣為文 2001〈白話字，囝仔人 teh 用 ê 文字？──台灣教會白話字 ê 社會語言學分析〉，《台灣風物》，第 51 卷第 4 期，頁 15-52。

賴永祥 1990《教會史話》（第一輯），台南：人光出版社。

附錄一

越南憲法中有關民族語言文化之條文

（1992 年 4 月 15 日制定，2001 年 12 月 25 日修訂）

第五條 越南社會主義共和國是共同生活在越南國土上的各民族的統一國家。國家實行各民族間的平等、團結及互助之政策，絕對禁止任何種族歧視及分化的行為。所有族群均有權使用自己的語言及文字、維護民族本色、以及發展其善良風俗、習慣、傳統和文化。國家實行各方面的發展政策，逐步提高少數民族同胞的物質與精神生活。

第一百三十三條 人民法院保障越南社會主義共和國內各民族公民在法庭上使用本民族語言文字的權利。

參閱 Trần, Mộng Lang. 2002. *Hiến pháp Việt Nam từ năm 1946 đến năm 2001* [Vietnamese Constitution: from 1946 to 2001]. Saigon: NXB TPHCM.

第六章

越南語文主體性之建立：

《南風雜誌》與「范瓊」研究

1. 前言

　　於十九世紀後半期起越南（1862-1945）和台灣（1895-1945）分別受到法國和日本殖民統治。這二國受外來統治之初期均以武力抵抗為主，直到二十世紀初才改以文鬥為抵抗策略。

　　為了喚醒民族意識以抵抗外來統治，這二國的民族獨立運動領導者均試圖推行本土化的現代國民教育。為達成教育的現代化與本土化，推行白話文並從事白話文書寫標準化便成了越南和台灣的民族運動者於二十世紀初的工作目標之一。而為達成此目標，發行羅馬字刊物在當時被視為重要的工作。這其中，《南風雜志》對近代越南的羅馬字式白話文運動及民族語言、文學之發展扮演了相當重要的角色。

　　《南風雜志》裡的「南風」來自詩經，意指給老百姓帶來幸福的好風。《南風雜志》自 1917 年 7 月出版第一期到 1934 年 12 月停刊，總共出版 210 期，每期約百餘頁左右。《南風雜志》封面的越文原文有時為《NAM-PHONG TẠP-CHÍ》，也有《NAM PHONG》。該雜誌自始至終每期均有越文版（越南羅馬字）及漢文版[1]（附錄一及二）。越文版由「范瓊[2]」（Phạm Quỳnh 1892-1945）擔任主編及主筆[3]，漢文版則由「阮伯卓[4]」（Nguyễn Bá Trác）負責。除了這二個版本，尚有以附錄（phụ trương）方式呈現的「詞彙」（TỰ-VỰNG; 出現在第 1~10, 13-14 期）及「法文版」（於第 60 期起出現）。詞彙的部分以越文、漢文及法文依序對照的方式呈現一些在當時的新詞彙。該份雜

---

[1] 《南風雜誌》有時以 chữ nho （儒字）稱呼漢字。
[2] 「范瓊」為 Phạm Quỳnh 在南風雜誌上出現的原始漢字名。
[3] 當時的越文註明范瓊為 chủ-nhiệm kiêm chủ bút。
[4] 「阮伯卓」為 Nguyễn Bá Trác 在南風雜誌上出現的原始漢字名。

誌與其他刊物相比，雖不是最早出版的羅馬字刊物，但卻是發行時間較長且對越南文學、語言有較大影響力的刊物（岩月純一 2005:142-144）。該份雜誌其實是由法國人出版，發行人為 Louis Marty。法國人創辦越南羅馬字刊物原來之目的在政治宣傳與引介法國文化到越南。然越南人主編的目的則是反過來想利用擔任主編的機會將刊物當作教育民眾、提升民智的工具以建設越南文化（Phạm Thế Ngữ 1997:137-148、Đỗ Quang Hưng 2000:54-64）。

在越南，二十世紀初透過《南風雜志》等大眾刊物所進行的白話文運動與書寫標準化奠定了當代越南文書寫的基礎。在大約同時期的台灣，當時也有針對語言及文學而發起新舊文學及台灣話文論戰。本研究擬從社會語言學及文學的角度深入分析探討《南風雜志》及范瓊關於越南語言、文學的論述，以了解其對於近代越南語文主體性建立之貢獻。

2. 羅馬字崛起的歷史背景

越南於公元前 111 年被中國漢武帝併吞後即正式開始使用漢字。之後越南於公元 939 年脫離中國統治並建立自己的封建王朝。在越南封建王朝時期，民間開始出現類似漢字的「喃字」（chữ Nôm）文字。儘管出現喃字，越南封建朝廷仍然以漢字為正統文字。目前越南在使用的「越南羅馬字」可源自 16 世紀末，在歷經數百年的發展後才成為當前的正式文字（DeFrancis 1977; 蔣為文 2005, 2007, 2010）。

羅馬字大概在 16 世紀末、17 世紀初透過傳教士傳入越南（Đỗ Quang Chính 1972）。經過不少傳教士的努力之下，法國籍傳教士「Alexandre de Rhodes」在 1651 年出版第一本越南羅馬字辭典《越、

葡、拉[5]》。Alexandre de Rhodes 及《越、葡、拉》對越南羅馬字的貢獻就如同 Medherst[6] 和他 1837 年出版的《福建方言字典》對台灣教會白話字的開基性貢獻;兩人都是集眾人的經驗,將羅馬字書寫系統化和出版的頭一人。Alexandre de Rhodes 的羅馬字方案經過不同時期微幅修改後,發展成現在越南普遍使用的正式文字(蔣為文 2005b:197)。

羅馬字在越南的普遍化是先從南部開始,然後才擴及到中部和北部。羅馬字在越南的發展可分做 4 個階段:第一,17 世紀初到 19 世紀中期的教會使用期;第二,19 世紀後半期法國殖民者推廣使用期;第三,20 世紀前半期越南民族主義者推動使用期;以及第四,1945 年以後的正統地位時期(蔣為文 2005:196)。

羅馬字傳入越南的前半期主要僅在教會內流傳。羅馬字能在教會之外普遍使用,這和法國統治越南有關(蔣為文 2005b:197)。法國殖民者統治越南時,他們認為中國是法國和越南之間的第三者,對法國統治越南有潛在的威脅。若要將越南和中國永久分開,就要切斷二國之間連接的線。因為越南長期以來都將中國奉為宗主國、並透過漢字學習中國文化和價值觀,假使讓越南人繼續使用漢字就等於是讓越南和中國保持親密關係。所以法國認定連接越南、中國之間的這條線就是「漢字」。為了 讓越南斷絕和中國的關係、以便親近法國,漢字非去除不可 (DeFrancis 1977:77)。法國人想出來的策略是用「羅馬字」取代漢字。他們認為越南人若能接受羅馬字,那麼未來要進一步接受「法文」,可能性越高。

雖然法國殖民者推行羅馬字最後目的是推廣法文,他們無形中卻

---

[5] 越南、葡萄牙、拉丁語 3 語對照辭典,原文 Dictionarium Annamaticum, Lusitanum et Latinum。越南話俗稱「Việt Bồ La」(越、葡、拉)。

[6] Walter Henry Medherst (1796-1857),他的漢字俗名是「麥都思」。

提供越南羅馬字初期成長的奶水。譬如，法國殖民者將羅馬字列入學校課程，接著在 1865 年由官方發行第一份羅馬字報紙《嘉定報[7]》（Gia Định Báo 1865-1910）（Đỗ Quang Hưng 2000:27-29）。越南羅馬字也在那一陣子開始叫作「chữ Quốc Ngữ」（國語字）（Viện Văn Học 1961:22）。「嘉定報」就和台灣 1885 年出版的第一份羅馬字報紙《Tâi-oân-hú-siâⁿ Kàu-hōe-pò》（台灣府城教會報）相同，有帶頭普及羅馬字的貢獻（蔣為文 2005）。

法國人佔領越南的前半期，也就是 19 世紀末，不遺餘力推行羅馬字而又有貢獻的首位越南人是「張永記」（Trương Vĩnh Ký 1837-1898）（Hoàng Tiến 1994:56）。張永記出生在越南南部「永隆省」（tỉnh Vĩnh Long）一個天主教家庭[8]。他很有語言天份，不但懂得越南羅馬字和法文，也曉得漢文、喃字、拉丁文、希臘文、英文、日文和印度文。張永記曾做過《嘉定報》主編，又出版幾百多本的書。他主要的貢獻包含 1）將西方和越南的經典翻為越南羅馬字，像是將《翹傳》、《大南國史演歌》等翻為羅馬字。2）研發出版越南羅馬字和法文推廣教材。3）從事越南羅馬字的研究和創作（Hoàng Tiến 1994:56-60; Lại, Nguyễn Ân et al. 2005:558-562; Phạm Thế Ngữ 1997:72-92）。

雖然在法國殖民者的推動之下，越南羅馬字在 19 世紀後半期比以前更普遍，不過整體來說，推行效果還很有限（DeFrancis 1977:69）。羅馬字的推行要到 20 世紀初後，在越南本土民族主義者的鼓吹下，特別是 1907 年「東京義塾」風潮後，才有明顯的進展（DeFrancis 1977:159; 蔣為文 2010:16-21）。這原因在於：在反對法

---

[7] 嘉定報的紙本多數已毀壞，殘留的部分目前主要收藏在胡志明市綜合圖書館。

[8] 他的墳墓位於胡志明市第五郡陳興道路 520 號（520 Trần Hưng Đạo, P2, Q.5, TPHCM）。

3. 《南風雜志》之相關文獻

由於《南風雜志》及范瓊在越南文學史上具有重要的影響力,關於該份雜誌及其主筆的研究自然也不少。然大多數以單篇論文或書籍、報章、雜誌中的簡介性文章為主,專書著作則較少。以下簡介幾項較重要的文獻整理工作及專書作品:

由於越南氣候潮濕且歷經多年戰亂,因此歷史文獻史料的保存相當不易。所幸完整的《南風雜志》已經由位於美國加州的私人非營利組織「越南學研究所10」(Viện Việt-Học)經過 6 年的收集整理與數位化,終於在 2009 年正式出版。該份出版品包含 6 片 DVD,內容全部以 PDF 格式展現。第一片內容為介紹該數位化計畫的執行過程,另外附上三份相關作品的數位化檔案,分別為:(1)「阮克川11」(Nguyễn Khắc Xuyên)於 1968 年出版的《南風雜志目錄分析》。(2)「范氏玩12」(Phạm Thị Ngoạn)1993 年出版的《認識南風雜志 1917-1934》。(3)南風雜志 1918 年的特刊《南風舊曆年春節》(Tết Nam-Phong)。第二片到第六片 DVD 則分別收錄各卷、期的內容如圖 1:

---

10 此為作者之中文翻譯,越南羅馬字原文為 Viện Việt-Học,越南漢文寫成「院越學」,英文名為 Institue of Vietnamese Studies,在此感謝院越學提供完整 DVD 以供研究。詳見其網址<http://www.viethoc.org>。

11 本論文作者依越文發音推論的漢譯。

12 本論文作者依越文發音推論的漢譯。

圖表 1. 越南學研究所之《南風雜志》
數位收藏期數

DVD	卷（quyển）	期數（số）
1	介紹	
2	1~7	1~41
3	8~14	43~84
4	15~21	85~124
5	22~28	125~163
6	29~35	164~210

　　阮克川於 1968 年出版的《南風雜志目錄分析》，封面之越南原文為全部大寫的《MỤC-LỤC PHÂN-TÍCH TẠP-CHÍ NAM-PHONG 1917 – 1934》，出版單位為前南越的「教育部學料中心」（TRUNG-TÂM HỌC-LIỆU BỘ GIÁO DỤC）。從封面及內容可看出當時的越南羅馬字仍保有「連字符」「-」的使用。該書後來由「順化出版社」及「東西語言文化中心」共同於 2002 年重新再版。再版時內容一樣，但已取消「連字符」的使用，完全以目前的羅馬字書寫方式編排。阮克川的《南風雜志目錄分析》分為三部分供讀者查詢：（1）分為散文及韻文二類再依照作者筆劃順序查詢。（2）依內容類別分 14 類查詢，包含南風雜志、哲學、宗教、社會、政治、經濟、教育、風俗、語言、科學、美術、文學、歷史、地輿（含遊記、旅行）。（3）依作者筆劃順序查法文文章。

　　《認識南風雜志 1917-1934》為范氏玩的博士論文，原文為法

文，收錄在 1973 年的《印度支那研究學會通訊13》。該書由 Phạm
Trọng Nhân 譯成越南文並於 1993 年在胡志明市出版。《認識南風雜
志 1917-1934》全書分為五大部分討論：

　　第一部分標題為南風雜志的出現與進展。此部分分別就歷史背
景，重要人物范瓊及其他主要的編輯成員 Nguyễn Bá Trác、Nguyễn
Hữu Tiến、Nguyễn Đôn Phục、Nguyễn Trọng Thuật、Nguyễn Bá Học、
Lâm Tấn Phát、Nguyễn Mạnh Bổng、Nguyễn Tiến Lãng 等的研究。第
二部分標題為南風雜志與國語、國學。此部分談論新文學、母語（越
語）教學及越南國家文化。第三部分標題為南風雜志裡的文章潮流。
此部分探討新舊文學的交會。第四部份標題為南風雜志裡的科學與藝
術。第五部分標題為南風雜志裡對社會與政治的論述。

　　除了上述二本專書之外，「范氏環14」（Phạm Thị Hoàn）於
1992 年在巴黎出版了《范瓊 1892-1992：選集和遺稿》。該書將范瓊
的遺稿及已出版的文章分成 17 類集結成選集。這 17 類包含（1）立國
精神（2）論國學（3）國學與國文（4）民謠俗語（5）國語文（6）讀
書救國（7）寂寞（8）給朋友的詩（9）論孔教（10）哲學（11）法國
哲學大師 Descartes （12）東西文化閒談（13）論美好（14）心情故事
（15）論名譽（16）翠喬傳（17）阮攸傳。

　　近年越南社科院文學所也有一份研究南風雜志的博士論文。該論
文由「阮德順」（Nguyễn Đức Thuận）於 2007 答辯完成，題目為《南
風雜志裡文章內容之研究》。該論文從文學的觀點詳細探討南風雜志
對越南文學各方面的影響。

---

13 Bulletin de la Société des Etudes Indochinoises.
14 本論文作者依越文發音推論的漢譯。

4. 《南風雜志》之內容

從《南風雜志》可看出二十世紀初的越南知識分子如何看待法文、越南文（羅馬字）、喃字及漢字。在這份雜誌裡均可見到各類文字的支持者與反對者。但，整體而言，這份雜誌的多數文章均支持發展越南語文，也肯定吸取法國文明為提升越南文化的重要手段。至於發展越南語文的部分，越文版有較多支持越南羅馬字的文章，漢字版雖也主張用羅馬字，但也有不少文章建議保存漢字與喃字。漢字版的文章有些直接轉載中國的漢文文章。茲摘要簡述如下：

圖表 2. 《南風雜志》越文版論述文章選

公元	期數	越文標題/中文翻譯	作者
1918	T016	Thư ngỏ cho chủ bút Nam Phong 給南風主筆的公開信	Ng -H -V
1918	T017	Một Tháng ở Nam Kỳ 南圻[15]一個月	Phạm Quỳnh
1918	T018	Đã nên làm từ điển An Nam chưa? 該做安南[16]詞典了嗎?	Phạm Quỳnh
1918	T018	Nam Âm thi văn khảo biện 安南詩文考編	Tú Tài Nguyễn Hữu Tiến
1919	T019	Tiếng dùng trong quốc văn 國文裡的語言	Nguyễn Văn Ngọc
1919	T019	Cái mục đích học Tiếng Pháp để làm gì? 學法語要做什麼?	Dương Tự Nguyên
1919	T020	Bàn về sự dùng chữ Nho trong văn quốc Ngữ 關於國語裡使用儒字的議題	Phạm Quỳnh
1919	T020	Một tháng ở Nam kỳ 南圻一個月	Phạm Quỳnh
1919	T021	Bàn về việc học của quốc dân Chữ Nho có bỏ được không? 關於國民應學的事及儒字[17]是否該廢除?	Nguyễn Tất Tế
1919	T022	chữ Pháp có dùng làm quốc văn An Nam được không? 法文可以做國文，安南可以嗎?	Thượng Chi
1919	T022	Bàn về tiếng An Nam 關於安南語	Dương Quảng Hàm
1919	T022	Nên đặt tòa Hàn Lâm 應設翰林院	Đòan Vinh
1919	T024	Bàn về vấn đề học chữ Hán 關於學漢字的議題	Tuyết Huy

---

[15] 越南南部。

[16] 越南的舊稱。

[17] 指漢字。

1920	T038	Khuyên học quốc ngữ 勸學國語[18]	Phạm Huy Tọai
1922	T059	Tiếng An Nam có nghèo không? 安南語是否貧乏？	Vũ Công Nghi
1924	T086	Bài diễn thuyết bằng Quốc văn của ông Phạm Quỳnh 范瓊的國語[19]演說稿	Phạm Quỳnh
1930	T149	Học Quốc Văn 學國語	Phạm Quỳnh
1931	T160	Tiếng Nam 安南語	Lê Thăng

圖表 3.《南風雜志》漢文版論述文章選

公元	月份	卷次	期數	標題	內容摘要
1918	1	2	7	明治之基礎	主張走日本明治維新之方向，使國家更為進步。
1918	1	2	7	文學觀摩簡章發表	以國語文或漢文書寫，不得翻譯或抄錄古文，應以泰西近體、社會寫實為主。
1918	2	2	8	吾國興旺之前途	我國人民有毅力但缺乏團結，中華即因不團結而敗，日本團結而能有成，欲有組織要先開民智，就要設立學堂。
1918	2	2	8	統一論	國家人民統一才能成一大國，近來民心渙散，需要統一。
1918	4	2	10	我國民對於東洋統一之感覺	主張東洋聯邦，如同歐洲各國聯盟，越南也應與東洋各國聯盟，以提升共同發展。
1918	6	2	12	欲聯絡越南者必組織越南民族議會	以君主為尊，建立越南民族議會。

---

[18] 指越南語及越南羅馬字。

[19] 指越南語。

1918	6	2	12	我國現在之教育問題	應以法文為重，走向世界舞台，但漢文也不可偏廢，宜作為考古學研究，另外漢文與國文有部分關聯，因此也必須教漢文，至於國文之前途，再另外討論。
1918	6	2	12	舉人亦有別呼	訪問某一舊舉人，認為其不學今之法國科學文明，只崇尚漢學，過於守舊。
1918	11	3	17	我南漢學之古後觀	科舉制度已沒落，應將漢學做為古典學研究，不應再追求科舉個行業都能出頭，文中並敘述漢文從漢朝傳入的歷史與士燮使其普及過程。
1919	3	4	21	答某友人書	認為若要進步需要直接從歐洲吸取知識，不從漢文吸取，但漢文也不可放棄，應成立考究班，以保存舊有之精神。
1919	7	5	25	國民教育	小學國民教育有以下數個重心：1.灌輸歐學常識，2.保存孔孟倫理，3.以文明代替舊法，4.以國語文代替漢字，5.使學生易接受法國教育，5.學科分類專門，6.為學說立總目。
1920	9	7	39	教授阮玕夢先生之進書表（附引）	贊同教育章程保留漢學之一課，但認為欲保留古漢學必須更積極，作者崇尚漢文，認為儒家與漢字不可一時偏廢。
1920	9	7	39	越南使略出版	陳仲金出版越南史略。
1920	10	7	40	對於漢學問題之講說	先述說漢學已沒落，西歐新學初興，科舉已經不適用，可將漢學當成古典學，如西歐之於羅馬希臘文學；一方面肯定舊學者：漢學儒家為義理之學，可陶冶民情，不

					可偏廢；一方面奉勸新學者：漢學為東亞一支，身為東亞人，不可不知。
1920	11	7	41	讀明遺民朱舜水供役安南記	不認同中國所謂教化開化越南人之說，認為其學問之道，都是自我尋覓，也不高興中國以夷稱之，認為其國皆是以禮相待。
1921	2	8	44	我安南民族進化之歷史	述說安南民族之來源與成長過程。
1921	5	8	47	對於鄉村問題論之評論詞	追求普及語文教育。但也肯定漢文對現代的推助。
1921	7	9	49	對於舊學列先生之獻言	有缺頁，認為漢學派應該屏棄虛文與自大自傲的氣息，吸收新學，讓漢學注入生命，以保存漢學精華，不應自恃身分，只做一些詩詞虛文。
1921	9	9	51	復南風報主筆君	嘆當時中華之書籍多，南國之書籍少。只有金雲翹傳空前而又絕後。
1922	3	10	57	初學漢文課法（續十）	批評中國多做虛文，而西歐多有專門之學。
1922	4	10	58	越南光榮之歷史	小國越南與強國中國比鄰，雖屢遭侵略，但卻能一再獨立，說明越南很強韌，又受文明國家指導，未來可期！
1922	4	10	58	法國事情	介紹與稱讚法國歷史與強盛。
1923	3	12	69	亞洲諸國考	身為現代人不能只懂中國歷史或西洋歷史，對鄰近亞洲國家歷史也要有認識，本文介紹日本、朝鮮與台灣等簡史。
1923	4	12	70	大法保護後之越南人精神的進化	精神智識是一國富強的標準，應該改進越南人精神，使越南進入列強的行列。

1923	7	13	73	警告我國諸文學家	主張應該使用本國語文（羅馬字）書寫，本國語文方便易懂，可教化人民，在此漢學漸希西學漸盛的時代，應該推崇本國語文，並以本國語文編輯字典。
1923	8	13	74	古學院之組織	應該保存越南古有之舊精神，不應新時代而偏廢。主張用漢字作古學的考究基礎。
1923	9	13	75	我國民對於編輯國文字典所應担認之責任	本國尚沒有越南文字典，應該用越南羅馬字來編輯本國語文字典，發揚一國文化。
1924	3	14	81	本朝前代與明末義士關係之逸事	明末義士投奔越南，與越南皇帝聯絡，試圖反清復明之事蹟。
1924	4	14	82	國文中漢字參用之題	作者認為漢字多轉為土音，且漢字與義理，再越南流傳良久，立場應認為國文可參雜漢字使用。
1924	9	14	87	教育方針之革新	法國政府將越南教育制度，帶向現代化，廢科舉成立現代學制，並將小學定為義務教育。
1926	10	19	110	觀戲記（摘錄自華報）	廣東人極獨立，到哪裡都維持自身之文化語言，毫不更改。
1926	12	19	112	越史名人烈女吟曲序	既然外國人物事蹟多得歌頌，那本國有成就之歷史人物，更應該受到表揚並做為榜樣。

5. 范瓊的生平與主張

公元 1892 年 12 月 17 日，范瓊在河內出生，父母原本是河內東邊「海洋省」人。范瓊精通法文、越文、漢字及喃字。他另有筆名為

「Thượng Thư」（上書?），號「Thương Chi」（商芝?）及「Hồng Nhân」（鴻仁?）（Nguyễn Q. Thắng & Nguyễn Bá Thế 2006:1136）。

公元 1908 年范瓊於通譯學校畢業，之後被延攬到法國在河內的「遠東學院」（Vễn Đông Bác cổ Hà Nội）工作。由於他相當有才華又受到上司賞識，在 1917 年受法國籍上司 Louis Marty 委託擔任《南風雜志》越文版和法文版的主筆（Phạm Thế Ngữ 1997:137-148、Đỗ Quang Hưng 2000:55）。除了擔任主筆，他還從事翻譯、研究和創作的工作，主要從事法文和越南文的溝通媒介。他用越文為越南人介紹法國的文史，也用法文向法國人介紹越南。

政治上，范瓊主張「非武力抗爭」、「君主立憲」。他於 1932 年起在法國殖民政府和阮朝末代皇帝「保大」之下做過官。因為政治主張不同，1945 年 8 月 23 日范瓊在朝廷所在的「順化」遭革命派人士綁架，之後於 Hiền Sĩ 的鄉下遇害（Nguyễn Q. Thắng & Nguyễn Bá Thế 2006:1136、Phạm Thị Hoàn 1992:13-15）。由於范瓊終身與法國殖民者過從甚密，且在末代朝廷當官，他受後代的評價可說是兩級化。

文學與政治是後代學者對范瓊評價的二個主要領域。在文學方面基本上多數是正面的評價，政治上則毀譽參半。譬如《歷史人物辭典-新編》以「親法國殖民政權因而仕途扶搖直上」來形容范瓊（Nguyễn Q. Thắng & Nguyễn Bá Thế 2006:1136）。就推廣越文的策略上，范瓊與台灣的蔡陪火具有類似的策略[20]。儘管范瓊的一生具有爭議性，但他對於越南羅馬字的推廣及試圖建立越南語的越南文學，卻是深受越南人民肯定。

就建立越南羅馬字國民文學這角度來看，范瓊的主張在當時是非常先進有力的（Phạm Thị Hoàn 1992:13-15）。譬如，以下這段摘要自

---

[20] 關於蔡培火的台灣羅馬字運動，請參閱蔣為文（2009）。

1931 年《南風雜志》第 164 期他說的話：

> Những cái nghiệp mượn tiếng ngoại để thay vào tiếng mình bao
> giờ nó cũng thế: mượn tiếng người thì mượn cả tư-tưởng của
> người, mượn cả học-thuật của người, rồi đến mượn cả tính-tình
> phong-tục của người nữa…Bao nhiêu kẻ khôn-ngoan đi theo
> ngoài mất cả, còn ai là làm hướng đạo cho quốc dân? Thành ra
> dân không có đầu, dân đến lụn bại; nước không có óc, nước
> sống sao được!

用外國語來替換本國語常會有這樣的情形：借用人的語言
就會被他人的思想影響，借用人的文學就會被他人的風俗
習慣所影響・・・。那些聰明的人如果都學外國語、追隨
外國人，誰來領導我們的國民？群眾沒有領導者就好像我
們人沒有頭腦，國家哪能長久？

> Nói tóm lại thì quốc-học không thể dời quốc-văn được. Không
> có quốc-văn không thể sao có quốc-học. Nước Nam ta đời trước
> không thể có quốc-học bằng chữ Hán được; nước Nam ta đời
> sau này cũng không thể có quốc-học bằng chữ Pháp được.
> Muốn cho nước Nam có quốc-học thì phải có quốc-văn bằng
> tiếng Nam.

總而言之，「國學」不能脫離「國文」。若沒有國文就無
法成立國學。我們越南國過去不應該用漢字建立國學，未
來也不應該用法文建立國學。我們越南國要建立國學就要
用越南話文才對。

6. 結語

在漢字文化圈裡，二十世紀初是重要的語文改革時期。除日本

早於十九世紀末就成功改革外，在中國、朝鮮半島、台灣及越南等地都是二十世紀初才明顯成功地從漢字文言文轉型為白話文。

在法國殖民政府的政策導引下，越南語的白話文從漢字文言文直接跳到用羅馬字書寫的白話文。越南的知識份子雖然一開始對法國殖民政權的羅馬字政策存疑，但最終還是認同羅馬字對國民教育的重要性，因而全力支持推動羅馬字化的越南白話文。相形之下，台灣的知識份子卻一直無法割捨對漢字的依賴與喜好。由於當時統治台灣的日本政府一開始並不禁止使用漢字，甚至利用漢字來拉近台灣人與日本人的"同文同種"關係，以至於台灣無法與漢字切割（蔣為文2010）。雖然台灣的教會裡曾普遍使用羅馬字式的白話字（Pe̍h-ōe-jī），但畢竟沒有政策引導下，白話字主要只在教會裡流傳而已（蔣為文 2005c、2009）。因而那時台灣語的白話文運動分為二線進行：教會外以漢字為主，教會內以白話字為主。也因此，二十世紀初的白話文運動的能量被分散而未能成功。

法國統治下的越南知識份子雖然不反對使用法文，但多數認為法文只是提升越南文化的工具之一，最終目的還是要用越南文建立具有主體性的國語（越南語）與越南文化。而羅馬字化則是最快速又方便達到目標的工具。二次大戰結束後，使用羅馬字可以說已是越南知識分子的共識，故胡志明於建立政權後隨即宣布採用羅馬字以建立越南語文的主體性。可惜，戰後的台灣不僅沒能建立本土政權以推動台灣語的白話文運動，甚至被使用北京話文的中華民國所佔領，因而到目前為止台灣人還是被迫使用北京話文為官方語文，台灣語成為一個沒有國家的語言。就語文主體性的角度來看，越南人對自己的母語忠誠度遠高於台灣人。台灣人面對強權的妥協性格相當明顯。或許，這也是越南早已獨立半個多世紀，而台灣人卻還在"bo̍k-bo̍k-siû"尋找自己的國家與文化認同的原因吧。

【原文發表於 2013 年〈越南語文主體性之建立：《南風雜志》與「范瓊」研究〉，9 月 27 日，台北，中央研究院。本篇論文根據原文增補修訂後收錄於此。此論文為國科會三年期計畫 NSC98-2410-H-006-078-MY3 的研究成果之一。感協所有曾參與過計劃的台、越二國研究助理的貢獻，才能讓計畫順利進行。他們是蔡明庭、何氏慧誠、胡氏青娥、阮清河、阮功皇、陳氏蘭、阮黃燕、裴光雄、范氏芳草、陳氏秋玄、杜仲奇、張清麗、鄭垂莊、蔡氏清水、呂越雄、曾學佑、蔡承翰、蘇代千、蔡詠淯。本論文的部分成果曾分別在 2010 年台灣的東南亞研討會及 2013 年中研院越南研究會議裡發表，在此感謝研討會討論人給予的改進意見。作者於撰寫本篇論文期間正在日本東京外国語大學亞非研究所客座研究。感謝三尾裕子所長及相關同仁在此期間提供許多有益的資料及相關協助。】

參考書目

DeFrancis, John. 1977. *Colonialism and Language Policy in Vietnam*. The Hague.

Đỗ, Quang Chính. 1972. *Lịch Sử Chữ Quốc Ngữ 1620-1659* [國語字歷史 1620-1659]. TPHCM: Tủ Sách Ra Khơi.

Đỗ, Quang Hưng. 2000. *Lịch Sử Báo Chí Việt Nam 1865-1945* [越南報紙歷史]. Hà Nội: NXB Đại Học Quốc Gia Hà Nội.

Hoàng, Tiến. 1994. *Chữ Quốc Ngữ và cuộc Cách Mạng Chữ Viết Đầu Thế Kỷ 20* [20 世紀初的國語字與文字改革]. Hà Nôi: NXB Lao Động.

Lại, Nguyễn Ân & Bùi Văn Trọng Cường. 2005. *Từ Điểm Văn Học Việt Nam* [越南文學詞典]. Hà Nội: NXB Đại Học Quốc Gia Hà Nội.

Nguyễn Q. Thắng & Nguyễn Bá Thế. 2006. *Từ Điển Nhân Vật Lịch Sử* [歷史人物辭典-新編]. TPHCM: NXB Tổng Hợp TP Hồ Chí Minh.

Nguyễn, Đức Thuận. 2007. *Tìm Hiểu Văn Trên Nam Phong Tạp Chí (1917-1934)* [南風雜志裡文章內容之研究]. 博士論文：越南社科院文學所。

Nguyễn, Khắc Xuyên. 2002. *Mục lục phân tích tạp chí Nam Phong 1917 – 1934* [南風雜志目錄分析]. 河內：NXB Thuận Hoá và trung tâm văn hoá ngôn ngữ Đông Tây.

Phạm, Thế Ngữ. 1997. *Việt Nam Văn Học Sử Giản Ước Tân Biên* [越南文學史簡約新編第三集]. （Tap III）Đồng Tháp: NXB Đồng Tháp.

Phạm, Thị Hoàn. 1992. *Phạm - Quỳnh 1892-1992: Tuyển Tập và Di Cảo* [范瓊 1892-1992：選集和遺稿]. Paris: An Tiêm.

Viện Văn Học. 1961. *Vấn Đề Cải Tiến Chữ Quốc Ngữ* [改進國語字的問題]. Hà Nội: NXB Văn Hoá.

岩月純一 2005〈近代ベトナムにおける「漢字」の問題〉收於村田雄二郎編《漢字圏の近代——こばと國家》131-148 頁。東京：東京大學出版會。

蔣為文 2005a《語言、認同與去殖民》。台南：國立成功大學。

蔣為文 2005b〈越南的去殖民化與去中國化的語言政策〉收錄於蔣為文 2005a，頁 188-209。台南：國立成功大學。

蔣為文 2005c〈越南羅馬字 hām 台灣白話字 ê 文字方案比較〉收錄於蔣為文 2005a，頁 188-209。台南：國立成功大學。

蔣為文 2007〈越南文學發展史 kap 伊對台灣文學 ê 啟示〉，《台灣文學評論》7 卷 4 期，132-154 頁。

蔣為文 2009〈蔡培火 kap 台灣文化協會 ê 羅馬字運動之研究〉，《台灣風物》期刊，59（2），41-65 頁。

蔣為文 2010〈二十世紀初台灣 kap 越南羅馬字文學運動 ê 比較〉，《海翁台語文學》98 期，4-42 頁。

第七章

越南羅馬字和台灣白話字的文字方案比較

1. 前言

1492 年 Columbus 代表歐洲人第一次航行到美洲大陸；幾年後，葡萄牙水手 Vasco da Gama 開發從歐洲經由「好望角」到印度的新航線。15 世紀的結束正是新航路時代的開始。在亞洲，伴隨著新航路時代而來的是西歐國家的傳教活動、國際貿易和殖民主義。

羅馬字就在這種情形之下，隨著宗教活動傳播到西歐以外的地區。每當傳教士到一新傳教區，如果當地語言沒有書寫的文字或是當地傳統文字太難學，他們就用羅馬字為當地語言設計一套書面文字系統，以作為傳教的基本工具。在這樣的大環境下，越南和台灣都同時大約在 17 世紀初期，經由傳教士傳入羅馬字以書寫當地語言。當初傳入越南的羅馬字如今已取代越南傳統的「漢字」和「喃字」，而成為現在唯一正式的越南文字，並正名為「國語字」（chữ Quốc ngữ）。而 17 世紀透過荷蘭人傳入台灣，主要在書寫台灣平埔族 Siraya 語的羅馬字（俗稱「番仔契」或「新港文書」）則於 19 世紀初已失傳（村上直次郎，1933）；19 世紀後半期第二次傳入台灣的羅馬字俗稱「白話字」（台灣字），主要在書寫台語及客語。白話字目前雖非文字主流，但仍流傳於台灣的台語教會和台語文創作界。

在台灣，許多人質疑羅馬字取代漢字的可行性，甚至認為台語文的書寫非仰賴漢字不可。然而這些質疑者卻都忽略了羅馬字在越南和台灣，都有上百年擔任獨立的文字系統的歷史。本論文將以語言學的角度，分析比較當初由傳教士發展出來的越南羅馬字和台灣白話字，並指出白話字比越南羅馬字更簡單易學；既然越南羅馬字都可以成為正式的國家文字，比它更簡易的台灣白話字，當然也更有資格擔當台語文的書寫文字。

由於篇幅限制的關係，本文將僅針對該兩種文字方案作語言學上

的討論。至於羅馬字在越南的發展歷史，請參閱本書其他各章或是DeFrancis（1977）、Đỗ（1972）、Hannas（1997）、Chiung（2003）、蔣為文（2002, 2005, 2007, 2011）；羅馬字在台灣的發展，請參閱 Chiúⁿ（2016）、Chiung（1999, 2001）、呂興昌（1994）、賴永祥（1990）、蔣為文（2001, 2005, 2007, 2011, 2014, 2016）。

2. 文字方案的語言學分析

台灣白話字和越南羅馬字的設計都和他們本身語言的特色有關，所以在此先談一下台語和越語的特色。

一般來說，台語和越南語都屬於「孤立語」（isolating languages），也就是說它們的語詞沒有詞性或語法上的衍生變化。除此之外，這 2 個語言有比例相當高的單音節語詞的特色，也就是它們的語詞，很多都是單音節或是由單音節語詞複合衍生而成的。雖然現在的台語和越語的多音節語詞的比例越來越高，但因為過去單音節語詞過多，以至於對當初的文字設計造成影響。

除了有「孤立語」和「單音節」的特性外，台語和越語都是聲調語言。就普遍性的分類而言，台語有 7 個聲調，越語有 6 個。在台語裡有很豐富、又有系統性的變調現象，但越南話裡卻很少。

台灣白話字和越南羅馬字這兩套文字系統雖然都有少數一些以「語音學」（phonetics）觀點來設計拼字法的例子，但整體來說可以算是「音素」文字（phonemic writing）的一種。就其語音和文字符號的對應關係來講，它們基本上都是一對一的對應，但越南字有較多一音素對多符號的例子。

以下我們就將白話字和越南字的共同點和差異性的地方簡單摘要出來。

共同點：

a. 都是線性排列的音素文字。

b. 都以音節為拼字單位。

c. 都有用「區別符號」（diacritics），譬如"^"等，附加在原有的羅馬字母上以區別聲調或語音。

d. 都經過一段不算短的時間、由眾多人的經驗累積而「約定俗成」起來的。

e. 雖然當初設計時有受「漢字音譯」方式的影響，但基本上來說這兩套均可以作為獨立的文字使用。

f. 因為這兩套文字的使用都已超過百年以上，所以在歷史發展中都逐漸產生一些拼字和實際發音不太一樣的現象。

差異性：

a. 白話字的區別符號主要用在聲調、其次為語音，但越南字除了用在聲調外，也有較多符號用在區別語音。因為這個原因，白話字算是二層的文字結構，而越南字則是三層的結構。

b. 有關區別音節與音節之間的「音節符」，白話字是採用"-"符號，越南字則採用空一格（space）的做法。

c. 就語音和文字符號的對應關係來說，白話字原則上是一對一的關係，而越南字則有不少一音素對多符號的例子。

3. 台語白話字方案

由於在歷史發展的過程中，白話字的拼字法多多少少經過一些修改，本文中的討論將以 1913 年「甘為霖」牧師於台南所出版的《廈門音新字典》及其後的用法為主。該字典於 2009 年正名為《甘為霖台語字典》重新出版。文字方案的設計通常是建立在對該語言的音韻分析之上；因此，不同的分析觀點通常造成不同的設計方案。就現代優勢

腔的台語來說，若不算「零聲母」（zero consonant）和喉塞音，則台語有 17 個子音（consonants）、6 個單母音（simple vowels）和 7 個聲調（tones），如圖表 1、圖表 2、圖表 3 所述。[1]

　　圖表 1 中的音素 / l / 在許多情況下實際上是發 [d] 或者 [ɾ]的音值（張裕宏，2001: 31-32），在本文中暫以普遍的講法來標示。

圖表 1.台語子音（用國際音標 IPA 表示）

			雙脣 （bi-labial）	齒根 （alveolar）	軟顎 （velar）	喉音 （glottal）
			-送氣 / +送氣	-送氣 / +送氣	-送氣 / +送氣	
清塞音	(voiceless	stop)	p / pʰ	t / tʰ	k / kʰ	
濁塞音	(voiced	stop）	b		g	
清擦音	(voiceless	c. fricative)				h
清擦音	(voiceless	G. fricative)		s		
清塞擦音	(voiceless	affricate)		ts / tsʰ		
濁塞擦音	(voiced	affricate)		dz		
濁邊音	(voiced	lateral)		l		
濁鼻音	(voiced	nasal)	m	n	ŋ	

圖表 2.台語的單母音（用國際音標 IPA 表示）

	前 （front）	中 （central）	後 （back）
高 （high）	i		u
中 （mid）	e	ə	o
低 （low）		a	

---

[1] 有關台語的音韻系統及白話字的詳細用法，可參閱鄭良偉、鄭謝淑娟（1977）、張裕宏（2001）及蔣為文（2014）。

圖表 3.台語聲調及其各種表示法

調類	君 kun	滾 kún	棍 kùn	骨 kut	裙 kûn	-	近 kūn	滑 ku̍t
白話字符號*2		´	`		^		-	'
傳統聲調叫法	1	2	3	4	5	6	7	8
數字 ê 調值	44	53	21	3	12 或212		22	5
IPA ê 調值					或			

　　《甘為霖台語字典》的拼字法基本上是符合上述的現代台語音韻分析。以下圖表及圖表 5 分別列出子音和單母音及其相對應的文字符號。

　　基本上，除了少數的例外是用語音（phonetic），甘為霖是以音韻（phonemic）的角度來設計白話字。用語音思考的案例是字母 **ts** 和 **ch** 的差別。該差別就在於後面所接的母音的性質。字母 **ts** 後面接「後母音」（back vowels, **a, o˙, u**），像講"tsa"；字母 **ch** 後面接「前母音」（front vowels, **e, i**），像講"chi"。這是因為台語的音素/ts/若於後面接前母音就會出現顎化現象（Palatalization）。雖然《甘為霖台語字典》有區分 **ts** 和 **ch** 的拼字法，但當代台語界已經很少人維持這樣的差別，一律皆寫成 **ch**。

---

2 第 4 或者 8 聲調 ê 韻尾一定有 p t k 或者 h 收尾，相對 ê，第 1 聲一定無 p t k h 收尾。所以第 4 hām 第 1 聲之間無需要聲調符號來區別。

圖表 4.白話字的子音與文字符號的對應關係

子音	文字符號	條件	實例
/b/	b		bûn 文
/ts/	ch	位於前母音/i/, /e/前面	chi 之
	ts	其他任何情形	tsa 查
/tsh/	chh		chha 差
/g/	g		gí 語
/h/	h		hi 希
/dz/	j		jit 日
/k/	k		ka 加
/kh/	kh		kha 腳
/l/	l		lí 你
/m/	m		mī 麵
/n/	n		ni 奶
/ŋ/	ng		ngō͘ 五
/p/	p		pi 碑
/ph/	ph		phoe 批
/s/	s		sì 四
/t/	t		tê 茶
/th/	th		thai 胎

圖表 5.白話字的單母音和文字符號的對應關係

單母音	文字符號	條件	實例
/i/	i		ti 豬
/e/	e	其他的情形	tê 茶
	ia	後面若接/n/或者/t/	kian 堅
/a/	a		ta 礁
/u/	u		tu 蛛
/ə/	o		to 刀
			toh 桌
/o/	o͘	其他的情形	to 都
	o	後面若有子音（/ʔ/除外）	tong 當
			kok 國

　　從圖表 4 及圖表 5 可看出，除了少數例外，白話字中大部分都是一個音素（phonemes）對應一個文字符號，且其採用的符號均與當代語言學所使用的國際音標相當接近。比如，音素 /b/ 就用 b 符號，/kh/ 就用 kh。

　　了解每個音素和其對應的文字符號後，我們再來看文字符號的排列方式亦即所謂的拼字法。基本上，白話字先把每一個語詞依其音節拆開，然後把音節內的音素由左到右逐一拼寫出來；隨後在每個音節核心3（nucleus）的上面加上聲調符號，最後在音節之間加上音節符號"-"諸如 chhit-thô、han-chî、ám-bók-kóe、chhài-thâu-kóe。

　　因為台語有很豐富的變調現象，所以白話字採用表記「單音節本調」的方式來處理聲調。譬如說，「菜頭粿」經過變調的實際發音是 chhái-thāu-kóe；但是在書寫時則應根據每個音節的本調寫成 chhài-thâu-kóe。這種做法雖然可以處理各地方言的變調差異，但某種程度來講其實是受了傳統漢字單音結構詞的影響。也就是說，傳教士設計白話字時，並沒有完全把西方語言的「多音節語詞」的觀念應用到白話字上，以致於需要加音節符號並標單音節本調。當然，部分原因也是因為台語本身的語言特色所造成。

　　這種單音節的標記方式有好處也有壞處，壞處之一就是會延續漢字的單音節特色。特別是使用在外來語的時候會突顯其不合理的用法；譬如，外來語 motorbike 在傳統白話字裡寫成 o͘-tó͘-bái。這樣的寫法有點奇怪，因為 o͘-tó͘-bái 並不是由三個單音節詞素"o͘" "tó͘"和"bái"所構成，而是一個單純的三音節語詞。所以若以多音節為單位、標記多音節本調亦即寫成 ō͘to͘bái 應比較合理。

---

3 聲調符號加在音節核心上只是一個主要原則，有時可能因作者而異而標在核心以外的地方，譬如 pōe 和 poē 的用法就不一致。

　　白話字內的聲調標示主要在降低「同音異義詞」（homophone）的可能性。事實上，同音異義詞的產生絕大部分是發生在單音節詞上。如果以多音節語詞為書寫單位則發生同音異義的情形非常的小。所以在多音節語詞上可以考慮不標示聲調或僅標示重音，譬如 ō·to·bái 可考慮寫成 o·to·bai 或 o·to·bái。

　　若談到白話字內的這個"-"符號，很明顯地它是被當作區別音節的「音節符號」，而不是區別音素位置屬性的「隔音符號」。未來若讀者認為有需要改進白話字，可考慮把這個符號重新定義為「隔音符號」。譬如說 han-chî（番薯），它的/n/和/ch/很明顯是不會合起來發音的，所以可以寫做 hanchî；若是 kokong，因為有可能是 kok-ong（國翁）也有可能是 ko-kong（高公），所以在適當位置加上隔音符號以求正確表意。事實上，像 kokong 這樣的例子實在不多，且大部分都是出現在專有名詞上，一般台語多音節語詞很少這樣的問題。有人認為若把音節符號拿掉，會降低閱讀速度。其實這是站在習慣看漢字、不習慣讀羅馬字的角度來思考。若是從小就教「番薯」寫成 hanchî，當學生習慣看羅馬字後她讀到 hanchî 就可以以正常的速度了解語詞的意思。

　　台語的介音（glides）/w/在白話字裡寫成 o，譬如 góa、koe。有人覺得奇怪，質疑說為何不用 w 或 u 來做/w/的文字符號。這主要是台語的介音容易受後面的音節核心的影響：如果/w/後面接「不高-母音」（[-high]），諸如/a/、/e/，則原本是[+high]的/w/會向[-high]的方向移動；這一移動就使得/w/的音值接近[o]或[ə]，所以傳教士就把/w/寫成"o"。這種介音受後面母音影響的現象在越南話裡也很普遍且表現在它的文字系統裡。

　　台語裡面有許多鼻音化的現象，在白話字裡是把鼻音符號"ⁿ"加在音節的右上角，譬如 tiⁿ（甜）、chiúⁿ（蔣）、koaiⁿ（關）。

另外，台語有喉塞化（glottal stop）的現象（IPA 國際音標標示為 [ʔ]）。這個喉塞化在白話字裡用 h 表示，譬如「鴨」（IPA 標做 [aʔ]）寫做 ah，「滴」（IPA 標做 [tiʔ]）寫做 tih。

4. 越南國語字方案

越南話的方言差異很大，根據蔣為文的初步觀察，它們之間可能比台語的方言差還大。不同學者對越南方言的分類有不同的意見；根據 Nguyen Dinh Hoa（1997:10）的說法，越南話大致可分為北、中、南三大方言區，分別以河內、順化、及胡志明市為代表。目前越南話是以河內方言為全國標準、並作為學校的教學標準。不同學者對越語的音韻系統也有不同的見解；根據 Đoàn Thiện Thuật（1999）的音韻分析，河內標準語有 19 個子音、13 個單母音及 3 個雙母音，如下圖表所述。

圖表 6. 越南話子音（用國際音標 IPA 表示）

	雙唇	唇齒	齒根（牙齦）	硬顎	軟顎	喉音
			-送氣 / +送氣			
清塞音 (voiceless stop)			t / tʰ	c	k	ʔ
濁塞音 (voiced stop)	b		d			
清擦音 (voiceless fricative)		f	s		x	h
濁擦音 (voiced fricative)		v	z		ɣ	
濁邊音 (voiced lateral)			l			
鼻音 (voiced nasal)	m		n	ɲ	ŋ	

圖表 7. 越南話的單母音（用國際音標 IPA 表示）

			前面	中央	後面（-圓唇）	後面（+圓唇）
頂	upper	high	i		ɯ	u
		upper mid	e		ɤ	o
下	lower	lower mid	ɛ			ɔ
		low			a	

圖表 8. 越南話的短母音（用國際音標 IPA 表示）

			前面	中央	後面（-圓唇）	後面（+圓唇）
頂	upper	high				
		upper mid			ɤ̆	
下	lower	lower mid	ɛ̆			ɔ̆
		low			ă	

圖表 9. 越南話的雙母音（用國際音標 IPA 表示）

		前面	中央	後面（-圓唇）	後面（+圓唇）
頂	upper	i‿e		ɯ‿ɤ	u‿o
下	lower				

越南話的聲調依據不同的分類標準可分為 2 個、4 個、6 個或 8 個聲調（Đoàn Thiện Thuật 個人交談）。現行的越南國語字（chữ Quốc Ngữ）書寫系統，將越南話聲調分為 6 個，如圖表 10 所述。

圖表 10. 越南話在國語字中的聲調分類

調類	ngang	sắc	huyền	hỏi	ngã	nặng
越南字符號		´	`	?	~	.
數字 ê 調值	33	35	21	313	435	3
IPA ê 調值	⊣	⁄	⌐	⅃	√	⋅

越南話的「音素-文字符號」的對應及拼字法比台灣白話字稍微複。底下圖表 11 和圖表 12 分別簡要列出子音及母音所對應的文字符號；詳細的對應規律可參閱本文的附錄。

圖表 11. 越南羅馬字的子音與文字符號的對應關係

子音	文字符號	條件	實例
/t/	t		tôi 我
/tʰ/	th		thu 秋
/c/	ch		cho 乎
/tʂ/	tr	方言差	Trồng 種
/k/	k	後面若接 i, y, e, ê,	kê 雞（漢越音）
	q	後面若接介音/w/	quả 水果
	c	其他任何情形	cá 魚
/b/	b		ba 三
/d/	đ		đi 去
/f/	ph		pháp 法國
/s/	x		xa 遠
/ʂ/	s	方言差	so 比較
/x/	kh		khi 當
/h/	h		hỏi 問
/ʔ/	無符號		ăn 食
/v/	v		về 回去
/z/	d	無規則	da 皮
	gi	無規則(主要用於漢越詞)	gia 家
	g	後面若接 i	gì 什麼
/ʐ/	r	方言差	ra 出去
/ɣ/	gh	後面若接 i, e, ê	ghi 紀錄
	g	其他任何情形	gà 雞
/l/	l		là 是
/m/	m		mẹ 母親
/n/	n		nam 南
/ɲ/	nh		nhớ 思念
/ŋ/	ngh	後面若接 i, e, ê	nghỉ 休息
	ng	其他任何情形	ngọc 玉

*虛線---表示方言差。

圖表 12. 越南羅馬字的母音和文字符號的對應關係

母音	文字符號	條件	實例
/i/	i		khi 當
	y	主要用在漢越詞	đồng ý 同意
/e/	ê		ghế 椅仔
/ɛ/	e		em 人稱代詞
/ɛ̆/	a	後面若接/ɲ/, /c/	thanh 清
/u/	u		cũ 舊
/ɯ/	ư		từ 語詞
/o/	ô		cô 姑
/ɤ/	ơ		thơ 詩
/ɤ̆/	â		thấy 看
/ɔ/	o	其他任何情形	co 收縮
/ɔ̆/	o	後面若接/ŋ/, /k/	cong 彎曲
/a/	a		ta 咱
/ă/	ă	其他任何情形	ăn 食
	a	後面若接字母 y, u	tay 手
/i‿e/	iê	其他任何情形	tiên 仙
	yê	前面若有喉塞音/ʔ/或介音/w/	yêu 愛 / truyện 故事
	ia	沒有介音/w/且沒有韻尾時	bia 啤酒
	ya	有介音/w/但後面沒有韻尾時	khuya 半夜
/u‿o/	uô	其他任何情形	chuông 鐘
	ua	沒有韻尾	vua 王
/ɯ‿ɤ/	ươ	其他任何情形	được 可以
	ưa	沒有韻尾	mưa 下雨

越南羅馬字「音素-文字符號」的對應及拼字法比台灣白話字稍微複雜的原因有以下幾點：

第一，因為越南話的音韻系統本來就比台語複雜些，以至於現行的羅馬字母數量不夠應付一對一的「音素-符號」對應的需求，所以必須在現有的字母上作一些修改。譬如在"o"的上面加區別符號"^"，以區別 ô（表示[o]）和 o（表示[ɔ]）。

第二，因為當初設計時受到不同母語背景的眾傳教士的影響。比如說，*gi* [z] 的用法是受 Italy 話的影響（Thompson, 1987:62）、*nh* [ɲ] 是受葡萄牙話的影響（Jerold Edmondson; David Silva 個人訪談）、*c, k, q* [k]是受法語影響（Đoàn Thiện Thuật 個人訪談）、*ph* [f] 是受古希臘話影響（DeFrancis, 1977: 58）。

第三，因為方言差的影響。河內標準語雖然沒有捲舌音/tʂ/, /ʐ/, /ʂ/，但有些方言仍保有捲舌音，且這捲舌音也反映在越南羅馬字的書寫上。譬如說，在越南字的設計中，ch 是表示不捲舌的/c/、tr 是表示捲舌的/tʂ/；講河內方言的人因為不分/c/和/tʂ/，所以拼字時容易分不清要拼 ch 還是 tr，譬如 trồng（種）有可能拼成 chồng（丈夫）。

第四，因為歷史語音演變的關係。越南羅馬字從開始發展到現在已歷經四百年，這段期間內越南語音當然有經過一些變化。當時有區別的語音，經過歷史演變到現在可能已經不區分了。譬如，越南字裡 d 和 gi 這兩組符號在 17 世紀時可能是分別記[d]和[kj]這兩個古音；雖然這兩個古音在現代都已變成[z]了，但他們仍反映在文字的書寫上（Doan, 1999: 163-164）。因為當初設計者把 d 拿來表記[d]的音，所以另外一個音素 /ɗ/（實際音值為前喉音化（pre-glottalized）的[ɗ]）就用符號 đ 來表示。

第五，因為傳教士的語言學知識有限，所以無法完整地分析越南話的音韻系統。譬如，當初用 k 和 q 來表示同一個音素/k/，就是因為

設計者以為介音 /w/ 前面的 /k/ 發音和其他位置不同，所以用不同於 k 的 q 來表示。Koh 比如講短母音/ɤ̆/（文字符號 â）應該用 hām 長母音 /ɤ/（ơ）類似 ê 符號，m̄-koh soah 用 hām /a/（a）類似 ê 符號。現代語言學 ê 知識是經過久年 ê 累積 chiah 有今 á 日 ê 成就，hit 當時傳教士 ê 音韻分析雖然 m̄ 是真完美，m̄-koh 算是真好 ê 成績 à。現代語言學的知識是經過長久經驗的累積才有今日的成就，當時傳教士的音韻分析雖不是很完美，就當時來說算是很好的成績了。

了解越南話拼字法比白話字複雜的原因後，我們再來補充越南字裡子音、母音及聲調的設計方式。

有關塞音的部分，越南話的塞音有分清、濁、送氣，所以越南字和白話字一樣：用 p t k 表示清音，b d g 表示濁音，加 h 表示送氣。

有關越南話喉塞音[ʔ]是否該當作獨立的音素，當代的越語專家們有不同的意見。在越南字的音韻系統裡並沒有把[ʔ]認定為獨立的音素，所以沒有文字符號來表示喉塞音。譬如說，ăn [ʔăn]（吃）照音值來講是有前喉塞音，但文字書寫上並沒有顯現出來。雖然越南字沒有把喉塞音表現出來，但這並沒有造成太大問題因為語義並沒有因此而產生模糊。

另外，「雙重結束」（double closure）的現象在越南字裡也沒有表現出來。在越南話裡，/ŋ/和/k/若是接在 u、o、或者 ô 後面就會分別發成 [ŋ͡m]（labial-velar nasal）和 [k͡p]（voiceless labial-velar plosive）。譬如 ông（爺爺、先生）的實際發音是[oŋ͡m]。

越南語的韻尾（final consonants）[c] 和 [ɲ] 在越南文字裡是當做 2 個獨立的音素，分別用 "ch" 和 "nh" 來表記。但是，[c] 和 [ɲ]其實也可以分析成分別是/k/和/ŋ/的音素變體（allophones），分別用符號 "k" 和 "ng" 來表記就可以。就這個案例來說，音素變體的條件是在「前母音」/i e ɛ/後面出現的/k/和/ŋ/ 會自動發成 [c]和[ɲ]。譬如，越語 sinh

（美麗）一定是發成 [siŋ]，不會發成 [siŋ]的音。

越南話的音素和文字符號雖然比較複雜，但大部分都是有規則可以判斷的。這個規則是按照母音的特色，分為前（front）vs.後（back）、上（upper）vs.下（lower）、長（long）vs.短（short）、和圓唇（+rounded）vs.扁唇（-rounded）（圖表 7、8、9）。以下分別舉例說明：音素/k/後面若接「前母音」，就要用符號 k，其他情形就要用 q 或 c，如 kê、cá（參閱圖表 11）。介音 /w/ 後面若接「上母音」就要用符號 u，若接「下母音」就用符號 o，如 nguy（危）、hoa（花）（參閱附錄）。音節韻尾（coda）[j]若接在「短母音」的後面就用符號 y，否則就用 i，譬如 áy、tai（參閱附錄）。在圓嘴母音符號旁邊加上 " ' " 符號就變扁嘴母音，比如 u [u] 變 ư [ɯ]。

越南字的拼字法和台灣白話字一樣是以音節為基準；越南字的音節之間是採用空一格（space）的方式，而白話字則是採取一橫（hyphen）。譬如，越南字裡寫成 Việt Nam（越南）、hiện nay（現在）、tiến sĩ（博士）。

越南字的標點符號和大小寫的規定原則上照西洋語文的習慣用法，但也有越語特別的用法和因人而異的隨意用法。以下就舉一些例子：

每一句子的第一個字母要大寫，句末要有西式句號 "." 。

人名、地名等的專有名詞的第一個字母要大寫。專有名詞分為二大類：第一類是「漢越詞」（từ Hán Việt），也就是原本是用漢字寫的詞彙。這類的詞彙若是指人名或地名，原則上則根據音節來大寫，譬如 Đài Loan（台灣）、Việt Nam（越南）；但也有例外的，像 Ấn độ（印度）。這例外的原因可能是現在大部分的越南人已不懂漢字，忘記 Ấn độ原本是漢越詞。若是人名、地名以外的漢越詞則照「語詞」或「詞組」來大寫，譬如 Quốc ngữ（國語）、Xã hội chủ nghĩa

（社會主義）、Cộng hoà xã hội chủ nghĩa Việt Nam（也可寫做；Cộng hoà Xã hội Chủ nghĩa Việt Nam 共和社會主義越南）。

第二類是漢字以外的專有名詞。這類大部分根據「語詞」來大寫，譬如說 Áp-ga-ni-xtan（Afghan）、Ô-xa-ma Bin La-đen（Osama Bin Laden）。

越南字的簡寫原則上照「音節」來寫，譬如 Việt Nam 簡寫做 VN，Xã hội chủ nghĩa（社會主義）寫成 XHCN。

越南語的外來語主要有二個來源：早期以漢語為主，後來以西方國家語言為主。以漢語為來源的外來詞主要借用漢字、讀漢越音（漢字的越南語發音），像 Mỹ（美國）、Pháp（法國）、văn học（文學）、Xã hội chủ nghĩa（社會主義）。以西方國家語言為來源的外來詞，就用越南字把原語詞的音拼寫出來。此類外來詞大部分不標聲調（若有標調，則主要是標重音），但大部分都加音節符號 "-"。像 Ô-xtrây-li-a （英語 Australia）、pa-lăng（法語 palan）、péc-măng-ga-nát（法語 permanganate）、ô tô（英語 automobile）、cà phê（coffee）、Ucraina （Ukraine）、photo copy（也寫做 pho to co py；來自英語 photocopy）。

整體來說，越南字的標點符號、大小寫、外來語的使用雖有一定的原則，但變通性仍大、穩定度還不夠。

5. 從台語學越南語的發音

越南語對咱台灣人來講並不難學。一般來說，若一禮拜學十小時，三個月後應該就可以熟悉越南語的語音與文字符號對應關係，而且基本的生活對話也應該可以掌握。若學一年以後，應該可以看懂越南語書七、八成以上。

越南語的音節結構與台語一樣，可以用圖表 13 來表示。該音節結

構內部每個位置都有它對應可以出現的音素（詳見附錄）。以下這節將從台語的角度來介紹越南語的字母符號和它對應的母音（vowels）、子音（consonants）和聲調（tones）。

圖表 13. 台語&越南語音節結構

聲調（tone）			
聲母 （onset）	韻母		
	介音 （glide）	核心 （nucleus）	韻尾 （coda）

5.1. 越南語的字母與母音對應

越南字母（母音的部分）和它對應的白話字（台灣字）、國際音標 IPA、出現條件及實例分別列在圖表 14。接續在圖表後面是針對每一個字母的介紹。

圖表 14. 越南字母的發音（母音）

越南字	台灣字	IPA	條件	實例
a	短 a	/ă/	後面若接 y, u	tay 手
	a	/a/	其他位置	ta 咱
ă	短 a	/ă/		ăn 食
â	短 o	/ɤ̆/		thấy 看
i	i	/i/		khi 當
y			主要用於漢越詞	đồng ý 同意
u	u	/u/		cũ 舊
ư	扁嘴 u	/ɯ/		từ 詞
ê	e	/e/		ghế 椅子
e	闊嘴 e	/ɛ/		em 少年
ô	o·	/o/		cô 姑
o	闊嘴 o·	/ɔ/		co 收縮
ơ	o	/ɤ/		thơ 詩
iê	ie	[i‿e]	其他位置	tiên 仙
yê	ie	[i‿e]	前面若接 /ʔ/或者介音/w/	yêu 喜愛 truyện 故事
ia	io	[i‿ə]	若沒有 介音/w/及韻尾	bia 啤酒 ia 大便
ya	io	[i‿ə]	前面若接/w/ 且後面無韻尾	khuya 半夜
uô	uo·	[u‿o]	其他位置	chuông 鍾
ua	uo	[u‿ə]	後面沒有韻尾	vua 國王
ươ	扁嘴 uo	[ɯ‿ɤ]	其他位置	được 可以
ưa	扁嘴 uo	[ɯ‿ə]	後面沒有韻尾	mưa 下雨

越南羅馬字 **a** 所對應的音素是/a/與/ă/（發音時間比/a/短），發音像白話字 **a**、華語注音符號ㄚ。各位讀者須注意，越南羅馬字 **a** 發音有分長、短二種：**a** 後面若接 y、u，發音時間就較短暫。

越南羅馬字 **ă** 所對應的音素是短母音/ă/（發音時間比 a 短）。在越南字裡，**ă**、**a** 皆表記母音/a/，但 **ă** 一定是短母音，**a** 大多數情形下是長母音。

越南羅馬字 **â** 所對應的音素是短母音/ɤ̆/，發音像白話字（台灣字）**短 o**（也就是發音時須比平時較短）、華語注音符號**短**ㄜ（也就是發音時比平時的ㄜ較短）。各位讀者須注意，越南羅馬字 **â** 並不是發/a/ 的音。有不少人受 â 的外形影響，導致誤發成/a/的音。

越南羅馬字 **i, y** 若出現於音節核心的時候它所對應的音素是/i/，發音像白話字 i、華語注音符號一。字母 **y** 通常出現於漢越詞裡。

越南羅馬字 **u** 所對應的音素是/u/，發音像白話字 u、華語注音符號ㄨ。

越南羅馬字 **ư** 所對應的音素是/ɯ/，發音像圓唇的 **u**，但嘴形須改為扁形。這個 **ư** 音對大多數的台灣人來說比較難發音。我們若發 **u** 音的時候，嘴形會呈現圓形。但是，發 **ư** 音時，嘴巴要微笑，讓嘴唇呈現扁平狀。

越南羅馬字 **ê** 所對應的音素是/e/，發音像白話字 e、華語注音符號せ。

越南羅馬字 **e** 所對應的音素是/ɛ/，發音像白話字**闊嘴** e、華語注音符號**闊嘴**せ。台灣人通常分不清越南字 **ê**、**e** 有何不同，因為台語裡面[ɛ] 和 [e] 都是同一個音素/e/的變體（allophones）。一般來說，發越南 **e** 音的時候，嘴巴要比 **ê** 張開大一些。

越南羅馬字 **ô** 所對應的音素是/o/，發音像白話字 **o**、華語注音符號ㄛ．

越南羅馬字 **o** 所對應的音素是/ɔ/，發音像白話字闊嘴 **o·**、華語注音符號闊嘴ㄛ。發越南 **o** 音時，嘴巴要比 **ô** 張開大一些。越南語裡 **ô**、**o** 的差別就和 **ê**、**e** 的差別一樣，都是嘴巴張開較小和較大的差別。

越南羅馬字 **ơ** 所對應的音素是/ɤ/，發音像白話字 **o**、華語注音符號ㄜ。越南羅馬字 **ơ**、**â** 都是發/ɤ/音，兩者差別主要是時間的長短：**ơ** 發一般長度，**â** 發短母音/ɤ̆/。就音韻的角度來說，雖然台語的央元音一般都選擇/ə/做主體音素，但它其實有[ə] 與 [ɤ] 的音素變體。所以，用台語白話字的 **o** 來發越南羅馬字 **ơ** 的音也勉強可以。

越南羅馬字 **iê**、**yê**、**ia**、**ya** 這 4 組符號都是表記越南語音素/i‿e/。在越南語裡，音素/i‿e/分為[i‿e]、[i‿ə]二種音素變體。其中 **iê**、**yê** 是表記[i‿e]，**ia**、**ya** 是表記[i‿ə]。

越南字 **iê**、**yê** 表記[i‿e]，發音像白話字 **ie**、華語注音符號ㄧㄝ。我們要如何知道何時用 **iê** 何時用 **yê** 呢？若是音節核心前面有介音/w/或者喉塞音/ʔ/，就用 **yê**;若沒有，就用 **iê**。此外，越南字 **iê**、**yê** 後面一定要接韻尾（coda）。

越南字 **ia**、**ya** 是表記[i‿ə]，發音像白話字 **io**、華語注音符號ㄧㄜ。若是音節核心前面有介音/w/或者喉塞音/ʔ/，就用 **ya**，若無就用 **ia**。此外，越南字 **ia**、**ya** 後面一定沒有韻尾。

越南字 **uô**、**ua** 都是表記越南語音素/u‿o/。越南語裡，音素/u‿o/分為[u‿o]、[u‿ə]二種音素變體。越南字 **uô** 是表記[u‿o]，發音像白話字 **uo**、華語注音符號ㄨㄛ。越南字 **uô** 後面一定要接韻尾。越南字 **ua** 是表記[u‿ə]，發音像白話字 **uo**、華語注音符號ㄨㄜ。越南字 **ua** 後面一定沒有韻尾。

越南字 **ươ**、**ưa** 都是表記越南語音素/ɯ‿ɤ/。越南語裡，音素/ɯ‿ɤ/分為[ɯ‿ɤ]、[ɯ‿ə]二種音素變體。越南字 **ươ** 表記[ɯ‿ɤ]，發音

像白話字**扁嘴 uo**、華語注音符號**扁嘴 ㄨㄛ**。所謂的「**扁嘴**」，它的發音方法與 **ư** 一樣，嘴唇須呈現扁平狀。越南字 **ươ'** 後面一定有接韻尾。越南字 **ưa** 表記[ɯ˔ə]，發音像白話字**扁嘴 uo**、華語注音符號**扁嘴 ㄨㄛ**。越南字 **ưa** 後面一定沒有韻尾。

5.2. 越南語的字母與子音對應

越南字母（子音的部分）及其對應的白話字（台灣字）、國際音標 IPA、出現條件與實例分別列於圖表 15。接續圖表後面是針對每一個字母的介紹。

圖表 15. 越南字母的發音（子音）

越南字	台灣字	IPA	條件	實例
đ	l	/d/		đi 去
t	t	/t/		tôi 我
th	th	/tʰ/		thu 秋
ch	類似 ch	/c/		cho 給
tr	捲舌 ch	/tʂ/	方言差	trồng 種
b	b	/b/		ba 三
p	p	/p/		pin 電池
ph	無	/f/		pháp 法
d	j	/z/	無規則	da 皮
gi	j		無規則，主要用於漢越詞	gia 家
g	j		後面若接 i	gì 什麼
	g	/ɣ/	其他任何情形	gà 雞仔
gh	g		後面若接 i, e, ê	ghi 紀錄
k	k	/k/	後面若接 i, y, e, ê,	kê 雞
q			後面若接介音/w/	quả 果子
c			其他任何情形	cá 魚仔
kh	類似 h 或 kh	/x/		khó 難
h	h	/h/		hỏi 問
v	無	/v/		về 回去
r	類似 j	/ʐ/	方言差	ra 出去
l	l	/l/		là 是
x	s	/s/		xa 遠
s	捲舌 s	/ʂ/	方言差	so 比較
m	m	/m/		mẹ 母親
n	n	/n/		nam 男
nh	類似 ng	/ɲ/		nhớ 思念
ngh	ng	/ŋ/	後面若接 i, e, ê	nghỉ 休息
ng	ng		其他任何情形	ngọc 玉

越南羅馬字 **đ** 所對應的音素是/d/，發音類似白話字 **l**、華語注音符號**濁化 ㄅ**"、英語 **dog** 裡面的 **d**。有學者認為越南語的音素/d/是不經過肺部的封閉音（implosive）[ɗ]。發這個音時經常會先喉塞音化（preglottalized）兼濁化（voiced），IPA 記為 [ʔd]。台語的 **l** 其實大多數的情形下都發成濁塞音[d]或是[ɾ]的音值，但後面若接低母音/a/時發音像邊音[l]。所以台語的 **l** 於大多數的情形下發音像越南話的 **đ**，但 **l** 後面若接低母音/a/時就不像。

越南羅馬字 **t** 所對應的音素是/t/，發音像白話字 **t**、華語注音符號ㄉ。

越南羅馬字 **th** 所對應的音素是/tʰ/，發音像白話字 **th**、華語注音符號ㄊ。

越南羅馬字 **ch** 所對應的音素是/c/，發音類似白話字 **ch**、華語注音符號ㄗ。發台語的 **ch** 音時，舌尖會接近牙齦；但是發越南話 **ch** 時，舌尖須稍微遠離牙齦。越南羅馬字 **ch** 可以出現在聲母（音節頭）也可以出現在韻尾。若出現於韻尾時，對台灣人來講，聽起來像/k/或者/t/。譬如，越南話 **sách** 聽起來像台語 **sàk**。台灣人要如何發越南語韻尾 **ch** 呢？可以把它當作台語 **t** 來發，但舌尖不能抵住牙齦。

越南羅馬字 **tr** 所對應的音素是捲舌音/tʂ/，發音類似白話字**捲舌 ch**（須捲舌）、華語注音符號ㄓ。

越南羅馬字 **b** 所對應的音素是/b/，發音像白話字 **b**、華語注音符號**濁化的ㄅ**"。華語裡ㄅ是清塞音，和越南字 **b** 發音不一樣，所以須把ㄅ發做濁塞音ㄅ"。因為華語無濁塞音符號，所以在此用 " 符號表示濁化。有學者認為越南語的音素 /b/ 是沒經過肺部的封閉音（implosive）[ɓ]。發這個音時常會先喉塞音化（preglottalized）兼濁化（voiced），IPA 記為 [ʔb]。

越南羅馬字 **p** 所對應的音素是/p/，發音像白話字 **p**、華語注音符

號ㄅ。越南羅馬字 **p** 很少出現在越南語，主要用於外來語。所以有些語言學家不把它算是越南語的音素。

越南羅馬字 **ph** 所對應的音素是/f/，發音像華語注音符號ㄈ、英語 father 的 **f**。初次學越南語的人較常誤把越南羅馬字 **ph** 當作送氣塞音/pʰ/，這點須注意。

越南羅馬字 **d**、**gi** 二個都是表記越南語音素/z/，發音像白話字 **j**、華語注音符號**不捲舌**的ㄖ。各位須注意，越南羅馬字 **d** 的發音和英語的 **d** 是不同的語音。另外，**gi** 只能表記/z/，並不是/zi/，所以在越南字裡 **da**、**gia** 兩者發音是一樣的，都念成/za/。

越南羅馬字 **g** 所對應的音素有二個：/z/和/ɣ/。越南羅馬字 **g** 後面若接 i，它就發/z/音，發音像白話字 **j**、華語注音符號**不捲舌**的ㄖ。越南羅馬字 **g** 後面若接 i 以外的字母，就發濁擦音/ɣ/。/ɣ/音類似白話字 **g**、華語注音符號**濁化** ê ㄍ"。

越南羅馬字 **gh** 所對應的音素是濁擦音/ɣ/，發音類似白話字 **g**、華語注音符號**濁化** ê ㄍ"。濁擦音/ɣ/雖然和濁塞音/g/不完全一樣，但語音非常接近。越南語裡的濁擦音/ɣ/其實有[ɣ] 和 [g] 的音素變體，和台語的 **g** 的音值有重疊。所以初學者把越南羅馬字 **gh** 當作台語的 **g** 來發也可以。越南羅馬字 **gh** 後面一定接「前母音」i, e, ê。

越南羅馬字 **k, q, c** 所對應的音素都是/k/，發音像白話字 **k**、華語注音符號ㄍ。當初會採用不同的符號表示同樣的語音，主要是因為當初參與設計的傳教士來自不同的語言背景。越南羅馬字 **q** 後面一定接介音/w/（文字符號 **u**），譬如 **quả**（水果）。若是 **k**，後面一定接「前母音」**i, y, e,** 或者 **ê**，譬如 kê（雞的漢越音）。其他的情形一定接 **c**，譬如 **cá**（魚）、**của**（的）。一定有讀者會感覺奇怪，為什麼 **của** 是用 **c** 而不是 **q**？這是因為 **quả** 和 **của** 音節裡面的 **u** 是不同屬性的關係。越南語 **quả** 的 **u** 是介音，但是 **của** 裡面的 **u** 和 **a** 合起來算是

一個雙母音 **ua** （發音[u‿ə]）。這從越南文字標調習慣可以看出來：若 **qu** 出現的時候，聲調一定標在 **qu** 以外的所在。

越南羅馬字 **kh** 所對應 ê 音素是軟頂 khok ê 清擦音/x/。越南話 ê 清擦音/x/其實有[x], [h] 和 [kʰ] 的音素變體。這個音類似台語白話字 h 或者 kh，華語ㄏ或者ㄎ，但是發音時須稍微有那種要清喉嚨、吐痰的摩擦聲。建議初學者先用台語的 kh 來發越南話的清擦音/x/。越南南部人發 kh 時，較像/h/，和台語的 h 完全一樣。

可能有一些人會認為為何越南語及台語的清塞音 p t k 不送氣，與英文的發音習慣不一樣？其實這也是台灣人受 KK 音標誤導及對英語的誤解所造成的錯誤想法。茲說明如下：

越南語及台語的塞音有 3 種，亦即「不送氣清塞音」、「送氣塞音」及「濁塞音」均可找到最小對立組（minimal pairs）。但英語只有兩種，「清塞音」及「濁塞音」。亦即英語人士的清塞音个區分「不送氣」及「送氣」的差別，而且是一種「無意識」的自然發音行為，且他們之間呈現一種「互補分布」（complementary distribution）的關係。譬如說，英文的 "spy" （爪扒仔）與 "pie" （蛋糕派）這兩個詞裡的 p，對英語人士來講，他們聽起來 2 個 p 的發音都是一樣的（phonology 音韻學的角度）。但是，若就語音學（phonetics）的角度，或從台語人士的聽覺來講，這兩個 p 的發音事實上是不同的，分別是不送氣的 [p]與有送氣的 [pʰ]。在這個例子，我們也可以說[p]與[pʰ]是英語的音素（phonemes）/p/ 的 2 個「音素變體」或者「同位音」（allophones）。

| pie | [pʰaj] | 有送氣 |
| spy | [spaj] | 不送氣 |

越南羅馬字 **h** 所對應的音素是/h/，發音像白話字 **h**、華語注音符號ㄏ。

越南羅馬字 **v** 所對應的音素是脣齒音/v/，發音像英語 **voice** 的 **v**。

越南羅馬字 **r** 所對應的音素是/ʐ/，發音類似華語注音符號ㄖ。

越南羅馬字 **l** 所對應的音素是邊音/l/，發音類似英語 **late** 的 **l**、華語注音符號ㄌ。台語白話字裡雖然也有 **l**，但它實際的發音較像越南話的 **đ**。

越南羅馬字 **x** 所對應的音素是/s/，發音像白話字 **s**、華語注音符號ㄙ。

越南羅馬字 **s** 所對應的音素是捲舌音/ʂ/，發音像華語注音符號ㄕ。初學越南語的人容易把越南羅馬字 **x**、**s** 搞混。各位須記得，**s** 是有捲舌、**x** 才是不捲舌。一般來說，河內的越南語是不分 **x** 和 **s**。

越南羅馬字 **m** 所對應的音素是/m/，發音像白話字 **m**。

越南羅馬字 **n** 所對應的音素是/n/，發音像白話字 **n**。

越南羅馬字 **nh** 所對應的音素是/ɲ/，發音類似白話字 **ng**。要發越南字 **nh** 語音，可以把它當做台語 **ng** 加上介音 **i**。譬如，越南話 **nhớ** 發音像台語 **ngio**，越南語 **nha** 發音像台語 **ngia**。

越南羅馬字 **ngh**、**ng** 二個都是表記越南語音素/ŋ/，發音像白話字 **ng**、英語 **long** 的 **ng**、華語的ㄥ。越南羅馬字 **ngh** 一定出現在「前母音」**i, e, ê** 的前面，其他的情形就用 **ng**。

5.3. 越南語的聲調

有關越南話的聲調到底有幾個，這就要看分類的標準為何；且各地方言的調類也不完全一樣。許多人都認為越語有 6 種聲調，其實這是受越南字裡的聲調符號所影響。當初傳教士僅在越南文字系統中表

記 6 種聲調是因為他們對聲調的掌握不夠充分，無法區分出以韻尾/p/（文字符號 p），/t/（t），/k/（c 或者 ch）收尾的聲調，以至於將他們歸類於 sắc 或者 nặng 調類去。若照傳統的分法，越南話有 8 種聲調（圖表 16），其中的「入聲調」在越南字裡合併到「去聲調」。[4]

圖表 16. 越南話的傳統聲調調類

傳統調類	平		上		去		入	
傳統調類[5]	浮	沉	浮	沉	浮	沉	浮	沉
越南聲調名稱	ngang	huyền	hỏi	ngã	sắc	nặng	sắc	nạng
數字 ê 調值	33	21	313	435	35	3	5	3
IPA ê 調值	˧	˨˩	˨˩˦	˦˧˥	˧˥	˧	˥	˧
註解							p t c ch 文字收尾	p t c ch 文字收尾

越南語的「**ngang 調**」若以五音階來看，它的調值（tone value）是 33，也就是聲調的頻率變化從 3 出發到 3 停止（也可以用五線譜的 **mi** 調到 **mi** 調來比喻）。Ngang 調和台語第 1、7 聲同樣是水平調（level tone），但是聽起來頻率比台語第 1 聲（44）較低，比台語第 7 聲（22）較高。台灣人聽越南人發 ngang 調時，多數會認知為台語的第 1 聲。越南人聽台灣人發台語第 1 聲及第 7 聲時，多數無法度分別出兩者的差異，都會將它當做 ngang 調。

越南語的「**huyền 調**」（21）在調形和調值方面和台語第 3 聲（21）很相近。調值（21），也就是聲調的頻率變化從五音階的 2 出發到 1 停止（或者是從五線譜的 **re** 到 **do**）。

---

[4] 與越南社科院漢喃所教授 Nguyễn Quang Hồng 的個人訪談。

[5] 「浮」（phù）類就類似台灣或者中國的「陰」，「沉」（trầm）就是「陽」。

　　越南語標準的「**hỏi 調**」是結合「下降」和「上升」的「降升調」，調值是 313。但是現在許多河內的年輕人的 hỏi 調的「上升」部分並不明顯。一般來說，越南語標準的「hỏi 調」和台語的第 5 聲（212）比較接近，也類似台灣華語的第 2 聲或北京話的第 3 聲。但是讀者需注意，台語第 5 聲有二種可能的調值，也就是降升調（212）和低升調（12）。[6] 若是發（12）調值的台灣人，在學越語「hỏi 調」時應注意加強聲調下降的部分。

　　越南語的「**ngã調**」（435）也是「降升調」，但它和「hỏi 調」比起來整體調值較高，而且發音時間（time duration）較短。在越南語裡，並不是所有的越語方言都有「ngã調」，譬如胡志明市，並沒有「ngã調」。那裡的人都把「ngã調」發成「hỏi 調」，所以在寫越南字時容易把「ngã調」寫成「hỏi 調」。「ngã調」是越南語聲調裡面台灣人較生疏且難發的一個調類。若要發出「ngã調」，可以初步當作「hỏi 調」，但是發音的時間要相對較短，頻率要整體拉高。

　　越南語的「**sắc 調**」實際上可細分為「高升」（35）和「高入聲」（5）二種調值。「高升」調值的「sắc 調」聽起來像台語第 9 聲（譬如，發「紅紅紅」的左邊第一個紅的聲調）或北京話第 2 聲。「高入聲」的「sắc 調」通常是出現於字尾有 p、t、c、ch 的音節，聽起來像台語的入聲調的第 8 聲。譬如，**sáng** 和 **sáp** 雖然都是「sắc 調」，但他們的調值不一樣：**sáng** 的發音時間較長，聽起來較柔軟，像北京話的第 2 聲（麻）；[7] **sáp** 的發音時間較短，聽起來較尖銳，像台語的第 8 聲。很多越南人，甚至是越語教師對於 sắc 調細分為二種調值的現象都不瞭解。因此常造成學生學習上的困擾。各位讀者應特

---

[6] 台灣的年輕人的第五聲通常是屬於降升調（212）。

[7] 台灣華語的第 2 聲（調值 212）和北京話的第 2 聲（調值 35）其實是不一樣。台灣華語的第 3 聲（調值 21）和北京話的第 3 聲（調值 313）也不一樣。

別注意此現象。

越南語的「**nặng 調**」相對其他的調類來說，發音時間較短。「nặng 調」也可以根據音節尾是否有 p、t、c、ch 收尾來細分二類。有 p、t、c、ch 收尾的聽起來像台語入聲調的第 4 聲或北京話的輕聲。無收尾的音節聽起來像台語第三聲，但發音時間稍微短一些；也有點像台語第 4 聲，但發音時間相對較長一些。譬如，**động** 和 **đọc** 雖然都是「nặng 調」，但是仍有些微不同：**động** 的調形類似台語第 3 聲和越語「huyền 調」，但是發音時間比「huyền 調」短、比 **đọc** 長；**đọc** 的發音時間比 **động** 短，較像台語的第 4 聲。

因為越南語很少有變調的現象，所以原則上怎麼說就怎麼寫。若遇到變調時，有時會標變調。比如，mười （數量 10 的意思）本調是 mười，它若前面接數字，譬如 hai mươi （20 的意思），就會變調成 mươi，書寫時就照變調寫 mươi。若是因為地方腔調的關係導致聲調有不一樣的時候，不同聲調的標法有可能會同時存在，譬如「感恩」可以寫成「cám ơn」或者「cảm ơn」。會同時存在的原因大部分是因為這些腔調已經很普遍了；若是腔調不普遍的時候，那種腔調的寫法通常會被認為寫錯了。以上所講的這種處理腔調的方式不限定在聲調，也適用在子音和母音的拼字上。

6. 結論

越南羅馬字在經過將近四百年的發展後，終於在二十世紀中取代漢字而成為越南唯一的正式文字。台灣白話字在台灣的發展也已超過一百多年；白話字的發展目前已突破「教會人士使用」的階段而朝向全民使用的新時期。[8]雖然白話字的發展較越南羅馬字慢，但就越南的

---

[8] 關於白話字是否只教會人士在使用，我們可以從近年白話字的作者、出版者、

成功例子，足以證明台語書面語要全面羅馬字化是有可能的。文字改革能否成功，通常取決於許多語言學和非語言學上的因素。就語言學的角度而言，白話字的設計比越南羅馬字簡單、又有系統性，實在足以擔任台灣的正式文字。

【原文曾發表於 2003 年「台灣的東南亞區域研究年度研討會」，台北，中研院，4 月 25-26 日。曾刊載於 2004 年《東南亞學刊》1 卷 2 期，頁 65-84。本篇論文根據原文增補修訂後收錄於此。】

推廣者來看：金安文教機構及康軒文教事業等所出版的國小鄉土語言教材、台譯 5%之世界文學台語版系列叢書、台文通訊、台文罔報月刊、台灣字期刊、伊索寓言台語版等非宗教出版品均有用白話字，成功大學台文系、真理大學台文系、台中教育大學台語系等大學均有教授白話字，台灣羅馬字協會及高雄羅馬字協會等非教會團體亦在推廣白話字。以上的例子足以說明不是只有教會人士才在使用白話字。

參考冊目

Chiung, Wi-vun Taiffalo. 1999. *Language Attitudes toward Taibun, the Written Taiwanese*. MA thesis: The University of Texas at Arlington.

Chiung, Wi-vun Taiffalo. 2001. Romanization and language planning in Taiwan. *The Linguistic Association of Korea Journal* 9（1）,15-43.

Chiung, Wi-vun Taiffalo. 2003. *Learning Efficiencies for Different Orthographies: A Comparative Study of Han Characters and Vietnamese Romanization*. PhD dissertation: The University of Texas at Arlington.

Chiúⁿ, Ûi-bûn; Chiu Tēng-pang; Iûⁿ Hūi-jû （eds.）2016. *The Odyssey of Taiwanese Scripts*. Tainan: Taiwanese Romanization Association & National Museum of Taiwan Literature.

DeFrancis, John. 1977. *Colonialism and Language Policy in Vietnam*. The Hague.

Đỗ, Quang Chính. 1972. *Lịch Sử Chữ Quốc Ngữ 1620-1659* [國語字歷史 1620-1659]. TPHCM: Tủ Sách Ra Khơi.

Đoàn, Thiện Thuật. 1999. *Ngữ Âm Tiếng Việt* [越南語語音]. Hà Nội: NXB Đài Học Quốc Gia.

Hannas, William. 1997. *Asia's Orthographic Dilemma*. Hawaii: University of Hawaii Press.

Nguyen, Dinh Hoa. 1997. *Vietnamese.* John Benjamins.

Thompson, Laurence. 1987. *A Vietnamese Reference Grammar*. Hawaii: University of Hawaii.

呂興昌 1994〈白話字中的台灣文學資料〉，< http://www.de-han.org/pehoeji/tbcl/>

張裕宏 2001《白話字基本論：台語文對應&相關的議題淺說》台北：文鶴。

蔣為文 2001〈白話字，囝仔人 teh 用 ê 文字？──台灣教會白話字 ê 社會語言學分析〉，《台灣風物》，第 51 卷第 4 期，頁 15-52。

蔣為文 2002〈越南的去殖民化與去中國化的語言政策〉，收錄於施正鋒編《各國語言政策》649-677 頁，台北前衛出版社。

蔣為文 2005《語言、認同與去殖民》台南：國立成功大學。

蔣為文 2007《語言、文學 kap 台灣國家再想像》台南：國立成功大學。

蔣為文 2011《民族、母語 kap 音素文字》台南：國立成功大學。

蔣為文 2014《喙講台語 手寫台文》台南：亞細亞國際播社。

蔣為文 2006《牽手學台語·越南語》台南：國立成功大學。

蔣為文、周定邦、楊蕙如 2016《探索台語白話字的故事》台南：台灣羅馬字協會&國立台灣文學館。

鄭良偉、鄭謝淑娟 1977《台灣福建話的語音結構及標音法》台北：學生。

賴永祥 1990《教會史話（第一輯）》台南：人光出版社。

附錄：

越南語羅馬字（chữ Quốc ngữ 國語字）的音素-文字符號對應及拼字法
Vietnamese Phonemes and Their Corresponding chữ Quốc ngữ

V.2.0C Designed by Taiffalo Feb. 28, 2017

Phonemes 音素	IPA 國際音標	越南語文字符號及其出現的位置				Conditions 條件	Examples 例	Notes 註明
		Onset 聲母	Glide 介音	Nucleus 韻腹	Coda 韻尾			
/p/	[p]	p				用於外來語	pin '電池'	
					p		tạp '雜'	
/t/	[t]	t					tôi '我'	
					t		tốt '好'	
/tʰ/	[tʰ]	th					thu '秋'	
/c/	[c]	ch					cho '給'	
/tʂ/	[tʂ]	tr					trồng '種'	方言
/k/	[k]	k				出現在前母音之前 /i e ɛ/（i, y, ê, e）	kia '那裏' ký '記' kê '雞' ke '牙垢'	法語影響
		q				僅出現在介音之前 /w/（u）	quả '水果' quy '龜' que '小棍子'	
		c				其他位置	cũ '舊' cữ '仍然' cô '姑' cơ '肌' con '子女' cá '魚'	
					c	其他位置	khác '其他'	
	[k͡p]				c	出現在圓唇的後母音之後 /u ɔ o/（u, o, ô）	ục '搗' học '學' ốc '田螺'	
	[c]				ch	出現在前母音之後 /i e ɛ̆/	thích '喜歡' ếch '青蛙' sách '書冊'	
/b/	[b]	b					ba '三'	註 *¹
/d/	[d]	đ					đi '走去'	註 *¹
/f/	[f]	ph					phải '必須'	古希臘語

/s/	[s]	x				需學習	xa '遠'	
/ʂ/	[ʂ]	s				需學習	sa '落入'	方言
/x/	[x]	kh					khi '..的時候'	
/h/	[h]	h					hỏi '問'	
/v/	[v]	v					về '回去'	
/z/	[z]	d				需學習	di '移' dì '姨' da '皮膚' dẻ '栗子'	
		gi				需學習（常用在漢越詞）	*gi*a '家' *gi*ũ '看守' *gi*ẻ '布'	義大利語影響
		g				在高前母音前 /i/（i）	*g*ì '什麼' *g*iếng '井'	
/ʐ/	[ʐ]	r				需學習	ra '出去'	方言
/ɣ/	[ɣ]	g				其他位置	gà '雞'	法語及義大利語影響
		gh				在前母音之前 /i e ɛ/（i, ê, e）	ghi '紀錄' ghê '發麻' ghe '木船'	
/l/	[l]	l					là '是'	
/m/	[m]	m					mẹ '母親'	
			m				nam '南'	
/n/	[n]	n					nam '南'	
			n				đen '黑色'	
/ɲ/	[ɲ]	nh					nhớ '記得'	葡萄牙語影響
/ŋ/	[ŋ]	ng				其他位置	ngọc '玉'	和 **g** 及 **gh** 的條件一致
		ngh				在前母音之前 /i e ɛ/（i, ê, e）	nghi '休息' nghề '行業' nghe '聽'	
			ng				hàng '貨物'	
	[ŋ͡m]			ng		在圓唇的後母音之後 /u ɔ o/（u, o, ô）	ung '腐臭' cong '彎曲' công '公'	雙重結束
	[ɲ]			nh		在前母音之前 /i e ɛ̆/	tinh '精' ềnh '展開地' nhanh*[2] '快'	和韻尾 **ch** 同條件

/w/	[w]	u			在高母音之前 /i e ɤ ɤ̆/ （y, ê, ơ, â） 或在文字 q 後 /k/（q）	nguy '危' Huế '順化' thuở '時期' xuân '春' que '小棍子' quả '水果' quốc*³ '國'	
		o			在低母音之前 /ɛ a ă/ （e, a, ă）	khoẻ '健康' hoa '花' xoăn '捲曲'	
/i/	[i]	i			其他位置	khi '..的時候'	註 *⁴
		y			常用於漢越詞	đồng ý '同意'	註 *⁴
/e/	[e]	ê				ghế '椅子'	
/ɛ/	[ɛ]	e				em '人稱'	
/ɛ̆/	[ɛ̆]	a			僅用於 -anh, -ach	thanh '聲音' sách '書冊'	
/u/	[u]	u				cũ '舊'	
/ɯ/	[ɯ]	ư				từ '詞'	
/o/	[o]	ô			其他位置	cô '姑'	
		ôô			在以下音素之 前 /ŋ k/ (ng, c)	côông côốc	僅少數案 例
/ɤ/	[ɤ]	ơ				thơ '詩'	
/ɤ̆/	[ɤ̆]	â				thấy '看見'	
/ɔ/	[ɔ]	o			其他位置	co '收縮'	
		oo			在以下音素之 前 /ŋ k/（ng, c）	coong xoong '鍋子' moóc '海象'	僅少數案 例
/ɔ̆/	[ɔ̆]	o			在以下音素之 前 /ŋ k/ (ng, c)	cong '彎曲' cóc '蟾蜍'	
/a/	[a]	a				và '以及' ai '誰'	
/ă/	[ă]	ă			其他位置	ăn '吃東西'	
		a			在以下韻尾之 前 y, u	tay '手臂' sau '稍後'	
/i‿e/	[i‿e]	iê			其他位置	tiên '先'	
		yê			在喉塞音/ʔ/ 或介音/w/之 後	yêu '愛' truyện '故事'	
	[i‿ə]	ia			沒有介音/w/ 且沒有韻尾時	bia '啤酒' ia '大便'	
		ya			介音/w/之後 且沒有韻尾時	khuya '午夜'	

/u‿o/	[u‿o]			uô	其他位置	chuông '鐘' uống '喝' quốc*³ '國'	
	[u‿ə]			ua	沒有韻尾	vua '國王' của '的' ùa '蜂擁'	
/ɯ‿ɤ/	[ɯ‿ɤ]			ươ	其他位置	được '可以'	
	[ɯ‿ə]			ưa	沒有韻尾	mưa '下雨'	
/w/	[w]			o	其他位置	vào '進入' sao '星星' keo '膠水'	
	[w:]			u	在高前母音之後 /i e ɯ ɤ ɯ ɤ i e/ （i, ê, ư, â, ươ, iê, yê） 或短母音之後 /ă ɤ̆/（a, â）	chịu '忍受' kêu '叫' cứu '救' Âu '歐洲' rượu '酒' kiêu '驕傲' yêu '愛' sau '稍後' đâu '何處'	
/j/	[j]			i	其他位置	tai '耳朵'	
	[j:]			y	短母音之後 /ă ɤ̆/（a, â）	tay '手臂' ấy '那個'	註 *⁴

註

*¹ 有些學者認為越南語音素/b/和/d/分別是閉塞音（implosive）[ɓ] 和 [ɗ]。發這兩個音時通常會先喉塞音化（preglottalized）且濁化（voiced），IPA 記為 [ʔb] 和 [ʔd]。

*² 在這個案例中 **a** 其實是短前元音[ɛ]。

*³ 在古時候，quốc 的發音是[kwɤ̆k]（如同 quắc 的發音），但當今它發成 [ku‿ok]（如同 cuốc）。在 quốc 的拼字裡，u 字母代表雙母音/u‿o/的前半段部分，而非屬於介音（glide）的/w/。

*⁴ 字母 **y** 通常用在表記漢越詞（從漢語進到越語的外來語）。但是，y 有時是用在區分韻腹或韻尾的差別，譬如 túi（i 是韻尾）和 tuý（y 是韻腹）；有時用在長短音的差別，譬如 tai（i 是短的半母音）和 tay（y 是長的半母音）。

第八章

越南少數民族
族語分類及教育現況

1. 前言

越南是一個多語言、多民族的國家，官方正式認定公布的民族共有 54 族。依據越南統計總局（Tổng Cục Thống Kê 2010）於 2010 年所公布，於 2009 年進行的人口普查結果，全國總人口約 8,584 萬人。其中主體民族「京」（Kinh）族占 85.7%，其餘 53 個少數民族佔 14.3%（參閱附錄一）。少數民族之間的人口也相差懸殊，100 萬以上只有 5 族，100 至 10 萬之間有 14 族，在 10 至 1 萬之間有 18 族，至於 1 萬以下的有 16 族。從比例來說，超過越南總人口 1%的少數民族只有 6 族：岱族（Tày） 2.2%、泰族（Thái） 1.8%、芒族（Mường） 1.48%、高棉族（Khmer; Khơ me） 1.47%、苗族（Mông; Hmông） 1.24%，其餘的 47 族共佔 6.11%。

若就語言分類的角度來看，越南的民族數量遠多於 54 個民族。根據 Ethnologue（Lewis 2009:537）的紀錄，若不包含手語，越南境內共有 105 種語言。越南政府認定的 54 個民族分屬於下面 5 個語系：「南亞語系」（Austro-Asiatic），「壯侗語系」（Daic）、「苗瑤語系」（Hmong-Mien; Miao-Yao）、「南島語系」（Austronesian）和「漢藏語系」（Sino-Tibetan）。屬於南亞語系的越南語（京族的族語）被採用為全國性官方語言，用於教育體制及大眾媒體。約 90%的少數民族人口均可使用不同程度的越南語。近年來隨著少數民族語言意識的抬頭，民族母語的教育權與傳播權逐漸受到重視。譬如，在越南之聲廣播電台已經使用一些少數民族語如苗語、泰語、高棉語、Xơ đăng、Ba na、Gia rai 等放送。

本研究從社會語言學的角度，針對族語分類、文字化、族語教育及族語傳播權等方面來探討越南少數民族族語發展現況。由於時間與文獻材料有限，本研究僅為初步之報告，尚待後續之田野訪視。

2. 民族與族語分類

　　民族與語言的分類通常受主客觀因素影響。即便是客觀因素，也會因為不同的分類標準而有不同的結果。至於主觀因素，更容易受族群自我認同及統治者的政治經濟考量而互有歧見。

　　越南位處語言分布極為複雜的東南亞，且大多數語言屬於極有分類爭議的奧斯楚大語門（Austric phylum）（Ruhlen 1991:148-158），其中以壯侗語系及苗　語系的歸屬最具歧見。因此，國際上及越南國內的語言學者對於越南境內的語言分類未必完全一致（Lewis 2009; Trần 2000; Hoàng 2002; Đặng et al. 2000）。本論文綜合學界較多數的分類法加上筆者個人意見，初步將越南官方認定的 54 民族語言分類如圖表 1。

圖表 1. 越南境內民族語言分類

語系 （英文/越文名稱）	語支 （越文名稱）	語言 （越文名稱）
南亞語系 （Austro-Asiatic; Nam Á）	越芒 （Việt Mường）	越語（Kinh）、芒（Mường）、Thổ、Chứt
	孟高棉 （Môn-Khơ me）	Ba na、Brâu、Bru、Chơ ro、Co、Cơ tu、Cơ ho、Gié-Triêng、Hrê、Kháng、Khơ mer、Khơ mú、Mạ、Mảng、Mnông、Ơ đu、Rơ măn、Xinh mun、Xtiêng、Xơ đăng、Tà ôi
壯侗語系 （Daic; Tày Thái; Thái Kađai）	加岱（Kađai）	Cơ Lao、La Chí、La ha、Pu Péo
	泰（Thái）	Bố Y、Giáy、Lào、Lự、Nùng、Sán Chỉ、Tày、Thái
苗瑤語系 （Hmong-Mien; Miao-Yao; Mèo Dao）	Mông、Dao、Pà Thẻn	
南島語系 （Austronesian; Nam Đảo）	Chăm、Chu ru、Ê Đê、Gia rai、Ra glai	
漢藏語系 （Sino-Tibetan; Hán Tạng）	漢（Hán）	Hoa （華）、Ngái、Sán Dìu
	藏（Tạng）	Cống、Hà Nhì、La Hủ、Lô Lô、Si La、Phù Lá

　　越南語因為過去曾用漢字且有許多漢越詞，於 20 世紀初曾被誤會為漢藏語系的成員。後來經過深入研究，才發現越語應該分類在南亞語系底下較適當（Ruhlen 1987: 149-156）。

　　從中國移居到越南的 "華人"（或所謂廣義的漢人）在越南的民族認定上被分為華族（Hoa）、Ngái 與 Sán Dìu 三族。華族其實是複數族群的綜合體，主要包含來自中國講廣東話、福建話、潮州話、海南島、客家話等族群（Trần 2000:54-55; Đặng et al. 2000:226）。這些族群在不同時期陸續移居到越南，其越化的程度也不同。依據越南於 2009 年的人口普查結果，共計有 823,071 華人。

　　早期華人移居到越南時通常依其籍貫而分成福建幫、粵幫、潮州幫等等，且仍傳承其自己族群的母語。至二十世紀初中華民國建立後，由於以北京話為標準的國語運動的推行，這些華人開始接受與學習北京話。筆者於 2011 年 2 月 11 日於越南胡志明市的二府會館訪問到該廟管理委員楊先生（祖籍福建廈門，父母均廈門人，當時 80 歲，來到越南為第三代）。楊先生不僅講越南話，尚能講流利的廈門話。由於台語與廈門話相當接近，筆者用台語與楊先生溝通時並無語意了解上的困難。楊先生小時候在廟裡用廈門話讀漢文，除了會族語廈門話之外，讀書時也學北京話。他後來娶了一位廣東籍的太太，因而學會廣東話。他表示，他的語言流利程度分別為越南語、廈門話、廣東話與北京話。他的小孩會越南語及廣東話，但廈門話不太會講。

　　華族雖然被列為越南 54 個少數民族之一，然而華語（北京話/普通話/漢語）與漢字卻被越南人與越南政府視為 "外國語文"。譬如，中文系被列在外語學院，電視及廣播節目的華語教學被當作外語教學節目。可能因為中國將華語及漢字列為官方語文，故越南採取這樣的做法。這種做法值得台灣參考。

　　在華族之外，Ngái 與 Sán Dìu 又被獨立分類出來。為何 Ngái 與 Sán Dìu 會被單獨列出來?這二族的語言究竟為何，他們與華族重疊的程度有多少?尚須進一步的研究才能解答這些問題。

　　依據 2009 年的越南人口普查結果，Ngái 族共計有 1,035 人，比

1989 年統計的 1,318 人數少了 283 人[1]。依照越南學者的陳述，Ngái 又稱為 Hắc Cá, Sán Ngái, Xín, Lô, Đản, Hẹ, Xuyến, Ngái Lầu Mần 等不同名稱（ Viện Ngôn Ngữ Học 2002; Trần 2000; Đặng et al. 2000; Bùi 2004）。Ngái 族極有可能為台灣所稱呼的「客家人」。由於 Ngái 從不同時期進入越南，且其分散在越南北中南各地所遇到的鄰近族群亦不盡相同，可能因此而有不同的族群稱呼。在胡志明市的客家人一般稱為 Người Hẹ （華夏人）或崇正人。在越南，「客家人」（Hak-ka ngin）並不是一個統一的概念與專有名詞，有些在台灣客家眼裡的"客家人"並不認為他自己是"客家人"。此外，有些華人眼中的客家人其實是指廣東人、福建人、潮州人及海南人以外，來自中國其他省分的人通稱為客家人。

　　究竟 Ngái 是否講單一的客語，或是不同的客語方言，甚至是不同語言?其語言活力為何?人口的減少是因為族群認同的轉變（從 Ngái 族到 Hoa 族）或越化的結果?由於越南學者對 Ngái 族語言調查幾近於零，進一步的田野調查有待進行（Trần 2000:114）。近年，台灣的中央大學客家語文研究所碩士生吳靜宜（2010）曾到越南做客家族群及客語研究。雖未能針對越南的客語做全面系統性調查，但因 Ngái 族研究相當缺乏，該論文仍不失其足資參考的價值。

　　依據吳靜宜（2010:137）的調查發現，該地客語受廣東話及潮州話影響不少。胡志明市的客語因內部有方言差，故沒有形成優勢腔，亦即沒有一個主流的客語標準做為所有客家人的共通語（lingua franca）。在華人社區互動中，客家人反而多使用較強勢的廣東話，客語不僅退到家庭中使用，甚至廣東話也逐漸滲透到家庭領域。

　　除了 Ngái 族之外，另一個被獨立出來的是 Sán Dìu 族。越南學界

---

[1] 1989 年統計數字根據 Trần （2000:114）。

對於 Sán Dìu 族及其語言的研究仍相當稀少。據 Trần（2000:76）的簡介，Sán Dìu 語介於華語及越南另一個民族 Sán Chay 的兩者之間。具體狀況仍有待調查。

3. 民族書寫文字

越南以越南語為官方語言，故越南語的文字化及標準化工作最為完備，同時越南文也成為越南各民族間的主要溝通語文。依據 2009 年人口普查結果，越文識字率達 94%。其他各民族的文字發展則依歷史背景及社會條件不同而有異。目前仍有近半數的民族沒有正式或完善的母語書寫系統。即使那些有傳統文字或新造文字的民族，其民族母語文字普及率也不盡相同。筆者根據 Trần（2000）、Viện Ngôn Ngữ Học（2002）、Coulmas（1999）、Nida（1971）及 Lewis（2009）的資料，將各民族的文字現況整理於圖表 2。

圖表 2. 越南境內各民族文字現況

	文字型式	語言文字名稱	
有文字	羅馬字式	越語、Ba na、Bru, Chơ ro、Chu ru、Co、Cơ ho、Cơ tu 、Ê Đê、Gia rai、Gié-Triêng、Hrê、Mnông、Mông、Tà ôi、Ra glai、Xtiêng、Xơ đăng、Chăm*、Mường、Tày*、Nùng*、Thái *	
	漢字式	漢字	華語
		喃字	Cao Lan、Tày*、Nùng*、Dao*
	梵文式	Chăm*、Khmer、Lào、Thái *	
	彝字	Lô Lô	
無文字	其餘民族		

4. 教育權與傳播權

關於民族語文方面，越南政府採取雙軌政策。亦即，一方面規定越語及越南文（羅馬字）為官方語言文字，做為全民及各少數民族間的溝通語文，另一方面在憲法及法律層面保障各民族使用民族語言與文字的權利（Trần 2003:63-68; 2004）。

以 2001 年 12 月 25 日修訂，1992 年 4 月 15 日制訂的最新越南憲法為例，第五條規定如下：

越南社會主義共和國是共同生活在越南國土上的各民族的統一國家。國家實行各民族間的平等、團結及互助之政策，絕對禁止任何民族歧視及分化的行為。所有民族均有權使用自己的語言及文字、維護

族群認同、以及發展其善良風俗、習慣、傳統和文化。國家實行各方面的發展政策,逐步提高少數族群同胞的物質與精神生活。

除了憲法的保障外,越南教育法也有關於語文的規定。譬如 2009年 11 月 25 日最新修訂版的越南教育法（Luật giáo dục Số: 44/2009/QH12）第七條（Điều 7）規定:

> 越南語用於學校及各種教育場合。......國家應創造有利的條件供少數民族學習自己民族的族語及文字並發揮其民族文化特色......。

雖然越南於憲法及法律層次保障少數民族的語言、文字與文化的發展,但在現實上未必能夠全面落實到所有的民族。以教育而言,欲達成完整的民族母語教育,其基礎工作之一為文字標準化。然目前全越南約有一半的民族尚無民族書面語文字。即使已有文字的民族,其文字標準化的程度也不一。

在大眾媒體方面,國營的越南電視台（Đài Truyền hình Việt Nam[2]）下屬 VTV5 於 2002 年 2 月 10 日成立,專門以少數民族語言播放節目[3]。依 VTV5 全國性及其地方電視台節目時間表來看,歷年來有以下這些語言輪流時段播出:Hmông、Ê Đê、K'ho、Ba na、Khơ me、Xtiêng、Chăm、Xê Đăng、Rắc Lây、Xơ đăng、Mường、Hrê、Gié Triêng、Jơrai、Thái、Dao 等。節目內容主要為時事新聞、政令宣導與民歌及民俗活動等。通常播報員使用民族母語播報,但字幕配越南文。

---

2 官網<http://vtv.gov.vn/home/>
3 關於 VTV5 的詳細資料,可參閱其官網
 <http://truyenhinhdantoc.info/index.asp?langid=1>

圖表 3. 越南 VTV5 電視台的少數民族語節目

　　除了電視台之外，國營的越南之聲廣播電台（Đài Tiếng nói Việt Nam[4]）也有專屬的少數民族語言台 VOV4。依據其官網公告之資料，各區域電台播放的語言包含 Hmông、Mnông、Ê Đê、K'ho、Ba na、Khơ me、Chăm、Xê Đăng、Xơ đăng、Mường、Gia rai、Jơrai、Thái、Dao 等。

　　Tày 族與 Nùng 族合計起來為越南最多人數的少數民族，但在現有資料中卻沒有發現以 Tày 或 Nùng 語發聲的電視台或電台節目。究竟是資料有遺漏或另有其他政治考量因素，有待後續追蹤研究。

5. 結語

　　越南為一多民族的國家。雖然在憲法及法律層次均保障少數民族的語言文化發展之權利，但在落實面仍有加強的空間。越南於 1945 年宣布獨立至 1986 年革新開放這一段期間，主要以越南語文為推動主

---

4 官網<http://tnvn.gov.vn/>

軸。之後，隨著越南經濟逐漸發展及注重文化多樣性的國際潮流影響，越南也逐步落實多民族語文政策。目前越南尚有半數的民族沒有民族書寫文字，建議越南應以政府力量協助制訂標準文字以利後續的族語教育之進行。此外，在大眾傳播媒體中，應讓各民族至少有一台以上的地方電台或電視以利族語的傳播。若能達到此目標，越南則更能符合聯合國教科文組織於 2001 年呼籲各國政府遵守的世界文化多樣性宣言的精神與宗旨。

【原文以〈越南少數民族族語發展現況調查〉標題發表於 2011 年台灣的東南亞區域研究年度研討會，4 月 29 日-30 日，台北，淡江大學。本篇論文根據原文增補修訂後收錄於此。】

參考書目

Bùi, Thiết. 2004. *Dân Tộc Việt Nam & Các Tên Gọi Khác* [越南民族及各式稱呼]. Hà Nội: NXB Thanh Niên.

Coulmas, Florian. 1999. *Encyclopedia of Writing Systems*. Oxford: Blackwell.

Đặng, Nghiêm Vạn; Thái Sơn Chu; and Lưu Hùng. 2000. *Ethnic Minorities in Vietnam*. Hà Nội: NXB Thế Giới.

Grimes, Joseph E. and Barbara F. Grimes. 1996. *Ethnologue: Language Family Index*. Dallas: SIL International.

Hoàng, Văn Ma. 2002. *Ngôn Ngữ Dân Tộc Thiểu Số Việt Nam: Một Số Vấn Đề về Quan Hệ Cội Nguồn và loại hình học* [越南少數民族語言:關於語源及分類的一些問題]. Hà Nội: NXB Khoa Học Xã Hội.

Lewis, M. Paul. （ed）. 2009. *Ethnologue*. Dallas: SIL International.

Nida, Eugene A. 1971. *The Book of a Thousand Tongues*. London: United Bible Societies.

Ruhlen, Merritt. 1991. *A Guide to the Would's Lanugages. Volume 1: Classification*. London: Edward Arnold.

Tổng Cục Thống Kê. 2010. Báo cáo kết quả chính thức tổng điều tra dân số và nhà ở 1/4/2009. [2009 年全國人口及住屋總調查報告] <http://www.gso.gov.vn/default.aspx?tabid=403&idmid=2&ItemID=9782>

Trần, Trí Dõi. 2000. *Nghiên Cứu Ngôn Ngữ Các Dân Tộc Thiểu Số Việt Nam* [越南少數民族語言研究]. Hà Nội: NXB Đại Học Quốc Gia Hà Nội.

Trần, Trí Dõi. 2003. *Chính Sách Ngôn Ngữ Văn Hóa Dân Tộc ở Việt Nam*[越南民族語言文化政策]. Hà Nội: NXB Đại Học Quốc Gia Hà Nội.

Trần, Trí Dõi. 2004. *Thực Trạng Giáo Dục Ngôn Ngữ ở Vùng Dân Tộc Miền Núi Ba Tỉnh Phía Bắc Việt Nam* [越南北部三省山地區少數民族的語言教育實況]. Hà Nội: NXB Đại Học Quốc Gia Hà Nội.

Viện Ngôn Ngữ Học. 2002. *Cảnh Huống và Chính Sách Ngôn Ngữ ở Việt Nam* [越南語言情形及語言政策]. Hà Nội: NXB Khoa Học Xã Hội.

吳靜宜 2010. 越南華人遷移史與客家話的使用—以胡志明市為例。碩士論文：中央大學。

附錄一

越南各少數民族之統計資料（2009 年）

	主要名稱	又稱	人數	分部區域	使用語言	使用文字	備註
1	Kinh（京）		73,594,341	Cả nước 全國	Tiếng Việt（越南話）	chữ Quốc ngữ（越南國語字）	
2	Tày（岱）	Thổ	1,626,392	Cao Bằng, Hà Giang, Tuyên Quang, Lạng Sơn, Bắc Kạn, Thái Nguyên, Lào Cai, Yên Bái, Bắc Giang, Hà Tây, Hòa Bình, Nghệ An, Hà Tĩnh	Tày	羅馬字（1961年製）	中國也有分布，稱為壯族
3	Thái（泰）	Tày, Pu Thang, Tai,	1,550,423	Sơn La, Lai Châu, Lào Cai,	Thái	古泰文、泰式羅馬字	泰國、寮國與中國也

		Thay		Yên Bái, Hòa Bình, Nghệ An, Hà Tĩnh, Thanh Hóa			有分布
4	Mường（芒）	Mol	1,268,963	Hòa Bình, Thanh Hóa, Hà Tây, Vĩnh Phúc, Phú Thọ, Sơn La, Lào Cai, Yên Bái, Ninh Bình	Mường	羅馬字	
5	Khmer（高棉）	Khơ me	1,260,640	Hậu Giang, Cửu Long, Kiên Giang, An Giang, Minh Hải, Tây Ninh, Đồng Nai, Sóc Trăng, Châu Đốc, Trà Vinh	Khmer	古 Khmer 文	柬埔寨也有分布

| 6 | Mông（苗） | Hmông, Mèo | 1,068,189 | Hà Giang, Tuyên Quang, Lào Cai, Yên Bái, Lai Châu, Sơn La, Nghệ An, Hà Tây, Hà Tĩnh, Hòa Bình, Cao Bằng, Thanh Hóa, Lạng Sơn, Bắc Kạn, Thái Nguyên | Mông | 羅馬字（1961年製） | 中國、寮國、泰國也有分布 |
| 7 | Hoa（華人） | Hắc Cá, Pạc Và, Ngái, Xa Phăng, Xường Phống, Thông Nhằm … | 823,071 | Quảng Ninh, Bắc Giang, Hà Giang, Tuyên Quang, Cửu Long, Hậu Giang, Hải Phòng | 華語（含各地方語言） | 漢字 | |

| 8 | Nùng（儂） | | 968,800 | Lạng Sơn, Cao Bằng, Hà Giang, Tuyên Quang, Bắc Kạn, Thái Nguyên, Bắc Giang, Hoàng Liên Sơn | Nùng | 羅馬字（1961年製） | 中國也有分布，稱為壯族 |
| 9 | Dao（瑤） | Người Mán | 751,067 | Hà Tuyên, Hoàng Liên Sơn, Cao Bằng, Lai Châu, Quảng Ninh, Lạng Sơn, Bắc Kạn, Thái Nguyên, Sơn La, Hà Tây, Hòa Bình, Vĩnh Phúc, Phú Thọ, Bắc | Dao | 漢字、喃字 | 中國、寮國、泰國也有分布 |

				Giang, Thanh Hoá			
10	Gia rai		411,275	Gia Lai, Kontum, Đaklak, Bình Thuận, Ninh Thuận	Gia rai	羅馬字（19世紀末法國人製）	
11	Ê Đê	Ra đê, Đê	331,194	Đaklak, Phú Yên, Khánh Hoà	Ê Đê	羅馬字（19世紀末法國人製）	
12	Ba na		227,716	Gia Lai-Kontum, Quảng Ngãi, Bình Định, Phú Yên, Khánh Hòa, Đaklak	Ba na	羅馬字（1861法國人製）	
13	Xơ đăng		169,501	Kontum, Quảng Nam, Quảng	Xơ đăng	羅馬字（美國人製）	

			Ngãi, Bình Định, Đaklak			
14	Sán Chay	Cao Lan, Sán Chỉ	169,410	Hà Giang, Tuyên Quang, Bắc Cạn, Thái Nguyên, Bắc Giang, Quảng Ninh	Tiếng Cao Lan, tiếng Sán Chỉ	無
15	Cơ ho		166,112	Lâm Đồng, Ninh Thuận, Bình Thuận	Cơ ho	羅馬字（法國製、美國及越南人修改）
16	Chăm（占）	Chàm	161,729	Thuận Hải, Phú Yên, Khánh Hòa, Quảng Ngãi, Bình Định, An Giang, Tây Ninh, Đồng Nai	Chăm	古 chăm 文

17	Sán Dìu	Trai đất, Mán Đất, Mán quần cộc, Slản Dáo, Sơn Man	146,821	Bắc Kạn, Thái Nguyên, Vĩnh Phúc, Phú Thọ, Bắc Giang, Quảng Ninh, Hà Giang, Tuyên Quang	Sán Dìu	無	
18	Hrê	Re	127,420	Quảng Ngãi, Đaklak	Hrê	羅馬字（美國人製）	
19	Mnông	Biắt	102,741	Đaklak, Lâm Đồng, Sông Bé, Quảng Nam	Mnông	羅馬字（美國人製）	柬埔寨也有分布，稱為 Biắt
20	Ra glai		122,245	Ninh Thuận, Bình Thuận, Phú Yên, Khánh Hòa	Ra glai	羅馬字（DTGP製）	

21	Xtiêng		85,436	Sông Bé, Gia Lai, Kontum, Đồng Nai	Xtiêng	羅馬字（美國人製）	
22	Bru	Bru -Vân Kiều	74,506	Quảng Trị, Quảng Bình	Bru	Bru 羅馬字（美國人製）Vân Kiều 羅馬字（DTGP 製）	
23	Thổ	Cuối, Đan lai, Ly Hà, Tày Poọng	74,458	Tây Nghệ An	接近Mường語	無	
24	Giáy		58,617	Lào Cai, Yên Bái, Hà Giang, Tuyên Quang, Lai Châu	Giáy	無	
25	Cơ tu	Teu, Khat, Attouat	61,588	Quảng Nam, Thừa Thiên	Cơ tu	羅馬字（美國人製）	

26	Gié-Triêng	Gié, Triêng	50,962	Kontum, Quảng Nam	Giẻ	羅馬字（美國人製）	
27	Mạ		41,405	Lâm Đồng, Đaklak	Mạ	無	
28	Khơ mú	Tay Huy, R. Thenh, Mun Xan	72,929	Nghệ An, Sơn La, Lai Châu	Khơ mú	無	
29	Co	Cua	33,817	Quảng Ngãi, Quảng Nam	Co	羅馬字（美國人製）	
30	Tà ôi	Ta ôi – Pa cô	43,886	Tây Thừa Thiên	Tà ôi, Pa cô	羅馬字（美國人製）	
31	Chơ ro		26,855	Đồng Nai, Ninh Thuận, Bình Thuận	Chơ ro	羅馬字（美國人製）	
32	Kháng		13,840	Lai Châu, Sơn La	Kháng	無	
33	Xinh mun		23,278	Sơn La, Lai Châu	Xinh mun	無	

34	Hà Nhì	Cô Chồ, La Mi	21,725	Lai Châu, Lào Cai, Yên Bái	Hà Nhì	無	
35	Chu ru		19,314	Lâm Đồng	Chu ru	羅馬字（美國人製）	
36	Lào（寮）		14,928	Lai Châu, Sơn La, Nghệ An, Hà Tĩnh	Lào	古寮文	寮國也有分布
37	La Chí		13,158	Lai Châu, Lào Cai, Yên Bái	La Chí	無	中國也有分布
38	La Ha		8,177	Sơn La, Lào Cai, Yên Bái	La Ha	無	
39	Phù Lá		10,944	Lào Cai, Yên Bái, Hà Giang, Tuyên Quang	Phù Lá	無	
40	La Hủ	Cò Sung	9,651	Lai Châu（Mường Tè）	La Hủ	無	
41	Lự		5,601	Lai Châu	Lự	無	中國也有分布，稱為傣族

42	Lô Lô	Mun Di	4,541	Cao Bằng, Hà Giang, Tuyên Quang	Lô Lô	彝文	中國也有分布，稱為彝族
43	Chứt	Mày, Rục, Sách, Arem, Mã Liềng	6,022	Quảng Bình	Chứt	無	
44	Mảng	Mảng Ư, Xá Mảng	3,700	Lai Châu（Mường Tè）	Mảng	無	
45	Pà Thẻn	Pà Hưng	6,811	Hà Giang, Tuyên Quang	Pà Thẻn	無	
46	Cơ Lao		2,636	Hà Giang, Tuyên Quang（các huyện Đồng Văn, Hoàng Su Phì, Mèo Vạc）	Cơ Lao	無	

47	Cống	Xá Khao, Côông	2,029	Lai Châu（h. Mường Tè）	Cống	無	
48	Bố Y		2,273	Hà Giang, Tuyên Quang（h. Quản Bạ）	Bố Y	無	
49	Ngái	Hắc Cá, Sán Ngải, Xín, Lô, Đản, Hẹ, Xuyến, Ngái Lầu Mần	1,035	Thái Nguyên, Bắc Cạn, Bắc Giang, Lạng Sơn, Cao Bằng, Tuyên Quang, Quảng Ninh, TPHCM	Ngái		
50	Si La		709	Lai Châu（h. Mường Tè）	Si La	無	
51	Pu Péo	La Quả, Ka Bẻo	687	Hà Giang, **Tuyên Quang**	Pu Péo	無	中國也有分布

52	Brâu		397	Gia Lai - Kontum	Brâu	無	
53	Ơ đu		376	h. Tương Dương, Nghệ An	Ơ đu	無	
54	Rơ măn		436	Gia Lai, Kontum	Rơ măn	無	柬埔寨也有分布
55	外國人		2,134				
56	不確定		86				
總共			85,846,997				

本表內容參考下列資料整理而成：

Tổng Cục Thống Kê. 2010. Báo cáo kết quả chính thức tổng điều tra dân số và nhà ở 1/4/2009.

Viện Ngôn Ngữ Học. 2002. *Cảnh Huống và Chính Sách Ngôn Ngữ ở Việt Nam* [越南語言情形及語言政策]. Hà Nội: NXB Khoa Học Xã Hội.

Trần, Trí Dõi. 2000. *Nghiên Cứu Ngôn Ngữ Các Dân Tộc Thiểu Số Việt Nam* [越南少數民族語言研究]. Hà Nội: NXB Đại Học Quốc Gia Hà Nội.

第九章

越南的明鄉人與華人移民的

族群認同與本土化差異

1. 前言

公元 1644 年農民軍領袖「李自成」攻入北京，「崇禎」皇帝自縊，大明帝國亡。原為明將、鎮守山海關的「吳三桂」帶領立足於東北的滿清軍隊入關，不久清軍擊敗農民軍並遷都北京，開啟滿族人統治中國的歷史。大明帝國滅亡後，殘餘的宗室與遺將各自四散，形成與大清對抗的「南明」與「明鄭」時期數十年。這些四散的皇族宗室、官員、遺將與難民等分別遷徙到台灣、越南及東南亞各地（華僑志編纂委員會 1978; 陳烈甫 1983; 吳鳳斌 1994; 李恩涵 2003; 陳錦昌 2004; 湯錦台 2005;）。

明末兵荒馬亂之際，台灣正由荷蘭人統治當中。公元 1661 年，因南明「隆武」皇帝賜姓「朱」而有「國姓爺」之稱的鄭成功率二萬五千士兵攻打佔領台灣的荷蘭人（史明 1980:102; 王育德 1993:56; 湯錦台 2001:137; 陳錦昌 2004:102）。1662 年荷蘭人投降，台灣自此開始由鄭成功家族統治直至 1683 年「施琅」率領清軍攻佔台灣為止。這些在荷蘭時期陸續移民到台灣開墾的漢人及由鄭氏王朝帶來的士兵、家眷及難民共計數萬人。這些人，除了部分被遣返中國之外，其餘多數與台灣當地的原住民通婚及同化，最後「本土化」形成台灣人。

大約同時期，依據越南阮朝官史《大南寔録》前編卷五之記載，鄭成功的舊屬龍門總兵「楊彥迪」（Dương Ngạn Địch）、高雷廉總兵「陳上川」（Trần Thượng Xuyên）等人於 1679 年[1]率兵三千餘人投靠

---

[1] 鄭瑞明（1976:26）認為楊等入越時間應該是 1681 年「三藩之亂」結束以後較合理。根據越南胡志明市「明鄉嘉盛堂」（亦即明鄉會館）的介紹手冊，楊彥迪等人入越時間為 1683 年（Đặng Thanh Nhàn 2010:8）。陳荊和（1960:454）亦認為應在 1682 年底至 1683 年之際。

當時越南的阮氏政權[2]（藤原利一郎 1949:379; 陳荊和 1960:436; 華僑志編纂委員會 1958:32; 鄭瑞明 1976:25-26; 許文堂、謝奇懿 2000:3; Đặng Thanh Nhàn 2010:8; 三尾裕子 2008:5）。此外，明朝遺臣後代、廣東雷州莫府城人「鄭玖」（Mạc Cửu）於 1671 年率眾四百餘人前往柬埔寨南方蠻荒之地開墾。後來鄭玖於公元 1708 年歸順越南阮氏政權並將開墾之土地送給越南顯宗孝明皇帝，因而獲封「河仙鎮大總兵」（藤原利一郎 1949:383; 華僑志編纂委員會 1958:219; 陳重金 1992:242; 許文堂、謝奇懿 2000:5）。這些不願被滿清統治的明朝遺民最後落腳越南，大多數均與當地越南女子通婚而逐本土化，形成目前通稱的「明鄉人」（người Minh Hương）。越南明鄉人就如同明鄭時期流亡到台灣的漢人一樣，經由通婚及各式本土化過程，已建立起強烈的在地認同。基本上，明鄉人均使用越南語且完全融入越南當地文化，其身分證件的民族類別也登記為「京族」（Kinh 越南主體民族）。

　　繼明鄉人之後，較近且顯著的遷徙時間是 19 世紀末至 20 世紀前半段，這段期間陸續有華裔族群移入越南。在日本侵略中國及國共內戰期間，大批華裔族群移居到越南避難。這些從中國移居到越南的華裔族群在越南的民族認定上被分為華族（Hoa）、客家（北部常稱為 Ngái，南部常稱為 Hẹ[3]）與 Sán Dìu 三族。依據越南於 2009 年的人口普查結果，共計有 823,071 位華人。華族其實是複數族群的綜合體，主要包含來自中國講廣東話、福建話（以漳州、泉州及廈門為主）、潮州話、客家話、海南島等不同語言的族群。這些族群在不同時期陸續移居到越南，其越化的程度及保留族群母語及文化的程度也不同。

---

[2] 公元 16 至 18 世紀左右，越南正處於南北分裂時期。北方為鄭氏政權，南方為阮氏政權（或謂廣南國），雙方大至以目前越南中部的靈江（Sông Gianh）為界（Trần Trọng Kim 2002:312; 郭振鐸、張笑梅 2001:459）。

[3] 越南文 Người Hẹ 的原意為「華夏人」。

其族群認同與國家認同亦隨不同情境而有所變動。總體而言，相較於明鄉人的越南化，這些較晚才遷徙到越南的華裔族群在某些程度上還保有祖國中國的原鄉認同。也因強烈的原鄉認同而與當地社會產生衝突，造成越南於 1950 至 1970 年代採取明顯的排華政策。

台灣於 1945 年二次大戰終戰後也遭遇以蔣介石為首的百萬中國軍民的遷徙入台[4]。這些來自中國各省份的中國人猶如 17 世紀的明鄉人般地流落到台灣。由於移居台灣的時間仍短，土著化程度有限，故大多數仍存有強烈的中國認同。這些中國認同當然與本地的台灣認同起衝突，而有所謂的「省籍衝突」或「族群衝突」；這些衝突的本質其實是國家認同的差異，與越南的排華運動本質類似。

本研究之目的擬以人類學「土著化」的角度探討明鄉人及近代華人遷徙到越南後的族群認同與本土化過程之異同。早期關於明鄉人及華人的研究多數以文獻的考究為主，近年以日本東京外國語大學亞非研究所三尾裕子為代表的跨國研究團隊則以人類學的訪談方式到越南進行實地訪查，其成果提供了不少新的發現與見解（三尾裕子 2007, 2008; 芹澤知　2007; Trần Hồng Liên 2007; 中西裕二 2008）。有鑑於文獻考究對本研究議題的侷限，本論文的研究方法除了包含文獻回顧之外並到越南針對明鄉人及華人進行實地訪問與調查。越南田野訪查時間地點分別為 2008 年 9 月 2-3 日（「會安[5]」）、2011 年 8 月 9-14日（「胡志明市[6]」及「前江省[7]」）、2012 年 11 月 16-19 日（「胡志明市」及「同奈省」的「錦美縣[8]」） 及 21-23 日（「會安」）、2013

---

[4] 依據黃宣範（1993:25）估計，1949 年移居台灣的中國軍民約 121 萬人，本土台灣人約 660 萬。
[5] 越南文 Hội An.
[6] 越南文 Thành phố Hồ Chí Minh.
[7] 越南文 T. Tiền Giang.
[8] 越南文 H. Càm Mỹ.

年 1 月 31 日-2 月 6 日及 9 月 28 日-10 月 2 日（「胡志明市」）。

2. 專有名詞界定與討論

本論文所談的「本土化」是指人類學角度的「土著化」（indigenization）概念，亦即由移民社會（immigrant society）變成「土著社會」（native society）的轉變過程。例如早期漢人由唐山移民來台灣時，剛開始逢年過節會想要回到故鄉唐山和親人團圓，甚至若往生後也想要落葉歸根將屍體送回唐山埋葬。這是移民社會現象，也就是移民者仍有過客心態。但經過一定的時間與社會情境的發展，那些漢人移民漸漸地「他鄉變故鄉」發展出在地認同，過年、過節不再回去唐山，去世後也直接埋在台灣。最終那些漢人移民認為自己也是台灣人，台灣是他們的新故鄉。這就是土著化的過程。陳其南（1994:92）指出，由 1683 到 1895 的 200 多年當中，台灣的漢人移民社會漸漸的形成土著社會[9]。意即在日本與中華民國政權陸續來到台灣之前，台灣早已形成土著化社會。至於本文討論的二個主要對象明鄉人與華人移民到越南後，是否仍存有移民心態與現象，或已完全本土化？若已本土化，其程度與內涵為何？此為本研究關心之焦點。

本論文內的專有名詞「華裔」、「華僑」、「華人」、「中國」、「唐人」、「漢人」、「明人」、「清人」等意涵稍異。茲解釋與定義如下：

「華裔」是指從中國移居他國後所傳的後代。就血統來看，這些人有純粹華人血統（即父母均為華人），也有混血種（譬如，父親為華人或華裔，母親為當地女子）（陳烈甫 1983:12）。隨著移民定居當地的時間久遠，通常華裔的華人血統會逐代減少，且已取得當地之

---

[9] 三尾裕子（2006）也有類似的看法。

國籍。通婚通常是同化的重要過程之一（Gordon 1964）。影響華裔族群保持華裔認同的客觀因素大致為華文教育、族語使用、略知中國史地、與華人交往等因素（陳烈甫 1983:13; 周勝皋 1961）。

「華僑」是指中國人移居或僑住外國領域且未喪失中國國籍者（楊建成 1985:2; 1984）。這些華僑通常是因為經商而短暫停留在外國。華僑移居國外若年代久遠且經過土著化過程，就形成華裔或華人。「華人」為清末以來逐漸普遍的用語，泛指祖先多少具有中國血統，但不論其國籍為何者。華裔與華人的主要差別在於土著化程度及該族群在當地國是否成為主體民族。一般來講，華裔通常指已經某種程度的土著化，且族群人口分散或僅佔當地人口極少比例者。譬如，華裔美國人。如果華裔人口分布集中或佔當地多數，就有可能稱為華人或以新名詞出現。譬如新加坡華人、馬來西亞華人及越南華人（người Hoa[10]）等。以新名詞出現的例，如馬來西亞的 Baba Nyonya（華人與馬來人通婚之後代）、越南明鄉人、台灣的台灣人等。儘管這些用詞用語有相對客觀的區分標準，但影響族群認同最重要的還是當事人主觀的自我認同。

「中國」這個政治名稱是近代 20 世紀起才開始普遍使用。目前「中國」通常是指中華人民共和國轄內之疆域。中國人則常指政治上具中國國籍的人。其實，早期中國在不同時期與不同地區有不同的稱呼。大唐時期，大唐國民南渡到東南亞經商者不少。因而東南亞各地常稱中國為「唐山」、中國人為「唐人」（陳烈甫 1983:92-93）。譬如，筆者於 2011 年 8 月至馬來西亞檳城進行田調時，當地福建裔華人仍使用「唐山」（Tn̂g-soaⁿ）、「唐人」（Tn̂g-lâng）用語。

---

[10] 在越南語裡，華人稱為 người Hoa，當代中國人稱為 người Trung Quốc，較早之前也用 người Trung Hoa （中華人）稱中國人。

　　在台灣，早期也分用「唐山」（Tn̂g-soaⁿ）稱呼中國，用「唐山人」（Tn̂g-soaⁿ-lâng）或「唐山客」（Tn̂g-soaⁿ-kheh）稱呼中國人（王育德 1993:96;甘為霖 1978:707;麥都思 1832:661;杜嘉德 1873:510;小川尚義 1931:395）。譬如台語諺語裡說「有唐山公，無唐山媽[11]」，直譯為「有來自唐山的男性祖先，但沒有來自唐山的女性祖先」，意指「當時的唐山移民多數為男性，他們後來也多數娶了台灣當地的女性為妻」。這句諺語說明了明鄭時期及滿清統治台灣初期，從中國移民到台灣的明人通常與台灣本地原住民通婚而逐漸土著化的現象。「唐山人」一詞原本可以是"自稱"也可以是"他稱"，但隨著土著化過程的進行及本地意識的高漲，唐山人逐漸成為他稱，形成「唐山（中國）和本地（台灣）的地域性和社會性的對立抗爭」（史明 1980:198）。這種唐山（中國）和本地（台灣）的區分在十九世紀末已被鞏固化和擴大化（史明 1980:198）。以台語諺語：「唐山客對半說[12]」（意指來自中國大陸的行商漫天開價，必須打對折）為例，清末時期的台灣人已自認為台灣本地人，唐山客或唐山人則用來稱呼那些來自中國的商人（王育德 1993:96）。進入二十世紀以後，一方面是土著化的關係，另一方面是日本統治期間促成近代化與資本主義化，促使台灣社會與台灣人意識的形成（史明 1992:220）。意即這時期起「台灣人」一詞已廣泛取代「唐山人」一詞，成為台灣人自稱的主流。

　　目前台灣普遍以「漢人」一詞來描述當時從中國移民來台的人。「漢人」原本是指漢朝的人民（麥都思 1832:208;杜嘉德 1873:118）。這個詞彙在台灣被普遍使用與中華民國來台有關。中華民國開國之初

---

[11] 台語白話字 Ū Tn̂g-soaⁿ-kong, bô Tn̂g-soaⁿ-má.

[12] 台語白話字 Tn̂g-soaⁿ-kheh tùi-pòaⁿ soeh.

強調漢、滿、蒙、回、藏五族共和，「漢人」一詞被用來做為國家內部族群名稱之稱呼，而「華人」則因應「中華」概念的產生，成了外界及移居海外的中華民國人的新稱呼。

　　繼「唐人」之後，大明時期的居民亦被稱為「明人」，大清時期則稱為「清人」。這些用詞在越南國史裡常有所見。譬如，1840 年《大南寔錄》正編第二紀卷 208 裡記載（許文堂、謝奇懿編 2000:210）：

> 戶部奏言嘉定別納各戶有**唐人**屯田四耪二百三十六人歲納稅錢人各六緡老疾半之且彼等本自清國投來雖不與**清人**同幫而稅例豈應有異惟據所著貫址均在南圻各省社村不知是原**清人**而冒著抑或我民而冒從**唐人**簿額求免兵徭請令省臣察覈何人確是我民貫南圻各省者抽回受差如有見成家產願附籍于所寓者亦聽其餘清人插入屬省各幫照從**明鄉**例征稅有物力者銀二兩無物力者銀一兩。

　　本論文在論文書寫過程中，有時為明確反應某特殊時空情境下的稱呼而分別採用明人、清人、明鄉人、華人、華僑、中國人等不同用語。

　　各時期從中國移民到越南的明人/清人/華人均會建立或依既有的「會館」為活動中心。這些會館通常會祭祀神明或祖先，且為重要的社群網絡聯繫中心。這些會館可分為二大類：第一類為明鄉人主導的俗稱明鄉會館的會館。譬如，胡志明市的「明鄉嘉盛堂[13]」、邊和市的「新鄰亭[14]」及會安市的「明鄉萃先堂[15]」。明鄉嘉盛堂源自新鄰

---

[13] 越南文 Hội Đình Minh Hương Gia Thạnh.
[14] 越南文 Đình Tân Lâm.

亭，且同處越南南部，故雙邊的成員仍互動頻繁。至於明鄉萃先堂因位於越南中部，與南部的嘉盛堂與新鄰亭已無往來。在作者訪談當中，萃先堂的幹部甚至認為嘉盛堂與新鄰亭是華人在主導而非明鄉人。這是頗特殊的現象！

　　會館的第二類為華人主導的五幫會館。這些會館依照原屬族群（幫）籍貫而劃分地盤，譬如，福建會館、廣肇會館（廣東幫）、潮州會館、瓊府會館（海南幫）及客家會館等。即使來自同一省分，也會依語言/城市差細分地盤。譬如胡志明市的「霞漳會館」（漳州）及「溫陵會館」（泉州）等。這些五幫會館均由華人主導，各館互相之間目前仍有往來，譬如互贈牌匾等。但在當代，這些會館與明鄉會館已無往來。過去是否有往來則不可而知。經訪查，其原因大致為：第一，語言因素。華人多數仍使用自己的族群母語，但明鄉人已使用越南語。雖然多數華人均通曉越南語，但畢竟母語的情感不同。第二，族群文化認同差異。明鄉人均認同自己是越南人，對越南有較深的土地情感且已建立在地化的社會網絡。對明鄉人而言，中國的祖籍地只是歷史上的過去記憶，已無實質上的人際網絡上聯繫的需要。第三，經濟因素。依據受訪人 A 及 B 表示，1975 年越南解放後明鄉人的經濟狀況大幅衰退。相形之下，在 1990 年代越中關係改善以後，在越華人的經濟狀況隨著越南的開放而逐漸富裕。由於經濟上的不對等，也促使明鄉人及華人之間少有聯繫。

3. 明人到落地生根的明鄉人

　　中國與東南亞之交流大約奠基於漢、唐時代。之後，在宋、元、明、清及 20 世紀時期均有中國人因做生意或戰亂等因素而陸續移居到

---

[15] 越南文 Minh Hương Tuy Tiên Đường.

東南亞（華僑志編纂委員會 1978; 吳鳳斌 1994）。東南亞各國中，越南因與中國陸地相連，且於漢唐時期曾受中國直接統治，故很早即成為中國人經商與移居的國家之一（Trần Trọng Kim 1921;郭振鐸、張笑梅2001）。

雖然中國人很早就有遷徙到越南的紀錄，然而因年代久遠或因人數有限，這些早期移民早已融入越南社會文化之中而難以辨識。目前，尚可藉由文獻或文化表徵來辨認的華裔後代幾乎都是從大明帝國時期以來陸續遷徙到越南的移民。

公元 1405 年，大明帝國永樂 3 年，「鄭和」帶領二萬八千餘人開啟七下西洋的歷史。鄭和的首站「占城[16]」即位於現在越南中部（華僑志編纂委員會 1958）。1492 年「哥倫布」（Christopher Columbus）代表歐洲人第一次航行到美洲大陸；幾年後，葡萄牙的航海人「達伽碼」（Vasco da Gama）於 1498 年經由「好望角」（The Cape of Good Hope）開啟歐洲到印度的新航線。15 世紀的結束剛好是新航線、大航海時代的開始。在亞洲，隨著新航線時代腳步而來的是國際貿易、西歐的傳教活動和殖民主義。

自 16 世紀中葉到 18 世紀末，當時越南正屬南北分裂、鄭阮紛爭時期。北方的鄭氏政權（或謂「鄭主」Chúa Trịnh）以「舖憲」（Phố Hiến）一地為主，南方的阮氏政權（或謂「阮主」Chúa Nguyễn）則以「會安」（Hội An）從事國際貿易。越南中部的海港會安在占城時期即為東南亞重要的國際貿易港口之一。這些商人包含來自葡萄牙、大明帝國、日本、台灣、荷蘭等地（Trương Hữu Quỳnh 等 2006:371; 華僑志編纂委員會 1958:32;湯錦台 2005:179-180; Wheeler 2003; 譚志詞

---

[16] 占城為占族人建立的東南亞文明古國，位置大約位於現在越南中部大部分土地。占城於 17 世紀末為越南阮氏政權所滅，其地變成現在越南中部各省（陳重金 1992:240）。

2005）。當時的明人多數乘冬季東北季風南下到會安，再利用夏季吹西南季風時回國，因而也被當地越南人稱為 **người Tàu** （越南喃字寫為「人艚」），意指「坐船來的人」。

早期會安的大明商人聚集的地方稱為「大明客庯」，後來也稱「大唐街」，均屬於臨時性之僑居地（陳荊和 1965）。當大明帝國亡國之後，越來越多的明人為避戰亂或因不願臣服滿清而遷徙到會安。當時北方的鄭主雖不拒絕明人入境，但採嚴格的入籍同化政策以避免滿清藉故干涉。相形之下，阮主的廣南國離滿清較遠，較無清軍入侵的壓力。因此阮主採取歡迎的態度，以期利用明人的資源以對抗鄭主及促進南疆之開拓（陳荊和 1965, 1960, 1968）。阮主給予這些擬在越南落地生根的明人特典，亦即設立特別的村社組織，稱為「明香社」（Minh Hương xã）。「明香」之原義為「維持明朝香火」。明香社的男性大多數為明人或明越混血，而女性則多為當地越南人（陳荊和 1965）。這種情形類似二次大戰後蔣介石從中國帶百萬軍眷到台灣一般，多數未婚男性軍人與台灣當地女性通婚。根據陳荊和（1965）及三尾裕子（2008:6）的研究，大約 1650 年左右聚集在會安的明人開始建立明香社。當時會安的明人約有五千人之多（湯錦台 2005:180）。其中，據 Wheeler （2003）指出，有 170 餘名鄭成功舊屬從台灣流亡到會安海關任職。

明鄭遺將楊彥迪與陳上川等人率眾投靠擁有會安的阮氏政權後，阮主授予官職並負責開墾南方，包含現今越南南部的「嘉定」、「定祥」、「邊和」等地。此外，流亡到柬埔寨且開墾「河仙」一帶有成的「鄭玖」於 18 世紀初也投靠阮主。河仙一帶後來成為越南南部的河仙省。楊彥迪、陳上川與鄭玖等這些人均成為越南南部明鄉人的始祖（Đặng Thanh Nhàn 2010:8）。

公元 1802 年阮世祖統一越南，以越南中部「順化」為首都，建立

越南最後的王朝「阮朝」。阮世祖於 1807 年下令在全國設立明香社以管理明人後裔並編入戶籍。至阮聖祖即位後，於 1827 年起將「明香」改為「明鄉」，視明鄉人為已入籍的越南人（陳荊和 1965:1; 藤原利一郎 1976:260）。由於明鄉人的權益優於清國商人，故清國時期才移居來越南的清人，與越南女子通婚後其後代亦多自認為明鄉人（華僑志編纂委員會 1958:41; 三尾裕子 2008:10）。因此明鄉人不再只是明朝香火之原義，而泛指華越通婚的後代子孫。

究竟現在還有多少人明鄉人?其族群文化認同為何?若依據華僑志編纂委員會（1958:43）轉述南洋年鑑的記載，「明鄉華僑以南越為最多，其人數在 1921 年為 64,500 人，1931 年增為 73,000 人」。但，文中的「明鄉華僑」究竟是明鄉人還是華僑?因未交代清楚，故不得而知。早期法屬時期或中華民國僑務委員所做之華僑人口調查，主要係針對「華僑」而非明鄉人（楊建成編 1984:92）。此外，由於年代已久遠，且目前越南身分證上並沒有明鄉人的民族選項，故恐怕難以估計。依筆者走訪胡志明市、邊和市及會安的明鄉會館所做的調查，若以當代仍有出入各地明鄉會館且自認為明鄉人者來推估，可能只有數百人或最多上千人而已。

4. 當代越南化的明鄉人

上節所述為歷史上的明鄉人，至於當今的明鄉人及其後代的情形為何？本節將針對胡志明市的「明鄉嘉盛堂」、邊和市的「新鄰亭」及會安的「明鄉萃先堂」所做的田調重點摘錄於下[17]。

---

[17] 除了上述三個明鄉會館之外，胡志明市還現存有幾個明鄉會館，譬如福安會館、義潤會館及富義會館。福安會館（Phước An Hội Quán）目前也稱關帝廟，位址在 184 Hồng bàng, Phường 12, Quận 5, TPHCM. 福安會館的入口處、碑文及匾額上仍殘留「明鄉」及「Chùa Minh Hương」字樣。雖從建物遺跡可看出福安

　　胡志明市的「明鄉嘉盛堂」，又稱為「明鄉會館」、「明鄉嘉盛會館」或「嘉盛堂」，位於胡志明市第五郡陳興道路 380 號[18]。根據嘉盛堂入口處的碑文介紹，明鄉嘉盛堂於 1789 年由 81 位明鄉人共同創立，以紀念陳上川（Trần Thượng Xuyên）、鄭懷德（Trịnh Hoài Đức 1765-1825）、阮有鏡（Nguyễn Hữu Cảnh 1650-1700）及吳仁靜（Ngô Nhân Tịnh 1761-1813）等人。這四人當中，除了阮有鏡以外，其餘均為明鄉人後代。依據受訪人 A 及 B 的意見，越南南部早期普遍使用「Ba Tàu」稱呼明鄉人或華人則源自於此：Ba Tàu 指陳上川、鄭懷德及吳仁靜三人。「Ba」在越南語裡指數字「三」，「Tàu」原意為「船」，延伸指來自中國的人。

　　明鄉嘉盛堂分為正殿與後殿。正殿中央祭祀明末皇帝（牌位上寫「龍飛」二字）、「五土尊神」、「五穀尊神」、「東廚司令」及「本境城隍」。依據嘉盛堂介紹手冊內的介紹，「龍飛」為明末皇帝的年號（Đặng Thanh Nhàn 2010:17）。事實上，明朝並無龍飛的年號。「龍飛」應為明鄉人自創、虛擬、象徵性的明朝皇帝年號。其初期用意可能為避免直接使用明朝皇帝年號以免公開得罪當時的大清皇帝及收留明鄉人的越南阮朝皇帝。由於年久失傳，明鄉人後代就誤以

會館為明鄉人的會館，但經實地訪查，該館目前主要為華人（主要為廣東幫）在經營與祭拜。透過與明鄉嘉盛堂的報導人 D 的訪談，D 認為福安會館為華人的會館而非明鄉會館。依此推測，福安會館過去可能曾經是明鄉人聚集的會館，後來才轉為以祭拜關公（主要）及媽祖（其次）為主的華人在經營。義潤會館（Hội Quán/Định Nghĩã Nhuận）位址在 27 Đường Phan Văn Khỏe, Phường 13, Quận 5, TPHCM. 依據報導人 D 的看法，義潤會館為明鄉人的會館，但經實地訪查發現，該館目前主要祭拜關聖帝君、天后聖母及本境城隍，來參拜者有華人及越南人。該會館的建物及扁額並未留下明鄉的字樣，僅部分匾額仍存有「龍飛」年號。富義會館（Phú Nghĩã Hội Quán）位址在 16 Đường Phú Định, Phường 11, Quận 5, TPHCM. 部分匾額仍存有「龍飛」年號。
[18] 越南文 380 Đường Trần Hưng Đạo, Phường 11, Quận 5, TPHCM.

為龍飛為明末皇帝的真實年號。

正殿右側（面向門外）祭祀鄭懷德與吳仁靜。左側（面向門外）祭祀陳上川及阮有鏡，其神位兩側並有對聯如下：

恥作北朝臣綱常鄭重

寧為南國客竹帛昭垂

該對聯似可表明陳上川等早期明鄉人之反清心態。

正殿上方亦懸掛不少不同時期的牌匾。依據報導人 C 表示，其中的「敦本睦鄰」及「正氣長存」分別為蔣介石及陳誠於 1960 年代致贈給嘉盛堂。該牌匾上原刻有蔣介石及陳誠的名字，但 1975 年南北越統一後為避免政治上的敏感問題而主動去除其名字。

明鄉嘉盛堂後殿主要祭拜三繼賢及歷年對經營嘉盛堂有功的幹部。三繼賢是指王光珍、柯文麟與康成源三位於 1924 年協助出錢出力重建嘉盛堂有功的人士。在正殿通往後殿的通道上存放著早期明鄉人穿過的鞋子與帽子。此外，據報導人 A 表示，解放（1975）前該通道上的神桌上曾供奉鄭成功的神位。

明鄉嘉盛堂的成員須為明鄉人（從父系）後代才能加入。組織上，由自治的管理委員會管理。管理委員會（Ban Quản trị）約三年改選一次，一般成員（穿黑色禮服）約當過三年的幹部才能被選為鄉長（Hương trưởng），須當過鄉長（穿藍色禮服）的成員才能被選為管理委員會委員（Ủy viên），至少當過三年委員才能晉升為視事鄉長（Hương trưởng thị sự）。當過視事鄉長且年齡至少四十五歲以上才能被推舉為正主（Chánh chủ）。「正主」為組織中最高的職位，正主共有三位：一位負責對外業務，一位負責對內業務，一位負責擔任管理委員會的主任委員（Trưởng ban）。

目前，明鄉嘉盛堂係屬民間私人團體經營。該堂於 1993 年 1 月 7 日獲越南文化通訊部公認為歷史文化遺蹟。依據受訪人 A 及 B 表示，

營運經費主要由其明鄉成員及來訪賓客自由奉獻。越南政府雖有公認嘉盛堂為歷史文化遺蹟，但並沒有提供經費援助。依據受訪人 A 及 B 表示，明鄉會館是明鄉人重要的集會所，每逢過年過節均有集會活動以凝聚明鄉人的意識。在解放之前，胡志明市的滇邊府路上有許多明鄉人的會館，每逢過年過節均會辦桌宴客並發紅包、獎學金或敬老金給明鄉成員。解放後，當時的政府對明鄉會館並沒有太多善意，甚至不少明鄉人被清算鬥爭，因而許多明鄉人四處逃難或隱密身分。這種緊張關係直至 1990 年代越中關係改善後才隨之改善。依據受訪人 A 及 B 表示，解放前常來明鄉嘉盛堂的成員約有二、三百人之多，但當今的人數已急遽下降。依筆者於 2013 年春節聚會活動觀察到的人數為例，僅剩數十人參加而已。

在禮俗方面，除少部分外，明鄉人大致依照越南京族人的習俗。依據受訪人 A 及 B 表示，該堂明鄉成員於結婚前二日須回到嘉盛堂祭拜。有新生兒出生時家屬須通報會館[19]。新生兒滿月時會請客，但不做四月及週歲禮。年老去世時，其喪禮依照越南京族儀式。唯一不同處是送終時須到明鄉會館向祖先道別，由會館指派幹部二人代表回禮（京族是由家屬回禮）。祭祀時穿戴的禮帽（Khăn xếp）具有九層（意指「長久」），與越南京族的三層稍微不同。明鄉人與京族人一樣於過年前接祖先回來過年，但京族人農曆初三就送祖先回去，明鄉人初六才送走祖先。至於清明節，明鄉人不過清明節，但當代華人則保留。雖然受訪的明鄉人表示不再過清明節，且根據嘉盛堂壁上所刻的年度祭祀活動日也沒記載清明節，但嘉盛堂最新版介紹手冊內容卻新增清明節活動（Đặng 2010）。

---

[19] 目前每年約 2~4 位新生兒來報到。

圖表 1. 胡志明市明鄉嘉盛堂年度祭祀活動

日期(農曆)	祭祀活動	越文原文
01 月 07 日	春首祭	Cúng Xuân Thủ
01 月 16 日	求安節祭祀	Cúng Kỳ Yên
03 月份	清明節祭祀*	Cúng Thanh Minh
03 月 19 日	天后靈魂的祭祀	Cúng Vía Bà
05 月 05 日	端午節祭祀	Cúng Đoan Ngọ
06 月 29 日	祭拜 Trưởng Công Sĩ	Cúng Ông Trưởng Công Sĩ
07 月 11 日	三繼賢祭祀	Cúng Tam Kế Hiền
07 月 16 日	張夫人祭祀（杜氏祭祀）	Cúng Bà Trương (Đỗ Thị)
08 月 15 日	中秋節	Lễ Trung Thu
10 月 01 日	紀念吳仁靜開墓	Cúng kỉ niệm ngày bốc mộ Ông Ngô Nhân Tịnh
10 月 16 日	謝神祭祀	Cúng Tạ Thần
12 月 22 日	冬至祭祀	Cúng Đông Chí
12 月 16 日	祭拜 Tạ Tỉnh	Cúng Tạ Tỉnh
12 月 24 日	送神祭祀	Cúng Đưa Thần
12 月 25 日	掃墓祭祀	Cúng Tảo Mộ
12 月 28 日	迎祖先祭祀	Cúng Rước Ông Bà
12 月 30 日 (晚上 7 點)	迎神祭祀	Cúng Nghinh Thần

*近年新增，謹記載三月份，無指定日期。

至於語言方面，明鄉人基本上使用越語，不懂漢字與漢語。筆者於 2011 年 8 月 10 日（農曆 7 月 11 日）前訪越南胡志明市的「明鄉嘉盛堂」。那時剛好舉行「三繼賢祭祀」（cúng Tam Kế Hiền），與會明鄉人約十餘人，全程以越南語進行。他們均不懂華語或各幫語言（譬如福建話或廣東話），漢字頂多僅認識幾個字（譬如自己的姓名）。之後幾次針對不同明鄉人的訪問，也大致得到相同的答案。以

受訪人 A、B（二人均大約 50 歲）及 D（56 歲）為例，他們的阿公那一代還會講廣東話/福建話與法語（因法國殖民時期），但下一代之後廣東話/福建話就失傳，完全使用越語。另一位 1926 年出生的受訪人表示，祖先於 17 世紀末來自中國廣東，他本身會越語、法語、英語及一些簡單的廣東話，子女則不會廣東話。這是唯一一位受訪人表示還會一些簡單廣東話。依此推測，明鄉人的父輩族語（廣東話或福建話等）大約到 20 世紀初期左右已開始明顯大幅度失傳。

另外，報導人 D（女性，1957 年生）亦提供一份家傳殘缺的手抄族譜給作者（見附錄一）。透過該族譜，亦可從不同面向瞭解明鄉人。該份族譜的抄寫者 E 與 D 的阿公為堂兄弟關係，亦即 E 為 D 的叔公。茲摘要該族譜之重點如下：

第一，該份族譜由越南羅馬字及漢字雙文字的方式呈現。人名及地名則偶有喃字（chữ Nôm）出現。譬如在越南出生的第四代祖先名字「Hai」（數字「二」的意思，因排行老二）用喃字寫成「㝵」。越南羅馬字的表記以越南語發音為準，但也有發現少部分的例外。譬如，第五代女性祖先名字「花」用越式羅馬字記為「Huê」，該發音與台語/咱人話/福建話的「Hoe」一致[20]。該詞可能是延續前人的福建話用語而來。此外，漢字的越南語發音以文言音為主，但也有發現同一漢字在不同地方分別記文言音與白話音。譬如，「蓮」在不同人裡分別用「liên」（文言音）與「sen」。

第二，該份族譜從抵越第一代紀錄到第六代（報導人 D 那一代），之後因家族無人懂漢字而中斷。族譜的一開始是族譜圖，之後為主文逐一依照輩分介紹。族譜裡男女均收錄。族譜圖的輩分長幼由右而左區分，且依照越南人的稱呼習慣僅記名字的最後一字。男性在

---

[20] Hoe 為台灣及福建流行使用的傳統白話字的表記方式。

名字上加双圈記號，女性在名字上加單圈號，不知性別者則未加記號。主文裡主要記載各代親屬姓名（全名記載）、卒年（不記出生年）、子女名字及主要事業。部分內容僅記錄人名，其餘資料則無。年代則採計中國（早期用大清，之後用中華民國）年號及越南年號雙重紀錄。從族譜裡出現的人名可發現，名字並未完全依照中國慣用的字輩來分輩份取名。此外，各代男性娶的妻子全部為越南人或明鄉人後代，並沒有發現回去中國娶妻的現象。

第三，來越第一代始祖被成為「高祖公」。依族譜記載，高祖公於大清康熙年間（1662-1723 年）從福建省泉州府安溪縣培田鄉來到越南。由於未精確記載抵越年代，故無法得知是否為追隨陳上川來越的第一批移民。族譜的抄寫者 E 亦未紀錄自己的出生卒年及族譜抄錄時間。依據族譜，E 的父親出生於大清道光 24 年 9 月 26 日（公元 1844 年 11 月 6 日），卒於中華民國 2 年（1913 年），生有一女四男，E 為其么子。E 的阿媽為名人鄭懷德之女兒。由於 E 懂漢字、越南羅馬字及法文（是否懂福建話或廣東話則報導人未知曉），故應當受過法國統治時期的教育[21]。由此推估，E 最遲應於 19 世紀末出生。從這點看來，在 19 世紀末之前的明鄉人仍有使用漢字，但懂漢字的人數比例應該不高，否則不會經過一二代時間即造成族譜書寫中斷的現象。

除了胡志明市的嘉盛堂，位於當今同奈省邊和市和平坊的新鄰亭亦為重要的明鄉會館之一[22]。依據新鄰亭內部流通的手冊的記載，原始

---

[21] 公元 1858 年，法國利用傳教士受迫害做藉口聯合西班牙軍艦向越南中部的峴港（Đà Nẵng）出兵（Trần 1921: 516-517）。越南末代朝廷「阮朝」打不過法軍，為求和只好於 1862 年簽訂「第一次西貢條約」割讓南部「嘉定」、「邊和」、kap「定祥」三省給法國（Trần 1921: 523）。

[22] 新鄰亭越文為 Đình Tân Lân。地址為 đường Nguyễn Văn Trị, phường Hoà Bình, thành phố Biên Hoà, tỉnh Đồng Nai。

新鄰亭是在喇叭城（Thành Kèn）的一座小廟。在越南明命帝（Minh Mạng 1820-1840）時期，附近的人民立這座廟以表示對陳上川將軍開墾同奈-嘉定地區荒地有功的尊敬。經過兩次遷移以後（1861 & 1906）才遷到目前的位置。由於陳上川對於開拓越南南方疆域有功，越南明命、紹治、嗣德等皇帝都封他為「上等神」（Thượng Đẳng Thần）。由於新鄰亭具有歷史文化意義與價值，於 1991 年獲越南文化資訊和體育旅遊部認可為國家級歷史文化古蹟。

　　嘉盛堂及新鄰亭均位於越南南部地區。越南中部的會安也有重要的明鄉會館，分別為「明鄉萃先堂[23]」及「文聖廟[24]」。明鄉萃先堂目前已修復完成並開放觀光，為會安古街的景點之一。但文聖廟則目前尚未開放參觀，猶待整修當中。

　　萃先堂主要祭拜明鄉人祖先（開創的「十大老」、「三大家」及歷年明鄉社幹部），而不祭拜神明[25]。於 1993 年獲越南政府認可為歷史文化古蹟，並於 2002 年至 2009 年間接受越南政府補助重新整修。依據報導人 F（祖籍福建泉州，來越第 10 代，完全不懂漢字）的說法，以萃先堂為聯繫中心的明鄉人於 1945 年戰後曾蕭寂半個世紀，直到 2009 年整修完畢開放參觀後才在政府主動動員下找回現有的明鄉人擔任會館的自治管理工作。由於長達半世紀的失聯，目前成員人數不如以往之多，現今仍有來往者人約幾百人左右。由於過去長期沒有活動，在訪談過程中明鄉報導人對明鄉人的歷史記憶幾乎都是從近年出版的書籍資料從新擷取、建構而來。

　　萃先堂的最早建立的具體年代暫不清楚。依據萃先堂門口的正式

---

[23] 位於會安古街陳富路（Trần Phú）14 號。

[24] 位於陳富路隔壁的潘周楨（Phan Châu Trinh）路上。

[25] 萃先堂原本不奉祀神明，後來因為觀光經濟考量，於近年開始在前殿祭拜五尊神明（蔣為文 2015）。

介紹文來看，萃先堂約建立於 18 世紀末期。依據三尾裕子（2008:9）的研究，萃先堂建立年代應當在「明香社」正式改為「明鄉社」之際的 1827 年左右。由於明鄉人可以享有較華僑優惠的稅率，且免除一般越南人需服兵役與勞役的義務，故從先前的中華會館及福建會館（約 1690 年代建立）獨立出來建館有其保有明鄉人獨特身分的好處。

在萃先堂拜訪期間，報導人 G（祖籍福建泉州，來越第 11 代，完全不懂漢字）提供了一份家藏的土地移轉契約。該契約用漢字書寫，最初訂立時間為越南嘉隆帝 9 年（Gia Long 公元 1810 年），中途移轉兩次，分別為嘉隆 10 年及 16 年（1817 年）。在這段期間契約均用「明香社」一詞。到了最後贖回時為成泰 16 年（公元 1904 年），此時已改用「明鄉社」用詞。此契約剛好可看出「明香社」轉換為「明鄉社」的過程。

由上述諸多方面看來，即便部分明鄉人仍盡力保有明鄉人族群意識，整體而言，明鄉人已經完全本土化融入越南主體社會。

5. 明鄉人以外的新近華人移民

除了有明人移居越南之外，滿清統治中國的 18 至 19 世紀期間，也陸續有清人到越南經商或定居。其原因主要有：

第一，人口與土地壓力劇增（吳鳳斌 1994:228-234）。在滿清平定反清勢力後，人民獲得休養生息。隨著人口倍增，耕作土地不足，於是促使人民向外發展。儘管滿清初期曾陸續採取海禁政策，但仍有不少人寧可違反禁令冒險向外發展。至鴉片戰爭後清國逐步取消禁令，人民得以自由到海外經商或做工。

第二，戰亂與政局變動。譬如，公元 1788 年越南西山王朝的阮惠擊敗入侵的清國 20 萬大軍（Trần Trọng Kim 1921:395）。戰後，許多清兵戰俘滯留在越南。又如，19 世紀中葉，清國發生太平天國革命動

亂，不少餘黨避入越南北部地區（華僑志編纂委員會 1958:35）。此外，清末民初時期，不少革命黨人也經常出入越南。譬如，孫文於1900 至 1908 年間曾六次停留在越南（Chương Thâu 2011; 僑志編纂委員會 1958:36）。

自革命黨人推翻滿清於 1912 年建立中華民國以來，中國內亂四起。加上 1937 年以後日本侵略中國，均造成越南的華僑人數遽增。依《華僑之研究》轉載法屬越南年鑑統計資料，1889 年僅有 56,528 人，1906 年有 12 萬人，1934 年則有 32 萬 6 千人（楊建成 1984:92）。至二次大戰後，依陳烈甫（1983:327）引用之資料，法國殖民政府於1948 年公布的華僑數目約 70 萬（南越有 63 萬，其餘在北越），中國僑委會公布的數字是 100 萬。其數字差異主要是僑委會採父系血緣主義且承認雙重國籍。

公元 1954 年越南以北緯 17 度分為南北而治。北方為「越南民主共和國」，南方為「越南共和國」。分裂之局面到 1975 年才由北方政權統一全國。在 1954 年至 1986 年越南改革開放前這一段 30 餘年期間，導因於經濟及政治問題，越南政府對華僑採取積極同化及排華的政策（黃宗鼎 2006）。

在同化政策方面，主要有強迫入越南國籍及限制僑辦中學（僑志編纂委員會 1958:213-216; 陳烈甫 1983:324-325）。譬如，南越政府於1956 年修改國籍法，規定「在越南出生，其父母為中國人子女，一律為越南籍」。學校授課時，華語視為外國語。當時僑界對此越化政策相當反感，認為是歧視華僑的措施（僑志編纂委員會 1958:214）。越南政府則認為是一種優惠。雙方認知差異極大。

排華政策包含限制營業項目及驅逐出境。由於華僑在越南掌握經濟命脈，因而越南政府採取限定華僑不得經營某些行業（僑志編纂委員會 1958:215-216）。此舉亦造成華僑相當大的反彈。在 1979 年爆發

越中武裝衝突前，越南政府對中國政府已累積相當大之怨氣，故對那些不願加入越南國籍的華僑採取強烈的驅逐出境政策。據估計，在爆發中越戰爭前已有約 20 萬華僑離開越南（黃宗鼎 2006:147）。

自 1986 年越南改革開放以來已過 30 多年。激烈的排華政策已趨於和緩。華僑、台商、越僑等都陸續回到或來到越南從事經貿活動。目前，除了偶發事件，譬如中國情報人員潛藏在西原礦區活動，或「東南亞海」（越南稱為「東海」，中國稱為「南海」）主權等會引發外交爭議外，越南民間幾無排華心態。但 30 多年前激烈排華的印象或許還停留在越南華人印象中。依據筆者於 2011 年 8 月訪問過的南北 23 位華人當中，有 3 位對於訪問到華人議題時仍不太願意公開受訪。

從中國移居到越南的「華人」（或所謂廣義的漢人）在越南的民族認定上被正式分為華族（Hoa）、Ngái （客家 ê 一个支系）與 Sán Dìu 三族（蔣為文 2011）。華族其實是複數族群的綜合體，主要包含來自中國講廣東話、福建話、潮州話、海南島、客家話等族群/幫（僑志編纂委員會 1958:51; Trần 2000:54-55; Đặng et al. 2000:226）。目前越南究竟有多少越南籍的華人？依據越南於 2009 年的人口普查結果，全越南共計有 823,071 位華人（người Hoa，此調查未細分五幫）。據 1936 年統計資料，廣肇籍約佔 50%，福建籍 20%，其餘三幫共約 30%。由於資料久遠且歷經排華階段，故此比例當有很大改變。依據芹澤知 透過胡志明市華人事務部門取得的資料，胡志明市於 1992 年共計有 524,000 名華人（約佔全市八分之一人口），各幫分布比例如下：（Serizawa 2008:23）

圖表 2. 胡志明市華人族群
分布比例（1992 年）

族群	百分比%
廣東	56
潮州	34
福建	6
海南	2
客家	2

　　早期華人移居到越南時通常依其族群屬性而傳承其自己族群的母語。至二十世紀初中華民國建立後，由於以北京話為標準的國語運動的推行，這些華人開始接受與學習北京話。筆者於 2011 年 2 月 11 日於越南胡志明市的二府會館訪問到 H 報導人（祖籍福建廈門，父母均廈門人，今年 82 歲，來到越南為第三代）。楊先生不僅講越南話，尚能講流利的廈門話。由於台語與廈門話相當接近，筆者用台語與 H 報導人溝通時並無語意了解上的困難。H 報導人小時候在廟裡用廈門話讀漢文，除了會族語廈門話之外，讀書時也學北京話。他後來娶了一位廣東籍的太太，因而學會廣東話。他表示，他的語言流利程度分別為越南語、廈門話、廣東話與北京話。他的小孩會越南語及廣東話，但廈門話不太會講。

　　華族雖然被列為越南 54 個少數民族之一，然而華語（北京話/普通話/漢語）與漢字卻被越南人與越南政府視為 "外國語文"。譬如，中文系被列在外語學院，電視及廣播節目的華語教學被當作外語教學節目。可能因為中國將華語及漢字列為官方語文，故越南採取這樣的做

法。這種做法值得台灣參考。

客家人在越南北部常稱為 người Ngái[26]，南部常稱為 người Hẹ。依據 2009 年的越南人口普查結果，Ngái 族共計有 1,035 人，比 1989 年統計的 1,318 人數少了 283 人[27]。依照越南學者的陳述，Ngái 又稱為 Hắc Cá, Sán Ngái, Xín, Lô, Đản, Hẹ, Xuyến, Ngái Lầu Mần 等不同名稱（Viện Ngôn Ngữ Học 2002; Trần 2000; Đặng et al. 2000; Bùi 2004）。依據本人於 2012 年 11 月到越南北部北江省的 Ngái 族村莊所做的初步調查，該村 Ngái 人講的客語大約有一半不一樣[28]。由於 Ngái 從不同時期進入越南，且其分散在越南北中南各地所遇到的鄰近族群亦不盡相同，可能因此而有不同的族群稱呼。究竟 Ngái 是否講單一的客語，或是不同的客語方言，甚至是不同語言?其語言活力為何?人口的減少是因為族群認同的轉變（從 Ngái 族到 Hoa 族）或越化的結果?由於越南學者對 Ngái 族語言調查幾近於零，進一步的田野調查有待進行（Trần 2000:114）。近年，台灣的中央大學客家語文研究所碩士生吳靜宜（2010）曾到越南胡志明市做客家族群及客語研究。雖未能針對越南的客語做全面系統性調查，但因 Ngái 族研究相當缺乏，該論文仍不失其足資參考的價值。

依據吳靜宜（2010:137）的調查發現，該地客語受廣東話及潮州話影響不少。胡志明市的客語因內部有方言差，故沒有形成優勢腔，亦即沒有一個主流的客語標準做為所有客家人的共通語（lingua franca）。在華人社區互動中，客家人反而多使用較強勢的廣東話，客語不僅退到家庭中使用，甚至廣東話也逐漸滲透到家庭領域。

總而言之，依筆者於 2011 年 8 月訪問胡志明市 22 位華人受訪者

---

[26] 越南人聽 Ngái 人講話經常聽到 "Ngái"（「我」的意思），故稱其為 Ngái 族。

[27] 1989 年統計數字根據 Trần（2000:114）。

[28] 越南文 xã Tân Quang, huyện Lục Ngạn, tp. Bắc Giang。

（包含 5 幫）所做的初步觀察，該地華人大致有幾點現象：

第一，多數華人除了上正規的越語學校之外，還會去上華文小學或中學。他們均可使用不同程度的華語，溝通理解上不成問題。

第二，這些人均可使用不同程度的越語，越年輕者越語越好。老一輩的人結婚對象以華人為多，男性華人通常會娶華人或越南女性，但女性華人傾向內婚為主、較少嫁給越南男性。但年輕一輩的華人外婚、以越南人為嫁娶對象的情形已增多。

第三，這些人的原籍貫母語隨年紀越輕而有衰退的現象。廣東話在當地是越語及華語以外的主要語言。其次為福建、潮州及客家，最後為海南島。這五幫的語言使用者均停留在口語層次，沒有發展白話文書寫系統。

第四，該市的福建話（「閩南話」或「咱人話」）與台語約 95% 可以溝通理解。

第五， 受訪者於某種程度上均認為中國為祖國。譬如，受訪者有一位 1932 年在越南出生，來越第三代的祖籍廈門人，仍認為中國是祖國。受訪時有時會用「安南」稱呼越南。

第六， 有一位 1930 年出生的受訪者表示，當初小時候隨父母來越南，是為了躲避國共內戰時的「拉丁」（受訪者的用語，亦即抓人去當兵）。

第七，曾有受訪者表示當初福建人因經商較多，故較多人於排華期間離開胡志明市。

第八，當地台商多數出入拜媽祖的「霞漳會館」（漳），其次為「二府會館」（漳、泉）。泉州人則出入「溫陵會館」。

第九，當地的「三山會館」並非台灣人印象中的客家會館，而是福州人為主的會館。

第十，「崇正總會」是胡志明市客家人常出入的會所。當地客家

人亦自稱「崇正人」。

6. 結語

中國境內的人移居到越南後依其土著化程度可略分三種情形。第一,華僑經商身分,仍維持原有中國籍、中國語言及文化生活模式,有朝一日仍可能回中國。第二,具越南國籍,且被納入越南 54 少數民族之一的華族。第三,完全越南化的明鄉人。

影響明鄉人與華人有不同族群文化意識的主因大致以幾點:

第一,通婚的比例。早期的明人移民因極大多數為男性且人口有限,故大多數外婚、娶當地越南女性為妻。相較之下,當代華人的人口有八十餘萬且半數集中在胡志明市。由於外婚的急迫性不如明鄉人,故其華越通婚比例較明鄉人低。

第二,移民時間的長短。明鄉人移居到越南至少都有二、三百年的歷史,其本土化程度較深,對土地認同度也比較高。相形之下,華人大約都是十九世紀末以後才移民到越南,對中國的歷史記憶猶存,甚至與其祖籍地的親戚仍有聯繫。這也可以說明為何 1945 年以後才移居台灣的中國人多數仍認同中國為祖國。

第三,移民人數占當地人口比例多寡。越南明鄉人僅占越南總人口的極少數(約不到 0.01%),故其本土化路線往越南主體民族--京族靠攏、逐漸越化成越南人。台灣唐山人因占台灣總人口的大多數,雖然唐山人也有融合台灣平埔族文化成分,但終究發展出主體文化並形成《台灣人》的主體意識,並得以保留原有的母語。相較之下,「明鄉人」在越南屬非主流的族群意識,故逐漸同化在越南京族文化之下。至於越南華人,雖然只占全越南人口的 1%左右,但因其總數達82 萬人且半數集中在胡志明市,故仍有其群聚效應。

第四,是否保有自己的語言、文化及教育。明鄉人在語言、文化

及教育方面可說是完全越南化。目前，明鄉人的意識傳承基本上主要透過家庭教育。若家中無長輩堅持傳承，相當容易產生斷層。對照之下，華人保有自己的華文學校、報紙及傳統文化節慶。其文化認同傳承較具多元性，而非單靠家庭教育。

近代越南會引發「排華」運動，越華雙方均有檢討的空間。通常，華人或華僑在越南當地經商有成並對當地經濟活動具有極大影響力。因而，他們在某些程度上以優越的心態對待當地越南人，且積極維持自我族群的華人認同。就當地越南人而言，因感覺經濟被剝削，又由於華人聚集的社區明顯，因此容易成為報復的對象。當越南人以激烈排華方式報復華人，華人則更加仇恨越南人。

其實，歷史上並非沒有華、越合作、創造雙贏的範例。越南明鄉人或許是可以做為典範的成功案例。明鄉人一方面認同祖先來自中國的歷史，一方面也認同並融入落地生根的當地文化。這或許可以成為戰後來台的中國人以及東南亞排華運動激烈的國家參考。

【原文發表於 2013 年〈越南的明鄉人與華人移民的族群認同與本土化差異〉，《台灣國際研究季刊》期刊，9（4），63-90 頁。本篇論文根據原文增補修訂後收錄於此。本論文為國科會計畫，編號：NSC101-2410-H-006-078，及 NSC102-2410-H-006-036 的研究成果之一。本論文的部分成果曾陸續在 2013 年台灣國際研究學會主辦之「瞭解當代越南」學術研討會及 2013 年與 2012 年台灣的東南亞研討會發表，在此感謝研討會討論人給予的改進意見。作者撰寫本論文前間正值於日本東京外国語大學亞非研究所客座研究。感謝三尾裕子所長及相關同仁在此期間提供許多有益的資料及相關協助。另外，也感謝大阪大學的清水政明教授熱心提供相關文獻。】

參考書目

Bùi, Thiết. 2004. *Dân Tộc Việt Nam & Các Tên Gọi Khác* [越南民族及各式稱呼]. Hà Nội: NXB Thanh Niên.

Chương, Thâu. 2011. Ảng hưởng của Tôn Trung Sơn ở Việt Nam [孫中山在越南的影響]. Hội thảo khoa học kỷ niệm 100 năm cách mạng Tân Hợi, 7/15, Hà Nôi.

Đặng, Nghiêm Vạn; Thái Sơn Chu; and Lưu Hùng. 2000. *Ethnic Minorities in Vietnam*. Hà Nội: NXB Thế Giới.

Đặng, Thanh Nhàn（ed.）. 2010. *Minh Hương Gia Thạnh Di Tích Lịch Sử - Văn Hóa* [明鄉嘉盛文化歷史遺跡]. BQT Hội Đình Minh Hương Gia Thạnh.

Đặng, Văn Thăng. 2007. Người Hoa với Gốm Nam Bộ Việt Nam [Chinese People and South Vietnam Ceramics], in Yuko Mio, ed. *Culturl Encunters betweenn People of Chinese Origin and Local People: Case Stduies from the Philippines and Vietnam*, pp.57-64. Tokyo: Tokyo University of Foreign Studies.

Gordon, Milton. 1964. *Assimilation in American Life: the Role of Race, Religion and National Origins*. Oxford: Oxford University Press.

Lâm, Văn Lang（ed.）. 2010. Đình Tân Lân[新鄰亭]. BQT Đình Tân Lân.

Mio, Yuko （三尾裕子）, ed. 2007. *Culturl Encunters betweenn People of Chinese Origin and Local People: Case Stduies from the Philippines and Vietnam*. Tokyo: Tokyo University of Foreign Studies.

Mio, Yuko （三尾裕子）. 2008. "Sojouring and Indigenization of Chinese Immigrants: A Case Study from Hoi An, Vietnam." 收於三尾裕子

（編）《東南アジアにおける中国系住民の土著化・クレオール化についての人類学的研究》頁 1-17。東京：東京外国語大学。

Nakanishi, Yuji（中西裕二）. 2008. "Some Aspects of Ong bon（本頭公）in Southern Vietnam." 收於三尾裕子（編）《東南アジアにおける中国系住民の土著化・クレオール化についての人類学的研究》頁 18-21。東京：東京外国語大学。

Serizawa, Satohiro（芹澤知広）. 2007. The Fujian Chinese and the Buddhist Temples in Ho Chi Minh City, Vietnam, in Yuko Mio, ed. *Culturl Encunters betweenn People of Chinese Origin and Local People: Case Stduies from the Philippines and Vietnam*, pp.65-75. Tokyo: Tokyo University of Foreign Studies.

Tổng Cục Thống Kê. 2010. Báo cáo kết quả chính thức tổng điều tra dân số và nhà ở 1/4/2009. [2009 年全國人口及住屋總調查報告] <http://www.gso.gov.vn/default.aspx?tabid=403&idmid=2&ItemID=9782>

Trần, Hồng Liên. 2007. Hội Nhập và Giao Lưu Văn Hoá của Người Hoa ở Việt Nam（Trên Lĩnh Vực Tín Ngưỡng-Tôn Giáo）, in Yuko Mio, ed. *Culturl Encunters betweenn People of Chinese Origin and Local People: Case Stduies from the Philippines and Vietnam*, pp.87-95. Tokyo: Tokyo University of Foreign Studies.

Trần, Trí Dõi. 2000. *Nghiên Cứu Ngôn Ngữ Các Dân Tộc Thiểu Số Việt Nam* [越南少數民族語言研究]. Hà Nội: NXB Đại Học Quốc Gia Hà Nội.

Trần, Trọng Kim. 1921. *Việt Nam Sử Lược* [越南史略]. Hà Nội: NXB Văn Hoá Thông Tin. （2002 再印版）。

Trương, Hữu Quỳnh; Đinh Xuân Lâm & Lê Mậu Hãn. 2006. *Đại Cương Lịch Sử Việt Nam Toàn Tập* [越南歷史大綱全集]. Hà Nội: NXB Giáo Dục.

Viện Ngôn Ngữ Học. 2002. *Cảnh Huống và Chính Sách Ngôn Ngữ ở Việt Nam* [越南語言情形及語言政策]. Hà Nội: NXB Khoa Học Xã Hội.

Wheeler, Charles. 2003. A Maritime Logic to Vietnamese History? Littoral Society in Hoi An's Trading World c.1550-1830. Paper presented at Conference on Seascapes, Littoral Cultures, and Trans-Oceanic Exchanges, Feb 12-15, Library of Congress, Washington D.C.

三尾裕子（編），2008。《東南アジアにおける中国系住民の土著化・クレオール化についての人類学的研究》日本平成 16 年度~平成 19 年度科學研究成果報告書（課題番号 16251007）。東京：東京外国語大学。

三尾裕子，2006。〈土着化か、あるいは漢化か？——「漢族系台湾人」のエスニシティについて〉《中国 21》25 期，頁 221-230。

史明，1980。《台灣人四百年史》。San Jose：蓬島文化公司。

史明，1992。《民族形成與台灣民族》。作者自印出版。

吳靜宜，2010。《越南華人遷移史與客家話的使用—以胡志明市為例》。碩士論文：中央大學。

吳鳳斌，1994。《東南亞華僑通史》。福州：福建人民出版社。

周勝皋，1961。《越南華僑教育》。台北：華僑出版社。

小川尚義，1931。《臺日大辭典》（上卷）。台北：臺灣總督府。

李庆新，2009。〈越南明香與明香社〉《中國社會歷史評論》10 卷，頁 205-223。

李恩涵，2003。《東南亞華人史》。台北：五南圖書。

杜嘉德，1873。*Chinese-English Dictionary of the Vernacular or Spoken Language of Amoy.* London: Missionary of the Presbyterian Church in England.

楊建成編，1984。《華僑之研究》。台北：中華學術院南洋研究所。

楊建成編，1985。《華僑史》。台北：中華學術院南洋研究所。

蔣為文，2011〈越南少數民族族語發展現況調查〉發表於 2011 年台灣的東南亞區域研究年度研討會。台北：淡江大學。4 月 29 日-30 日。

蔣為文，2015。〈越南會安市當代明鄉人、華人及越南人之互動關係與文化接觸〉，《亞太研究論壇》61 期，頁 131-156。

湯錦台，2001。《大航海時代的台灣》。台北：果實。

湯錦台，2005。《閩南人的海上世紀》。台北：果實。

王育德，1993。《台灣苦悶的歷史》。台北：自立晚報社文化出版部。

甘為霖，1978。《廈門音新字典》（第十二版）。台南：台灣教會公報社。

華僑志編纂委員會，1958。《越南華僑志》。台北：華僑志編纂委員會。

華僑志編纂委員會，1978。《華僑志總志》（增訂三版）。台北：華僑志編纂委員會。

藤原利一郎，1949。〈廣南王阮氏と華僑：特に阮氏の對華僑方針について〉《東洋史研究》10 卷 5 期，頁 378-393。

藤原利一郎，1951。〈安南阮朝治下の明鄉の問題：とくに税例について〉《東洋史研究》11 卷 2 期，頁 121-127。

藤原利一郎，1976。〈明鄉の意義及び明鄉社の起源〉《東南アジア史の研究》頁 257-273。東京：法藏館。

許文堂、謝奇懿編，2000。《大南實錄清越關係史料彙編》（依據日本慶應義塾大學版本精選整理）。台北：中央研究院東南亞區域研究計畫。

譚志詞，2005。〈越南會安唐人街與關公廟〉《八桂僑刊》5 期，頁 44-47。

郭振鐸、張笑梅，2001。《越南通史》。北京：中國人民大學出版社。

鄭瑞明，1976。《清代越南的華僑》。台北：嘉新水泥公司文化基金會。

陳烈甫，1983。《東南亞洲的華僑、華人與華裔》（修一版）。台北：正中書局。

陳荊和，1965。〈關於「明鄉」的幾個問題〉《新亞生活雙周刊》8 卷，12 期，頁 1-4。

陳荊和，1960。〈清初鄭成功殘部之移殖南圻（上）〉《新亞學報》5 卷，1 期，頁 433-459。

陳荊和，1968。〈清初鄭成功殘部之移殖南圻（下）〉《新亞學報》8 卷，2 期，頁 413-485。

陳重金著，戴可來譯，1992。《越南通史》（中譯版）。北京：商務印書館。

陳錦昌，2004。《鄭成功的台灣時代》。台北：向日葵文化。

麥都思，1832。A Dictionary of the Hok-keen Dialect of the Chinese Languages, According to the Reading and Colloquial Idioms. Macao: Honorable East India Company.

黃宗鼎，2006。《第二次世界大戰後越南之華人政策》。碩士論文：國立政治大學中山所。

黃宣範，1993。《語言、社會與族群意識》。台北：文鶴。

黃蘭翔，2013。〈南越華人（明鄉人）的定居與會館的興造〉發表於2013 年台灣的東南亞區域研究年度研討會。宜蘭：佛光大學。5 月 31 日-6 月 1 日。

附錄一：
明鄉嘉盛堂報導人 D 提供之家族系譜（蔣為文攝）

明鄉嘉盛堂報導人 D 提供之家族系譜（蔣為文攝）

附錄二：
明鄉嘉盛堂報導人 D 提供之族譜內頁（蔣為文攝）

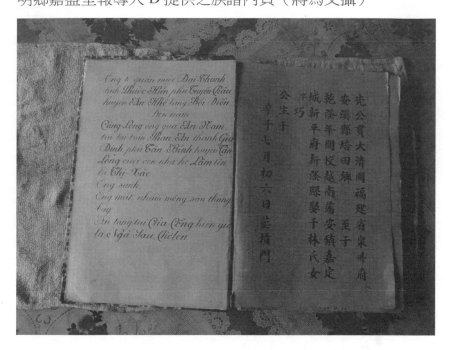

第十章

越南會安市

當代明鄉人、華人及越南人

之互動關係與文化接觸

1. 前言

自 16 世紀中葉到 18 世紀末，當時越南正屬南北分裂的時期，紛爭雙方以靈江[1]為界各自統領南北方（Trần Trọng Kim 1921:312; 郭振鐸、張笑梅 2001:459）。為增加收入，統治北方的鄭主政權（Chúa Trịnh）以「舖憲」（Phố Hiến）為貿易地，南方的阮主政權（Chúa Nguyễn）則以「會安」（Hội An）從事國際貿易。

在十五世紀越南後黎朝出兵攻佔「占城」（Champa）前，占城治下的會安已是東南亞重要的國際貿易港口之一。在阮主政權統治下的會安仍維持其國際貿易港口的特色。當時，在會安從事貿易的商人包含來自葡萄牙、大明帝國、日本、台灣、荷蘭等地（陳荊和 1957:273; Trương Hữu Quỳnh 等 2006:371; 華僑志編纂委員會 1958:32; Wheeler 2003; 黃蘭翔 2004; 鄭永常 2013）。明人多數乘冬季東北季風南下到會安，再利用夏季吹西南季風時回國，因而也被當地越南人稱為 **người Tàu**（越南喃字寫為「人艚」），意指「坐船來的人」。

早期會安的大明商人聚集的地方稱為「大明客庸」，後來也稱「大唐街」，均屬於臨時性之僑居地（陳荊和 1965）。當大明帝國亡國之後，越來越多的明人為避戰亂或因不願臣服滿清而遷徙到會安。當時阮主的廣南國離滿清較遠，較無清軍入侵的壓力。因此阮主採取歡迎的態度，以期利用明人的資源以對抗鄭主及促進南疆之開拓（陳荊和 1957:276; 1965:1）。鄭成功的舊屬楊彥迪及陳上川等人在此歷史背景下亦揮軍投靠到阮主之下。

依據越南阮朝官史《大南寔錄》前編卷五之記載，龍門總兵「楊

---

[1] 舊稱 Linh Giang，今稱 Sông Gianh，位於現今越南中北部的廣平省境內。

彥迪」（Dương Ngạn Địch）、高雷廉總兵「陳上川」（Trần Thượng
Xuyên）等人於 1679 年[2]率兵三千餘人投靠當時越南的阮主政權（藤原
利一郎 1949:379; 陳荊和 1960:436; 華僑志編纂委員會 1958:32; 鄭瑞明
1976:25-26; 許文堂、謝奇懿 2000:3; Đặng Thanh Nhàn 2010:8; 三尾裕
子 2008:5）。阮主授予陳上川等人官職並令其負責往南方開墾，包含
現今越南南部的「嘉定」、「定祥」、「邊和」等地（陳荊和
1960:437, 1968）。

　　阮主給予那些擬在越南落地生根的明人特典，亦即設立特別的村
社組織，稱為「明香社」（Minh Hương xã）。「明香」之原義為「維
持明朝香火」（陳荊和 1964:6）。明香社的男性大多數為明人或明越
混血，而女性則多為當地越南人（陳荊和 1965）。公元 1802 年阮世
祖統一越南，以越南中部「順化」為首都，建立越南最後的王朝「阮
朝」。阮世祖於 1807 年下令在全國設立明香社以管理明人後裔並編入
戶籍。至阮聖祖即位後，於 1827 年起將「明香」改為「明鄉」，視
「明鄉人」（người Minh Hương）為已入籍的越南人（陳荊和 1965:1;
藤原利一郎 1976:260）。

　　在清國期間，持續仍有許多清國人民移居會安（許文堂 2012）。
那些後來的移民部分選擇加入明鄉人，有些則維持華人五幫的族群認
同，並以各幫會館為組織動員中心。由於明鄉人的權益優於清國商
人，故清國時期才移居來越南的清人，與越南女子通婚後其後代亦多
自認為明鄉人（華僑志編纂委員會 1958:41; 三尾裕子 2008:10）。因
此明鄉人不再只是明朝香火之原義，而泛指華越通婚的後代子孫。目

2　鄭瑞明（1976:26）認為楊等入越時間應該是 1681 年「三藩之亂」結束以後較合
　理。根據越南胡志明市「明鄉嘉盛堂」（亦即明鄉會館）的介紹手冊，楊彥迪
　等人入越時間為 1683 年（Đặng Thanh Nhàn 2010:8）。陳荊和（1960:454）亦
　認為應在 1682 年底至 1683 年之際。

前，明鄉人均使用越南語且完全融入越南當地文化，其身分證件的民族類別也登記為越南主體民族「京族」（Kinh）。明鄉人就如同早期移民至台灣的「唐山公」（Tn̂g-soaⁿ-kong）一樣。唐山公經由通婚等本土化過程，最後形成在地的台灣人認同（蔣為文 2013）。相對於明鄉人的京族身分，華人（người Hoa），則屬於越南政府正式認定的54 民族之一的華族。華人除了講越南語之外，大多數還會不同程度的華語（北京話）或原本的族群母語，譬如廣東話或福建話等（蔣為文 2013）。至於華僑與台商，由於他們仍擁有中國籍或台灣籍，沒有越南國籍，所以不列入本研究範圍內。[3]

位於越南中部的會安因仍保存 15 世紀以來多國貿易的文化歷史面貌，故於 1999 年獲聯合國教科文組織（UNESCO）認可為世界遺產。本論文以會安古城的明鄉萃先堂、澄漢宮、福建會館、廣肇會館、潮州會館、海南會館、中華會館及會安傳統市場為主要觀察場域，從社會語言學及文化人類學角度探討越南會安市當代明鄉人、華人及越南人之互動關係與文化接觸，以了解明鄉人與華人在越南的本土化過程差異。本研究的田野調查期間為 2012 年 11 月 21~23 日、2013 年 12 月 22~29 日及 2014 年 3 月 31 日~4 月 5 日。

本研究選定會安為研究範圍的理由如下：據越南於 2009 年的人口普查結果，全國共有 85,846,997 人，其中華人人口為 823,071 人，約佔全國 0.96%（Tổng Cục Thống Kê 2010）。又，依據芹澤知（Serizawa 2007:66）透過胡志明市華人事務部門取得的資料，胡志明市於 1992 年共計有 524,000 名華人（約佔全市 12.5%人口）。會安現有總人口約十二萬，其中明鄉人與華人共約二千多人左右，大約占全

---

[3] 關於華人與華僑及相關用詞的討論，詳閱蔣為文（2013）。

市 2%。[4]相較於胡志明市的較高華人比例，會安較接近全越南的華人佔越南總人口的比例。此外，因會安的人口與空間範圍較小，在有限的時間與資源下較容易從事田野調查。

2. 古街的歷史及空間分布

會安古城裡與明鄉人或華人相關的建築物現今大部分都分布在「陳富」（Trần Phú）街及周遭的路上（圖）。以陳富為主的周遭區域也是目前國內外旅客最聚集的觀光地區。陳富街就是早期明人聚集的大唐街，在法國殖民統治時期該街稱為日本街。[5]近代越南共產黨統一全國後才改為陳富街。陳富為越南共產黨第一任總書記（1930/10-1931/9）。由此可看出越南共產黨對明鄉/華人及越中關係的立場。

---

[4] 由於越南 2009 年的人口普查統計表僅載明各民族的全國總人數，沒有各地方的人口明細，此比例係依據作者訪問結果支粗估。依據作者於會安當地對明鄉人、華人及越南人訪問所得大約數值，現有華人約二千上下左右（含大人與小孩），明鄉人僅約數百人（不含那些完全越南化、不知道自己是明鄉人後代的明鄉人）。

[5] 因街尾有一座日本橋。

地圖 1. 會安古城明鄉人與華人相關建築物之分布

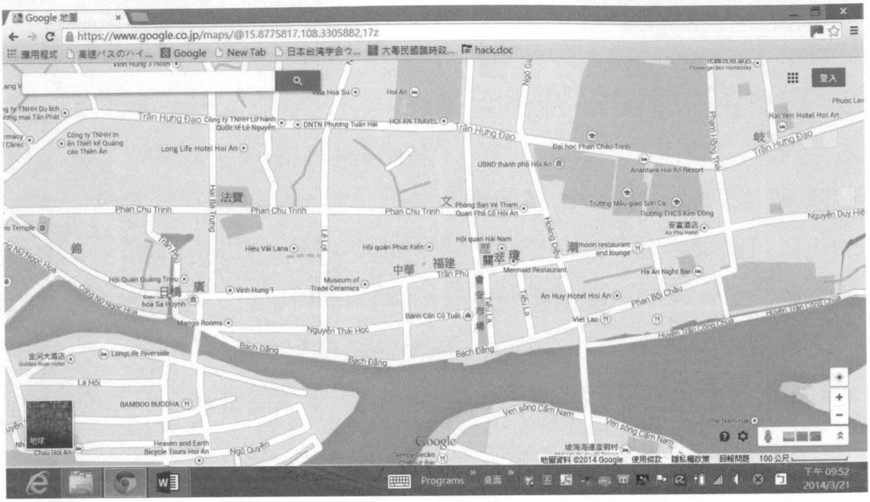

資料來源：作者依田調結果利用 Google Map 繪出。

簡稱說明：	文：文聖廟
錦：錦鋪鄉賢（亭）	歷：會安歷史文物館/明鄉佛寺
日橋：日本橋	關：澄漢宮（關公廟）
廣：廣肇會館	萃：明鄉萃先堂
法寶：法寶寺	瓊：瓊府會館
中華：中華會館/禮義學校	潮：潮州會館
福建：福建會館	岐：周岐山墳墓

　　明鄉會館及華人五幫會館主要分布在陳富街上。地圖上，由右而左分別為潮州會館、瓊府會館（海南）、明鄉萃先堂、澄漢宮（關公廟）、明鄉佛寺（現改為會安歷史文物館）、福建會館、中華會館（五幫）、廣東會館、日本橋及錦鋪鄉賢亭（明鄉）。會安華人五幫

裡頭唯一沒有自己的會館的是「嘉應幫[6]」。另外,由明鄉人設立的文聖廟則位於隔一條街的「潘周楨」(**Phan Chu Trinh**)街上。

　　會安明鄉人十大老之首的「孔天如」(**Khổng Thiên Như**)的墳墓則位於潘周楨街與「亡婆徵」(Hai Bà Trưng)交叉口的法寶寺園區裡頭。另一位十大老「周岐山」(Chu Kỳ Sơn)的墳墓則位於陳興道(Trần Hưng Đạo)路上的一條小巷子裡頭。此外,在古街北邊較外圍的孫德勝路上的「祝聖寺」(Chùa Chúc Thánh)為來自大明國福建泉州的「明海」和尚所創立。祝聖寺園內也有不少明鄉人、華人及越南人的墳墓。譬如,對創建明鄉萃先堂有貢獻的「惠鴻大師」及「鄭門吳氏」(法名:妙成)及三家之一的張姓的部分後代亦葬於此。在祝聖寺的斜對面是華僑抗日烈士紀念碑、「清明祠」及「萬善同歸」華人墓區。就筆者觀察到的墳墓來看,華人(不論早期或近期)及早期明鄉人的墓碑主要以漢字書寫,近期(約 1940 年代以後)的明鄉人後代與越南人的墓碑則主要為越南羅馬字書寫,其中也有漢字和越南羅馬字併用的情形。這個現象也反映出明鄉人越南化及越南語從漢字轉為羅馬字書寫的歷史背景。

---

[6] 依照在會安各會館發現的碑文、牌匾或對聯,「嘉應幫」是最常使用的頭銜,而非目前台灣常用的「客家人」用詞。

圖 2. 近期明鄉人的墓碑多數已改為以羅馬字書寫

　　與陳富街平行、在其南邊的下一條街目前稱為「阮太學」街（Nguyễn Thái Học）。阮太學街在法國時期稱為廣東街。從阮太學街再往南則是靠河岸的「白藤街」（Bạch Đằng）。會安古街早期以陳富街為主，後來因為河沙淤積才陸續堆積出阮太學街及白藤街（葉傳華 1962）。這三條古街都曾是明鄉/華人聚集的街道。由於 1975 越共解放南越及 1979 越中邊境衝突，越南排華政策導致大量華人移居到海外。目前仍居住在會安古街的華人則已相當稀少。

3. 明鄉萃先堂與澄漢宮

　　「明鄉萃先堂」（Minh Hương Tụy Tiên Đường，以下簡稱萃先

堂），地址位於陳富路 14 號。[7]萃先堂是目前會安地區仍有明鄉人出入、具代表性、較大的明鄉會館。萃先堂的最早建立的具體年代仍有不同說法。即使萃先堂內部對建立年代也無一致的說法。依據擺在萃先堂門口供遊客閱覽的木製介紹看版，內容寫著約建立於 18 世紀末期。[8]但建築物裡面的「史略」（Lược sử）簡介看板則又記載於 1820 年建立。若依萃先堂正殿左側（面向外），於越南「維新」二年（1908）所立的碑文記載內容：「**明命初元建前賢祠額曰萃先堂……成泰十七年卜遷于澄漢宮之左……**」。越南「明命」皇帝元年即為 1820 年，「成泰」十七年即為 1905 年。若該碑文紀錄無誤，萃先堂應建於 1820 年，後來才於 1905 年遷到目前的位置。

依據日本學者三尾裕子（2008:9）的研究，萃先堂建立年代應當在「明香社」正式改為「明鄉社」之際的 1827 年左右。由於明鄉人可以享有較華僑優惠的稅率，且免除一般越南人需服兵役與勞役的義務，故從先前的中華會館及福建會館獨立出來建館有其保有明鄉人獨特身分的好處。中國學者李　新（2009:211）則認為應是 1653 年，他指出：「2001 年，笔者前往　安考察，在明乡萃先堂，　現有" 德癸己年"供奉"三界伏魔大帝"、"神威远振天尊"的牌匾」。李　新依此牌匾認定萃先堂的建立年代。其實，此牌匾應該是隔壁澄漢宮所屬。依照陳荊和（Chen 1960:18）報導，這個牌匾位於澄漢宮裡。此外，筆者於 2012 年及 2013 年前往調查時，該牌匾確實也是在澄漢宮。

該牌匾非萃先堂所屬的主要理由有三點：早期明鄉會館主要供奉祖先，其次才是供奉神明。該牌匾的內容與關公信仰較符合。第二，依維新二年所立的碑文記載應建立於 1820 年代。該年代與李　新主張

---

[7] 14 Trần Phú.
[8] 作者於 2012 年及 2013 年底前往調查時所見之看板。

的 1653 年相差達 167 年，似乎不太可能。第三，經筆者與萃先堂的管理委員會主委曾川先生訪問，確認他管理萃先堂期間未曾見過該牌匾放置於堂內。

萃先堂主要祭拜明鄉人祖先「十大老」（**Thập Đại Lão**）、「六姓」（**Lục Tánh**）及「三家」（**Tam Gia**）、歷年明鄉社幹部及對建立萃先堂有功之士，其次才祭拜神明。不少研究者對於十大老、六姓及三家的認知有所誤解。這些誤解主要來自於主殿的神主牌位及維新二年的碑文的誤導。譬如，李庆新（2009:215）認為「正堂祀“明乡历代先贤”，其中乡官祀“十大老”，这是会安明香社的开山之祖。乡老祀许、魏、吴、伍、庄、邵六人。乡长祀吴廷宽、冼国详、张弘基……」。谭志詞（2005:44）則指出「他们分属魏、吴、许、伍、庄六个姓氏，明香人称此十位创始人为“十老”或“前贤”」。[9]黃蘭翔（2004:171）也表示「會安的明鄉人的祖先是魏、莊、吳、邵、許、伍等六姓的十大老，及後來的三大家冼國公、吳廷公、張弘公等明朝舊臣遺民之後代子孫」。

依據上述維新二年碑文內容記載：

> ……魏莊吳邵許伍十大老者 明舊臣也 明祚既遷心不肯貳遂隱其官銜名字避地而南至則人唐人在南者冠以明字存國號也卅六省皆有所立而廣南始焉初居茶饒[10]尋遷會安相川原之勝通山海之利……十大老既往[11]三大家繼之曰 冼國公 吳廷公 張弘公[12]……

---

[9] 谭志詞文章內容遺漏「邵」姓。

[10] 茶饒（Trà Nhiêu）位於秋盆河和長江兩大河的下游交會處，離會安古城約 3 公里。

[11] 往字意思與「往」相同，過往、去世之意。

[12] 碑文以「冼國公」、「吳廷公」及「張弘公」的尊稱方式稱呼三大家。若依照

由於碑文以文言文書寫「……魏莊吳邵許伍十大老者……」。一般都會解讀為「魏莊吳邵許伍」等六姓就是十大老。究竟是碑文撰寫者「張同洽」撰寫有誤或確實是如此?筆者比對陳荊和的中文（陳荊和1957:282）及越文（Chen 1960:21）論文發現，在其中文論文裡僅提及十大老及三家，但越南文論文裡卻引用李誠意於1880年撰寫的《萃先堂前鄉賢譜圖板》之記載明確指出十大老、六姓及三家為不同階段的三批人。中文版與越文版不一致的現象甚是奇怪。或許在陳荊和之後的中文學者僅閱讀陳的中文論文，故均把十大老及六姓混為一起。

經由筆者與報導人 F （明鄉人）、G （明鄉人）及 Trương Duy Hy （男，82 歲，明鄉人）的訪談及報導人提供的越南文資料顯示，十大老、六姓及三家的解讀應如下所述較可靠：

十大老、六姓及三家是歷史上不同階段來到廣南的明人。依據Trương Duy Hy （1999:9）的論文，第一階段約1644年，這些人被稱為十大老，包含孔（Khổng[13]）、顏（Nhan）、余（Dư）、徐（Từ）、周（Chu）、黃（Hoàng）、張（Trương）、陳（Trần）、蔡（Thái），劉（Lưu）等十個姓氏。[14]或許因為十大老剛來越南時仍屬高度危險期，為避免滿清追殺，故僅保留姓氏、不記真實全名。第二階段約 1650 年，包含魏（Ngụy）、莊（Trang）、吳（Ngô）、邵（Thiệu）、許（Hứa）、伍（Ngũ）等六姓氏，故稱為六姓。第三階

正殿所奉祀的神主牌的記載，全名為「冼國詳」、「吳廷寬」及「張弘基」。
[13] 有的資料寫 Khổng thái （孔太）；加上 thái 是特別尊稱的意思（Chen 1960:21-22）。
[14] 筆者於2014年4月3日特別拜訪 Trương Duy Hy 先生以了解其論文依據的資料來源。他表示，該主張係根據萃先堂內部管理人員流傳使用、以越南文書寫的《明鄉三保務》（Minh Hương Tam Bảo Vụ）手冊記載的內容。

段（原文未註明年代[15]）為「冼國詳」、「吳廷寬」及「張弘基」等
三人。第四階段亦未註明年代，為包含鄭、林、丁、馮、尤、丘、
黎、鳳等八人。自此階段起，此八人沒有特別稱呼。此上共計 27 人，
其中十大老被尊稱為「前賢」，其餘則尊稱為「後賢」。至於神主牌
上左右兩側所寫的「鄉官」、「鄉老」及「鄉長」，並不是分別指十
大老、六姓及三家，而是另有他人。依據報導人提供的一份越文版
《萃先堂前鄉賢譜圖板[16]》，該圖譜列出鄉官共 57 人、鄉老共 19
人、鄉長共 61 人（Lý Thành Ý 1880）。

圖 3.萃先堂主殿的神主牌位

---

[15] 但依報導人 F 及 G 表示，三家大約比六姓晚 40 餘年才來。意即，約 17 世紀末
期。

[16] 該越文（羅馬字）版譯者為 Tống Quốc Hưng，有註明原稿由 Lý Thành Ý（李
誠意）於 1880 年編寫而成。由於筆者沒有漢文原稿，「萃先堂前鄉賢譜圖板」
及李誠意為本論文筆者根據陳荊和（Chen 1960:21）轉述的漢字原文。

　　雖然傳統上萃先堂的主要功能並非祭拜神明，但隨著會安獲選為世界遺產、觀光客日益增多，此傳統已開始改變。筆者於 2012 年及 2013 年前往調查時發現萃先堂已於入門的前殿新增五尊神明雕像：進門面向神明由左到右分別為「金花娘娘」、「天后聖母」、「藥王本頭公」、「保生大帝」、「福德正神」。依據報導人 I（65 歲、京族人，在萃先堂協助雜務）的表示，擺設神明主要目的是增加經濟（油香錢）收入以維持萃先堂的營運。雖然萃先堂有加入「會安文化與體育中心」發行的古蹟參觀收費門票行列，但門票的收入仍然有限。[17]依據他們實際運作的結果是遊客的香油錢比門票收入還多。因此，祭拜神明有吸引遊客添油香的經濟考量。具管理委員會委員身分的報導人 F 表示，以前這些神明只有牌位，放在主殿連同其他明鄉人的前賢、後賢一同供奉。大約 2011 年起才將神明牌位改為雕像並移到入口處，以吸引觀光客。F 表示，早期各明鄉社會分工擇一主要的神明祭祀，萃先堂主要是祀奉藥王本頭公。

　　依據報導人 I 的自我認知：「藥王本頭公、保生大帝及天后聖母是明鄉人的信仰，但關公則是華人的信仰。目前，當地僅有明鄉人仍祭拜藥王本頭公及保生大帝。天后聖母則明鄉人與華人均有祭拜。福德正神在當地代表財神，可以保佑商家發大財」。至於金花娘娘，報導人 I 表示，那是別的供奉處因要拆建大樓而遷移到萃先堂。

　　報導人 I 的認知是否適用於全國或僅會安的明鄉人案例，或僅是他個人的認知？有待進一步調查。但某種程度也反映出當地京族人對這些神明信仰的某種看法。就筆者在越南各地華人地區所做的觀察，祭拜關公可算是最普遍的華人民間信仰，其次才是天后聖母的祭拜。

---

[17] 會安文化與體育中心的越文原文為 Trung Tâm Văn Hóa - Thể Thao Thành Phố Hội An。

或許由於關公在中國歷史上具全國性知名度，且其講求義氣的特質正符合華人新移民的需求，故其普及度較高。雖然報導人 I 認為關公並非明鄉人的信仰，但其實位於萃先堂隔壁、祭拜關公的「澄漢宮」最初就是由明鄉人建立的。或許隨著逐漸越南化及與華人的互動越來越少後，明鄉人逐漸淡出關公信仰，以至於會有報導人 I 這樣的認知。

明鄉人與五幫華人間的互動往來或許可從碑文及雙方互贈的牌匾、對聯中看出端倪。一般來說，明鄉人會使用虛構的「龍飛」年號或越南皇帝的年號；尚未越南化的華人則採用中國的年號。萃先堂內的重修碑文共有三份，[18]均用越南年號，分別是嗣德 28 年（公元 1875 年）、維新 2 年（1908 年）及保大 18 年（1943 年）。三份碑文均為明鄉人所立且內容記載捐錢整修者也多數是明鄉人。但其中也記錄五幫華人有參與捐錢整修。譬如，嗣德 28 年的碑文寫著「四幫 錢十貫」。[19]至於錢十貫的金額究竟有多大？若參照碑文其他明鄉人的捐款額度，約相當於一位明鄉鄉長或秀才的額度。另外，保大 18 年的碑文亦記載「并五幫城庸 紳豪信女樂供」等字樣，亦顯示少部分五幫華人亦曾捐款重修。維新 2 年的碑文亦記載萃先堂移建之初有華人婦女鄭門吳氏捐贈大片土地。[20]

除了碑文之外，萃先堂也有一份署名「五幫眾商」敬送的「明德惟馨」牌匾，該牌匾寫著「中華民國拾貳年」（1923 年）。之後，直到 2009 年才有署名福建會館敬送的對聯及廣肇會館敬送的燈籠。由上述這些史料看來，萃先堂的明鄉人雖於十九世紀及二十世紀前半期仍

---

[18] 關於數量單位「份」：若同碑文太長而分別刻在幾塊石碑，仍算一份碑文。

[19] 究竟缺少哪一幫，仍有待考察。應該是相對人數較少與較晚到的海南或嘉應（客家）其中一幫。

[20] 維新 2 年的碑文沒有記錄鄭門吳氏為華人婦女，但依據位於祝聖寺園區內的鄭門吳氏墳墓石誌記載，她為華族之女。該石誌由明鄉社於嗣德 7 年（1853）立。

有與較晚移居會安的華人往來，但其程度與關係已不高。在 1923 年至
2009 年之間的來往則可說是幾近於零。直到近年由於會安古城成為國
際觀光文化景點，萃先堂才與人氣較旺的福建會館及廣肇會館有禮貌
性的贈送紀念品。依據報導人 F 表示，以他為例，雖然他的親戚家屬
裡面有人嫁給華人，但整體而言明鄉人與越南京族的密切往來遠大於
華人。

　　萃先堂於 1993 年獲越南政府認可為歷史文化古蹟，並於 2002 年
至 2009 年間接受越南政府補助重新整修。依據報導人 F（祖籍福建泉
州，來越第 10 代，完全不懂漢字也不懂泉州話）的說法，以萃先堂為
聯繫中心的明鄉人於 1945 年戰後曾蕭寂半個世紀，直到 2009 年整修
完畢開放參觀後才在政府主動動員下找回現有的明鄉人擔任會館的自
治管理工作。由於長達半世紀的失聯，目前成員人數不如以往之多。
[21]現今仍有來往者大約幾百人左右，多數是往萃先堂辦理祭祀活動
（以越南語進行）時才會出現。報導人 F 表示，農曆 2 月 12 日的春祭
活動為全年最大活動。春祭主要是祭拜前賢後賢並辦理聯誼活動以聯
繫會員感情。依照 F 提供的 2014 年春祭照片來看，該次活動約近百人
參加，內容有 1）祭祀儀式 2）向老人祝壽 3）抽獎 4）發米救濟貧
民。至於活動期間之外，平時只有少數幾位幹部輪流值班及觀光客
（外國遊客居多）會前來參觀。與鄰近的福建會館及廣肇會館相比，
在筆者田調期間來參觀萃先堂的遊客並不多。此外，由於過去長期沒
有活動，在訪談過程中明鄉報導人對明鄉人的歷史記憶幾乎都是從近
年出版的書籍資料從新擷取、建構而來。

---

[21] 萃先堂的組織似乎相當鬆散。依據報導人 F 的說法，他們是以家庭為單位來聯
　　繫成員。目前會安地區約有 250 個明鄉家庭。有活動時會寄邀請函給他們。成
　　員的認定則通常依其姓氏、居住的地點及透過認識的明鄉人的介紹等方式來做
　　判斷。

　　隨著明鄉人的越南化演變，萃先堂擔任凝聚明鄉人意識的重要集會場所的角色已不如往昔那般重要與迫切。在會安古城獲選世界遺址之後，萃先堂所能扮演的角色似乎已轉型成為具越南特色的歷史文化觀光資產之一。相較於其他華人的會館需自籌營運經費，或許這也是為什麼明鄉人的會館受越南政府青睞、可獲補助的主要原因。

　　在萃先堂拜訪期間，報導人 G（祖籍福建泉州，來越第 11 代，完全不懂漢字也不懂泉州話）提供了一份家藏的土地移轉契約。該契約用漢字書寫，最初訂立時間為越南嘉隆帝 9 年（Gia Long 公元 1810 年），中途移轉兩次，分別為嘉隆 10 年及 16 年（1817 年）。在這段期間契約均用「明香社」一詞。到了最後贖回時為成泰 16 年（公元 1904 年），此時已改用「明鄉社」用詞。此契約剛好可看出「明香社」轉換為「明鄉社」的過程。

　　「澄漢宮[22]」又稱為關公廟，位於陳富街 24 號，就在會安市場的對面。關於澄漢宮的成立年代，一般都以廟內的勒封牌匾上所記錄的「慶德癸巳年冬季」推論為 1653 年或更早之前建立。澄漢宮最早為明鄉人建立（Chen 1962:25）。依據報導人 F 表示，澄漢宮原本為萃先堂明鄉人所有。但南北越統一解放後澄漢宮及萃先堂曾一度被收為國有。待越共改革開放後才將萃先堂歸還明鄉人自主管理。但澄漢宮未在歸還之列，仍由國家管理，主因是其信眾頗多且香油錢收入可觀。據報導人 F（明鄉人）及 J（華人第三代，1969 年會安出生）表示，目前澄漢宮關公廟的信眾包含越南人、明鄉人與華人。由於澄漢宮位於會安傳統市場的正對面，如果有買賣糾紛出現，許多案例均會到澄漢宮尋求關公做公親以解決紛爭。

　　位於澄漢宮裡面的石碑有五份，最古的二份均用「龍飛」年號，

---

[22] 越南文可稱為 Chùa Ông, Quan Công Miếu 或 Trừng Hán Cung.

其次分別為「明命 8 年」（1827）、「嗣德 17 年」（1863）及「成泰 16 年」（1904）。可見負責重建整修的主要都是明鄉人。另外，澄漢宮裡面也有許多信眾敬贈的牌匾或對聯。其年號之採用有越南年號、中國年號或僅註明干支紀年。若署名「五幫」或各幫幫名的牌匾或對聯均採用中國皇帝年號，其中以光緒（1875-1909）年號最多、其次為同治（1862-1875）及嘉慶（1796-1821）。在澄漢宮也發現有署名「嘉應幫」的客家人於光緒甲辰年（1904）敬送的牌匾。[23] 由此可看出華人最密切往來於澄漢宮的時期為十九世紀後半期到二十世紀初。之後，信眾中的華人或許因為逐漸越南化而成為新的明鄉人，或因為排華期間陸續移居海外，或因華人在廣肇會館另起爐灶祭拜關公，而逐漸不突顯華人色彩。

在澄漢宮後面，門口面向阮惠（Nguyễn Huệ）街的「明鄉佛寺[24]」與澄漢宮約在同一時間興建（Chen 1962:25）。明鄉佛寺原本也是明鄉人興建，現已改由政府接管並改建為會安歷史文物館。[25]

4. 華人的會館與文化接觸

福建會館位於陳富路 46 號，是目前會安地區佔地最廣、建築最輝煌與香火最鼎盛的媽祖廟與華人會館。依據福建會館內存二份分別在乾隆丁丑年（1757）及 1974 年的重修碑立，可知福建會館最初為約 1690 年代興建的草廟（當時稱金山寺），主要供奉媽祖。後來於 1757 年由福建幫出資改建為瓦廟（新稱為「閩商會館」），於 1849 年再增建後殿供奉六姓王爺公，最後於 1895 年動工至 1900 年完工才有今日

---

[23] 依據報導人 J 表示，目前（2014 年）會安的嘉應幫僅剩幫主一人，其餘成員都移居他地了。

[24] 越南語稱為 Chùa Bà 或 Chùa Quan Âm。

[25] 越南語稱為 Nhà Trưng Bày Lịch Sử - Văn Hóa Hội An。

的規模。

福建會館主殿奉祀「媽祖[26]」，後殿則供奉「六姓王爺公[27]」、「金花娘娘[28]」與「財神爺[29]」。據報導人 F 表示，這裡的六姓王爺公並非萃先堂祭拜的六姓。經筆者向會館的人員詢問，他們也表示僅知道六姓王爺公是當初反清復明的六位將軍。後殿的六姓王爺公神像分別用漢字寫著「欽王爺」、「張王爺」、「舜王爺」、「朱王爺」、「十三王爺」及「黃王爺」等六位王爺。金花娘娘則包含三位 Bà Chúa Sinh Thai 及十二位 Bà Mụ，主要為生育之女神，主管婦女的懷孕與生產。財神爺則主管生財致富。據報導人 J （男，48 歲，越南出生，潮州來越第三代）表示，該館每年農曆 2 月 16 日祭拜六姓王爺，2 月 1 日拜金花娘娘及 3 月 23 日媽祖生為全館三大活動，其中祭拜六姓王爺為最熱鬧、人數最多的活動。據報導人 J 表示，雖然福建會館目前為華人管理的會館，但仍有許多當地的越南人來此祭拜以求子或求財。

雖然福建會館最早為明鄉人建立，但後來逐漸由相對「新客」掌控主導權，形成目前以華人為主導的會館。這個現象可從館內的碑文、牌匾及對聯得到應證。這些文物採用的年號包含龍飛、越南、中國年號、公元及干支紀元都有。其中，以中國年號最多。龍飛年號僅出現一次，是在後殿上方的桁柱上，寫著「龍飛歲次已酉年仲秋吉日福建幫幫長總理福首船長眾商全興」。從署名來看，應該是當時相對於「舊客」明鄉人以外的新客，亦即在越從事貿易的清人或華人所捐贈。至於那些商人為何跟隨明鄉人採用龍飛年號？由於後殿是於 1895

---

[26] 越南語稱為 Bà Thiên Hậu Thánh Mẫu （天后聖母）。
[27] 越南語稱為 Lục Tánh Vương Gia。
[28] 越南語稱為 Kim Hoa Nương Nương。
[29] 越南語稱為 Thần Tài Công。

年至 1900 年間興建，除非該桁柱是回收舊材使用，否則應該是後殿興建時新造的才對。若是新造，為何仍採用龍飛？當時大明國滅亡已二百多年，不太需要隱藏明人後代之身分。或許「龍飛」已成為一種海外明人及其後代的精神象徵，故後來的新客為表示對舊客義行的欽佩而刻意採用象徵性的年號。龍飛桁柱旁邊有另外二支桁柱，分別寫著「光緒乙未年四月吉旦福建帮帮長總理眾商仝重修」及「公元一九七五年 歲次乙卯孟春吉旦 福建同人重修」。光緒乙未年剛好是動工增建後殿的 1895 年。

越南年號在此會館出現二次。第一次是嗣德 4 年（1851）由右而左寫著「德配天」的牌匾，左邊署名「金山廟重修誌慶 明鄉信善族仝奉供」。據會館碑文記載，1757 年以後金山寺已改為閩商會館。由此牌匾可見，在明鄉人心目中該館做為金山寺的角色遠大閩商會館。另外一份牌匾左邊註明「啟定三年冬月吉日御製」（1918），右上角寫著「勅賜」小字，中間寫著「好義可嘉」四大字。一般來說，勅賜是指皇帝賞賜。「好義可嘉」是否啟定皇帝賞賜？又，針對誰嘉其義行呢？是否六姓王爺公或媽祖？這些問題有待進一步考察。

館內文物的中國年號以光緒（1875-1909）年間最多，極少部分也有用中華民國，但無中華人民共和國年號。最早的年號是位於後殿牆壁上的一塊於乾隆丁丑年（1757）由福建泉州府晉江縣人「施澤宏」所立的碑文。由這些文物的年號可看出福建會館和澄漢宮一樣，於十九世紀後半期到二十世紀初是最多清人/華人信眾的時期。福建會館自建廟之初，似乎都是由新客具主導力量。那些逐漸越南化的舊客逐漸變成明鄉人或越南人，因而脫離福建會館另立萃先堂或其他以明鄉人為主導的團體。也因福建會館一直以新客為主，才形成目前以福建幫華人為主導的華人會館。另一方面，因福建會館不是單純的同鄉會館而已，同時也是具有歷史悠久的廟宇的宗教信仰成分，故能吸引當地

不分族群的大眾前來參拜。

館內的公元紀年多出現在戰後，特別是越共改革開放的 1990 年代之後。其中很多都是已移居海外的華人所捐獻的紀念物。其他的華人會館也都有這種類似的情形，其中以福建會館及廣肇會館的海外捐贈物最多。這些均反映出越南排華期間華人再度移民他鄉的現象。

雖然福建會館在當地是最興旺的會館與廟宇，福建話（咱人話）在當地是否普遍被使用呢？答案是：沒有。筆者於 2013 年 12 月在會館內曾以台語測試當時負責排班顧櫃台的幾位福建裔人員，他們均聽不懂。他們之間的交談均以越南語為主。其中有一位（男，56 歲，來越第五代）懂一點華語。他說小時候曾在中華會館的禮義學校學過中文。之後在另外的場合（2014 年 4 月），筆者有訪問到二位懂福建話的報導人。報導人 K 年齡 81 歲，越南出生，來越第四代，父親祖籍福建泉州晉江，母親客家人。K 目前是某會館的重要幹部。筆者用台語及台灣華語與 K 做一般會話交談，基本上都沒有溝通困難。K 在小時候曾於福建會館開辦的「福建學堂」上課。K 表示，當時福建學堂用福建話及華語雙語上課，學生約有 100 餘位。基本上，課文用華語唸，但老師用福建話講解。該學堂於 1940 年代前開辦，之後就沒有繼續了。K 的太太也是福建人後代，兩人共育有五男一女。其中只有一男懂華語，其餘均不懂福建話。據 K 表示，目前全會安大概只有十幾位 80 歲以上的福建人後代還懂福建話。另外，報導人 L，當地著名的書法家，那年 86 歲，越南出生，福建移民第二代。筆者用台語與他溝通也無問題。L 表示他小時後也在福建學堂上課，他對學堂的陳述與 K 一致。因他是移民第二代，故小時候在家均用福建話。

中華會館位於陳富路 64 號。中華會館的最初興建年代大約介於 1715 年至 1741 年之間（Chen 1962:37-40），早期稱為「洋商會館」，作為各幫未有自己的會館前的綜合性會館。於中華民國建立後

始稱為中華會館,目前當地人俗稱它為 Hội quán Ngũ Bang(五幫會館)或 Chùa Bà(媽祖廟)。

中華會館正殿供奉媽祖,是早期華商重要的宗教信仰中心。但依筆者現場觀察,目前平常來此拜拜的香客似乎遠不如福建會館。由此可知,當今中華會館做為統合華人五幫的精神堡壘遠高於媽祖廟的功能。據報導人 J 表示,該館每年農曆正月初二的春節晚會及 3 月 23 日媽祖生是全館也是全五幫最大活動,當天各幫成員都會來參加。活動期間使用的語言有越南語及華語。此外,中華會館也附屬當地華人慣稱的「禮義學校[30]」。由於越南政府不准會館以學校名義開課,故其正式名稱為補習班性質的「禮義華文中心[31]」。據報導人 J 及禮儀學校 M 老師表示,目前周六、日有開設小學生的華語課程,約數十學生上課。週間的晚上有成人的華語班,約近百人上課。成人班九成以上都是因商業需求而來補習華語的越南人。

中華會館的入口處牆壁上有掛著 1940 年代因抗日犧牲的十三位華人烈士照片。目前這些烈士的遺骸均集中葬在祝聖寺斜對面的抗日烈士紀念碑。[32]其中有一位烈士「羅允正」(1920-1945)特別值得一提。羅允正為會安大望族羅錦華(1819-1906)的孫子,於 1920 年出生於會安,祖籍廣東東莞,算是來越第三代(劉陳石草 2013:41-46)。他對音樂特別有興趣與天份。他生前曾創作一首樂曲《Printemps et Jeunesse》。在羅允正參與抗日而受難後,該曲分別由會安華人「葉傳華」譜上中文歌詞《青年與春天》及越南詩人 Thế Lữ 譜上越語歌詞 "Xuân và tuổi trẻ"。該中文版《青年與春天》成為會安

---

[30] 最初稱為「中華公學校」,採用中華民國的國語(華語)教材。目前的禮義學校及成人華語班則採用北京出版的教材。

[31] 越南文稱為 Trung Tâm Hoa Văn Lễ Nghĩa。

[32] 其中有三位烈士遺骸由家屬領回自葬。

華人普遍傳唱之歌曲，越文版歌曲在全越南也頗具知名度。羅允正的族群身分相當特殊：對華人而言，他是不折不扣的華人，甚至因為有祖國認同才會參與抗日救中國的活動。對當地明鄉人來說，羅允正也某種程度上被視為明鄉人的一份子。筆者拜訪明鄉人後代 Truong Duy Hy 期間，Truong Duy Hy 提供一份他正在撰寫關於會安明鄉人物誌的草稿，其中也包含了羅允正。Truong Duy Hy 以羅允正的越南語筆名 La Hói 來介紹他出生於會安的明鄉社。

由此案例可看出舊客（明鄉人）與新客（華人）之間有一過渡期為明鄉、華人雙重身分認同。過渡期間，有人仍維持華人認同，有人則往明鄉認同靠攏。這種雙重認同在萃先堂也發現一個案例。報導人 G（祖籍福建泉州，來越第 11 代，完全不懂漢字也不懂泉州話）雖然是萃先堂的主要幹部之一，但他也偶而出入福建會館。一般來說，影響族群認同的因素可分為主觀與客觀二大方面。個人的自我認同屬於主觀因素。客觀因素則包含血緣、語言、居住地及風俗習慣等各種有利於區分族群的外在特徵。除了這些因素之外，還有一個很重要的催化因素，就是族群政策。當某人同時擁有成為華人或明鄉人的條件時，是什麼因素會強化他選擇某特定族群的身分？依據筆者觀察與訪問越南華人與明鄉人的結果來看：父母是華、越通婚且自己出生於越南的華人及其後代仍維持強烈中國祖國意識者其實是相對的少數。即使是在同一個大家族裡，不同成員也有不同的族群認同，而中國祖國認同者經常是少數。通常那些經濟收入較富裕的男性成員維持華人認同的比例也較高。而經濟收入普通或較差的成員則逐漸加入明鄉人行列。中國有俗語說「衣錦還鄉、落葉歸根」。那些一開始到越南經商的華人，如果事業有成，經常會往返僑居地及中國原鄉之間，因而與祖國維持濃厚認同關係。至於那些生活條件相對較差者為了改善環境，就傾向選擇明鄉人的身份。因具明鄉人身份可減免稅金並和越南

人一樣具有擔任公職的基本資格。

廣肇會館位於陳富街 176 號。依據該館現存載明中華民國 53 年所立的「會安廣肇會館重修簡誌」碑文所陳述，廣肇會館建立於光緒 11 年（1885）。廣肇會館主祀關聖大帝，其兩側為天后聖母及財帛星君。

廣肇會館館內的文物年號以光緒年間最多，少部分有公元及中華民國年號。此外，廣肇會館與福建會館一樣，有一份勑賜「好義可嘉」匾額，左邊註明「啟定三年十月吉日」（1918）。除了這份之外，沒發現其他明鄉人送的牌匾。另外較特殊的現象是在本館內僅有海南眾商送的牌匾，沒發現署名其他各幫的牌匾或對聯。

潮州會館位於陳富街另一頭的「阮維效」街 362 號。[33]依據該館內一份於咸豐 2 年（1852）所立的題有「福緣善慶」標題的碑文，內文記載潮州會館興建於道光乙巳年，亦即 1845 年。

潮州會館主祀「伏波將軍」，亦即東漢時期曾帶軍攻打越南的「馬援」。由於馬援曾鎮壓越南的民族女英雄二徵夫人起義，因此 1975 年越共解放南越後曾將潮州會館關閉。直到改革開放後才又重新開放該會館。筆者曾訪問幾位當地潮州人後代，但他們對於為何會館會祭祀伏波將軍的歷史源由均不清楚。筆者又訪問住在潮州會館附近的越南人，他們均知道潮州會館曾因祭拜攻打越南的馬援而被關閉過，但其他細節則不清楚。目前，潮州會館是五個華人會館裡遊客參觀較少的一個。來此會館祭拜者主要為潮州籍華人，無越南人。

瓊府會館位於陳富街 10 號，就在萃先堂的隔壁。瓊府會館約建立於 1875 年至 1891 年之間。[34]瓊府會館主殿為「昭應殿」，奉祀 108

---

[33] 阮維效的越南文為 Nguyễn Duy Hiệu。有些資料寫位於阮維效街 157 號。經實地訪問，157 為舊的門牌號碼。

[34] 依據館內「瓊府會館重修碑誌」（中華民國 63 年立）及「瓊府會館碑記」

位於 1851 年在越南中部外海遭不肖越方海巡人員栽贓搶劫而罹難的海南籍商人。該館除了主祀 108 昭應公之外，其次是財帛星君及福德正神。每年農曆 6 月 15 日祭拜 108 昭應公為全館最主要活動。來此會館祭拜者主要為海南籍華人。在筆者訪視會館期間（2013 年 12 月），巧遇一群越南國中女生來此參觀及拜拜。筆者特別訪問她們為何來此會館。她們說因為覺得該會館很漂亮就進來參觀並順便拜拜。至於她們拜的是什麼樣的神明則不是很清楚。

　　瓊府會館平時的當地香客並不多，偶而有遊客來參觀。該會館將門口大廳的地方出租給一位越南人 M（男，京族人，約 40 歲）販賣紀念品。報導人 M 說平時海南人很少來此會館，主要在祭拜昭應公及祭拜祖先（農曆 1 月 2 日）時才會出現。全會安大約還有三百人左右的海南人。報導人 M 在會館紀念品販賣處有販售十二生肖紀念幸運幣。傳統上，越南與中國有一個生肖動物不一樣，那就是兔子與貓。在越南，貓取代兔子成為十二生肖之一。報導人 M 依照越南習俗僅販售貓生肖而無兔子生肖。同時期，筆者於附近的福建會館時卻發現，福建會館同時有販售貓及兔子的幸運幣。這是一個頗特殊的現象。或許因為福建會館為華人管理且台灣及中國的遊客較多，所以館方特別放置兔子與貓供人選擇。

（光緒壬寅年仲冬）均記載會館創建於「光緒初年」。由於光緒"初年"可能是"元年"（1875）或稍後的幾年，故應當建於 1875 年之後。又，經查看館內文物，出現最早的年號是光緒 17 年（1891）的一份銅鐘，反而不見光緒元年的文物。故，筆者推測該館建館年間應在 1875 及 1891 年之間。

圖 4. 越南特有生肖貓的幸運幣

　　瓊府會館的文物以光緒年號最多，其次為中華民國及公元紀年。此外，在其香油芳名處發現捐錢的單位包含四個華人會館、禮義學校、嘉應幫及萃先堂。瓊府會館是筆者發現唯一有明鄉萃先堂捐香油錢的華人會館。或許萃先堂就在瓊府會館的正隔壁，基於禮尚往來而捐獻。

　　以上為以華人的各會館為觀察點的發現。此外，從飲食文化亦可看出文化接觸的現象。早期由華裔族群帶進會安的飲食譬如「高樓麵」（Cao lầu）及「白玫瑰」（bánh bao & bánh vạc）等均已成為會安當地的飲食文化特產。

　　「高樓麵」是會安才生產的地方特色麵條，不論在餐廳、路邊攤或市場均可見其蹤影。其來源眾說紛紜，據筆者當地訪問，當代越南人及華人多數不認為高樓麵是他們本族創作的麵條。筆者猜測，高樓麵應起源於明鄉人的飲食。由於年代已久遠，眾人才逐漸遺忘其源頭。筆者於 2014 年 4 月訪問到在會安市場賣高樓麵有名的「左婆」（Bà Trái）的媳婦 N （女，越南人，約 50 歲）。報導人 N 位於會安

的郊區的家同時也是製造高樓麵的場所。報導人 N 表示，她先生（姓「謝」）的曾祖父（阿公的爸爸）曾於古城內幫人打工時學會製作高樓麵，後來就一代一代流傳下來。報導人 N 說她先生也是越南人。但因她先生姓「謝」，此姓在越南相當少見，且「謝」姓收錄在萃先堂提供的「明鄉諸族」名單裡面。由此推測，她先生可能是明鄉人後代。因明鄉人通常自認為越南人，故他太太也認為他是越南人。報導人 N 說目前生產高樓麵的除了她家之外，還有幾家也有在做。

圖表 5. 會安古城高樓麵

　　白玫瑰在會安的名氣與普遍度雖暫不及高樓麵，但已急起直追。在會安成為國際文化光觀景點之後，由於白玫瑰為會安獨特的地方小吃，加上經營該食品的華人家族懂得結合旅遊，故白玫瑰也成為會安飲食文化的消費特點。據報導人 J （與該家族為姻親關係）表示，白玫瑰的原創者為一位華人婦女 O （80 多歲，越南出生，福建來越第二代，目前已過世）。婦女 O 早期在會安街頭販賣點心白玫瑰。婦女 O 生有 4 男 3 女，其中 1 男 1 女早年夭折。婦女 O 過世後其白玫瑰的食

品事業由大女兒及三個男孩子在不同街上各自開店繼承。所以目前在會安所見到的白玫瑰均是由這個家族所生產。經由報導人 J 安排,筆者曾到位於范文同路上的白玫瑰專賣店參觀。該店除了可現場品嚐之外,還有定時表演現做白玫瑰供消費者參觀。當天有七位女性工作人員穿著制服在現場製作。其中除了領班為華人之外,其餘均越南人。我們或許可以想像這些打工的越南人後來有機會自己開店賣白玫瑰。過幾代後白玫瑰就與高樓麵一樣成為華越文化交流下的會安特產。

除了普及度較高的高樓麵及白玫瑰之外,芝麻糊、福建炒米粉、綠豆沙、豆花、湯圓及甜粿等雖普及度較不高,卻也是會安當地具有華人/明鄉人色彩的飲食。

圖表 6. 會安古城白玫瑰

5. 結語

本論文以會安古城的明鄉萃先堂、福建會館、廣肇會館、潮州會

館、海南會館、中華會館及會安傳統市場為主要觀察場域，探討會安市當代明鄉人、華人及越南人之互動關係與文化接觸，以了解明鄉人與華人在越南的本土化過程差異。

基本上，自明末清初以來從中國到越南經商或定居的遷徙是一波又一波的持續過程。隨著定居時間長度的加深，這些移民自然形成舊客與新客的差別。明人剛來越南時為新客，透過通婚與本土化過程逐漸形成舊客的明鄉人認同。這些明鄉人因身分證均登記為越南京族，隨著時間的消逝大部分的明鄉人也忘記自己的明鄉特質而認為自己是京族人。而這也是為何明鄉人的人數越來越少的重要原因之一。在明人之後陸續而來的清人/華人一開始也是新客，與舊客--明鄉人有著不同的族群認同。隨著通婚與本土化過程的進展，這些清人/華人之中也逐漸開始有人成為舊客而有在地認同。在越南的華人與明鄉人認同案例中，通婚、語言及誘因是三個很重要的關鍵因素。「華越通婚」及「越語是否已成為母語」為明人/清人/華人轉變為明鄉人的客觀必要條件。誘因是強烈影響新客加入明鄉人認同的重要催化劑。誘因包含了經濟與政治層面。以經濟為例，那些經濟普通或不好的新客為了減少稅賦的負擔，故選擇加入明鄉行列。又由於明鄉人被視同越南人，具有報考公職的資格，故不少生活條件不如那些富商的新客當然選擇加入明鄉人以爭取改善自己社會地位的機會。目前，仍居住在會安的華人大約都是第三、四代。會安的華人目前正在經歷從新客過渡到舊客、明鄉化的過程當中。以目前華越通婚及越語母語化相當普遍的明顯現象來看，會安華人的越南化速度應該會持續加速。華人在越南化的過程中，當然有些華人文化也會被保留下來成為其文化接觸下的華越特色，如同高樓麵及白玫瑰成為會安的特產一般。

【原文發表於 2015 年〈越南會安市當代明鄉人、華人及越南人之互動關係與文化接觸〉，《亞太研究論壇》61 期，頁 131-156。台北，中央研究院。本篇論文根據原文增補修訂後收錄於此。本論文為國科會計畫，編號：NSC101-2410-H-006-078，及 NSC102-2410-H-006-036 的研究成果之一。作者於論文撰寫期間正於日本東京外国語大學亞非研究所客座研究。感謝三尾裕子所長及相關同仁在此期間提供許多有益的資料及相關協助。另外，也感謝大阪大學的清水政明教授熱心提供相關文獻及東華大學台越研究中心康培德主任協助田調事務。越南田調期間也承蒙許多越南友人的幫忙，他們是順化大學廖永勇老師、會安文化資產保存中心阮志中主任、自由作家 Trương Duy Hy、越南社科院史學所丁光海教授、會安楊先生及許多不願具名的當地報導人。此外，也感謝研究室計畫助理潘秀蓮、范玉翠薇、裴光雄、鄭垂莊、Tân 及小花海倫的協助。】

參考書目

Chen, Ching-ho （陳荊和）. 1960. Mấy điều nhận xét về Minh-hương-xã và các cổ tích tại Hội-an （1/2） [關於會安明鄉社與古蹟的一些看法]. *Việt-Nam Khảo- Cổ Tập San* （số 1）. 頁 1-33. Sài Gòn: Bộ Quốc-Gia Giáo-Dục.

Chen, Ching-ho （陳荊和）. 1962. Mấy điều nhận xét về Minh-hương-xã và các cổ tích tại Hội-an （2/2） [關於會安明鄉社與古蹟的一些看法]. *Việt-Nam Khảo- Cổ Tập San* （số 3）. 頁 7-43. Sài Gòn: Bộ Quốc-Gia Giáo-Dục.

Đặng, Thanh Nhàn （ed.）. 2010. *Minh Hương Gia Thạnh Di Tích Lịch Sử - Văn Hóa* [明鄉嘉盛文化歷史遺跡]. BQT Hội Đình Minh Hương Gia Thạnh.

Lý Thành Ý （李誠意）. 1880. *Bảng Phổ Đồ Hương Hiền của Tụy Tiên Đường* [萃先堂前鄉賢譜圖板]. 譯者 Tống Quốc Hưng。

Tổng Cục Thống Kê. 2010. Báo cáo kết quả chính thức tổng điều tra dân số và nhà ở 1/4/2009. [2009 年全國人口及住屋總調查報告] <http://www.gso.gov.vn/default.aspx?tabid=403&idmid=2&ItemID=9782>

Trần, Trọng Kim. 1921. *Việt Nam Sử Lược* [越南史略]. Hà Nội: NXB Văn Hoá Thông Tin. （2002 再印版）。

Trần, Văn An; Nguyễn Chí Trung; Trần Ánh. 2005. *Xã Minh Hương với Thương Cảng Hội An Thế Kỷ XVII-XIX* [17~19 世紀的明鄉社與會安港]. Quảng Nam: Trung Tâm Bảo Tồn Di Sản-Di Tích Quảng Nam.

Trương, Duy Hy. 1999. Sự hình thành và đóng góp của làng Minh Hương cổ trong đô thị cổ Hội An ngày nay [會安古城內明鄉社的形成與貢獻]. Bài báo cáo tại Hội Thảo Khoa Học về Vài Trò Lịch Sử của Xã Minh Hương. Hội An: Trung Tâm Quản Lý Bảo Tồn Di Tích Hội An.

Trương, Hữu Quỳnh; Đinh Xuân Lâm & Lê Mậu Hãn. 2006. *Đại Cương Lịch Sử Việt Nam Toàn Tập* [越南歷史大綱全集]. Hà Nội: NXB Giáo Dục.

Wheeler, Charles. 2003. A Maritime Logic to Vietnamese History? Littoral Society in Hoi An's Trading World c.1550-1830. Paper presented at Conference on Seascapes, Littoral Cultures, and Trans-Oceanic Exchanges, Feb 12-15, Library of Congress, Washington D.C.

三尾裕子（Mio, Yuko）. 2008. "Sojouring and Indigenization of Chinese Immigrants: A Case Study from Hoi An, Vietnam." 收於三尾裕子（編）《東南アジアにおける中国系住民の土著化・クレオール化についての人類学的研究》頁 1-17。東京：東京外国語大学。

李庆新 2009。〈越南明香與明香社〉《中國社會歷史評論》10 卷，頁 205-223。

芹澤知広（Serizawa, Satohiro）. 2007. The Fujian Chinese and the Buddhist Temples in Ho Chi Minh City, Vietnam, in Yuko Mio, ed. *Culturl Encunters betweenn People of Chinese Origin and Local People: Case Stduies from the Philippines and Vietnam*, pp.65-75. Tokyo: Tokyo University of Foreign Studies.

許文堂、謝奇懿編 2000。《大南實錄清越關係史料彙編》（依據日本
　　慶應義塾大學版本精選整理）。台北：中央研究院東南亞區域
　　研究計畫。

許文堂 2012。〈華人與中越地區的開發—以會安的歷史變遷為中心〉
　　亞太區域研究成果發表會，12 月 20 日，台北，中央研究院。

郭振鐸、張笑梅 2001。《越南通史》。北京：中國人民大學出版社。

陳荊和 1957。〈17、18 世紀之會安唐人街及其商業〉。《新亞學
　　報》，3（1）：273-332。

陳荊和 1960。〈清初鄭成功殘部之移殖南圻（上）〉《新亞學報》5
　　卷，1 期，頁 433-459。

陳荊和 1964。《承天明鄉社陳氏正譜》。香港：香港中文大學。

陳荊和 1965。〈關於「明鄉」的幾個問題〉《新亞生活雙周刊》8
　　卷，12 期，頁 1-4。

陳荊和 1968。〈清初鄭成功殘部之移殖南圻（下）〉《新亞學報》8
　　卷，2 期，頁 413-485。

華僑志編纂委員會，1958。《越南華僑志》。台北：華僑志編纂委員
　　會。

黃蘭翔 2004。〈華人聚落在越南的深植與變遷：以會安為例〉《亞太
　　研究論壇》26 期，頁 154-191。

葉傳華 1962。〈會安埠今昔〉《遠東日報》。

劉陳石草 2013。《越南會安華人的族群認同—以羅、葉、劉三大家族
　　為例》。碩士論文：國立暨南國際大學。

蔣為文 2013。〈越南的明鄉人與華人移民的族群認同與本土化差
　　異〉，《台灣國際研究季刊》期刊，9（4），頁 63-90。

鄭永常 2013。〈會安興起：廣南日本商埠形成過程〉，論文發表於海
　　洋文化學術研討會，11 月 29 日。台南：國立成功大學

鄭瑞明 1976。《清代越南的華僑》。台北：嘉新水泥公司文化基金
　　會。

藤原利一郎 1949。〈廣南王阮氏と華僑：特に阮氏の對華僑方針につ
　　いて〉《東洋史研究》10 卷 5 期，頁 378-393。

藤原利一郎 1951。〈安南阮朝治下の明鄉の問題：とくに稅例につい
　　て〉《東洋史研究》11 卷 2 期，頁 121-127。

藤原利一郎 1976。〈明鄉の意義及び明鄉社の起源〉《東南アジア史
　　の研究》頁 257-273。東京：法藏館。

譚志詞 2005。〈越南會安唐人街與關公廟〉《八桂僑刊》5 期，頁
　　44-47。

INDEX 索引

六劃

八劃

十五劃

About the Author

The author Wi-vun Taiffalo Chiung obtained his Ph.D degree in linguistics
from the University of Texas at Arlington. He is the professor of linguistics in
the Department of Taiwanese Literature at the National Cheng Kung University
in Taiwan. He is also the director of Center for Taiwanese Languages Testing
and Center for Vietnamese Studies at NCKU. His major research languages
include Taiwanese and Vietnamese. His research fields are sociolinguistics and
applied linguistics. Currently, he is interested in the relevant studies of
language and orthography reforms in Hanji cultural areas, including Taiwan,
Vietnam, Korea, Japan, and China.

Về tác giả

Tác giả Wi-vun Taiffalo Chiung (tên tiếng Việt là Tưởng Vi Văn) là tiến sĩ
Ngôn ngữ học tại Đại Học Texas-Arlington Mỹ. Hiện nay là Giáo sư của Khoa
Văn học Đài Loan, và giám đốc của Trung tâm Nghiên cứu Việt Nam, Đại học
Quốc Gia Thành Công, Đài Loan. Ông chuyên nghiên cứu, so sánh đối chiếu
giữa tiếng Đài Loan và tiếng Việt Nam.

蔣為文

美國德州大學 Arlington 校區語言學博士，現此時是台灣國立成功大學台灣文學系 ê 專任教授、越南研究中心主任、台灣語文測驗中心主任、台灣南社副社長、台灣教授協會南區召集人，bat 得過越南社科院 ê 越南研究獎（2011 年）、做過日本東京外國語大學亞非研究所客座研究員、越南社科院 hām 國家大學訪問學人、台越文化協會第一、二任理事長、台灣東南亞學會第一屆副祕書長、台灣羅馬字協會第三屆理事長。作者 ùi 大學時代就參與台灣語文運動，bat 做過淡江大學台語文社創社社長、學生台灣語文促進會創會幹部。留學美國期間，做過台灣同學會會長、全美台灣學生社社委、北美洲台灣研究年會社委、德州大學 LINGUA 語言學會會長。伊 ê 研究語言包含越南語 hām 台語，研究領域包含台越比較、社會語言學 kap 應用語言學。Chit kúi 年來伊 ê 研究重點 khṅg tī 語言、文學、文化 kap 國家認同 ê 關係，特別是越南 ê 脫漢 hām 羅馬字化運動 ê 研究。

著作

《漢字 kap 越南羅馬字學習效率比較》(越文版)（2014 台南：亞細亞）
《喙講台語·手寫台文》（2014 台南：亞細亞）
《校園進階越南語》（2013 台南：亞細亞）
《越南七桃 lóng 毋驚：越·台·中三語手比冊》（2013 台南：亞細亞）
《民族、母語 kap 音素文字》（2011 台南：成功大學）
《語言、文學 kap 台灣國家再想像》（2007 台南：成功大學）
《台灣元氣寶典》（2007 成功大學）
《牽手學台語、越南語》（2006 成功大學）
《語言、認同與去殖民》（2005 成功大學）
《海洋台灣：歷史與語言》（越、英雙語版 2004 成功大學）
《海翁台語文集》（1996 台笠）

蔣為文

美國德州大學阿靈頓校區語言學博士，目前是台灣國立成功大學台灣文學系的專任教授、越南研究中心主任、台灣語文測驗中心主任、台灣南社副社長、台灣教授協會南區召集人。曾榮獲越南社科院的越南研究獎（2011年）、擔任過日本東京外國語大學亞非研究所客座研究員、越南社科院及國家大學訪問學人、台越文化協會第一、二任理事長、台灣東南亞學會第一屆副祕書長、台灣羅馬字協會第三屆理事長。作者從大學時代就參與台灣語文運動，曾做過淡江大學台語文社創社社長、學生台灣語文促進會創會幹部。留學美國期間，做過台灣同學會會長、全美台灣學生社社委、北美洲台灣研究年會社委、德州大學 LINGUA 語言學會會長。他的研究語言包含越南語及台語，研究領域包含台越比較、社會語言學、應用語言學等。這幾年來他的研究重點放在語言、文學、文化與國家認同的關係，特別是越南的脫漢與羅馬字化運動之研究。

著作

《漢字及越南羅馬字學習效率比較》(越文版)（2014 台南：亞細亞）
《喙講台語·手寫台文》（2014 台南：亞細亞）
《校園進階越南語》（2013 台南：亞細亞）
《越南七桃 lóng 毋驚：越·台·中三語手比冊》（2013 台南：亞細亞）
《民族、母語與音素文字》（2011 台南：成功大學）
《語言、文學與台灣國家再想像》（2007 台南：成功大學）
《台灣元氣寶典》（2007 成功大學）
《牽手學台語、越南語》（2006 成功大學）
《語言、認同與去殖民》（2005 成功大學）
《海洋台灣：歷史與語言》（越、英雙語版 2004 成功大學）
《海翁台語文集》（1996 台笠）

《越南魂》 2017/02 初版 勘誤表 ERRATA

頁碼	位置行數	原始內容(錯誤)	修正後(正確)
104	7~8	「字字喃」、「字字喃」、「字字 字南」	「字喃」、「字喃」、「字 字南」
130	5~6		
150	1, 11, 12	g a	gōa
171, 445	圖表 1	1~41	1~42
220	[w:]	tī 高前母音後壁 /i e ɯ ɤ ɯ ˛ ɤ i ˛ e/	tī 高母音後壁 /i e ɯ ɤ ɯ ˛ ɤ i ˛ e/
496	[w:]	在高前母音之後 /i e ɯ ɤ ɯ ˛ ɤ i ˛ e/	在高母音之後 /i e ɯ ɤ ɯ ˛ ɤ i ˛ e/
293	16, 19 17 18	李　新 住　安 現有" 　德	李庆新 住会安 发现有"庆德
567	15, 17, 23 16 16	李　新 住　安 现有　　德	李庆新 住会安 发现有"庆德
464	2	以下圖表及圖表 5	以下圖表 4 及圖表 5
474	2~3	Koh 比如講短母音 /ɤ/（文字符號 â）應該用 hâm 長母音 /ɤ/（σ）類似 ê 符號,m̄-koh soah 用 hâm /a/ (a) 類似 ê 符號。	又譬如講,短母音 /ɤ/（文字符號 â）應該用和長母音 /ɤ/（σ）類似的符號,但卻用了和 /a/ (a) 類似的符號。
485	3	對應 ê 音素是軟頂 khok ê 清擦音 /x/。	對應的音素是軟頂顎的清擦音 /x/。